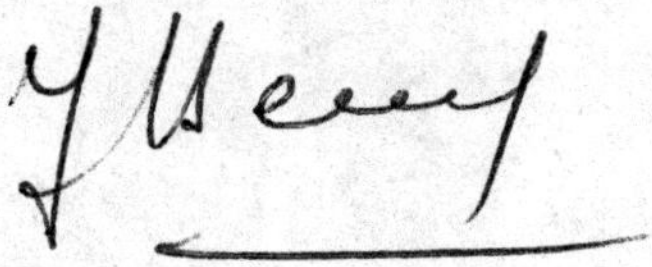

Barbara Chase-Riboud

La Grande Sultane

ROMAN

traduit de l'américain par
Pierre Alien, Marie-France Basselier
et Elisabeth Lesne

FRANCE LOISIRS
123, boulevard de Grenelle, Paris

Édition du Club France Loisirs, Paris
avec l'autorisation des éditions Albin Michel

Édition originale américaine
VALIDE

ISBN 2-7242-3964-4

En hommage aux vies prodigieuses des personnages réels qui traversent ce roman et auxquels on n'a encore jamais consacré de biographie.

B. C.-R.

PROLOGUE

La Validé Sultane

Constantinople, le 15 août 1817

La sultane Validé est morte : je l'ai vue transporter dans son turbé, ou tombeau, auquel, depuis deux ans, elle faisait travailler, et que le Grand-Seigneur va faire achever. Je vis le cercueil sortir du palais ; deux pages le transportèrent dans un des caïques couverts du sultan. On traversa le Bosphore. Son palais était à côté de celui du Grand-Seigneur, près de Bechik Tash. Plusieurs grands personnages l'attendaient sur l'autre rive, pour se charger du cercueil, suivant l'usage. On tient à l'honneur de porter, après sa mort, celui que l'on a considéré pendant sa vie, ou du moins de le toucher, ce qui est facile pour les Turcs ordinaires ; mais ici le cercueil était fermé : on l'a déposé au milieu de son turbé, qui est un vaste salon dont les peintures commencées sont des arabesques vertes. En général, les tombeaux des sultans et des sultanes sont des édifices où les vivants se trouveraient fort bien logés. C'est Sa Hautesse qui envoie les schalls pour en couvrir le sarcophage.

On dit que la sultane défunte était Française, d'origine américaine, et qu'elle était née à Nantes : on ajoute qu'à peine âgée de deux ans, ses parents s'embarquèrent avec elle pour l'Amérique, et qu'ils furent pris par un corsaire, qui les conduisit à Alger, où ils périrent. La petite fille fut achetée par un marchand d'esclaves, qui jugea, par sa beauté dans un âge si tendre, qu'elle pourrait un jour le dédommager amplement des soins qu'il lui prodiguerait. Il ne fut point trompé dans son attente ; à quatorze ans elle était d'une beauté éblouissante : vendue au dey d'Alger pour la comprendre dans le tribut qu'il doit au Grand-Seigneur, elle fut envoyée à Abdul Hamid, qui la trouva belle et l'éleva au rang de cadine, c'est-à-dire qu'il l'épousa. Elle lui donna Mahmoud, le sultan régnant. Mahmoud eut toujours pour sa mère un grand respect. On dit qu'elle surpassait de beaucoup en amabilité les Circassiennes ou Géorgiennes, ce qui n'a rien d'étonnant, puisqu'elle était Française. Le Grand-Seigneur s'était chargé de toutes les dépenses qu'elle faisait annuellement. Par exemple, à la moitié du ramazan on célèbre la mi-carême, et l'on donne des pâtisseries, nommées baclava. C'est une pâtisserie feuilletée, un peu trop grasse, mais pourtant très fine. On ne croirait pas que cette générosité était un objet de deux cent mille francs. Tous les janissaires, c'est-à-dire toute la ville de Constantinople, allait chercher au sérail son plat de baclava ; car tous les hommes à Constantinople sont janissaires.

La sultane est morte d'une fièvre maligne. Son fils a chassé le médecin ; tel est l'usage dans le pays : lorsque le malade succombe, on repousse l'homme qui n'a pu lui donner que des secours inutiles. Il ne paraît pas que cette coutume rende les médecins turcs plus heureux ou plus habiles que les nôtres. On a fait ce qu'on a pu pour distraire le Grand-Seigneur, qui, depuis ce funeste événement, est plongé, dit-on, dans une tristesse profonde. On lui a proposé des promenades incognito : c'est un genre de dissipation qu'il préfère à tout autre.

Jamais les Turcs ne prennent le deuil : la couleur noire est pour eux, comme en Europe, le bleu ou le vert.

La Validé Sultane

En général, la douleur ne laisse pas de longues traces chez ce peuple, qui aime faiblement ; il connaît moins que nous l'affliction et les regrets. L'habitude de tout recevoir comme un bienfait du ciel les rend presque insensibles à des peines que nous trouverions bien cruelles.

La sultane Validé protégeait ouvertement auprès de son fils Ali-Effendi ; le sultan continue de le combler de grâces. « C'est à la mémoire de ma mère, a-t-il dit, qu'il devra mes bienfaits. » Certainement il y a du cœur français dans une bonté si touchante.

Comtesse de La Ferté-Meun,
Lettre LXXXVII, *Lettres du Bosphore*
(publiées anonymement à Paris en 1820).

Istanbul, 26 juin 1814

Quand dans la ville retentirent les tambours de bois et des cris : *« Yangshinvar ! »* « Au feu ! », la Validé Sultane effleurait de son front les fils de soie de son tapis de prière. Le bruit vint lui frapper les tempes comme des coups de sabre. « Oh, non, pensa-t-elle, pas ça, plus jamais ça ! » Mais les tambours d'alarme résonnaient en cadence et elle imaginait, dans l'ombre et le silence de sa retraite, la clameur des *Seymens* et des janissaires qui se précipitaient sur les lieux de l'incendie, et les lamentations des propriétaires des maisons en feu. « Ce n'est rien, se dit-elle, seulement l'un des innombrables incendies d'Istanbul... » La Validé s'assit sur ses talons et reprit son *tespi* posé près d'elle dans toute la splendeur de ses quatre-vingt-neuf perles parfaitement assorties. Un bijou célèbre jusqu'en Europe.

Elle laissa glisser une perle entre son pouce et son index. « Ô Dieu, ô Dieu absolu, murmura-t-elle, ô Très Miséricordieux ! »

Une autre perle tomba de ses doigts joints. « Ô Seigneur de miséricorde, ô Pieux, ô Saint des Saints, ô

Sauveur, ô Protecteur, ô Auguste, ô Défenseur, ô Absolu, ô Sublime, ô Suprême, ô Façonneur, ô Grâce, ô Châtieur, ô Fournisseur, ô Nourricier, ô Amant de la Victoire, ô Savant, ô Incommensurable, ô Omniprésent, ô Annihilateur de l'Arrogant, ô Superbe, ô Dispensateur d'honneur, ô Semeur, ô Pénétrant, ô Auditeur, ô Juge, ô Témoin, ô Justice, ô Gracieux, ô Salut, ô Irrésistible, ô Consolation, ô Soulagement, ô Tout-Puissant, ô Maximum, ô Gardien, ô Terreur des Blasphémateurs... »

Quand la dernière perle tomba, la Validé se sentit envahie par une immense lassitude. « Le feu et la guerre. Cela ne finira-t-il donc jamais ? » Elle se releva et jeta son turban à travers la pièce, libérant ainsi sa luxuriante chevelure qui retomba jusqu'à ses genoux, fleuve d'or rouge strié de gris.

La Reine mère tourna lentement la tête, et étira son cou barré d'une cicatrice mince comme un fil. En accédant au titre de Validé Sultane, elle était devenue l'ennemie jurée de son dieu et de sa race, l'ennemie jurée, en un sens, de toutes les femmes, puisque esclave, elle régnait sans partage sur les autres esclaves. Quelle ironie du sort que le Grand Seigneur le Sultan, maître absolu de l'Empire ottoman, soit, selon la loi, le fils d'une esclave ! Une esclave toute-puissante, certes, que l'on appelait très solennellement « Notre Dame », et qu'escortait partout un cortège royal, mais une esclave tout de même. Les gardes présentaient les armes lorsqu'elle s'avançait entre deux rangs de sujets prosternés qui la suppliaient, elle, la mère du Sultan, d'intercéder en leur faveur auprès de son fils.

La Validé était responsable de l'administration et de la discipline du harem. Toute requête, toute question, d'où qu'elle vienne, lui était soumise, qu'il s'agisse de fixer le budget annuel de l'Eski Serai, le Vieux Palais, ou d'accorder à une Kadine la permission d'aller passer une journée à la montagne. Chaque habitant du harem, jusqu'au dernier des esclaves, lui devait une obéissance absolue. En sa présence, tous restaient debout, les bras croisés, ponctuant questions et réponses de « Oui, Notre Dame », ou « Non, Notre Dame ».

Si les Ottomans acceptaient qu'un Sultan ait de nombreuses femmes, il ne pouvait avoir qu'une seule mère ; la Validé détenait donc un immense pouvoir et occupait une place unique dont seule la mort la détrônerait. Et son fils lui confiait ses biens les plus secrets, les plus intimes : ses femmes. D'esclave, elle était devenue maîtresse. Elle avait survécu à tout : poison, intrigue, révolte, insurrection, avortement, accouchement, massacre et tentative de meurtre.

« Les Ottomans maîtrisaient leurs esclaves depuis des siècles grâce à un système complexe qui s'appuyait à la fois sur la terreur, l'idéologie, le bakchich et la division en castes. Si la terreur était une arme, l'idéologie était le vrai ressort de l'esclavage : un esclave ne devait jamais oublier sa condition. Or, tous les sujets de l'Empire étaient des esclaves et tous en étaient parfaitement conscients... mais il y avait les esclaves et les esclaves des esclaves, qui eux-mêmes avaient des esclaves. Quoi de plus ingénieux, pour maintenir l'ordre, que de persuader chacun d'eux qu'il dominait les autres d'un cran ? Ceux qui étaient revêtus d'hermine méprisaient ceux qui n'avaient droit qu'au léopard, les turbans verts dédaignaient les turbans rouges, les manches longues regardaient avec mépris les manches courtes... Et à l'intérieur même de l'Islam, qui n'asservissait que les non-musulmans, on adorait le fils d'une esclave, le Sultan, qui lui-même n'était rien d'autre qu'un esclave. »

La Sultane mère baissa les yeux sur ses perles. « On n'a pas encore trouvé le moyen d'exprimer la vie avec des mots. Aucune langue ne peut rendre la fluidité étincelante des jours, tous uniques bien qu'appartenant à un même tout, ni leur chute inexorable dans l'abîme du temps, gigantesque cataracte. »

Les femmes venues comme elle des îles appelées Amérique, on les disait alanguies par un climat d'une douceur traîtresse, mais capables de faire face aux chocs les plus rudes grâce à une résistance et une vitalité à la mesure de la violence des tropiques. « Est-ce le soleil tropical qui leur permet d'oublier si facilement, tout en les marquant au fer d'une soif inextinguible de vengeance ? »

La Validé ferma les yeux. Des friselis de lumière éclairaient son visage que le monde et ses luttes effrénées ne venaient plus troubler depuis longtemps. Puis elle parcourut d'un regard distrait ses appartements et les brocarts qui tombaient en cascade des murs dont ils rehaussaient l'éclat de l'onyx et du marbre veiné. Deux ou trois épaisseurs de tapis en soie recouvraient toute la longueur du salon, vaste comme une cathédrale. Aux deux extrémités de la pièce, des estrades garnies de tapis de soie et de coussins en satin tissés de fils d'or servaient de sofas et, sur le sol, de grands motifs floraux répondaient aux peintures et aux ors du plafond, dont la voûte était en lames de cèdre entrelacées. Au milieu de la pièce, une fontaine en marbre apportait la fraîcheur et la paix, et seul le doux murmure de l'eau dans les bassins venait troubler le silence.

À gauche, juste à côté de celui de son fils Mahmud, se trouvait son hammam personnel qui marquait la frontière entre le *Sélamlik*, le quartier des hommes, et le harem du palais.

La Sultane mère se leva. La magnificence et la complexité de son costume d'apparat l'étonnaient encore, après tant d'années. Son *dullimano,* manteau de drap pourpre bordé d'hermine à manches longues et parements retournés, était brodé de haut en bas d'une longue rangée de perles, envers comme endroit, et deux grappes de perles plus petites en marquaient la taille. Ses pantalons bouffants de brocart rose à fleurs argentées lui descendaient jusqu'aux chevilles et sa blouse de soie blanche transparente, fermée sur sa poitrine par un énorme diamant taillé en losange, laissait deviner le galbe des seins.

La Validé portait trois colliers — un premier d'énormes perles au bout desquelles pendait une émeraude grosse comme un œuf, un second de deux cents émeraudes étonnamment régulières, et un troisième de mille diamants de la taille d'un pois —, plus un bracelet au poignet droit, en diamants également, et à chaque doigt un solitaire. Ses cheveux coiffés à la turque tombaient en ondulant sur les épaules, et ses tresses rousses étaient piquées d'épingles serties de diamants que retenaient de fines chaînes en argent. Aucune reine d'Europe ne possédait ne serait-ce que la moitié de ses bijoux.

La Validé régnait sur quarante millions d'âmes et un huitième de la surface du monde. Elle était Grande Sultane, *Tatch-ul-Mestourat,* Diadème des Têtes voilées, Reine des Reines, Validé Sultane. Son fils, Mahmud, était l'Ombre d'Allah sur Terre... En huit siècles s'était édifié l'Empire le plus puissant du monde, qui comprenait la Grèce, l'Albanie, les Balkans et le Caucase, et s'étendait des vallées du Tigre et de l'Euphrate à la Perse et au golfe Persique, et, au-delà de la Syrie, jusqu'à la mer Rouge, l'Égypte, Alger et Gibraltar, mais son joyau le plus précieux restait et resterait toujours cette ville qu'appelaient Constantinople ceux qui la convoitaient, et Istanbul ceux qui la possédaient.

« Vos eunuques vous attendent... »

Une voix de haute-contre, singulière et familière, interrompit par ces mots sa rêverie. La Validé se retourna et rougit comme si le grand Eunuque noir, qui avait toujours eu le don du silence, avait pu lire dans ses pensées. Elle chercha à saisir le regard impassible de celui qui la surveillait depuis trente-trois ans, et une fois de plus, elle pensa que ses yeux exprimaient une infinie tristesse. « Quelle naïveté que celle des Sultans pour imaginer qu'il suffit de choisir les eunuques les plus noirs de peau et les plus féroces d'aspect pour se protéger davantage contre l'infidélité ! » Le Kislar Aga, le chef des Eunuques noirs, ne lui avait jamais paru ni repoussant ni terrifiant, pas même exotique. À ses yeux, au contraire, il n'y avait pas de plus bel homme. Il lui avait toujours rappelé Alphonse, son esclave en Amérique, bien qu'il fût plus grand, plus noir et plus laid que ne le serait jamais le chef des Eunuques. Comment un Sultan avait pu penser qu'elle trouverait la peau noire effrayante ou mystérieuse alors qu'elle s'était blottie contre elle, l'avait caressée, respirée, avant même de découvrir l'existence de la peau blanche, et que c'était là son seul lien avec son pays natal ? Que le Kislar Aga fût revêtu d'un costume impressionnant — une robe de soie bleu saphir brodée d'argent et de perles, une pelisse doublée de martre, et un turban qui lui donnait une stature encore plus imposante — ne faisait qu'ajouter au pathétique d'une mascarade vieille d'un tiers de siècle.

« Mahmud a-t-il choisi pour sa couche la Kadine de cette nuit, Kislar Aga ?

— C'est encore Besma Kadine. Le Sultan n'en veut toujours pas d'autre.

— Mais Besma est enceinte, c'est un bon prétexte ! Il est grand temps qu'il s'occupe de ses autres femmes, du moins jusqu'à l'accouchement. Elles deviennent impossibles et revendiquent leurs droits ! Mahmud peut parfaitement infléchir les lois du harem, mais il doit le faire par *firman,* et certainement pas par amour ou simple caprice, rappela la Validé, qui, mieux que personne, connaissait l'étiquette du harem. Un jour, ajouta-t-elle, il aura une seule épouse, si tel est son désir... un jour. Mais pour le moment, il a quatre femmes et elles veulent *no-bet-geçesi,* coucher avec le Sultan, au moins une fois par semaine ! Ismahish Ikbal viendra voir Mahmud ce soir ; et toi, veille à ce qu'il prépare pour elle des pièces d'argent et un joli cadeau, cela l'amadouera et elle pensera moins à aller intriguer toute la journée avec les autres femmes. »

La Validé leva les yeux sur le chef des Eunuques noirs, et dans cet univers de silence et de secrets, leur regard était le plus éloquent des discours. « Oui, je sais que Besma, l'esclave que Mahmud a rencontrée dans un bain public au cours d'une de ses escapades incognito à Istanbul, lui a volé son cœur, mais il faut respecter les règles, n'est-ce pas, ami ? »

« Aucun regard n'est aussi profond, pensa le Kislar Aga, que celui qui exprime une complicité de meurtre. Pas même un regard amoureux. »

Ils n'avaient pas prononcé un seul mot, il n'y avait eu que le silence et un regard. La Validé avait ôté le poignard de sa ceinture et l'avait glissé dans l'écharpe dorée qui ceignait la taille du grand Eunuque noir. « Les empires s'élèvent et s'écroulent, se dit-il, exactement comme les âmes se sauvent ou se damnent. Le mécanisme est identique, un grain de sable suffit parfois, ou une guerre sainte. Une faute peut être pardonnée, insignifiante ou admirable, mais finalement seules comptent les conséquences. »

« Peut-être vaudrait-il mieux que ce soit la troisième Kadine, Shapir, suggéra-t-il. Elle sera moins encline à se plaindre si le Sultan s'endort.

— Tu as raison, Edris-Ibn-Munqidh Aga. Shapir est plus sûre. Et comme elle a déjà mis au monde une princesse, elle protestera moins si elle doit se faire avorter. »

L'Eunuque noir regarda Tach-ul-Mestourat droit dans les yeux, ce qu'il faisait rarement. Encore un ordre donné, auquel il obéirait. C'était ainsi qu'il régnait : en obéissant, c'était dans l'obéissance que résidait son pouvoir.

« Oui. Shapir. As-tu quelque chose à ajouter, Kislar Aga ?

— Le message d'Ali Efendi.

— Oui, oui, bien sûr. »

Les yeux de la Validé étaient devenus gris ardoise. Le nom d'Ali Efendi, sauf peut-être quand c'était cet homme immense qui le prononçait, la faisait toujours frémir d'effroi et d'amour. *Que la bénédiction d'Allah soit sur lui !*

La Validé, comme beaucoup de femmes qui ont mené une vie aventureuse, semblait posséder le secret de l'éternelle jeunesse. Qu'Ali Efendi fût du même âge que son fils Mahmud lui paraissait normal et Ali se moquait qu'elle fût assez âgée pour avoir été capturée par un des derniers pirates. Il éprouvait pour elle une telle passion que cette adoration étincelait davantage que ses bijoux les plus magnifiques et lui rendait tous les traits, tous les contours, toute la lumière de sa beauté à son firmament.

Mahmud avait rencontré Ali dans sa propre amirauté. Courageux, farouche, plein de grâce, mince, fort, avec des yeux d'un éclat incomparable, que la Validé associait à celui d'une épée ou de l'argent poli frappé par la lumière, Ali était un de ces êtres qui semblent ne jamais tirer profit de leur beauté, et les liens qui les unissaient étaient inscrits dans l'éternité comme ces calligrammes qui ornaient ses appartements, calligrammes auprès desquels la splendeur des murs, des tapis et de tout ce qui l'entourait comptait bien peu. Quand ils étaient ensemble, leur nervosité s'estompait et ils devenaient presque religieusement attentifs l'un à l'autre. Ils s'apaisaient mutuellement. Etait-ce la magie de son visage à elle ? le charme de sa voix à lui ? Elle se demandait ce qui enflammait ainsi leurs esprits, si l'amour était avant tout une histoire d'imagination.

Un léger sourire aux lèvres, la Validé laissait ainsi vagabonder ses pensées. Le désir qu'elle éveillait chez son amant lui donnait un sentiment d'absolu. Seuls ses yeux trahissaient une ombre de peur, car elle avait vu tant d'amours disparaître, tant de drames s'accomplir, qu'elle ne croyait plus en rien. L'amour était comme ces caïques, qui, sur les eaux du Bosphore, traînent lentement derrière eux des trésors en forme de poissons : juste une illusion.

Le message d'Ali lui rappelait qu'elle devait recevoir le célèbre amiral qui avait apporté d'Alger le tribut dû au Sultan. Cet homme, qu'elle espérait bien faire nommer grand amiral, protégerait et garderait son empire.

Les années de vie sédentaire avaient alourdi son corps jadis mince, dont les heures innombrables passées au hammam avaient poli la peau jusqu'à la rendre aussi translucide que de la porcelaine. Ce qu'elle avait de plus beau et de plus frappant, c'étaient ses yeux, parfois d'un vert ardent, tropical, parfois pâles comme un éclat d'émeraude, gris acier comme le ciel avant la tempête, ou encore turquoise comme les eaux de l'archipel. Son regard brillait d'une sorte d'éclat fanatique et sa silhouette, en dépit de ses formes resplendissantes, avait quelque chose de dur, presque militaire. Son visage, pâle sous le rougeoiement du fard, présentait un ovale parfait, souligné par les yeux étranges, très écartés, les sourcils noircis et la large bouche. Son corps et son âme formaient un tout : une armure étincelante et complexe.

Si ses mains, très longues, ne restaient pas plus en paix que ses yeux, sa bouche semblait faite pour le silence et ses lèvres fermes et droites pour ne jamais s'ouvrir. Enfin, ses gestes étaient ceux d'une vieille femme, mais c'était la manifestation de son pouvoir. Elle connaissait mille manières de plaire aux hommes et elle les avait toutes pratiquées.

En passant devant le grand Eunuque noir, la Validé lui jeta un coup d'œil. Sous le haut cône blanc du turban, elle savait que les boucles étaient toutes blanches... Lui aussi, la première fois qu'elle l'avait vu, était dans la fleur de l'âge, si toutefois on peut parler ainsi d'un eunuque.

Dans la cour, des eunuques blancs l'attendaient pour l'escorter chez Mahmud, comme chaque jour après la prière. C'était pour elle un moment précieux. Pour se rendre aux appartements de son fils, elle devait traverser à cheval les vastes jardins ombragés du palais. Quatre gardes portaient les coins du pavillon en soie qui l'abritait des regards, et un eunuque blanc armé conduisait sa monture. Un cri la précédait : *« Var Halvette ! »* « Écartez-vous ! », un appel strident jeté dans la solitude, comme le cri d'un faucon.

Sous la gaze argentée de son voile, les derniers rayons du soleil couchant caressaient son visage tandis qu'elle regardait au-delà des grands cèdres et des cyprès élancés, vers la mer de Marmara et le Bosphore, et, plus loin encore, vers la Méditerranée... et son pays.

Elle releva la tête ; elle devait affronter le monde réel, depuis les graffiti sur les murs du harem jusqu'à l'interminable rébellion moldave. C'était dans une plantation que la Tatch-ul-Mestourat avait appris à survivre ; dans un couvent, le harem de Dieu, qu'elle avait appris la patience, mais c'est en vivant au harem, le couvent de l'homme, qu'elle avait appris à régner.

Le Kislar Aga la regarda passer. Trente-trois ans. L'Eunuque noir et l'Esclave blanche.

De toutes les femmes qu'il avait dominées, aimées, détestées, punies, ou auxquelles il avait obéi, celle qui venait de le frôler de si près que ses robes resteraient jusqu'au soir imprégnées de son parfum était la seule dont l'essence lui eût échappé. « Comment un homme peut-il espérer s'asservir le cœur des femmes si ses fidèles eunuques n'ont pas réussi à dompter leurs esprits ? »

Edris Kislar Aga, le chef des Eunuques noirs, ouvrit la porte de ses appartements privés, après avoir soigneusement choisi sa propre clé parmi la centaine d'autres qu'il portait accrochées à sa ceinture. Le riche brocart de sa robe en soie brodée et sa pelisse frôlèrent l'eunuque qui montait la garde, un sabre à la main, et celui, plus jeune encore, qui était allongé par terre devant sa porte. Le mécontentement de la Validé Sultane lui avait laissé un goût amer. Bien sûr, sa vie n'avait pas d'autre but que le plaisir du Sultan, mais il y avait quelque chose chez la Validé qui, dès le premier jour, l'avait ému.

L'histoire de l'Empire ottoman, il le savait, était un long témoignage de l'immense pouvoir exercé par les femmes. Et cette reine provocante au regard hypnotisant, les plus beaux yeux verts de l'archipel, était devenue, grâce au hasard, l'une de ces femmes toutes-puissantes.

Le harem d'Abdul-Hamid Ier comptait plus de trois cents femmes, dont certaines avaient survécu à des années de trahisons, de querelles et d'intrigues. Il savait qu'un harem est plus propice à la quête du pouvoir qu'à l'épanouissement de la sexualité ; les femmes y consacrent toute leur énergie aux luttes politiques, à l'acquisition de richesses, à l'avancement de leurs protégés et, par-dessus tout, à l'accession au trône de leurs fils...

Quand l'Eunuque noir avait décidé de se séparer d'une partie de lui-même, de se priver d'un coup de la fonction de père et du titre de mari, il avait dix-sept ans et il était amoureux. Mais son épouse adorée, Tityi, était morte à l'âge de quinze ans en accouchant de son fils, mort lui aussi. Il avait alors compris que Dieu l'avait abandonné et qu'il n'aimerait plus jamais, et il s'était condamné de sa propre main à l'épouvantable prison du castrat.

Il avait voulu se libérer des assauts de l'amour par son impuissance à le satisfaire, et il avait fini par aimer de parfaits inconnus, ceux qui étaient le mieux placés pour lui assurer la richesse et la sécurité. Depuis, il ne s'était jamais plaint de son sort, mais il ne se rappelait pas avoir connu un seul jour de paix ou de sérénité.

Le jeune eunuque posté dans l'embrasure de la porte se pencha, comme si on l'appelait.

L'Eunuque noir soupira.

« Tulip ! »

L'adolescent, qui guettait cet appel, traversa d'un bond la pièce au parquet de teck luisant et se prosterna aux pieds de son maître.

« Maître.

— Je veux du café et mon écritoire. »

C'est An Asagi qui les lui apporta, un garçon de

onze ans, vif et dévoué, un eunuque débutant chargé de surveiller en permanence la multitude de portes et de passages du harem. Le Kislar Aga dégusta le café à l'arôme puissant, savourant cette heure volée à son temps si précieux. Tulip restait près de lui, immobile, sachant que c'était ainsi que son maître aimait travailler.

L'Eunuque noir jouait avec sa plume, devant le parchemin de papyrus et l'encre égyptienne qu'il avait disposés sur sa table basse. Il commença un nouveau poème :

Pul	*Derdime derman bul*
Jonquille	Aie pitié de ma souffrance.
Kihat	*Biilerum sahat sahat*
Papier	À chaque instant je brûle.
Ermut	*Ver bize bir umut*
Poire	Accorde-moi quelque espoir.
Sabun	*Derdinden oldum sabun*
Savon	J'ai le mal d'amour.
Chemur	*Ben aglarum sen gul*
Charbon	Que je meure, afin que mes années rejoignent les tiennes.
Gul	*Ben aglarum sen gul*
Rose	J'endosserais tous tes maux en échange de ton bonheur.
Hazir	*Oliim sana yazir*
Paille	Daigne faire de moi ton esclave !
Jo ha	*Ustune blunmaz paha*
Tissu	Toi l'inestimable.

Tartsin	*Sen ghel ben chekeim senim harqin*
Cannelle	Tous mes biens en ce monde sont tiens.
Gira	*Esking-ilen oldum ghira*
Allumette	Je brûle, je brûle, ma flamme se consume.

Au nom d'Allah, le Clément, le Maître de miséricorde, que la Protection de Dieu et Sa Bénédiction éternelle se répandent sur notre Prophète Mahomet, sa famille et ses amis. Amen.

Changement. La seule chose qui ne soit pas nécessaire à l'amour. Comme la perfection d'ailleurs. Changement et perfection sont antinomiques, aussi bien en politique qu'en amour. Il avait vécu l'amour parfait à dix-sept ans. Et il lui avait dédié sa virilité d'un acte irrémédiable. Un acte qui répondait parfaitement à son éthique. Un acte par lequel il s'était défini pour toujours. La castration étant interdite par le Coran, il avait commis un péché qui exigeait une vie entière de pénitence. Et, pour un castrat, existe-t-il une plus grande pénitence que celle de devoir vivre sa vie entière dans un univers de femmes ?

Sa plume glissait sur la page, inventive, calligraphiant merveilleusement chaque mot. L'Eunuque noir ferma son esprit à toute autre pensée. Son destin l'avait conduit en ce lieu, telle une main guidée par des forces aussi surnaturelles que celles qui avaient fait sombrer le navire de la Validé et l'avait amenée, elle, à Topkapi.

LIVRE PREMIER

L'esclave blanche 1781

1

L'ARGUS
1781

On parle de nature, quand on est dans l'ignorance,
Comment peut-on parler de la navigation ?
Guerre, commerce et piraterie
Sont une seule et même chose.

GOETHE, *Faust.*

« En mer, on ne peut rien voir sans être vu soi-même, c'est dans la nature même de l'océan », pensa le capitaine de l'*Argus*. La sirène du navire sonna l'alarme et il fut parcouru d'un rapide frisson de peur prémonitoire en apercevant à l'horizon trois corsaires algériens. L'*Argus* venait de franchir le détroit de Gibraltar et faisait route vers Marseille avec à bord quelques passagers et une cargaison de sucre. « Il n'y a rien d'autre à faire, désormais, se dit le capitaine, que de poursuivre notre route. » Le vent leur était plutôt favorable, et ils pourraient peut-être doubler le cap de Los Palos entre Almería et Alicante avant d'être rattrapés.

Quand les trois bateaux décidèrent de leur donner la chasse, au beau milieu de l'après-midi, le capitaine s'entendit à peine hurler un avertissement :

« Pirates droit devant ! Tout le monde sur le pont ! »

Son cri déchira pourtant le calme du navire comme l'explosion d'un boulet. Les marins, affolés, tombèrent de leurs hamacs, se précipitèrent à leur poste ou grimpèrent en haut des mâts. D'autres se pressèrent à la proue, déroulant les cordages avec force jurons. La peur assaillit tout à coup ces hommes à demi nus avec plus de violence encore que la chaleur du soleil en ce 29 juin 1781.

« Sainte Marie, mère de Jésus, s'écria le capitaine de Chaumareys ; pour nous prendre, il faudra d'abord qu'ils nous rattrapent ! »

La frégate aux douze canons vira de bord en gémissant de toutes ses membrures et cingla vers le large sous la poussée des voiles latines. Le capitaine craignait que le vent ne déchire la toile ou ne brise le mât, mais il savait qu'il devait risquer le tout pour le tout car c'était leur liberté qui était en jeu.

« Oh, mon Dieu, capitaine ! gémit Rafanni, le second lieutenant, un Italien de Nice qui rentrait au pays après six ans passés dans les îles d'Amérique. Les passagers veulent monter sur le pont, et M. Delaye exige de savoir ce qui se passe.

— Dites à ces maudits passagers de rester dans leurs cabines, monsieur Rafanni. Essayez de les calmer. Assurez-leur qu'il n'y a pour le moment aucun danger ! Nous allons semer ces païens, ces bâtards de circoncis ! »

L'*Argus* tenait son cap. Le navire allait si vite qu'ils avaient l'impression de flotter dans l'air et non sur l'eau, et les trois corsaires fondaient sur eux, toutes voiles dehors.

C'est Rafanni qui, le premier, se rendit compte de ce qui se passait.

« Regardez, ils sont fichus ! »

Les deux hommes assistèrent alors au miracle. Les mâts de deux navires se brisèrent comme des fétus de paille, tandis que le troisième ferlait ses voiles.

« Nous sommes sauvés ! »

Les trois corsaires disparurent à l'horizon. Le capitaine de Chaumareys ordonna d'affaler la grand-voile et de hisser à la place la voile carrée pour soulager le grand mât. Ils étaient hors de danger.

Il était quatre heures de l'après-midi, et Chaumareys se préparait à descendre pour consulter ses cartes quand un dernier regard vers l'horizon révéla à son œil incrédule un autre navire qui cinglait droit sur eux, comme si le destin leur envoyait tous les corsaires de la côte barbaresque. Cette fois, l'*Argus* s'enfuit vers la lagune de Mar Menor, se précipitant dans les ténèbres protectrices comme dans les bras d'un amant. L'obscurité se referma sur eux et ils perdirent de vue le corsaire algérien.

Le capitaine descendit calmer les passagers et réfléchir à ce qu'il pouvait faire. Après neuf semaines en mer, il connaissait parfaitement membres de l'équipage et passagers, il possédait la capacité de lire dans le cœur des hommes et des femmes comme dans un livre, don indispensable pour un commandant de navire qui doit souvent prendre des décisions sur-le-champ, aussi arbitraires soient-elles, et compter sur la volonté, la ruse ou la violence, si nécessaire, pour les imposer. À sa table, à l'heure du dîner, il savait à l'avance ce qui l'attendait : le silence outragé du docteur Manguelas, la rage mal dissimulée de l'abbé de Tullenville, les larmes rentrées de Mme la comtesse de Trezin de Cangey. Le seul regard calme et bienveillant qu'il croiserait serait celui de l'esclave aux yeux noirs de la couventine. Rien en effet ne pouvait troubler l'impassibilité de cette négresse...

Le capitaine et le pilote passèrent la nuit à étudier les cartes. Ils n'étaient pas le moins du monde tirés d'affaire, même si c'était ce qu'ils avaient affirmé aux passagers inquiets, pour ne pas troubler leur sommeil. Ils devaient modifier leur itinéraire, décida le pilote. Le navire doublerait le cap Nao pendant la nuit et se dirigerait vers Ibiza.

Le soir du second jour, ils arrivèrent en vue de Palma, mais comme ils ne pouvaient pas prendre le risque d'accoster de nuit, même par vent favorable, l'*Argus* poursuivit sa route. À deux heures du matin, Lyon, le pilote, vint secouer le capitaine.

Un changement de vent les avait fait dévier de leur cap, loin, très loin de leur destination : la côte corse était en vue. Ils pouvaient tenter de gagner Ajaccio.

À quatre heures, ils aperçurent ce port, mais au lever du soleil, la vigie annonça dans un cri de détresse la présence de deux autres corsaires. Le capitaine de Chaumareys commit alors une singulière erreur de jugement. Au lieu de fuir vers le large, il préféra se diriger vers la côte. S'il ne pouvait sauver son vaisseau, il sauverait au moins l'équipage et les passagers.

Les pirates, comme à leur habitude, foncèrent droit sur eux. Le plus petit des vaisseaux, mieux à même de manœuvrer, s'avança à portée de ses douze canons.

Chaumareys leva le fanion rouge et ordonna de tirer une volée à blanc. Cette bravade, qui laissait croire aux pirates qu'il allait se défendre, les fit se mettre en panne pour se concerter. Si une telle bordée signifiait que Chaumareys ne se battrait pas, elle n'excluait pas la possibilité de la fuite.

Quand le capitaine fit affaler la grand-voile, le plus petit des corsaires, tout proche, était à portée de mousquet. Les deux navires commencèrent à échanger des coups de feu, et le capitaine entendit bientôt des cris monter de l'intérieur de l'*Argus*, puis une balle algérienne lui siffla aux oreilles. En dernier recours, ils hissèrent les voiles et serrèrent au plus près pour remonter au vent et prendre de l'avance sur les deux navires ennemis. Alors même que l'effet souhaité semblait atteint, un marin manqua sa manœuvre. La voile faseya et Chaumareys, malgré les efforts de l'équipage, vit son avantage disparaître en quelques instants.

« Au point où nous en sommes, se dit le capitaine, nous n'avons plus qu'à passer une chemise propre, et neuve de préférence, puisque chemise et culotte, c'est tout ce que les pirates laissent à ceux qui tombent entre leurs mains. »

Lasseau, un marin qui avait déjà été capturé, vint vers lui en criant pour essayer de couvrir le fracas des mousquets :

« Capitaine, ils ne monteront pas à bord si vous vous rendez. » Mais ses yeux en disaient long sur ce qui attendait les esclaves à Alger.

Chaumareys prit alors une décision inspirée davantage par la peur de perdre la liberté que par le courage d'agir et de mourir pour la préserver. Avant même de comprendre ce qu'il avait fait, le bruit épouvantable de ses propres canons, chargés cette fois, lui déchira les tympans, suivi par les hurlements des pirates devant cette attaque surprise, mais le second corsaire était presque bord à bord, et les Algériens avaient déjà commencé à lancer des amarres et à hisser leur pavillon.

Tandis que l'équipage tâchait de dégager à la hache le mât qui s'était abattu sur le pont, les pirates sautèrent des haubans et envahirent la proue, bondissant comme des chats. En un instant, le pont grouilla de soldats armés de sabres, et l'air fut déchiré par les coups de mousquet. Les Tabarquais, au loin, entendirent tonner les canons et virent à l'horizon trois vaisseaux miniatures entourés de fumée.

Alors même que le capitaine allait demander quartier, il se passa une chose si étonnante que ceux qui survécurent à cette journée ne l'oublièrent de leur vie. L'*Argus* lâcha une bordée sur le second corsaire à l'instant précis où celui-ci tirait, et deux boulets se rencontrèrent. Celui lancé de l'*Argus* éclata en deux morceaux, dont un revint vers le navire et tua le capitaine. Pour l'équipage, ce fut un présage : il fallait arrêter le combat. Ils seraient des esclaves, mais qui sait ? s'ils vivaient, on pourrait les racheter, alors que s'ils mouraient, comme Chaumareys, leurs âmes resteraient peut-être libres, mais leurs corps misérables cesseraient à jamais d'aimer, de procréer et de vieillir.

Les corsaires se mirent à dépouiller les marins et à forcer les caisses. Plusieurs Algériens étaient blessés, et le capitaine gisait dans une mare de sang.

Le raïs Barmaksis, qui était resté sur son navire, le *Oukil el Harj,* vint rejoindre son associé, le raïs Memmou, sur le pont de l'*Argus*. Barmaksis, plus connu sous le nom de Mano Morta, à cause de sa main gauche mutilée, fit signe au pilote dénudé d'approcher. Lyon, qui avait vu les forbans se partager les vêtements des marins, implora pitié en arabe pour les hommes ligotés sur le pont : si on les laissait là, ils risquaient d'être horriblement brûlés par le soleil. Le ton de Barmaksis lui fit regretter d'avoir pris cette liberté.

« Fils de merde. Il n'y a pas deux minutes que tu es en ma présence et tu oses ouvrir ta bouche infecte ! »

Le sabre du raïs étincela et ouvrit une longue entaille sur l'épaule du pilote. Lyon, sous le coup de la douleur, de cette voix féroce et du regard affreux qui le fixait, tomba à genoux en gémissant. Pourtant, il avait eu le temps de déceler dans les paroles du raïs une trace infime d'accent européen et de reconnaître en Mano

Morta le renégat vénitien qu'il était. Memmou prit alors la parole :

« Je veux voir vos passagers. »

Se tournant vers son voisin, un jeune blond aux yeux bleus qui avait été légèrement blessé, il lui ordonna d'aller les chercher.

« Voilà ta première récompense, Hamidou. Tu as l'honneur de descendre chercher les prisonniers chrétiens. »

Le pilote intervint une fois encore, cette fois au risque de sa vie ou d'un coup de sabre en travers du visage.

« Excellence Mano Morta, permettez-moi, puisque je suis désormais le capitaine de ce navire, d'aller moi-même chercher les passagers. Il y a parmi eux des femmes qui n'auront peut-être pas la force ou la présence d'esprit d'obéir aux ordres. »

Le raïs Memmou hocha la tête. Les femmes constituaient un butin de prix. Il serait stupide de risquer un accident.

Le raïs était satisfait. Avec cette capture, ses prises de l'année atteignaient un total de seize navires et de 457 313 francs. Deux des navires venaient de Nantes, chargés d'esclaves, et il avait gagné énormément d'argent en les revendant à leurs compagnies nantaises, Michel & Grou et Exaudy & Liprot. Memmou avait pour habitude de rendre les navires de traite intacts, avec leur cargaison, sauf lorsque se trouvaient à bord des captifs musulmans. Ceux-là, il les libérait, en accord avec les prescriptions du Coran, qui interdisait à un musulman d'en réduire un autre en esclavage. En fait, la traite n'avait jamais été si florissante et lucrative. C'est dans les îles d'Amérique que la demande était la plus forte et à Nantes que se faisait l'essentiel du trafic.

Memmou avait entendu dire que John Paul Jones, le célèbre capitaine américain, s'était proposé pour débarrasser la Méditerranée des raïs algériens. Qu'est-ce qu'il s'imaginait, celui-là ? Que les Américains pourraient se dispenser de payer un tribut annuel à Alger, comme tout le monde, pour acheter la sécurité de leurs navires ? « D'abord, se dit le raïs, dédaigneux, les Américains feraient mieux de se constituer une flotte avant que leurs capitaines osent parler de libérer les mers. »

Le pilote alla chercher les passagers et les fit monter sur le pont. Ils arrivèrent un à un, terrifiés, échevelés, clignant des yeux sous le soleil, et le commissaire Delaye s'évanouit même de terreur. Quand les trois derniers passagers sortirent à la lumière, les deux raïs se turent, ainsi que tous ceux qui se trouvaient là. Le jeune Hamidou, qui deviendrait un jour le plus riche, le plus célèbre et le plus pourchassé des pirates barbaresques, retint son souffle. Durant ses quatorze années de vie, il n'avait jamais rien vu de si beau.

Une jeune Créole de quinze ans, qui venait de quitter son couvent, et son esclave légèrement plus âgée venaient de tomber à genoux devant les hommes et priaient, rosaire à la main. Les grains luisants entre les doigts de la Créole hypnotisaient le jeune garçon et fascinaient les forbans.

Les yeux verts de la jeune fille flamboyaient de haine. C'était la première fois qu'elle voyait des païens, et tout son corps se révoltait à leur vue, à leur odeur, à leur façon d'être mâles. Avant même de sentir sur elle leurs regards curieux, ignorants et avides, elle eut l'impression d'être violée. Elle qui s'était gardée des moindres pensées impures dans l'espoir de servir la gloire de Dieu se trouvait d'un seul coup plus loin du salut que dans ses plus noirs cauchemars et se voyait soudain confrontée au trop fameux *sort pire que la mort*...

« Marie, Mère de Dieu, aide-nous. Protège tes serviteurs de la Vraie Foi à l'heure de l'épreuve. Ne nous laisse pas montrer notre peur, ni nous écarter du chemin de la vertu. Mais accorde-nous, ô Seigneur, la vie, afin de te servir. Amen. »

2

L'ESCLAVE BLANCHE
1781

L'histoire de tous les peuples démontre que l'esclavage, pour être utile, doit au moins être rendu supportable ; que la force n'empêche jamais la révolte de l'âme ; qu'il est dans l'intérêt du maître que l'esclave désire continuer à vivre ; et qu'on ne peut plus rien attendre de lui une fois qu'il ne craint plus la mort.

Citoyen Louis FRANK,
médecin de l'armée d'Orient.

Alger présentait un ensemble imposant de bâtisses d'un blanc éblouissant qui dominaient un port bien abrité, et les cubes de la Casbah s'amoncelaient à flanc de colline, nichés sous les canons des Ottomans et le drapeau vert de l'Islam. Dans les labyrinthes de la médina où les toits en surplomb ne laissaient entrevoir qu'une mince déchirure d'azur, toutes les races étaient rassemblées : Espagnols, Italiens, Berbères, Anglais, Grecs et Arabes, mais plus d'un tiers des habitants d'Alger étaient des esclaves, et parmi eux, vers l'an

1200 de l'Hégire, on comptait environ deux mille chrétiens.

Dans les eaux bleues de la baie se croisaient des navires marchands de toutes nationalités, et comme le trafic de la côte guinéenne passait par Alger, un flot ininterrompu d'esclaves noirs s'écoulait par cette voie.

Le raïs Memmou fit passer les chrétiens terrifiés et épuisés par un dédale de ruelles mal pavées, gluantes de crasse et grouillantes de rats engraissés par les ordures jetées en plein soleil sur la chaussée. Dans les bazars, à l'étal des bouchers, étaient exposées des entrailles aussi rouges que les œillets des boutiques voisines.

Hamidou trottait sans rien dire à côté de la jeune fille et de son esclave. Il était prêt à tout pour lui rendre service, mais ne parlait pas un mot de français. « Si j'avais le don des langues, se dit-il, je pourrais la convaincre de se convertir à l'islam, elle se sauverait si elle acceptait de renier sa foi. »

À l'arrivée du navire, une foule de curieux s'étaient rassemblés sur les quais pour manifester leur admiration à ces corsaires qui rapportaient tant de richesses, et contemplaient, bouche bée, les nouveaux esclaves. Les prisonniers devaient à présent se frayer un chemin à travers ces gens qui les harcelaient, leur crachaient dessus, et dont les cris étranges, gutturaux, ajoutaient encore à la terreur qu'éprouvait chacun de ces chrétiens. On les menait tout droit au palais du Dey, une forteresse située au cœur de la Casbah où régnait depuis seize ans le pacha Baba Mohammed Ibn-Osman. Le raïs Memmou était en adoration devant lui, et pour Hamidou c'était tout simplement Allah en personne. De fait, Baba Mohammed était le digne successeur de Barberousse, le Grec renégat qui s'était installé à Alger au nom des Turcs, plus de deux siècles auparavant, et qui reposait à présent à Istanbul, dans une magnifique tombe de granit où étaient gravés ces simples mots : « Ci-gît le Capitaine de la Mer. » La terreur de la Méditerranée, désormais, c'était Baba Mohammed, le maître des pirates barbaresques. Il défendait ses hommes envers et contre tous, et ses raids contre les infidèles restaient impunis, alors qu'il extorquait aux pays européens des sommes exorbitantes.

« Oh, mon Dieu, qu'allons-nous devenir ? chuchota la Créole à son esclave.

— Courage, maîtresse. Nous serons peut-être rachetées. J'ai entendu dire que c'est ce qui arrivait pour les Européens. L'autre soir, un marin me l'a expliqué. Ils font venir le consul de France pour négocier la rançon, en fonction de leurs exigences et du rang des captifs.

— Alors, pourquoi y a-t-il tant d'esclaves chrétiens à Alger ?

— Seulement des pauvres Noirs comme moi, maîtresse, pas des Blancs.

— Mais ces gens prennent des Blancs pour esclaves ! Qu'allons-nous devenir ? répéta-t-elle.

— Les esclaves n'ont pas d'avenir », répondit Angélique.

La jeune fille jeta un coup d'œil à son esclave, dont les derniers mots pleins de rancœur l'avaient fait frémir. Angélique la haïssait de tout son cœur. Ses lèvres se mirent à remuer pour une prière muette. Les lèvres d'Angélique lui répondirent, comme en écho, et cet élan de ferveur les réunit à nouveau.

Hamidou se retourna vers les prisonniers qui traînaient la jambe. Certains se plaignaient à voix basse, le pilote souffrait de ses blessures et les marins n'avaient pu garder que leurs sous-vêtements. Le comte de Tullenville pleurait sans retenue et, en fin de chaîne, les deux Anglais escaladaient les hautes marches en s'accrochant désespérément l'un à l'autre. Hamidou devait se battre pour repousser la foule et faire passer la jeune chrétienne, dont la robe noire contrastait avec le blanc et le bleu des murs. Son esclave aussi était vêtue de noir, et toutes deux avaient la tête couverte d'une mantille de même couleur, avec laquelle, par instinct, elles cachaient leur visage aux yeux de la foule curieuse et hostile qui parlait une langue au rythme étrange, dont les sons faisaient vibrer l'air comme les cris des vautours qui planaient sur la ville. La fille, soudain, trébucha, et Hamidou, d'un geste vif, l'empêcha de tomber. Elle s'appuya lourdement contre lui, mais toujours avec cette expression admirable de hauteur sur le visage, malgré les larmes qui ruisselaient sur ses joues... Sa servante, elle, ne montrait aucun signe d'émotion, si ce n'est une sorte de curiosité résignée. « Après tout, pensait Angélique, on ne peut pas être deux fois esclave ! »

On conduisait les captifs directement au Mechouar, le palais administratif, où le butin du raïs serait enregistré, évalué, pesé, partagé et distribué en lots — quarante parts pour le Dey, trente pour le raïs, vingt-cinq pour l'équipage, et cinq pour les bakchichs. On les emmènerait ensuite au quartier des esclaves pour la nuit, dans les anciennes catacombes chrétiennes, jadis thermes romains.

Le cortège longea les enclos des esclaves noirs, où aboutissaient les caravanes qui traversaient le Sahara pour vendre Nubiens, Soudanais et Guinéens à Alger et au Caire. Les esclaves étaient entassés pêle-mêle, hommes, femmes, enfants et nourrissons. Des adolescents, couverts de mouches et de boue, souffraient encore de la castration qu'ils avaient subie à Abutige, sur le Nil. Une rumeur faite de cent dialectes s'élevait dans l'air du soir, de cet endroit où étaient parqués des centaines et des centaines d'esclaves.

Angélique, les yeux agrandis par l'horreur, fut

prise d'un tremblement incontrôlable : le spectacle qui s'offrait à sa vue avait réussi d'un seul coup à lui faire perdre son impassibilité. Elle se mit à vomir, secouée de spasmes convulsifs, mais comme elle avait l'estomac vide, elle ne put rejeter qu'un mince filet de bile. Une seule pensée lui restait en tête : qu'on vende une négresse à Alger ou en Amérique, elle n'en est pas moins esclave. Et elle commença à imaginer comment elle pourrait se tuer.

Sa maîtresse avait jadis visité le marché aux esclaves de Port-Royal avec son père. Angélique n'avait jamais rien vu d'aussi terrible. Les Africains qui venaient d'arriver ne lui semblaient aller ni mieux ni plus mal que ceux qu'elle avait croisés jadis, mais cette fois, la jeune Créole subissait le même sort, et elle-même, comme la plus noire des négresses, pouvait perdre la vie à tout instant, son sort dépendait du caprice d'un maître.

Les esclaves, sauf peut-être les plus jeunes, étaient venus à pied, car ils présentaient l'avantage d'être la seule marchandise qui soit capable de se transporter toute seule. Les chameaux des caravanes ne servaient qu'à l'approvisionnement en eau, rationnée jusqu'aux limites de la résistance humaine. Et trois ou quatre fois par an arrivaient là des caravanes de cinq cents à mille esclaves de tous âges et des deux sexes.

Le raïs et ses prisonniers de l'*Argus* se retrouvèrent dans la cour du palais, sur une grande esplanade couverte de sable blanc, fermée sur trois côtés par une colonnade. Une foule compacte s'était rassemblée, et le turc de l'administration officielle se mêlait à l'arabe et aux dialectes berbères du désert. Au bout de l'esplanade siégeait le *Keznapar,* le ministre des Finances du Dey d'Alger, entouré de ses assistants, scribes et notaires, prêts à enregistrer les butins. Quand Memmou monta sur l'estrade officielle, suivi de Hamidou, il reconnut le consul anglais, un peu à l'écart. Le consul français avait été également averti, et lui aussi était prêt à négocier pour ses ressortissants.

« Le consul de France est là », chuchota le raïs à son protégé.

Hamidou soupira, soulagé. Dieu avait exaucé ses prières...

Après une longue conversation avec leur consul, les deux Anglais furent sortis du rang et conduits à l'ombre de la colonnade. Les marins de l'*Argus,* comme prévu, furent regroupés : on les destinait aux galères. Le consul français s'avança à son tour pour négocier la rançon du comte de Tullenville et des jeunes filles. Hamidou faillit en pleurer de joie. Avec force gestes et sourires, il essaya de leur faire comprendre qu'elles étaient sauvées. L'enregistrement se poursuivit. Chacun sortait du rang à l'appel de son nom et un secrétaire notait les renseignements nécessaires, suivis d'un commentaire laconique : marché aux esclaves, ou acheté, ou remarqué par le Dey d'Alger, ou attribué au raïs Memmou...

Soudain Hamidou vit une silhouette imposante sortir de l'ombre, sous la colonnade, derrière le Keznapar. L'homme portait un caftan blanc et un turban de mousseline de même couleur orné d'une pierre précieuse et d'une plume d'autruche. L'Ottoman échangea quelques mots à voix basse avec le secrétaire, lequel, après avoir hoché la tête en signe de compréhension, se retourna, surpris, et commença à protester en turc. Le consul de France, qui avait entendu et saisi ce qui s'était dit, se mit à son tour à protester vigoureusement, en faisant de grands gestes nerveux devant le Turc qui, imperturbable, refusait de lui répondre.

Au nom du Sultan ottoman, à qui revenait après

chaque vente un esclave sur dix, la jeune chrétienne rousse était réquisitionnée. Elle appartenait désormais au Sultan Abdul-Hamid. Hamidou, qui commençait à comprendre ce qui se passait, pâlit. De plus, le fonctionnaire turc s'appropriait personnellement l'autre Américaine, la Noire, pour son harem. Il fallait être aveugle pour ne pas voir le joyau qu'était cette femme sous cette espèce de tente ridicule qui la couvrait de la taille aux pieds. Une peau ambrée, de longs cheveux noirs, des yeux jaunes... il voulait prendre cette esclave pour épouse ! L'autre serait expédiée avec le tribut que Baba Mohammed devait au Sultan depuis six ans. Le navire était à quai, et le chargement avait déjà commencé.

Alors que le jeune Hamidou se sentait sur le point de défaillir, Memmou riait sous cape : on pouvait s'attendre à une sacrée bagarre administrative entre le représentant du Sultan et le Dey qui s'était toujours montré jaloux de son indépendance. Certes, les Ottomans avaient parfaitement le droit de prélever un esclave sur dix, mais la petite chrétienne rousse avait déjà été réservée pour le Dey en personne. Baba Mohammed ne supporterait pas cet affront. Le Keznapar referma violemment ses registres en faisant un geste obscène. Le Turc se rembrunit, fort de son bon droit : n'était-il pas le représentant du Padichah de l'Empire ottoman, Alger n'était-elle pas un État vassal dudit Empire ? n'avait-il pas droit à un esclave sur dix ? n'exerçait-il pas ce droit au nom du glorieux Padichah de Turquie ? La fille était la plus chère du lot, et il était normal qu'elle soit destinée au Sultan. Quant à l'autre Américaine, elle était à lui ! Il avait toujours voulu posséder une épouse américaine...

« Nous verrons, répondit le Keznapar. Je vais en référer au Dey en personne.

— Faites donc, dit le Turc.

— J'ai l'intention..., commença le consul de France.

— Fermez-la », lui lança le ministre exaspéré.

Les jeunes filles qu'on se disputait si âprement restaient serrées l'une contre l'autre dans la blancheur de la cour, sous la chaleur du soleil, l'air désespéré.

Memmou secoua la tête, sur ses gardes. Cet incident, qui suffisait à remettre en cause les relations entre l'Empire et Alger, durerait peut-être des années. On se disputait la pauvre fille comme si c'était... eh bien, ce qu'elle était, un morceau de viande, un loukoum parfumé, une orange au sucre, « repos de la gorge ». De toute façon, le Dey ne supporterait pas qu'un Ottoman lui dicte sa conduite. Il était parfaitement capable de garder la fille, par pur dépit, et le Sultan de son côté pouvait lui déclarer la guerre s'il ne cédait pas. Tout revenait, comme toujours en Orient, à ne pas perdre la face.

Hamidou, impuissant, avait les larmes aux yeux. C'est lui qui avait enseigné à la fille ses premiers mots d'arabe, et chaque jour il l'adorait un peu plus. Ils avaient essayé de se parler, comprenant qu'ils n'étaient tous les deux que des enfants. Il avait appris son nom et elle le sien. Il avait calmé ses frayeurs du mieux qu'il le pouvait, il avait dû affronter les plaisanteries paillardes des soldats qui ne cessaient de se moquer de lui, et il avait fini par imaginer un moyen de sauver sa chrétienne de ce qu'ils appelaient *un sort pire que la mort.*

« Tu veux faire QUOI ?

— L'épouser.

— Quoi ?

— L'ép... »

Avant qu'il ait pu terminer, le fouet en cuir d'hippopotame du raïs Memmou lui cinglait l'épaule gauche, manquant lui briser le cou.

Hamidou tomba, terrassé par la souffrance.

« Tu as encore sept ans à faire à mon service et, après, tu seras l'un des pirates les plus riches et les plus redoutés de la côte barbaresque, et tu veux tout lâcher pour une chrétienne aux yeux fourbes. Une infidèle ! Une *giaour*. Une giaour ! Qu'Allah vienne me soutenir dans mon chagrin ! Toi, un bon musulman, le fils de ta mère... pas même dans mille ans... pas même si tu pouvais t'offrir la chaîne en or avec la croix païenne qu'elle porte autour du cou ! Comment crois-tu pouvoir la payer avec ce que je te donne ? Tu as peut-être l'intention de l'enfermer dans une chambre misérable de la Casbah pendant que tu seras en mer ? À moins que tu n'aies décidé de te retirer dans ton domaine à Tripoli, tellement tu es riche ??? »

La douleur empêchait encore Hamidou de parler, et semblait se confondre avec la souffrance et l'indignation qui lui brûlaient le cœur.

« C'est un harem qu'il veut ! »

Hamidou entendit rire les autres, derrière lui, mais il ne pouvait ni se relever ni tourner son cou blessé pour les insulter.

« Une giaour qui ne penserait qu'à t'empoisonner pendant ton sommeil ! »

Le raïs Memmou s'arrachait les cheveux.

« Je t'interdis désormais de poser les yeux sur elle. Et si tu touches ne serait-ce que l'ourlet de sa robe, tu te retrouveras sur le marché des eunuques. Tu m'entends ? Oh ! la ! la ! toi qui es comme mon propre fils ! Tu as le courage, l'ardeur, les couilles qu'il faut pour devenir un grand raïs, avec ton propre navire, ta propre flotte, le plus grand pirate de la côte barbaresque, et il faut que tu tombes amoureux d'une infidèle, la plus chère que j'aie jamais vue ! Elle est destinée au Dey en personne ! Tu tiens à ta tête ou tu préfères la voir rouler sur la place des Exécutions ? Allah ! Qu'est-ce que j'ai fait pour mériter ça ! »

Tout cela se déroulait sous les yeux des jeunes chrétiennes. La seule consolation de Hamidou était de savoir qu'elles ne comprenaient rien. C'était la première fois qu'il essayait d'affronter le monde tel qu'il était, et il avait échoué, mais ce jour-là, il se jura de ne plus laisser quoi que ce soit se mettre entre lui et son désir. Et ce qu'il désirait le plus, à part sa chrétienne aux yeux verts, c'était devenir un grand raïs couvert de gloire et de richesses.

« Il s'agit de ne pas perdre la face », se dit Baba Mohammed en souriant derrière sa longue barbe passée au henné. Il se gratta le nez, les couilles, loucha d'un œil myope vers son ministre des Finances en ébullition, puis vers les deux giaours agenouillées devant lui, leurs drôles de jupes étalées autour d'elles. Tête baissée, elles faisaient cliqueter leurs rosaires.

« Tu sais que je suis trop vieux pour ce genre de chose, Suleiman Pacha.

— Mais, Votre Grandeur, il s'agit...

— De ne pas perdre la face, dit le Dey. Et Abdul-Hamid, après quarante-quatre ans dans la *Cage des princes,* un harem de trois cents femmes, est lui aussi trop vieux pour ce genre de chose. Pourtant, j'ai entendu dire que son harem est encore très actif, je ne pourrais pas en dire autant du mien.

— Sire...

— Oui, oui, oui. Il n'est pas question que le ministre ottoman me dicte ce que je peux ou ne peux pas faire. Mais je ne veux vraiment pas qu'on se batte pour ça, Suleiman... Je suis trop vieux. J'ai des problèmes bien plus importants à régler... Combien d'esclaves chrétiens ai-je promis au Sultan pour son couronnement ?

— Cinquante, Votre Grâce.

— Et combien lui en avons-nous envoyés ?

— Aucun, Votre Grâce, en fin de compte, nous ne lui avons rien envoyé pour son couronnement. Nous avons six ans de retard pour notre tribut.

— Parfait. Je lui ai promis cinquante chrétiens — et je vais lui en envoyer cinquante et un pour lui témoigner *personnellement* mon amitié. Et cette esclave " extraordinaire " que j'avais choisie pour moi fera partie du tribut.

— Et l'autre Américaine ?

— L'Ottoman peut la prendre. J'espère qu'ils seront très heureux ensemble. Il aura la surprise de découvrir que les Américaines, dans le noir, sont pareilles que les autres. »

Le ministre leva les yeux vers son maître.

« Pouh, soupira le Dey. Conduisez ces femmes à mon harem et demandez qu'on leur fasse prendre un bain et qu'on vérifie la virginité des deux, bien qu'il n'y ait guère de doute à avoir là-dessus. Faites-les épiler et trouvez-leur des vêtements. Mais, à Istanbul, la Blanche sera présentée au Kislar Aga dans ceux qu'elle porte. Le Sultan la trouvera extraordinaire. Veillez à ce qu'on nettoie et prépare toutes ses toilettes européennes, ainsi qu'une garde-robe plus conventionnelle... C'est mon cadeau personnel au Sultan Abdul-Hamid. »

Le Dey d'Alger se leva et s'approcha des jeunes filles. Il souleva le menton de la première, la Blanche, regarda son visage, approcha le sien pour sentir son haleine, et ce qu'il vit sur ce visage le surprit. La terreur et le dégoût, bien sûr, mais autre chose aussi : l'intelligence, la volonté, le courage, l'insolence et un incroyable orgueil..., oui, par-dessus tout, l'orgueil. « Si elle connaît la véritable signification de ce mot, c'est-à-dire celle que lui donnent les hommes, quelque chose que les Orientaux n'apprennent pas à leurs femmes, l'offrir au Sultan risque de devenir intéressant. Elle réussira peut-être à l'empoisonner si elle en a l'occasion... ou à le trahir. Avec des yeux comme les siens à côté de soi, on ne doit jamais être sûr de se réveiller le lendemain matin... et elle n'a que quinze ans à peine... Comment sera-t-elle à vingt-deux ans ? se demanda-t-il, troublé. Et si je la gardais... »

Il se tourna vers la deuxième, la Noire. « Une vraie beauté, malgré sa peau sombre. » En elle, il voyait de l'orgueil, mais d'une autre nature, et aussi une haine intense, profonde et immuable. Il ne lui laisserait pas une dague à portée de la main. Comprenait-elle qu'elle avait échappé au marché aux esclaves, qu'elle allait vivre dans le luxe derrière les portes sacrées d'un harem, celui du troisième homme dans l'échelle du pouvoir (sur le papier, du moins) à Alger ? Qu'elle était maintenant la supérieure de son ex-maîtresse ? Baba Mohammed fit signe à son interprète.

« Dis à la Noire qu'elle va devenir l'une des épouses du pacha Keznapar, et qu'elle sera élevée au rang de Sultane. Elle devra le servir fidèlement et il sera tenu sur l'honneur, en tant qu'ambassadeur plénipotentiaire de l'Empire ottoman, de lui assurer protection, abri et nourriture, bijoux, esclaves et argent personnel. Mais seulement à condition qu'en témoignage de reconnaissance elle abjure son faux prophète et embrasse la vraie foi, la foi en Allah qui, dans sa sagesse, lui permet de faire un si beau mariage. Il est indécent qu'une Africaine reste chrétienne après avoir vu resplendir la lumière de l'islam. »

Quand l'interprète avait dit à quelle condition Angélique pourrait se marier, sa maîtresse avait retenu un cri, la main devant la bouche. Angélique, elle, n'avait pas réagi, elle était restée parfaitement immobile jusqu'à la fin du discours. Ses yeux, fixés droit devant elle, n'avaient pas cillé et elle n'avait pas frémi en entendant les mots « faux prophète ». Elle avait même gardé un léger sourire sur les lèvres.

« Souhaites-tu renoncer au dieu des chrétiens pour le dieu du prophète Mohamed, Allah le Tout-Puissant ?

— Oui, Sire.

— Non, Angélique, tu iras brûler en enfer ! cria sa maîtresse.

— Où crois-tu que j'ai vécu toute ma vie ? répondit Angélique. Et ma mère, mon père et mon frère... »

L'interprète, surpris, ne traduisit pas ces propos au Dey. Ce n'était après tout qu'une conversation entre femmes.

« Qu'est-ce, monsieur, qu'un harem ? demanda Angélique à l'interprète.

— Le mot harem, répondit Sid Huseyin, vient de l'arabe *haram,* qui signifie sacré, interdit, prohibé. Les villes saintes de La Mecque et de Médine sont considérées comme tel. Le harem est le sanctuaire des femmes, leur lieu saint, la partie de la maison la plus respectée chez un musulman. Un endroit pour lequel un musulman est prêt à donner sa vie. »

Le Dey se tourna vers la jeune fille blanche en caressant la bague en saphir de sa main gauche. Quand elle vit son regard amusé, elle comprit que ce serait sans appel.

« Tu seras envoyée à Istanbul, et tu feras partie de ce que j'envoie en tribut au Sultan, l'Ombre d'Allah sur Terre. Je t'adjure de renoncer à ton faux dieu et d'embrasser l'islam, car Allah, Seigneur de la Création, est le seul Dieu et Mahomet est son prophète.

— Jamais je ne renierai Dieu tout-puissant, le Créateur, dont le seul fils, Jésus-Christ, est mort pour nous sauver !

— C'est très bien ainsi, dit Baba Mohammed. Si tu avais choisi l'islam, je n'aurais pas pu t'expédier. Que ces femmes se retirent. Informez le consul français de ma décision, et dites-lui qu'elle est irrévocable. Rayez leur nom des registres. »

Des esclaves aidèrent les jeunes filles à se relever et les conduisirent aux bains. Un instant, par-dessus le gouffre qui désormais les séparait, elles se firent face. Angélique ne simulait pas. Elle avait vraiment abjuré sa religion. Malgré elle, son ex-maîtresse frissonna de peur et d'indignation. Angélique avait pour marraine sa propre tante ! Et elle avait renoncé à la seule chose qui comptât en ce monde : son salut. L'âme africaine de sa mère avait été sauvée par sa famille, à elle, et Angélique avait à présent rejeté tout cela au nom de... de quoi ? Certainement pas de la liberté ! En échange de la survie, du harem, d'une autre prison ! C'était comme si elle avait décidé de tout effacer de sa vie antérieure. Angélique n'avait pas eu un mot de réconfort, de tendresse, d'amour pour elle — or elle l'aimait, elle le savait !

« Angélique », murmura la Créole.

Mais Angélique ne répondit pas. À ses yeux, ces deux dieux s'annulaient l'un l'autre. Elle ne croyait plus à rien ni à personne. Quand son pacha viendrait la chercher, elle ne regarderait pas en arrière.

Le drame sans paroles qui se jouait devant lui amusait le Dey, qui, quoique illettré, savait lire sur les visages. Il voyait sur l'un la souffrance et la peur, sur l'autre, l'indifférence.

« Jamais, se jura la Créole, je ne renoncerai à la foi de mes pères, de ma race, de ma couleur. Jamais. Jamais. Jamais. » C'est à partir de ce moment qu'elle se mit à prier sans interruption, remuant sans cesse les lèvres, faisant glisser sans fin les grains de son chapelet entre ses doigts. Elle répétait mille et mille fois les mêmes phrases, telles des formules d'exorcisme pour essayer de lutter contre la peur.

Sid Huseyin Oukil-Hardy, le Grec, vérifia l'inventaire des présents à mesure qu'on les chargeait sur le sloop personnel du Dey.

> 15 lions, 52 ceintures en soie, 60 rosaires de corail, 1 rosaire en ivoire, 2 rosaires d'ambre, 22 couvertures en laine, 10 gladiateurs, 10 pistolets décorés de corail, 10 mousquets, 10 poires à poudre, 10 sacs à cartouches avec des ornements en or, 10 montres en or (sans musique), une bague en diamant pour le Sultan, 60 châles à franges en soie, 30 haïks rouges de Biskra, 10 haïks légers tissés marocains, 50 haïks rouges, 80 haïks de Tlemcen, 80 haïks de Beni-Abbès, 60 tapis du Sahara, 35 négrillonnes, 16 nègres, 51 esclaves chrétiens, une paire de pistolets en or incrustés de perles pour le Sultan, 150 blagues à tabac, 2 eunuques noirs, 2 drapeaux brodés d'or ; Mohammed Pacha fait don au trésor privé du Sultan de 16000 mahbouts d'or, 2000 dinars d'or et 10800 francs français.
>
> *Chouel* 1189 (vendredi 10 septembre 1781).

Le sloop longea les dernières côtes africaines. Derrière Sidi-Bou-Saïd qui ressemblait à une taupinière sur un horizon de terre rouge, on apercevait la silhouette bleue et solitaire du Bou-Kosein, et, plus loin encore, fantomatique, le pic de Djebel-Ressas... Puis l'Afrique disparut, et il n'y eut plus que l'immensité des flots, l'horizon plat, interminable, et le bleu uniforme où terre et mer se rejoignaient.

Ils naviguèrent plusieurs semaines sans jamais quitter les confins de l'Empire ottoman. Ils dépassèrent

Tripoli et Alexandrie. La côte syrienne leur apparut tel un mirage, puis il leur fallut naviguer plusieurs semaines avant d'atteindre Smyrne. D'autres encore passèrent, et un jour, les eaux désolées des Dardanelles se fondirent dans le bleu laiteux de la mer de Marmara. Le navire poursuivit sa route et bientôt se dressa, sur ses sept collines, entourée du Bosphore et de la Corne d'Or, l'impériale Istanbul.

La prisonnière et le Grec regardèrent ensemble les milliers de dômes et de minarets éclairés par le soleil levant, qui se reflétaient dans les eaux teintées de rose de l'archipel, aussi calmes qu'un lac.

« Voilà Istanbul, dit Sid Huseyin, le joyau de la planète... Combien de fois suis-je entré dans ce port ? Mais jamais cette ville ne m'a déçu... C'est la cité suprême pour le poète, le prince, l'ambassadeur ou le marin. Fils du midi ou du septentrion, tous reconnaissent que cette ville est la plus belle du monde. »

Le navire jeta l'ancre dès l'entrée du port, pour accoster plus tard, au cours de la matinée, et fit tonner ses canons en guise de salut.

Comme la Corne d'Or était enfouie sous une brume légère, la jeune Créole ne put avoir qu'une vision confuse de la ville, comme si elle aussi se parait du voile des femmes ottomanes. Les quais et les entrepôts, de loin, semblaient déserts. Lentement, un à un, noirs et précis, les cyprès d'Istanbul se profilèrent sur un ruban lumineux comme une armée de géants. Derrière leurs silhouettes minces apparurent d'un coup les quatre minarets de Sainte-Sophie. Alors, de colline en colline, de mosquée en mosquée, à une distance infinie, tous les minarets prirent une nuance ambre et les coupoles, une à une, un éclat argenté. Terrasse après terrasse, Istanbul se révéla dans toute sa splendeur ; le magenta des hauteurs, le bleu et le lilas des rives, toute la cité émergea des eaux et de son propre reflet comme si elle sortait d'un bain. La silhouette prodigieuse de la ville impériale se profila à l'horizon avec une telle précision, des coloris si subtils, que la jeune fille put compter chaque cyprès, chaque minaret, chaque obélisque qui flanquaient sa mystérieuse destination : le palais de Topkapi et la pointe du sérail. Cette splendeur l'accueillit comme une fanfare, et l'esclave blanche pensa au premier jour de la Création... Elle ne savait plus rien, sinon qu'elle voulait vivre. Et s'il lui avait fallu décrire ses aventures jusqu'à cet instant où elle contemplait Istanbul pour la première fois, elle aurait dû recourir davantage à l'imagination qu'au souvenir car, d'une manière soudaine et irrévocable, sa vie antérieure venait de sombrer dans la fiction...

Des oiseaux blancs, dans le ciel, dessinaient des cercles sans fin. Sid Huseyin leva les yeux.

« On n'a jamais pu expliquer leur comportement. Ils ne semblent pas poursuivre une proie. On ne les voit jamais se nourrir ni se poser, que ce soit sur la terre ou sur l'eau, et ils ne font pas attention aux bancs de poissons ni aux oiseaux qui les suivent. L'instinct, inexorable, les pousse à rester sans cesse en mouvement... C'est pour cette raison qu'on les appelle les " âmes damnées ". Personne n'a jamais entendu le bruit de leurs ailes. »

Avant même qu'elle s'en rende compte, le capitaine la confia au Kislar Aga en personne, le redoutable Eunuque noir, le troisième officier de l'Empire qui était venu spécialement du palais pour prendre livraison de ce présent « extraordinaire ». Son rosaire à la main, une prière sur les lèvres, ses jupes noires gonflées par le vent, la Créole leva les yeux et découvrit un homme à la peau très noire, habillé comme un roi. Elle crut que c'était le Sultan, poussa un cri et se jeta dans ses bras, à la grande terreur de Sid Huseyin qui voyait déjà sa tête séparée de son corps tandis que les hallebardiers du palais et les gardes personnels du chef des Eunuques s'approchaient d'eux, sabre au clair. Mais le Kislar Aga retrouva rapidement sa dignité, remit en ordre son vêtement et observa la nouvelle esclave avec un sourire pensif. « Pourquoi fait-elle une chose pareille ? » se demanda-t-il. Il avait appris que s'il voulait rester sain d'esprit, alors qu'il avait pouvoir de vie et de mort sur tant de gens, il lui était nécessaire d'être capable d'actes gratuits. Il pouvait soulever cette enfant et la jeter à la mer, et nul n'oserait lever les yeux, et encore moins élever la voix. Il pouvait aussi la jeter aux pieds du Sultan étonné et assurer pour toujours la fortune de cette jeune fille. Le choix lui appartenait. Les rugissements des quinze lions en cage déposés sur le quai le firent tressaillir, mais il ne détourna pas les yeux. Le Kislar Aga venait de décider de la manière dont il allait présenter au Sultan cette créature aux yeux verts et à la mâchoire volontaire, qui s'était précipitée dans ses bras. La captive gardait les yeux fixés sur les boutons en rubis du Kislar Aga, les lèvres sans cesse en mouvement, et continuait à égrener machinalement son chapelet chrétien. Son regard transparent étincelait comme des pierres précieuses serties dans de l'albâtre et sa longue chevelure blond-roux soulevée par le vent auréolait son visage.

Une idée traversa soudain l'esprit de l'Eunuque noir, mais c'était une idée si hardie qu'il devrait consulter Kurrum, la Kiaya, l'intendante du harem, avant de la mettre à exécution. Oui, il verrait cela avec la Kiaya, puisqu'il n'y avait plus de Validé depuis longtemps. Ce serait une grandiose parodie de Hassan Gazi Pacha, cet insupportable grand amiral qui ne se séparait jamais de son lion Agonie.

Le lendemain, l'Eunuque monta son coup. Le Sultan Abdul-Hamid, cet homme pourtant si blasé, en fut surpris et enchanté. La Créole lui fut présentée dans une cage, dans les jardins de la quatrième cour du palais, près du kiosque de Bagdad, au milieu des cages des quinze lions vivants. La captive était tout de noir vêtue, à l'européenne. Elle portait la plus volumineuse de ses crinolines, sans aucun bijou, et une mantille de dentelle noire dont s'échappaient ses cheveux couleur de feu. Elle se tenait debout et sa taille fine émergeait de l'énorme cercle de soie noire qui dissimulait complètement le bas de son corps : le Sultan n'avait jamais rien vu d'aussi bizarre. Comme l'avait espéré le Kislar Aga, elle avait gardé à la main son chapelet dont les grains tombaient régulièrement de ses doigts blancs, et ses lèvres articulaient une prière muette.

Le Sultan fut tellement ravi qu'il se défit d'une broche en saphir pour la déposer dans la paume de l'Eunuque et battit des mains comme un enfant émerveillé.

« Qui est-ce ?

— Une Américaine, Sire.

— Pourquoi remue-t-elle sans arrêt les lèvres ? Et pourquoi tient-elle un si curieux tespi ?

— Elle prie son dieu, ce que d'ailleurs elle n'a cessé de faire depuis qu'elle est arrivée à Istanbul. Elle se sert de son rosaire un peu comme nous utilisons le nôtre pour compter les quatre-vingt-dix-neuf noms d'Allah.

— Je trouve extraordinairement beau que ses lèvres remuent ainsi en silence... Si seulement les bouches de nos femmes faisaient aussi peu de bruit ! Mais il suffit qu'elles bougent la lèvre supérieure pour rugir aussi fort que ces lions... Une bouche tranquille..., elle me plaît.

— Elle n'est pas encore prête à vous servir, Sire.

— Oui, je sais, mais bientôt. Très bientôt. Veille à ce que la Kiaya Kurrum s'occupe d'elle. »

Le Kislar Aga, sur un coup de tête, avait fait faire une entrée sensationnelle à la captive. « Mais à quel prix ? » À cause de lui, la nouvelle esclave se trouvait à présent en danger de mort, puisqu'elle était devenue du jour au lendemain *Gözde,* « dans l'œil », remarquée par le Sultan, c'est-à-dire le troisième rang dans la hiérarchie du harem, celui que des centaines de femmes convoitaient. La jalousie des autres pensionnaires du harem, leur tendance naturelle à l'intrigue, voire au meurtre, allaient se déchaîner.

« Je l'appellerai *Naksh,* dit Abdul-Hamid, “ langue ”, et aussi “ cœur ”, et *dil,* “ broder ”, *langue brodée.* Appelez-la Naksh-i-dil.

— Naksh-i-dil », répéta l'Eunuque noir, comme une sentence.

3

LE HAREM
1781

Le génie politique se développe largement quelquefois chez les Sultanes favorites, admises à toutes les confidences du gouvernement et exercées à toutes les intrigues d'une cour. De longs et grands règnes ont été fondés et gouvernés par quelques-unes de ces belles esclaves... Elles sont souvent le ressort caché des plus grands événements. Favorites, elles asservissent ; femmes, elles inspirent ; mères, elles couvent et préparent le règne de leur fils.

LAMARTINE, *Voyage en Orient*, 1835.

Ce ne fut pas le Kislar Aga qui fit passer Naksh-i-dil par la Bab-i-Sa'adet, la Porte de la Félicité, mais la Kiaya Kadine, l'intendante du harem, une grande Russe aux cheveux roux et aux yeux sauvages. Immense, ridée, fardée, elle portait en équilibre instable le turban le plus gigantesque que la jeune fille eût jamais vu : une masse blanche de soixante centimètres de diamètre et de hauteur, décorée de perles, de plumes d'autruche, d'épingles en diamant, de rubans, de fleurs et guirlandes de gaze dorée, qui se balançait à son propre rythme et menaçait à tout moment de basculer en entraînant la femme dans sa chute.

Naksh-i-dil entendit d'abord le grincement des portes du harem, épaisses de trente centimètres et hautes de cinq mètres, puis un bruit sourd, juste derrière elle. Son cœur se serra quand les eunuques tirèrent leurs épées dans un froissement d'acier, et que l'écho des lourdes portes qui se refermaient se répercuta comme le son d'une cloche. Au fur et à mesure qu'elle s'enfonçait dans le harem, conduite par la Kiaya, chaque porte devait être ouverte, puis verrouillée à nouveau après leur passage. La grosse femme tripotait le trousseau de clefs accroché à sa ceinture, et ce cliquetis réveillait ses souvenirs de la plantation, lui rappelant le bruit des cadenas dans le quartier des esclaves. Elles se retrouvèrent dans une grande cour ombragée et déserte entourée d'une colonnade, où une fontaine en marbre apportait un peu de fraîcheur.

« Sainte Marie, mère de Dieu ! murmura Naksh-i-dil, toujours cramponnée à son rosaire, tandis qu'elle suivait la Kiaya tant bien que mal. Priez pour cette pécheresse. »

Du point de vue du protocole, cette jeune fille posait un réel problème. Il existait au sein du harem une hiérarchie immuable et rigide, fixée par la loi et une tradition séculaire. Pour les pensionnaires, passer d'une caste à l'autre pouvait prendre des années, et certaines n'y arrivaient même jamais. Le premier degré, le plus humble, était celui de *Gedikli,* ou Odalisque, c'est-à-dire d'esclave attachée au service personnel du Sultan, et aspirant, bien sûr, à partager sa couche. Le second, c'était celui de *Gözde,* « dans l'œil » du Sultan, auquel accédaient celles qui avaient réussi à retenir l'attention du monarque. Puis il y avait les *Ikbals,* les favorites qui couchaient parfois avec le Sultan. Et enfin, le degré suprême, le quatrième, celui des *Kadines*, les épouses officielles à qui on avait permis d'enfanter un prince ou une princesse.

Cette petite futée aux yeux verts n'était pas vraiment une Gedikli, puisqu'elle était déjà Gözde, « dans l'œil du Sultan ». Mais elle n'était pas non plus vraiment Gözde, puisqu'elle n'avait pas encore suivi l'apprentissage nécessaire et qu'elle ignorait tout du comportement et des manières d'une fille destinée au lit du Sultan. Elle avait encore tout à apprendre sur Topkapi, le sérail, le harem... et l'art de survivre. « Enfin, elle ne sait même pas où sont les toilettes », pensa la Kiaya. Pour sa première leçon, Kurrum avait décidé de lui montrer à quoi elle avait échappé en évitant le stade de Gedikli. Elle conduisit la jeune fille terrifiée au fond d'une des dix cuisines du harem, où des centaines d'esclaves noires ou blanches suaient sang et eau. C'était là que vivaient et travaillaient les femmes destinées au service personnel du Sultan, des Sultanes et de la Validé.

Naksh-i-dil fut frappée par le manque de lumière — on ne voyait le ciel que par une ouverture au sommet des hautes voûtes en bois, noircies par la fumée — et l'absence de bruit — les tressautements des marmites et les chuchotements se fondaient en une sorte de longue plainte caverneuse. « Avec toutes ces femmes, pensait-elle, potins et bavardages devraient faire un véritable vacarme. » Au lieu de quoi régnait un étrange silence. Des éclats de rire stupéfaits et des ricanements fusèrent à leur passage, et la plupart des femmes, toutes vêtues de blanc, s'inclinèrent pour saluer la Kiaya, qui tenait d'une main le bâton en argent de son office.

Naksh-i-dil, glacée de terreur, se cramponnait à la main libre de Kurrum.

« Gözde, lui dit la Kiaya d'un ton sévère, tu es “ dans l'œil ” du Sultan. Beaucoup vivent ici depuis des années sans avoir réussi à atteindre ce but ! Le monde, ce monde, peut t'appartenir quand le Sultan laissera tomber son mouchoir, la marque suprême de l'Auguste Intérêt.

— Je ne veux pas... de ce monde », répondit la jeune fille horrifiée.

La Kiaya lui envoya une gifle en pleine figure.

« Espèce d'idiote ! Tu apprendras à te soumettre ! Devant moi, devant le Sultan, devant Allah. »

Elle secoua la jeune fille qui tremblait, tout en évaluant son corps ferme et ses formes épanouies à travers ses vêtements noirs qui lui répugnaient car ils lui semblaient imprégnés d'une odeur de porc.

« Petite crasseuse. Je t'ai montré cela pour te faire peur, pour t'avertir de ce qui t'attend, toi et ta beauté, si tu ne m'obéis pas et si tu ne respectes pas les lois du harem. Maintenant, tu vas être propre — plus propre que tu ne l'as jamais été —, et tu vas jeter ces saletés de guenilles ! »

La nouvelle esclave et la Kiaya quittèrent les cuisines par un long passage voûté soutenu par neuf colonnes ornées de chapiteaux sculptés, et Kurrum se mit à débiter un torrent d'informations, d'avertissements, de règlements, de souvenirs historiques et de récriminations vengeresses tout en guidant la jeune fille à travers un labyrinthe de couloirs, de passages, de cours, de vestibules, d'arcades et de jardins. Parfois, un escalier étroit descendait brusquement dans une cour secrète. La jeune fille aperçut aussi de curieux pavillons aux formes étranges — les kiosques —, surmontés d'une coupole argentée, et décorés d'arabesques et de motifs floraux bleus et blancs. Puis elles passèrent devant des bâtiments abandonnés, des appartements déserts, et un petit village fait de bois, de marbre, de pierre et de verdure, de bronze et de plomb, de porcelaine et d'eau. En chemin, elles croisaient des femmes, des centaines de femmes. Des belles, des laides, d'autres qui avaient l'air de fantômes désincarnés dans leurs chemises blanches et leurs culottes plissées, malgré leurs tuniques brodées, leurs turbans de gaze, leurs courtes vestes ouvertes ornées d'écharpes et de colliers multicolores. Certaines se poussaient du coude à leur passage, des rires moqueurs les suivaient souvent, mais toutes regardaient l'étrange costume de Naksh-i-dil, sa robe noire en forme de cloche, car de tous leurs tissus et ornements multicolores, aucun n'était noir. La jeune fille apprit pourtant, par la suite, que c'était la couleur préférée du Sultan et que lui-même s'habillait presque uniquement de noir.

Elles arrivèrent ensuite dans une grande cour à ciel ouvert, au sol de marbre et aux murs couverts d'un carrelage bleu, blanc et jaune, entourée elle aussi d'une colonnade supportant deux étages de balcons, ce qui rappela à Naksh-i-dil les maisons de son île natale et leur décoration de mauvais goût. Ces balcons communiquaient entre eux par une série de portes, et les fenêtres de ces alcôves, une cinquantaine environ, étaient en verre de Venise.

« Voici la Cour des Favorites, des Gözdes et des Ikbals, dit la Kiaya. Maintenant, allons aux bains... »

Arrivée au fond de la cour, elle ouvrit la seule porte qui ne fût pas fermée à clef. Naksh-i-dil fut dépouillée de tous ses vêtements dans le vestibule du hammam, puis poussée dans la première salle. Elle eut le souffle coupé en voyant l'immense coupole trouée d'une centaine d'ouvertures pas plus grandes que des melons par où entrait la lumière du soleil. On aurait dit une cathédrale : les rayons convergeaient à mi-hauteur dans un brouillard ambré où se mêlaient la vapeur et le souffle d'une multitude de femmes.

La Kiaya inspecta la jeune fille, et secoua la tête en remarquant que ses poils avaient commencé à repousser.

Puis elle la confia à trois esclaves qui la lavèrent, l'épilèrent entièrement en vérifiant soigneusement ses narines, ses oreilles et son anus, avant de l'envelopper dans un voile de mousseline transparent pour la conduire dans la première salle chaude. Naksh-i-dil essayait en vain de se dérober aux regards nonchalants des autres femmes, une cinquantaine, dont certaines étaient vêtues. Elle n'aurait jamais pu imaginer que des corps aussi beaux et aussi différents puissent exister. Il y avait des matrones aux formes opulentes ; de grandes aristocrates aux yeux noirs, lèvres humides et narines dilatées, qui faisaient trembler une centaine d'esclaves d'un seul regard ; des jeunes filles de son âge, nues, avec des seins hauts et fermes, le torse long et mince, des jambes de garçon. D'autres, petites et dodues, avec un corps où tout était rond : les yeux, le nez et la bouche, étaient si tranquilles, si jeunes et si puériles, même aux yeux de Naksh-i-dil, d'aspect si résigné, si docile, qu'elles semblaient nées pour être des jouets, et leur bouche faite pour être perpétuellement gavée de bonbons. En passant près d'elles, elle eut presque envie de glisser un morceau de canne à sucre entre leurs lèvres entrouvertes, comme font les mères à la Martinique. Et d'autres encore : de jeunes épouses pleines de santé et de vivacité qui bavardaient en buvant des limonades. Mais toutes, et c'est ce qui surprit le plus la jeune fille, manifestaient une telle naïveté dans leur façon de rire ou d'observer, que cela suffisait à excuser la conduite la plus étrange ou la plus irréfléchie.

La Kiaya, tout en défaisant son turban, continuait ses commentaires :

« Si le Sultan veut une favorite sensuelle, il choisit une Berbère ; s'il désire de beaux enfants, il prend une Perse ; s'il préfère la servilité, il appelle une Grecque. Toi, Naksh-i-dil, tu deviendras Ikbal ou je ne m'appelle pas Kurrum... et peut-être... et peut-être même Kadine.

Après tout, Sineprever Kadine n'était pas une grande beauté au départ, mais à présent elle a atteint la perfection. Elle a su allier la complaisance d'une Grecque à l'adoration vertueuse d'une Égyptienne, les gestes lascifs d'une Algérienne au sang chaud d'une Éthiopienne, l'impudeur d'une Européenne — elle jeta un coup d'œil amusé à la jeune fille — à la science consommée d'une Hindoue, l'expérience d'une Circassienne à la passion d'une Nubienne, l'étroitesse d'une Chinoise à la violence musculaire d'une Soudanaise, la vigueur d'une Irakienne à la délicatesse d'une Perse... »

Sous l'effet de ce flot de paroles, de la chaleur et de la vapeur, la jeune fille fut prise de vertige. Des esclaves ne cessaient d'apporter des narghilés, de l'eau, des collations. Tout était si nouveau, si étrange, qu'elle se croyait sur une autre planète.

« Les Irakiennes sont les plus excitantes, continua Kurrum, les Syriennes les plus affectueuses, mais les plus désirables sont les femmes du Hedjaz... Les Turques ont le sexe froid, et elles tombent tout de suite enceintes. En outre elles ont très mauvais caractère, mais elles sont intelligentes. Si intelligentes, ajouta-t-elle en gloussant, qu'elles n'épousent jamais un Sultan...

— Pourquoi ? demanda la jeune fille.

— On ne permet pas à une musulmane d'épouser le Sultan, car pour lui ce serait blasphémer que d'élever une Ottomane à son niveau. »

Naksh-i-dil resta un instant silencieuse : elle se souvenait de l'humiliation qu'avait été sa présentation au Sultan Abdul-Hamid.

« Ici, on adore les Circassiennes, les Géorgiennes et les Caucasiennes. Là-bas, c'est Kontayaki, et voici Shah Sultane ; derrière, je vois Ayse...

— Le Sultan n'est-il pas un homme ? demanda Naksh-i-dil.

— Quoi ?

— Un homme, répéta la jeune fille en colère. Un homme qui pense et qui sent et qui parle et qui rêve, comme je pense, je sens, je parle et je rêve ?

— Le Sultan est l'Ombre d'Allah sur Terre ! Comment saurais-je s'il parle ou sent comme nous, petite impertinente !

— Moi, je le sais, dit Naksh-i-dil. Je le sais.

— Tu ne sais rien encore, dit la Kiaya. Mais tu sauras quand j'en aurai fini avec toi. Tiens, on pourrait te prendre pour une Caucasienne avec tes cheveux blond-roux et tes yeux bridés... »

Les esclaves firent passer la jeune fille d'une salle à l'autre, un bassin d'eau fraîche succédant à une chaleur à peine supportable et une douche tiède à un bain de vapeur suffocant. Puis elles l'allongèrent sur une des couchettes en marbre de la dernière salle et se mirent à la masser, ce qui fit affluer le sang à la surface de sa peau blanche. Naksh-i-dil, malgré elle, gémit de plaisir sous les mains expertes. Elle ferma les yeux de toutes ses forces et voulut prier, mais rien ne vint. C'était comme si le bain avait lavé son âme aussi bien que son corps désormais lisse et luisant, la débarrassant de toute pensée, ambition ou regret. Elle finit par s'endormir sous le regard de la Kiaya qui, en toute justice, ne pouvait pas la mettre avec les Gediklis... Elle leva les mains au ciel, pour implorer Allah. Que faire de ce matériau à l'état brut ? Comment contenter un Sultan aussi blasé et raffiné qu'Abdul-Hamid avec une Américaine ?

La Kiaya s'assit, les coudes sur les genoux, les deux poings sous le menton. Dans ses cheveux roux, libérés du turban, on pouvait voir des mèches grises que le henné n'arrivait pas à cacher.

Il y avait trois cent quatre-vingt-trois femmes dans le harem, et plus de Validé depuis la mort de Rebia, la mère du Sultan (puisse-t-elle se trouver au Paradis !). La Kiaya avait donc à assumer seule plus de responsabilités. La première Kadine, Rushah, qu'Abdul-Hamid avait passionnément aimée, avait réussi à obtenir la permission d'aller en pèlerinage à La Mecque et n'était jamais revenue. La nuit dernière, Lelia, une Ikbal, était morte de façon mystérieuse. Elle avait déjà quitté le harem par la Porte de la Mort, qui s'ouvrait tout au fond des jardins. C'était d'ailleurs l'unique façon de quitter Topkapi : les pieds devant. Et maintenant, cette petite chose était venue prendre sa place, pour ainsi dire, et il avait suffi d'un seul jour pour que le harem retrouve le même nombre de femmes. *« Inch Allah ! »* murmura la Kiaya.

À son arrivée, trente-cinq ans plus tôt, sous le règne de Mustafa III, Kurrum était superbe, grande et mince, et ses cheveux d'un roux flamboyant lui descendaient jusqu'à la taille. Les années avaient passé, et en même temps l'intérêt que lui portait le Sultan. C'est au cours de ces années d'attente qu'elle avait trouvé sa vocation : en observant les jalousies et les intrigues de toutes ces femmes, en voyant échouer leurs innombrables projets, en assistant à leurs avortements, strangulations, infanticides, empoisonnements, répudiations, suicides, meurtres, elle s'était résignée peu à peu à une autre vie, à d'autres buts. Ne pouvant plus espérer être une des favorites, elle avait décidé de devenir leur gardienne, la maîtresse de leurs destins. Pour atteindre cette position, elle avait appris toutes les langues parlées à Topkapi, tous les arts médicaux, tous les aphrodisiaques, les moindres coquetteries féminines, étudié toutes les techniques, tous les manuels amoureux, de manière à maîtriser peu à peu tous les aspects de l'éducation au harem, mais elle n'atteindrait jamais le seul rang qui comptât vraiment : celui de Validé. Elle était passée à côté de l'amour, du moins celui des hommes, la maternité lui avait été refusée, et elle ne pouvait plus rien espérer sinon garder sa place et mourir sans violence. C'était sans réelle amertume qu'elle pensait à la vie qu'Allah, dans sa miséricorde, lui avait accordée. Le harem de Topkapi était le plus grand du monde, le plus célèbre. De tout l'Empire, des femmes venaient y vivre et y mourir. Les plus heureuses copulaient, donnaient la vie et triomphaient. Mais de toute façon, se disait la Kiaya, celles-là aussi y mouraient, quels que soient leurs succès. Comme elle, un jour.

Elle contempla la foule des femmes allongées qui bavardaient, dormaient, mangeaient ou rêvaient dans une odeur de femelle. Une masse d'imbécillité, de désespoir et de ruse dont elle était responsable. Elle pensa aussi à toutes celles qu'on avait exilées pour diverses raisons à l'Eski Serai, le « Palais des Larmes ».

Quand Mohammed II avait pris Constantinople en 1453, il avait fait construire un palais sur la troisième colline. Dix ans plus tard, sur la première colline, il en avait édifié un autre, plus grand, et le premier était devenu l'Eski Serai, le « Vieux Palais ». C'était un carré de deux kilomètres de côté, entouré d'une muraille épaisse d'environ deux mètres, une forteresse, un sanctuaire, un harem sans Sultan, une ville dans la ville, la citadelle des femmes, auguste et magnifique, gardée par une armée d'hommes noirs. C'est là qu'on envoyait les veuves des Sultans, leurs sœurs si elles n'étaient pas mariées, et les nourrices de leurs enfants qui n'avaient pu se marier ou qui ne l'étaient pas encore.

La Kiaya regarda à travers un halo de vapeur Naksh-i-dil endormie. Des filles aussi jeunes et aussi belles, combien en avait-elle vues venir et disparaître ? « Pour survivre en ce lieu, la jeunesse, la beauté, l'arrogance française et l'ignorance américaine ne suffisent pas, une goutte d'arsenic, un flacon d'acide sont souvent plus utiles. »

Quand Naksh-i-dil s'éveilla, elle regarda autour d'elle, terrifiée, et tenta de cacher sa nudité. Une femme s'approcha et commença à lui parler. Naksh-i-dil ouvrit de grands yeux sans pouvoir lui répondre. La femme insista, puis haussa les épaules et lui tourna le dos. La jeune fille se mit à pleurer.

« N'aie pas peur, lui dit la Kiaya. Ici, personne ne parle la même langue... nous avons l'habitude de ne pas nous comprendre et de parler sans être comprises. Nous parlons surtout toutes seules. Ici, il n'y a plus de nationalités, pourtant toutes sont représentées. »

Soudain, un long cri de douleur, venu de l'endroit où se trouvait l'hôpital, traversa le hammam.

« Viens, dit la Kiaya, inquiète, c'est l'heure du dîner, et tu n'as pas encore vu ta chambre... »

Sa décision était prise : elle ne la mettrait pas dans le dortoir des Odalisques car on risquait de l'y retrouver morte au matin.

Tandis que sonnait la cloche du harem, le cri retentit sans fin le long des colonnades, dans les jardins embaumant le pin et le jasmin, et les suivit jusqu'aux cours où logeaient les Gözdes. La quatrième épouse du Sultan, Humashah Kadine, venait de perdre son fils de cinq ans, le petit prince Mahmud.

Quand Naksh-i-dil sortit du hammam, revêtue d'un *gomlek* et de caleçons en lin, avec ses vêtements européens pliés en boule sous son bras, la Kiaya la conduisit au dortoir des Odalisques, une salle longue et vaste, aux murs blancs décorés de motifs floraux, éclairée de chaque côté par des fenêtres étroites qui laissaient passer les rayons obliques de la lumière déclinante. La pièce était nue à l'exception de coffres peints alignés au centre. Là aussi s'élevait ce même murmure de voix et de langues confondues... La Kiaya fit un signe à la fille qui se trouvait le plus près d'elle, et lui dit quelques mots dans une langue bizarre. La fille s'inclina avant de s'avancer vers l'un des coffres d'où elle sortit un matelas impeccablement roulé. Elle le déroula, puis, très habilement, le réenroula.

« Voilà, dit la Kiaya, c'est ainsi qu'il te faut faire et défaire ton lit. À toi maintenant. »

Naksh-i-dil s'agenouilla, et d'une main tremblante essaya à son tour de rouler et de dérouler le matelas.

« Non, pas comme ça ! Remontre-lui... Non, non et non ! Allez, recommence jusqu'à ce que tu y arrives ! »

La Kiaya bouscula Naksh-i-dil, qui ravala ses larmes et recommença.

Quand elle fut satisfaite, la Kiaya l'entraîna vers un escalier qui descendait vers une cour apparemment déserte et fermée par une grille. L'intendante ouvrit l'une des alcôves du niveau inférieur et y fit entrer la jeune fille. La pièce, pas plus grande qu'une case d'esclave, était éclairée par une haute fenêtre grillagée, et contenait un coffre comme ceux qu'elle avait vus et une table basse sur laquelle on avait posé un plateau de nourriture.

« La cloche du harem sonne le réveil à cinq heures. »

La Kiaya installa par terre la couche de la nouvelle Gözde, exécuta un *temenah* comme un homme, cette profonde salutation où la main droite remonte du sol vers le cœur puis vers les lèvres et le front, et sortit sans ajouter un mot.

La lumière de la pleine lune semblait recouvrir de givre les dômes du sérail et blanchissait les contours des cyprès et des platanes dont les ombres s'étalaient sur les cours. L'une après l'autre, les lumières des innombrables fenêtres s'éteignaient, et les flèches, les sommets des minarets, les croissants orientaux, tous dirigés vers le ciel, luisaient au milieu des grandes forêts vert foncé des jardins.

Les trois grandes portes du harem venaient de se fermer, et les clés cliquetaient encore entre les mains de l'Eunuque noir. Les trente hommes qui gardaient la Porte de la Félicité, debout contre les murs, aussi immobiles que des bas-reliefs, se confondaient avec les ombres, et des centaines de sentinelles invisibles faisaient le guet du haut des murailles et des tours, scrutant la mer, le port et les rues sombres et étroites d'Istanbul. Dans les cuisines de la Première Cour, la ronde des lanternes annonça la fin du travail du jour ; puis tout sombra dans l'obscurité.

De l'autre côté des appartements du Kislar Aga, dans la Seconde Cour, quelque chose ou quelqu'un bougea. Dans le labyrinthe du harem, des eunuques noirs arpentaient les allées désertes, faisaient le tour des kiosques éteints, et fermaient les dernières persiennes, pour que l'on entende moins le bruissement des arbres agités par le vent et le clapotis monotone des fontaines blanc argent. Toute activité semblait suspendue : la cité impériale dormait d'un sommeil secoué de spasmes de méfiance et de peur.

Esclaves, soldats, prisonniers, serviteurs étaient tout à coup en proie à des songes qui s'échappaient des murs du sérail pour dériver loin, très loin, à la recherche d'êtres aimés, d'espaces sauvages, d'amants ou de mères abandonnés, d'événements passés étranges et dramatiques. Des soupirs se mêlaient aux murmures de cent langues différentes, les plus déshérités reposant à côté des plus riches, séparés seulement par un mur étroit ; la plus grande beauté physique côtoyant la difformité, le vice, le malheur, toutes les corruptions possibles du corps et de l'esprit. Les eunuques noirs étaient assis sous les arbres des cours, les yeux rivés sur les faibles lueurs qui filtraient à travers les grilles des kiosques, le cœur rongé d'amertume, les doigts crispés sur les poignées de leurs dagues.

Naksh-i-dil regarda par la petite fenêtre vers les horizons sereins de l'Asie. Sur les murs se dessinait l'ombre des fontaines et des arcades, et les senteurs des jardins remplissaient l'air, malgré l'épaisseur des portes aux clous d'acier, les chaînes et les verrous des serrures, les barreaux des fenêtres. Seul le parfum d'une nuit antillaise pouvait paraître aussi voluptueux. Cela réveilla sa douleur et, pour la première fois, la Créole pleura, elle qui désormais ne porterait plus d'autre nom que celui de Naksh-i-dil. D'un seul coup, elle mesura la distance infinie qui la séparait du pouvoir qui pesait sur elle, cette force mystérieuse qui privait les uns de leur liberté, les autres de leur faculté de parler et d'autres encore de leur virilité, tout cela au profit d'un seul homme : le Sultan.

À cinq heures, comme Kurrum l'avait annoncé, la cloche du réveil sonna.

Les premiers jours, la Kiaya ne quitta pas sa Gözde, et Naksh-i-dil découvrit peu à peu que le harem constituait un royaume autonome à part entière, avec un despote, le Sultan ; une souveraine, la Validé ; un Premier ministre, l'Eunuque noir ; et un cabinet, la Kiaya et le trésorier. C'était une vraie communauté de femmes qu'il fallait habiller, nourrir et servir, où discipline et responsabilités étaient soigneusement fixées, une institution très particulière, qui faisait partie intégrante de l'Empire ottoman, de son administration, de sa politique et de sa religion, et où la vie était aussi réglée que celle d'un couvent.

La Kiaya Kurrum espérait qu'un jour le Sultan lui ferait l'honneur de l'élever au rang de Validé, puisqu'il n'y avait plus de Validé régnante. Elle en rêvait tout le temps. D'ailleurs, combien de fois les astrologues ne l'avaient-ils pas prédit ? Combien de prières en ce sens n'avait-elle pas adressées à Allah ?

« Kiaya Kadine, où est la lionne américaine ? » claironna une voix haut perchée qui vint troubler la torpeur des hautes voûtes marbrées du hammam.

Fille aînée de Mustafa III, prédécesseur d'Abdul-Hamid, et sœur du prince héritier Sélim, Hadidgé Sultane était entrée dans les bains sur la pointe des pieds, accompagnée de sa Lala, sa préceptrice, et d'une petite Sultane de quatre ans, Esma, fille d'Abdul-Hamid et de Sineprever, la troisième Kadine. Esma était accrochée à la main de sa tante, et contemplait en silence la nouvelle et étonnante Gözde. La petite fille était vêtue et parée comme une adulte en miniature : ses pieds et ses mains minuscules avaient été passés au henné, ses lèvres fardées, ses joues rougies. Hadidgé, âgée de seize ans, vivait encore au harem, bien qu'elle fût mariée à un puissant et lointain pacha, et la Kiaya la considérait presque comme sa fille.

« Où est la lionne américaine ? répéta la petite Esma.

— Là, devant vous, répondit Kurrum.

— Non, pas *cette* créature !

— Mais à quoi est-ce que vous vous attendiez ? Vous espériez voir une *vraie* lionne, peut-être ?

— Eh bien, à entendre tout ce qu'on raconte, je ne savais pas vraiment à *quoi* m'attendre !

— Elle est belle », dit Hadidgé dans un français incompréhensible.

Naksh-i-dil avait abandonné sa crinoline noire pour un pantalon rose, des babouches en chevreau blanc, et une tunique brodée de fils d'or par-dessus une fine chemise en lin. Ses cheveux épars lui tombaient aux genoux, et un petit chapeau rond comme une boîte à pilules, brodé d'un semis de perles, était perché sur sa tête, en biais.

Les deux jeunes filles se contemplèrent, les yeux dans les yeux : ceux de Naksh-i-dil, des océans d'un incroyable vert émeraude, ceux de l'autre, jaunes comme la plus pâle des topazes. Hadidgé avait posé sa main sur le sein gauche de Naksh-i-dil et l'y laissait, nonchalamment, comme si elle se l'était approprié. Naksh-i-dil rougit, mais Hadidgé, qui n'ignorait rien du corps d'une femme, continua à le caresser et en pinça le bout.

La Kiaya Kadine se mit à rire.

« Petite friponne, murmura Kurrum. Ce n'est pas un jouet, ni une poupée... »

Mais Esma, dont les grands yeux limpides étaient remplis d'adoration, ne semblait pas de cet avis.

« Ce n'est pas une lionne non plus », dit Hadidgé d'un ton péremptoire.

En procession, la Kiaya, Naksh-i-dil, Hadidgé et la petite Sultane Esma quittèrent les bains pour aller visiter l'autre côté de la cour. Là habitait l'infirmière en chef, dont les appartements ouvraient sur un balcon où les enfants du Sultan prenaient l'air dans leurs berceaux. Ce balcon donnait sur des jardins, avec le Bosphore en face et à droite la mer de Marmara. Naksh-i-dil tomba en admiration devant un superbe berceau doré, incrusté de pierres précieuses et enveloppé de satin blanc. Benigar Kadine venait de mettre au monde un prince.

« Et l'histoire d'Amérique ? demanda Hadidgé Sultane dans son mauvais français.

— Quelle histoire d'Amérique ? répondit Naksh-i-dil.

— Eh bien, l'histoire de l'arbre, le Vac-Vac ! C'est une histoire vraie ?

— Le quoi ?

— L'arbre Vac-Vac ! répéta Hadidgé.

— Vac-Vac », reprit Esma Sultane en frappant dans ses mains.

Naksh-i-dil regarda la princesse miniature aux manières impérieuses sans rien comprendre.

« Dans ces îles d'Amérique d'où tu viens, continua Hadidgé, il y a un arbre qui s'appelle le Vac-Vac. Je l'ai vu en image. Il porte des fruits qui sont des femmes, et quand ils sont mûrs, ils tombent par terre, ouvrent la bouche et crient : " Vac Vac. " Là-bas, en Amérique, on adore ramasser ces fruits-femmes, mais ils se réduisent en poussière au bout de deux jours. Ici, en Turquie, pendant le festival de Douolma, nous plantons un grand arbre et nous y suspendons des femmes peintes, découpées dans du carton ; dans chacune d'elles, il y a une petite machine qui la fait tomber de l'arbre, et elle crie : " Vac Vac... "

— C'est l'arbre préféré du harem, coupa la Kiaya en regardant Naksh-i-dil avec un intérêt nouveau.

— Tu as vraiment vu un Vac-Vac et sa femme-fruit ? insista la princesse. Tu pourras nous aider à en faire un vrai dans les jardins pour le prochain festival ? Nous n'avons encore jamais rencontré quelqu'un qui vienne du pays du Vac-Vac ! »

Esma frappa à nouveau dans ses mains et entoura de ses bras les hanches de Naksh-i-dil. La Kiaya sourit. Mais Naksh-i-dil n'avait absolument rien compris à toute cette histoire.

Ensemble, elles retournèrent dans la cour, la traversèrent et atteignirent de grandes portes à double battant qui ouvraient sur une longue volée de marches en marbre ; par intervalles, d'étroits paliers l'interrompaient, donnant accès à de petites pièces, où des matelas blancs, chacun sous un ciel de lit, étaient alignés sur le sol. C'était l'hôpital du harem. En haut des marches, Naksh-i-dil se retrouva dans une charmante cour plantée d'arbres. Jamais elle n'avait vu d'endroit si paisible, si parfait.

À cet instant sortit des bains une femme de taille moyenne qui portait un large turban. Quand elle vit Hadidgé, elle sourit, montrant des dents blanches et parfaites ; mais, dès qu'elle aperçut Naksh-i-dil, ses nouveaux vêtements et la masse dorée de ses cheveux sous la lumière du soleil, son sourire s'estompa.

Comme la cloche sonnait, la cour fut soudain envahie de femmes. Esclaves, Odalisques, Ikbals, toutes allaient et venaient dans une confusion de parfums, de soies, de rires et de langues. Elles portaient des pantalons et des chemises soit en lin fin, soit en mousseline rouge, jaune ou bleue, des manteaux de soie qui traînaient jusqu'à terre, des bottines fermées, des *babucress,* qui leur montaient jusqu'aux chevilles, ou des socques en bois lorsqu'elles se rendaient au hammam. La plupart étaient brunes et les blondes, comme Hadidgé, se teignaient souvent en roux. Des rubans ornaient leur chevelure épaisse, que recouvrait un mince voile de soie fixé à un petit chapeau. Seule la Kiaya portait un énorme turban. « Elles sont plus maquillées que les actrices françaises », se disait Naksh-i-dil. Leurs cils étaient enduits d'un fard noir très épais et certaines traçaient même une ligne de couleur entre leurs deux sourcils pour n'en faire plus qu'un, ce qu'elle trouvait affreux.

Naksh-i-dil serra un peu plus fort la main de Hadidgé, et Hadidgé serra à son tour celle de la nouvelle Gözde. Puis elle la guida à travers un labyrinthe de cellules, de pièces minuscules, de salles à manger, de chambres, de kiosques, de galeries, de colonnades et d'escaliers qui aboutissaient finalement aux appartements silencieux et majestueux de la Validé Sultane, inhabités depuis quinze ans. Naksh-i-dil fut très impressionnée par la beauté des pièces sombres et abandonnées, par les superbes carrelages à motifs floraux, les plafonds peints, les murs tendus de somptueuses tapisseries et les cinq épaisseurs de tapis de soie qui chatoyaient sur les parquets. Dans un angle éclairé par une fenêtre, elle aperçut encore un tapis de prière et un reposoir incrusté de perles sur lequel était ouvert un exemplaire du Coran.

« Le harem, le sérail, et parfois même l'Empire tout entier ont été gouvernés d'ici par de fortes femmes, dit Hadidgé fièrement. Mais, pour le moment, tu préfères peut-être que je te raconte ce qu'on mange ici ? » demanda-t-elle.

Naksh-i-dil, qui se rendait compte à présent que le palais abritait des milliers de gens, leva vers Hadidgé un regard curieux.

« Eh bien voilà, commença la sultane, l'*Ashji-Bachi,* le chef des cuisiniers, a sous ses ordres cinq cents panetiers, deux cents cuisiniers et dix cuisines, car les repas de la Validé, du Sultan, des Kadines, du chef des Eunuques noirs ou du Divan, pour ne citer que ceux-là, ne sont pas préparés au même endroit ; à chaque rang correspond une cuisine différente. Les jours de Divan, il faut nourrir vingt mille personnes, le reste du temps, cinq mille “ seulement ” !

« Les dattes, raisins secs et pruneaux nous viennent d'Égypte, le miel de Valachie, de Transylvanie et de Moldavie, et l'huile de Messine ; quant au beurre salé, il nous arrive par la mer Noire dans d'énormes poches en cuir de bœuf. Par contre, nous ne sommes pas de grands amateurs de beurre frais, nous préférons le yoghourt.

« En un an, nous consommons quatre cents vaches, deux cents moutons, cent agneaux, quatre cents veaux, trente couples d'oies, cent couples de pintades, six cents couples de poulets et cent autres de pigeons... Et nous mangeons aussi entre sept et huit mille kilos de pain.

— Mais c'est énorme !

— Hadidgé, ça suffit pour aujourd'hui ! l'arrêta la Kiaya.

— Oh ! je t'en prie, laisse-moi lui raconter comment les “ hommes des neiges ” nous apportent la glace pour faire les sorbets ! » renchérit Esma.

La petite Sultane continua encore mais la nouvelle Gözde n'y comprenait plus rien.

En sortant des appartements de la Validé, Hadidgé montra à Naksh-i-dil un corridor long et étroit au carrelage jaune et bleu, qui longeait sur le côté la cour de la Sultane mère.

« Voici la Voie d'Or qui mène des appartements de la Validé à la partie du palais réservée aux hommes. On l'appelle ainsi parce que c'est par là que passent les Kadines quand elles vont coucher avec mon oncle... Cette voie va jusqu'à la mosquée du harem, et plus loin encore, jusqu'à la Cage des princes où vit mon frère Sélim, murmura Hadidgé. Et comme c'est lui le prince héritier, il n'en sortira qu'à la mort de mon oncle. À ce moment-là, il deviendra Sultan, ou on le tuera. »

Naksh-i-dil, qui n'osait pas comprendre, fixa les yeux candides et brillants de Hadidgé. Mais la princesse envisageait la mort de son frère en toute sérénité.

Protectrice, la Kiaya s'interposa entre le regard dur de Hadidgé et sa fragile Gözde. Celle-ci découvrirait bien assez vite à quel point la mort faisait partie de la vie d'une esclave et que, désormais, elle ne s'appartenait pas plus que la laine d'un agneau n'appartient à sa mère. Chaque action, chaque geste étaient empreints de mort. Dans ces lieux, des femmes mouraient de mélancolie ou de nostalgie, de folie ou de maladie ; elles mouraient en mettant au monde un enfant ; elles mouraient pour une intrigue, un adultère ; elles mouraient de la syphilis, de la peste ou de toute autre fièvre...

Naksh-i-dil aurait bien le temps de comprendre ce qui se lisait dans les yeux de Hadidgé : le mépris, la pitié, l'indifférence. Elle comprendrait qu'elle n'était rien, qu'elle ne venait de rien, qu'elle n'obtiendrait rien, et qu'elle resterait rien jusqu'à la fin de sa vie.

Éloignée de son pays, de sa religion, de sa famille, de son histoire et de sa race, elle deviendrait peu à peu un objet de désir et y trouverait son plaisir. Comme les autres. Elle se croirait heureuse, malgré l'humiliation. Sa personnalité, nouvelle et pure aux yeux de la Kiaya, s'étiolerait, disparaîtrait. Elle deviendrait ce qu'elles étaient toutes devenues, ce que le Sultan voulait qu'elles soient... si elle échappait aux centaines de raisons de mourir qui la guettaient. Et elle ne survivrait que si elle avait vraiment beaucoup, beaucoup de chance.

4

LE GRAND EUNUQUE NOIR 1781

Car il y a des eunuques qui sont nés eunuques du ventre de leur mère, et il y en a d'autres qui ont été faits eunuques par des hommes, et d'autres encore qui se sont faits eux-mêmes eunuques pour le royaume des cieux. Que ceux qui le peuvent acceptent.

MATTHIEU, XIX, 12.

Je suis né en 1744, sur les hauteurs du Nil blanc, et je m'appelle Edris Usâma-Ibn-Munqidh. Mon père était un homme de quelque importance et j'étais son fils aîné. Après mon acte, il fut tellement horrifié qu'il me déshérita et je me vendis moi-même à un marchand d'esclaves, pour une somme très élevée que je remis au père éploré de ma femme morte, Tityi, puisque mon père refusait de rendre sa dot. Je fus emmené en bateau le long du Nil, jusqu'au Caire. Le transport de la marchandise humaine étant une affaire naturellement ennuyeuse et risquée, certaines escales avaient été prévues. Sur la route du Nil, on castra les jeunes garçons en des lieux tels que Khartoum et Assouan. Je ne restais pas insensible aux souffrances des autres garçons à la merci de couteaux maladroits, des enfants vendus par leur famille, ou volés ou capturés à la guerre. Les violences qui leur avaient été infligées, je me les étais infligées à moi-même mais sans regrets et en connaissance de cause, d'une manière délibérée et passionnée ; leur situation n'avait donc rien à voir avec la mienne. Mon immense souffrance avait endurci mon cœur et mon corps mais je faisais ce que je pouvais pour soulager leur malheur et apaiser leur terreur. L'opération était si dangereuse, avec le seul sable chaud comme antiseptique, que le taux de mortalité était très élevé. Je serais mort volontiers à la place de ces pauvres garçons, mais la volonté d'Allah avait été que je survive à ma propre main et j'étais bien décidé à acquérir un grand pouvoir et des richesses plus grandes encore dans le plus magnifique des sérails, celui du Sultan ottoman Mustafa III. J'étais certain de réussir. Mon ambition, mon désespoir et mon courage n'avaient pas de limites. Par bonheur, je fus directement vendu au sérail de Constantinople, comme je le souhaitais, pour un prix extrêmement élevé car j'étais vraiment un très beau garçon. Ce fut là, sous les ordres du Kislar Aga Abou Bakr, que je terminai mon apprentissage et formulai le seul but que je me sois jamais fixé dans la vie : prendre un jour sa place.

Les garçons comme nous étions surveillés et formés par les autres jeunes gens du sérail, jusqu'à ce que nous soyons prêts à servir. On nous envoyait alors chez les femmes, pour être placés sous les ordres d'autres serviteurs de la Validé, eux-mêmes sous le commandement de leur chef, le Kislar Aga, le chef des Vierges. Nous bénéficiions d'un salaire considérable, de soixante à cent aspres par jour, de deux robes de la soie la plus fine et de quoi satisfaire nos besoins durant toute l'année, en plus de ce qui nous était généreusement accordé par d'autres sources. Nous portions des noms de fleurs, Hyacinthe, Narcisse, Rose, Œillet..., parce que, comme nous servions des femmes, nous devions prendre des noms convenant à la virginité, à la blancheur et au parfum. Mon nom de harem était Orchidée.

Dès que le chef des Eunuques noirs connut mon caractère, je fus nommé *Yayia Bashi,* c'est-à-dire lieutenant du harem. Il parla de plus en plus souvent de moi au Sultan, disant que je serais capable de mettre à exécution ses idées et de reprendre le poste que lui-même occupait. Mon extrême jeunesse ne le décourageait pas, il pensait que mon zèle compenserait mon manque d'expérience.

Ce fut ce grand maître qui m'enseigna l'art difficile de commander des femmes et de rester inflexible. Avec lui, j'appris à connaître le cœur des femmes, à tirer profit de leurs faiblesses et à ne pas me laisser impressionner par leurs airs autoritaires. Il aimait les soumettre complètement, pour pouvoir progressivement lâcher du lest et, pendant un temps, avoir même l'air de leur céder. Mais les moments où il se montrait le plus remarquable, c'était quand il les trouvait au bord du désespoir, suppliantes et pleines de reproches. Il supportait leurs larmes sans émoi et s'enorgueillissait de ce genre de victoire. Et c'était lui qui, tous les soirs, conduisait au Sultan la Kadine qu'il avait choisie pour la nuit.

Je suis dans la fleur de l'âge et pourtant je puis regarder une femme sans la moindre émotion. Personne ne connaît aussi bien les femmes que moi, d'autant plus qu'elles ne peuvent me surprendre sans défense. En leur présence, je ne me laisse jamais distraire par des émotions. Jamais je n'oublie que je suis né pour les commander et, quand je leur donne des ordres, c'est comme si j'étais redevenu un homme. Je les hais d'être vivantes alors que Tityi est morte. Alors je les affronte avec indifférence et ma raison me permet de voir toutes leurs faiblesses. Bien que je les garde pour un autre homme, le plaisir de me faire obéir me procure une joie secrète. Quand je leur refuse tout, c'est comme si j'agissais pour mon compte.

L'obéissance aveugle et l'indulgence sans limites sont essentielles. Voilà comment on maîtrise les femmes. Qu'elles soient nombreuses ne me fait pas peur ; mieux vaut beaucoup de femmes qui obéissent qu'une seule qui n'obéisse pas. Si celles que je surveille veulent s'écarter de leur devoir, je les fais vite renoncer à cet espoir. Je suis le fléau du vice et le bastion de la fidélité. Je ne suis jamais allé au-delà des murs d'Istanbul. Comme les grands doges de Venise, je n'ai pas le droit de dormir une seule nuit en dehors des murs du palais. Ainsi je gouverne sans méchanceté ni envie, dans cet état de parfaite vertu que les prêtres chrétiens et les derviches des deux sexes appellent la chasteté et pour lequel ils ont prêté serment à perpétuité.

Le désordre et la confusion surgissent entre les deux sexes parce que leurs droits sont réciproques. Mais j'œuvre pour un nouvel équilibre plus harmonieux : entre les femmes et moi, je crée de la haine, et entre les femmes et les hommes, l'amour.

Parmi les différentes pièces de la petite suite qui lui était réservée dans le palais, le Kislar Aga aimait tout particulièrement le salon où on lui servait le café, un espace octogonal avec un plafond en forme de dôme et des murs recouverts de mosaïque rouge vif. Dans tout Constantinople, seul un artisan arménien avait su obtenir cette teinte, et il était mort en emportant son secret. La coupole, blanche et argentée, était bordée de motifs floraux. En son centre, une petite ouverture laissait filtrer un rayon de lumière qui éclairait une table basse, octogonale elle aussi, une cafetière en argent, une chaufferette et un divan reposant sur plusieurs épaisseurs de tapis.

Ce sanctuaire donnait sur la porte du harem et la Voie d'Or. C'est là que le Kislar Aga venait se recueillir avant de composer ses poèmes ou de rédiger son autobiographie, entreprise dans laquelle il s'était lancé depuis peu.

« Je suis un homme riche », songea le Kislar Aga. Sa fortune personnelle se montait peut-être à vingt millions de piastres et toutes les régions de l'Empire étaient représentées parmi les esclaves qu'il possédait à l'extérieur du harem. Le Kislar Aga se laissa tomber sur le divan et s'installa confortablement sur les coussins brodés. Ses yeux s'habituèrent lentement à la pénombre de cette pièce d'où il surveillait une myriade de passages, de ruelles, de portails, de souterrains menant au Trésor, aux prisons, aux cours, aux dortoirs et aux cellules des eunuques noirs.

Le Hazinedar Aga, trésorier du palais, était resté debout devant lui pendant plusieurs minutes avant que le Kislar Aga ne remarque sa présence. N'étant qu'un esclave, jamais il n'aurait osé signaler son arrivée d'un mot, ou même d'un geste. Sachant ce que voulait le chef des Eunuques, il lui présenta ses comptes. Le Kislar Aga, encore étourdi par sa rêverie brutalement interrompue, écouta l'inventaire qu'on lui faisait.

« Présents envoyés au Sultan Abdul-Hamid Ier par le pacha Baba Mohammed, le 10 septembre 1781, depuis l'État vassal d'Alger... »

Le Kislar Aga ne fit aucun commentaire. Les présents étaient convenables, et Naksh-i-dil très impressionnante. Ces arrogants Algériens s'arrangeaient toujours pour envoyer leur tribut en retard, et sur des navires étrangers, pour que leurs raïs ne risquent pas d'être pris en échange d'une rançon qui arrondirait le tribut.

Avant de quitter la pièce, le Hazinedar Aga porta sa main gauche à son front en disant :

« Nous prions Dieu pour qu'un doux sommeil ferme vos paupières et apporte le repos à votre corps, que votre ange gardien vous garde au cours de la nuit et que le soleil, chaque jour plus beau, se lève demain et brille sur vous... »

L'ironie de cette formule n'échappa pas au chef des Eunuques. Le grand harem de Topkapi, ce monde de fiction dans lequel il vivait, ne ressemblait à aucun autre, et tout s'y transformait chaque fois qu'un nouveau Sultan montait sur le trône pour y régner en despote.

L'Eunuque noir serra son caftan sur sa poitrine, comme si, brusquement, il avait froid. S'il n'était pas exécuté, il finirait ses jours en Égypte et, à sa mort, sa fortune irait au Sultan, son seul et unique héritier. Son sort était remis en cause tous les ans, le jour où une caravane emportait vers La Mecque les présents de l'Empire. Ce jour-là, le grand Eunuque noir devait passer trois fois devant le Sultan en tenant par la bride le premier chameau de la caravane. Si le Grand Vizir lui prenait les rênes des mains, cela signifiait qu'il conservait son poste. Il recevait alors une pelisse en hermine. Dans le cas contraire, il était disgracié. Mais même déchu, un grand Eunuque n'était jamais certain de survivre. La mort pouvait le suivre jusque dans l'exil.

Le chef des Eunuques noirs n'avait pas seulement autorité sur les femmes. Il était aussi *Nazir*, inspecteur des *Vakfs*, les biens religieux de la mosquée impériale et des villes saintes, Médine et La Mecque, et commandant des *Baltajis*, les hallebardiers. C'était le troisième officier de l'Empire, après le Sultan et le Grand Vizir, et il avait le rang de pacha à trois queues. Par ailleurs, il servait de messager entre le Sultan et le Grand Vizir, et de confident à la Validé. Il était le seul à pouvoir approcher le Sultan à tout moment du jour et de la nuit. Et le seul à pouvoir le toucher.

Chaque vendredi, le Kislar Aga participait au *Divan*, le conseil de l'Empire. On le consultait sur toutes les nominations au palais ou au gouvernement, et il était chargé de rendre compte au conseil des ministres de la fortune personnelle et des bijoux accumulés par le monarque au fil des ans. De tous les officiers du palais, il percevait le salaire le plus élevé, et sa fortune s'accroissait sans cesse des cadeaux offerts par ceux et celles qui sollicitaient ses services. Lors du couronnement d'un nouveau souverain, c'était lui qui tendait l'épée impériale au Sultan et, à sa mort, toujours lui qui annonçait la nouvelle au Grand Vizir, puis au prince héritier, et lui seul, aux funérailles, qui représentait la classe des eunuques.

L'Eunuque noir décidait aussi du montant des pensions accordées aux sultanes, pensions qu'il leur versait personnellement. Et c'était encore à lui qu'on remettait tous les présents pour les femmes du harem et par lui que devaient passer tous ceux qui souhaitaient se gagner les faveurs du Sultan grâce à la Validé.

Enfin, depuis la lutte qui avait opposé dans le harem les eunuques blancs aux eunuques noirs, le titre de Kislar Aga, gardien de la Porte de la Félicité, était incontestablement synonyme de danger, pouvoir et richesse, mais en dépit des menaces qui pesaient sur lui, Edris se sentait souvent plein de tendresse et de mélancolie à la pensée de toutes ces femmes dont il avait la responsabilité. Les allées où il caracolait à cheval résonnaient du bruit de leurs pas innombrables et les voûtes des colonnades de leurs rires enfantins. Lui seul regardait ces femmes, lui seul les appelait par leur nom, les annonçait une fois, cent fois, et entendait toujours une voix répondre, quelque part, de très loin : chair esclave.

5

LE DOCTEUR LORENZO
1781

Les eunuques étaient faits pour être les gardiens des femmes et des jeunes filles, pour surveiller leur conduite et les empêcher d'agir à l'encontre de leur chasteté ou de leurs devoirs conjugaux. Et apparemment, l'Eunuque a été correctement défini à cet usage ; car ce mot signifie garde du lit ou gardien de la chambre. C'est encore pour cet emploi qu'on fait des eunuques en Orient.

Comte d'Ollincan, *Traité des eunuques*, 1707.

Le médecin florentin Lorenzo Noccioli suivait le Kislar Aga au milieu d'une haie d'eunuques noirs, qui se tenaient chacun devant une alcôve fermée par un rideau blanc qu'agitait une légère brise. Un faible murmure émanait de cette petite cité que constituait l'hôpital du harem. De temps en temps, quand le Kislar Aga s'arrêtait devant l'une de ces alcôves, une voix dominait les chuchotements.

Les malades décrivaient leurs symptômes au chef des Eunuques ou à la Kiaya, qui les exposait au docteur, puis on délibérait, et finalement une main languissante surgissait de derrière le rideau. Lorenzo pouvait alors la tenir dans la sienne, prendre le pouls, vérifier d'éventuelles traces d'éruptions sur la peau, ou contrôler la température. C'est tout ce qu'il voyait de la malade et, sur ces seules indications, il prescrivait remèdes, purges, saignées, ou ce qui lui venait à l'esprit. Parfois, on lui présentait une figurine de porcelaine représentant une femme et, dessus, on lui indiquait l'endroit d'où souffrait la malade.

Le docteur Lorenzo était ainsi passé maître dans l'art de la divination, sa spécialité étant de prédire des enfants mâles aux Kadines enceintes. Dans cet univers de fantasmes, à l'aveuglette, il auscultait les mains tendues une à une, qu'elles soient longues, étroites, courtes, carrées, brunes, noires, tatouées ou lisses comme le marbre.

Certaines des pensionnaires étaient manifestement malades, mais en deçà du voile, Lorenzo Noccioli ne pouvait rien faire d'autre que prescrire des remèdes classiques contre la fièvre, les infections ou les inflammations. Aussi avançait-il le long de ce mur d'hommes noirs en suivant respectueusement le Kislar Aga. Ensuite, il irait prendre le café avec lui et, si le chef des Eunuques le lui permettait, il s'esquiverait jusqu'à la Cage des princes pour apporter à Sélim des livres, des nouvelles du monde extérieur, et surtout quelque réconfort. En effet, Lorenzo était le seul médecin européen admis à visiter la Cage. Il en profitait pour délivrer des messages au prince héritier et à en recevoir en retour : un privilège dont il savait tirer profit. Non seulement il gagnait beaucoup d'argent, mais grâce à ses histoires de harem bien souvent enjolivées, il était devenu l'invité le plus recherché des dîners d'Istanbul. Lorenzo servait en quelque sorte d'intermédiaire entre deux mondes qui ignoraient tout l'un de l'autre, étant donné que les contacts des Européens avec les Ottomans se limitaient à la diplomatie, au commerce ou aux contacts avec les domestiques.

Ce matin-là, justement, le docteur eut de la chance. Après une brève discussion avec le Kislar Aga, il put filer jusqu'à la Cage pour s'entretenir avec Sélim. Mais habituellement, il passait plus de temps avec le chef des Eunuques car il avait compris depuis longtemps qu'il fallait à tout prix éviter de froisser sa susceptibilité : tout, dans ce monde, dépendait du bon vouloir de l'extraordinaire Edris Aga.

L'après-midi même, à l'heure du thé, Lorenzo avait réuni sur la terrasse de sa maison de Péra plusieurs de ses amis, dont l'ambassadeur de Suède, l'attaché militaire de l'ambassade de France, quelques peintres orientalistes et un banquier anglais.

Péra, le quartier européen d'Istanbul, était à des siècles des rues étroites, sombres et dégoûtantes du reste de la ville. Aussi loin, en tout cas, que l'avaient permis l'argent et l'imagination des Européens. On n'y rencontrait que des hommes en haut-de-forme et des femmes en robe de mousseline blanche à bord de voitures attelées arrivées directement de Londres ou de Paris par bateaux. Et on ne comptait plus les dîners, les bals, les courses de chevaux, les réceptions diplomatiques et les manifestations théâtrales qui s'y donnaient tout au cours de l'année.

Pour recevoir, Lorenzo avait troqué son caftan blanc contre des vêtements européens. Dès qu'il passait les portes du sérail, où il était toujours vêtu à l'ottomane, Lorenzo s'habillait à l'occidentale. Ses culottes blanches, sa chemise de lin, son manteau de serge bleu sombre brodé d'argent, large à la taille et ouvert sur la poitrine, ses bijoux superbes encore que discrets, tout en lui, jusqu'à ses bottes noires rehaussées de jaune, reflétait la dernière mode européenne. À présent, il s'apprêtait à commencer une conférence dont le sujet, la castration, l'intéressait particulièrement, en partie parce qu'il était médecin, en partie à cause de sa fascination pour le Kislar Aga. Il avait d'ailleurs l'intention d'écrire un livre à ce sujet, mais en attendant, ses amis étaient ravis de profiter de ses talents de conteur.

« Évidemment, disait l'ambassadeur de Suède, la castration est un sujet qui fascine les Occidentaux, et n'est-ce pas ce que tout homme redoute le plus au monde ?

— C'est aussi l'un des cauchemars les plus courants », ajouta un des peintres en riant.

Alors, Lorenzo commença :

« Tout le monde sait que l'état d'eunuque n'est pas un état naturel, mais une mutilation terrible imposée à un mâle par un autre mâle. Le résultat, on le voit — on l'entend aussi —, et la raison, on la connaît en règle générale ; mais ce que l'on semble très souvent ignorer, ce sont les méthodes utilisées pour pratiquer cette mutilation et jusqu'où elle peut aller. Cette méconnaissance générale ne tient certainement pas au manque d'intérêt porté à ce sujet, mais à divers facteurs comme le manque d'information, le secret dont on a toujours entouré l'odieux commerce des eunuques, et la répugnance qu'éprouvent à en parler ceux qui sont concernés d'une façon ou d'une autre.

« Cela fait plus de quatre mille ans qu'il y a des eunuques dans le monde : en effet, l'histoire sainte et l'histoire profane font état de personnes qui ne peuvent être considérées ni comme des hommes, ni comme des femmes, et qui forment une *troisième sorte d'humains*. On en a vu un si grand nombre au long des siècles et dans tous les pays, et on en voit encore tant qu'il n'est pas permis de douter qu'il y ait eu des eunuques, qu'il y en ait encore, et qu'il y en aura toujours.

— Mais comment est-ce que cette maudite coutume a commencé ? demanda l'Anglais qui, arrivé depuis peu dans la ville, avait déjà blêmi.

— Il semblerait que le pays d'origine des eunuques soit la Mésopotamie, le berceau de tant d'institutions transplantées à l'Ouest, répondit le docteur Lorenzo, et que les Assyriens employaient déjà des eunuques. D'ailleurs, le fait que l'Ancien Testament y fasse souvent allusion tendrait à le prouver.

« On employait aussi des eunuques en Perse, en Égypte et chez les Phéniciens, les Carthaginois, les Grecs et les Romains. On sait encore que le prophète Samuel a prédit à son peuple qu'il y aurait des eunuques à la cour du futur roi d'Israël et, de fait, les premiers eunuques ont fait leur apparition sous le roi David, puis sous Achab et Joram.

— J'ai entendu dire qu'il y aurait plusieurs catégories d'eunuques, hormis ceux qui naissent entièrement impotents, intervint l'ambassadeur.

— C'est exact. En Orient, par exemple, on distingue trois catégories d'eunuques : il y a les *Sandalis*, ou rasés de près, à qui on enlève testicules et pénis d'un seul coup de rasoir ; si le patient est à l'âge de la puberté, en général il s'en sort. Il y a aussi ceux à qui l'on enlève le pénis, mais qui peuvent encore procréer, sans toutefois en avoir les moyens, il arrive d'ailleurs qu'on y supplée. Il y a enfin les eunuques couramment appelés *thlibias* et *semivirs,* à qui on enlève les testicules (ce qui se fait avec un couteau à testicules, le même que celui qu'on utilisait pour castrer les prêtres de Cybèle), à moins qu'ils ne soient écrasés, tordus, cautérisés ou bandés. »

Un silence de mort régnait, et plusieurs des

hommes qui écoutaient s'étaient instinctivement croisé les jambes : Lorenzo poursuivit :

« L'opération se pratique de la façon suivante : pour empêcher l'hémorragie, on attache la partie inférieure du ventre et la partie supérieure des cuisses avec des ligatures ou des bandes très serrées. Puis on baigne à trois reprises les parties à opérer (testicules et pénis) dans de l'eau pimentée. Pendant ce temps, le patient est étendu. Quand les parties ont été suffisamment baignées, on les coupe, aussi ras que possible, avec un petit couteau à lame courbe, un peu comme une faucille. L'émasculation étant faite, on enfonce dans le gros orifice, à la base du pénis, une aiguille en étain ou fausset, on recouvre ensuite la blessure de papier trempé d'eau froide, et on fait un pansement très soigné. Puis, on fait marcher le patient deux heures, avant de l'autoriser à se rallonger. Pendant trois jours, il n'a rien à boire ; trois jours durant lesquels il agonise, pas seulement de soif, mais aussi d'une horrible souffrance, et de l'impossibilité de pouvoir soulager ses besoins naturels. Au bout de ces trois jours, on enlève les bandages et le fausset. L'urine peut alors s'écouler, jaillissant comme une source, et le malade se trouve soulagé tout d'un coup. Si cela se passe bien, on considère que le patient est hors de danger ; mais si le malheureux n'arrive pas à uriner, il est condamné à mourir car les canaux ont enflé et on ne peut rien pour le sauver.

« C'est dans l'Empire romain d'Orient que l'utilisation des eunuques s'est le plus développée. À Byzance, les eunuques étaient des personnages très importants, et les plus influents après l'Empereur et l'Impératrice. Constantin VII se plaignait de ce que le palais impérial grouillait d'eunuques, autant que les écuries de mouches en été. À cette époque, c'étaient les Arméniens qui avaient en général la charge de la castration.

« En Russie, il y avait des eunuques dans les harems des princes russes, et apparemment, au XIe siècle, des eunuques russes se sont portés volontaires pour faire de leur castration une profession de foi chrétienne et d'ascétisme. On en comptait cent mille dans cette secte appelée *Skoptsy*.

« Au Moyen Âge, ce sont surtout les Juifs et les Abyssiniens qui se livraient au commerce des eunuques. Les premiers fournissaient les eunuques blancs, les seconds les eunuques noirs. L'eunuque figurait parmi les produits transportés d'Europe en Asie, au même titre que la soie, les fourrures, les épées, le musc et autres denrées.

« Cette coutume s'est installée dans le Levant, et quand les Turcs ont commencé à séquestrer leurs femmes, les Byzantins ont pu, pendant un temps, fournir les eunuques nécessaires. De toutes les régions conquises, on pouvait en ramener mais ils étaient souvent fragiles et la mortalité importante. On a essayé alors les nègres, qui étaient à la fois bon marché et solides ; les marchands d'esclaves ont vite appris aux chefs africains qu'un prisonnier vivant était préférable à un prisonnier mort.

« Les Ottomans ont bien sûr emprunté aux Byzantins cette coutume d'employer des eunuques pour garder leurs harems. Mais s'ils ont employé principalement des eunuques noirs, cela tient à deux raisons. La première est qu'ils résistaient mieux à la mutilation elle-même et à ses conséquences ; la seconde vient du fait qu'un homme noir laisse des traces de sa race sur sa progéniture, et il était ainsi facile de savoir si une castration avait été mal faite, ou de façon incomplète. Il eût été quasiment impossible de prouver qu'un enfant engendré par un eunuque blanc n'était pas celui du Sultan ; alors qu'il ne faisait aucun doute qu'un enfant engendré par un nègre n'était pas celui du Sultan : l'évidence était flagrante.

« Comme les eunuques blancs étaient souvent mal castrés, je parle des Géorgiens et des Circassiens, on leur confiait des travaux qui ne les mettaient jamais en contact avec les femmes. Quant aux nègres, on payait très cher ceux qui, outre le fait d'être entièrement *rasés*, avaient les visages les plus laids et les plus repoussants ; on imaginait, à tort ou à raison, que c'était un moyen de plus pour protéger les femmes de la débauche. Les médecins du sérail examinaient les eunuques à leur arrivée, mais cet examen était renouvelé au bout de quelques années, juste pour s'assurer que tout était en ordre et que rien n'avait repoussé !

« Nous en venons maintenant à la grande question : un eunuque peut-il se marier ?

« Il était tout à fait reconnu que, de tous les eunuques employés, ceux qui n'avaient perdu que leurs testicules restaient pendant assez longtemps capables d'érections, et de jouir de relations sexuelles. Cette raison (si raison il y a) est le thème principal de la “ légende du premier eunuque, Bukhayt ”, dans les *Mille et Une Nuits*. Un nègre séduit une jeune fille et, pour le punir, on le castre. Il devient son aga, tout en continuant à avoir des rapports avec elle. Il était dit que son pénis garderait toute sa puissance aussi longtemps que battrait son cœur et que circulerait son sang. Ce qui explique que l'eunuque qui a gardé son pénis est souvent très apprécié. Il y a même des femmes qui le préfèrent à l'homme non castré, car il peut faire durer longtemps cet acte de la nature.

« Toutes les sortes de plaisirs sensuels sont pratiquées au sérail, et l'eunuque qui se trouve en contact avec le monde extérieur peut très facilement introduire dans le harem des phallus artificiels ou tout autre succédané érotique ; il lui est également possible, jusqu'à un certain point, de jouer le rôle de lesbienne, et cette nouvelle forme de perversion permet de satisfaire les besoins de ces femmes négligées qui s'ennuient. Un eunuque peut donc se marier !

« De toute évidence, les eunuques éprouvent souvent une affection profonde et sincère pour celles qui leur sont confiées. Il est difficile toutefois d'imaginer comment la femme peut procurer du plaisir à l'eunuque, et nous ne disposons d'aucun récit satisfaisant. Cela se passe probablement au niveau de la région située immédiatement près de l'ouverture de l'urètre, les sensations érotiques se reportant quelquefois à cet endroit chez les eunuques. Cela peut aussi se produire par massage anal, l'utilisation d'aphrodisiaques ayant un rôle d'adjuvant.

« C'est ainsi que le harem — ce monde si terriblement et étrangement érotique, où chaque sexe n'est défini que par opposition à l'autre — s'est agrandi d'un troisième sexe, l'eunuque. Cet être chimérique porte confusément en lui les attributs qui rapprochent d'une certaine manière l'homme et la femme, ces êtres si irrémédiablement opposés. La mutilation d'une créature de Dieu, acte sacrilège et *sacrificatoire,* donne un humain composite, ni mâle ni femelle, mais qui porte certaines caractéristiques des deux sexes et même ce qu'il y a de pire dans chacun d'eux. Son âme et son corps reflètent l'image inversée de l'hyper-virilité de l'homme et la faiblesse nymphomane de la femme. Ce pouvoir troublant et des plus ambigus fait de ce personnage l'une des institutions les plus significatives de l'Empire ottoman, conclut Lorenzo.

— Extraordinaire ! » s'exclama l'ambassadeur de Suède.

Avant de se lever, l'ambassadeur contempla un instant Lorenzo. « Un magnifique spécimen de la race humaine », pensa-t-il. Avec ses beaux yeux en amande, d'un brun clair tacheté de jaune, ses sourcils noirs qui se rejoignaient au-dessus de son nez aquilin, et son teint si pur qu'une femme le lui aurait envié, le docteur Lorenzo finissait par ressembler aux Orientaux qu'il fréquentait. D'ailleurs, on le disait encore plus élégant lorsqu'il était vêtu à la mode ottomane. À son oreille brillait un petit diamant, affectation d'Oriental qu'il refusait d'expliquer, comme il refusait d'expliquer son goût pour les bains turcs, une coutume musulmane que cet homme délicat avait acceptée avec enthousiasme. C'était une forme de purification spirituelle et un délice, pour qui croyait, comme lui, aux bienfaits de l'hygiène.

En pensant au rendez-vous qu'il avait aux bains publics de Galata à six heures ce soir-là, Lorenzo soupira, fit jouer les muscles de ses longues jambes et caressa du doigt le diamant qu'il portait à l'oreille. Grand et fort malgré sa carrure étroite, il avait, pour un homme de sa taille, des mains étonnamment petites, avec des ongles longs, à la turque, parfaitement manucurés.

Il adorait la Turquie. Cela faisait seize ans qu'il vivait à Péra et il avait assisté au stupéfiant exploit d'Abdul-Hamid qui, après quarante-quatre ans de réclusion, était sorti de la Cage des princes pour devenir Sultan d'un huitième du monde. Une véritable résurrection ! Oui, il aimait la Turquie et, pourvu qu'il soit prudent, son avenir y était assuré, même après la mort d'Abdul-Hamid, puisque le futur Sultan Sélim l'avait pris en affection et lui avait à jamais accordé sa protection.

En pensée, il avait déjà quitté ses invités qui continuaient à bavarder autour de lui. Il n'avait qu'une envie, maintenant que sa conférence était terminée, prendre congé d'eux, au plus vite.

Le hammam qu'il fréquentait à Galata était l'un des plus beaux parmi les trois cents bains publics de Constantinople.

Les salles, reprises des anciens thermes romains, étaient de style byzantin. L'entrée avait la forme d'une église, une grande pièce ronde avec des arcades et un sol en marbre noir et blanc, des murs incrustés de mosaïques multicolores et une coupole percée d'ouvertures circulaires. Le peu de lumière qui les traversait faisait l'effet d'un faisceau de colonnes frémissantes.

Au centre de la pièce, une fontaine remplissait un merveilleux bassin en marbre entouré de longues banquettes en briques. De l'encens brûlait en permanence, les murs étaient secs et la température modérée. En pénétrant ce soir dans cet espace immense, Lorenzo retrouverait ce silence qu'il aimait peut-être plus que tout au monde. Les silhouettes drapées dans leurs serviettes, telles des momies prêtes à la sépulture, ne feraient qu'ajouter au charme étrange de ces lieux. Seuls viendraient rompre le silence les jets d'eau de la fontaine ou les socques d'un baigneur passant dans une salle plus chaude...

Tout autour de la pièce étaient installées des cabines et des couches basses, avec au fond de grands séchoirs en bois pour les serviettes. Le docteur chuchoterait quelques mots aux autres clients et au caissier, avant de se déshabiller à son tour. Il passerait ensuite dans la seconde salle où régnait une température sensiblement plus élevée et qu'envahissait un nuage de vapeur. Il y avait là un bassin d'eau chaude avec de larges coupes de cuivre qui servaient à s'asperger et de petites alcôves où l'on se faisait épiler, raser, coiffer et masser, tout d'abord avec des gants, puis à mains nues. Le docteur sentirait alors des doigts puissants lui pétrir les omoplates, appuyer sur sa colonne vertébrale si violemment qu'il pourrait à peine retenir un cri. On lui étirerait jambes et bras, puis on le savonnerait de la tête aux pieds avant de le laisser se reposer.

Dans la troisième salle, le *Yeni Kaplija,* la chaleur était terrible, car il n'y avait aucune aération. Lorenzo se souvenait encore de la façon dont il avait réagi la première fois, de sa timidité mêlée d'effroi. Tout lui avait paru métamorphosé dans cette atmosphère pesante. Les silhouettes glissaient lentement, ombres de l'au-delà. Lorenzo avait eu l'impression de se retrouver au purgatoire, et ce sentiment ne l'avait jamais quitté, jusqu'à devenir une obsession. Depuis, il ne pouvait plus se passer du hammam. Le tintement d'une coupe de cuivre, le claquement d'une socque ou le plongeon d'un nageur le ramenait de temps à autre à la réalité. Pourtant l'illusion d'un autre monde ne disparaissait jamais complètement, même lorsque le rire d'un être en chair et en os éclatait à ses côtés, car tout là-bas était si pur, si propre, si doux, si chaud, si enveloppant, comme la mort elle-même. Il passait devant des corps nus allongés, accroupis, assis ou penchés au-dessus d'une fontaine. Le temps s'arrêtait et, comme pour les fumeurs d'opium, aucune crainte du lendemain ne troublait plus son esprit, tandis qu'il s'abandonnait au plaisir de la chaleur et au sentiment de sécurité que seuls les bains pouvaient lui apporter.

Il nagerait lentement dans cette eau presque bouillante comme s'il traversait le Styx. Lentement, sur ses socques en bois, il reviendrait dans la seconde salle pour se rafraîchir. Là, il ôterait sa serviette, découvrant un corps musclé et poilu qui surprenait toujours les nouveaux clients. On lui tendrait des serviettes sèches et il en enroulerait une autour de sa tête, en turban. Et comme chaque fois à ce moment-là, une sensation de propreté, de fraîcheur et de satisfaction lui ferait oublier sa condition de mortel.

Enfin il s'allongerait sur une banquette et taperait dans ses mains, à l'orientale, pour commander un café.

« Être sage, c'est savoir de quoi est fait le bonheur. » L'amitié, les bains et le soleil. De là naissait une impression de beauté et de continuité, comme au hammam, lorsqu'on passait d'une salle à l'autre. On oubliait alors la fuite en avant désordonnée du monde vers l'éternité.

Les voix aiguës des muezzins appelant les fidèles à la prière du soir s'élevèrent des minarets de toutes les mosquées de la ville ; des sons ni mâles ni femelles, ni humains ni divins, qui rappelaient le chant poignant des castrats et qui résonnaient simultanément sur les eaux comme les cris des oiseaux sauvages. Le docteur frissonna de tout son être. Il ne connaissait pas de chant plus bouleversant. Il ne connaissait pas de ville plus belle ou plus complexe que cette cité qui s'élevait sur son promontoire, jetée entre l'Est et l'Ouest, l'Asie et l'Europe, entre le Bosphore et la Corne d'Or, entre Dieu et Allah : Constantinople-Istanbul.

6

ISHAK BEY
1781

Mais voici ce que me raconta mon oncle Ivan Illyitch, en me jurant sur son honneur que cette histoire était vraie. Tchaplitsky, vous savez, celui qui avait tué un mendiant après avoir, dans sa jeunesse, gaspillé des millions, perdit un jour trois cent mille roubles, si mes souvenirs sont exacts, en jouant contre Zorich...

Alexandre POUCHKINE, *La Dame de pique*, 1834.

Dans la nuit blanche de cette fin d'été, loin d'Istanbul, à Saint-Pétersbourg, se disputait depuis déjà près de sept heures une partie de cartes. Située à l'embouchure de la Neva, sur le golfe de Finlande, la capitale de l'Empire russe dépassait à présent Paris en superficie, grâce à la folie des grandeurs de la Tzarine Catherine II. Trois couleurs dominaient nettement dans cette ville que l'on appelait « la Venise du Nord » : le jaune, le rose et le bleu pastel, rehaussées de blanc et de doré, comme si elles avaient été inventées pour cette métropole baignée de lumière la moitié de l'année, et plongée dans l'obscurité l'autre moitié. La cité déployait ses palais baroques, ses cathédrales aux nombreuses coupoles dorées et ses vastes jardins sur les deux rives d'un fleuve large et profond, sujet à des crues épouvantables. Derrière les palais s'étendaient des quartiers construits en tourbe et en bois, souvent ravagés, comme Istanbul, par de terribles incendies, et au centre, du canal Moïka à la rive gauche de la Neva, les demeures luxueuses des très riches, où trônaient l'Amirauté et le palais d'Hiver. C'était là que les frères Zanovitch avaient installé leur maison de jeu.

Les rideaux tirés ne laissaient pas passer la lumière. Parmi les tables sculptées surchargées de dorures, disséminées dans les salons éclairés par des lustres de quarante bougies, les gens assis à l'une d'elles faisaient penser à un résumé d'Istanbul. Fixant d'un même regard religieux un jeu de macao, y étaient installés un Turc, un Serbe, un Grec, un nègre, une comtesse russe et leurs hôtes ambigus et mystérieux, les frères Zanovitch. Tous étaient assis dans des fauteuils français couverts du même brocart de soie qui tapissait les murs et représentait la victoire des Russes sur les Ottomans à la bataille de Chesme. La soie, fabriquée spécialement pour la Tzarine, venait de Lyon.

« La seule chose qui manque à la scène, marmonna Ishak Bey, c'est Hassan Gazi et son lion châtré... »

Le grand amiral Gazi y aurait figuré comme le quatrième héros de Chesme, entre les branches de laurier (la victoire), les queues d'hermine (les Russes), et une frégate en perdition au mât de laquelle flottait un pavillon vert (les Ottomans)...

Ishak secoua d'un air las son magnifique turban de

lamé argent. Il n'avait plus que cent roubles en poche et se trouvait loin de chez lui, sans espoir ni projets, avec pour seul moyen d'existence les aumônes de son ami Zorich, à moins que l'Impératrice Catherine II ne lui accorde une pension. « Qui aurait pu imaginer qu'une simple farce me cause tant d'ennuis ? » Et pourtant, c'était « cette simple farce » qui avait entraîné sa fuite d'Istanbul et sa condamnation à mort *in absentia.* Non, à l'époque, il n'avait vraiment pas pesé toutes les conséquences du crime qu'il avait commis contre l'Islam.

Fils d'un *Capidji-Bachi,* arrière-petit-fils d'un célèbre grand vizir qui avait épousé une sultane, Ishak Bey portait le nom de sa famille avec, peut-être, un peu trop d'orgueil. Son grand-père l'avait fait entrer avec son frère Ismail à l'école des pages de Topkapi, ce qui lui avait permis de passer son enfance avec le prince Sélim, le successeur éventuel d'Abdul-Hamid, et comme ils étaient tous les deux très beaux et inséparables, leurs compagnons les avaient surnommés les archanges Michel et Gabriel : Sélim, blond aux yeux noirs, était Michel ; et Ishak, brun aux yeux clairs, Gabriel. Il y avait bien longtemps que personne ne l'avait appelé ainsi.

À douze ans, il avait été nommé officier du palais et on l'avait chargé de présenter chaque jour une serviette au Sultan après ses ablutions rituelles. Mais ce n'était pas là une occupation qui pouvait répondre aux aspirations d'un jeune homme avide d'aventures. On lui avait donc permis d'entrer dans la marine et, après avoir survécu au désastre de Chesme, il s'était attaché au service de Hassan Gazi, le seul militaire à avoir gardé une réputation intacte à l'issue de cette bataille. Le grand amiral ou, comme on disait à Istanbul, le capitaine pacha, était un individu énergique et exceptionnel, qui avait enrayé la décadence de l'Empire ottoman, fût-ce provisoirement. Ennemi acharné de la Russie, Hassan Gazi vivait en pleine barbarie, aussi naturellement que son lion qui le suivait partout.

Ishak Bey vit avancer vers lui un mulâtre que le lion de Hassan Gazi aurait certainement eu tout de suite envie de mordre : l'amiral général Ivan Abramovitch Hannibal. Ishak l'observa, alors qu'il se laissait tomber dans un des fauteuils blanc et or en étalant ses jambes devant lui. Ivan Hannibal paraissait encore plus petit dans son uniforme d'amiral, une sorte de tunique vert bouteille serrée à la taille et de coupe démodée. Il avait une tête minuscule, un front proéminent, des yeux dorés et lumineux, des lèvres pourpres et épaisses, un nez large et bien dessiné, et des cheveux gris bouclés retenus par un catogan.

Les origines exotiques d'Hannibal et sa brillante carrière amusaient beaucoup Ishak et provoquaient depuis toujours son admiration. Le père d'Ivan, Abraham Hannibal, avait été enlevé en Abyssinie, alors qu'il n'était encore qu'un enfant puis vendu au sérail du Sultan Ahmed III, le grand-père du prince Sélim. Mais l'ambassadeur de Russie avait fait évader cet esclave de neuf ans pour en faire présent à Pierre le Grand, et le Tzar avait aussitôt aimé ce jeune garçon qu'il avait fait baptiser sous le nom d'Abraham Piotr Hannibal. C'est ainsi qu'on s'était mis à parler du « nègre de Pierre le Grand ». Hannibal père avait été témoin du règne de quatre Tzars, qu'il avait servis, et son enlèvement du sérail de Topkapi n'était pas le seul événement extraordinaire de son existence. Après la mort de Pierre, la Tzarine Elisabeth, jalouse, l'avait envoyé mesurer la Grande Muraille de Chine. Il avait survécu et rapporté les dimensions correctes. Son premier mariage s'était terminé par un procès en divorce qui avait duré vingt-sept ans, le plus sensationnel que la Russie eût jamais connu. Le juge et le jury avaient eu à décider si oui ou non pouvait naître d'un Noir et d'une Blanche un enfant parfaitement blanc. La première épouse d'Hannibal affirmait que oui. Les juges n'avaient pas la moindre idée sur la question. Mais Hannibal, sans autres connaissances scientifiques que le gros bon sens des casernes, avait tranché : la réponse était NON. Il avait demandé le divorce après avoir obtenu de sa femme qu'elle avoue son adultère en l'enfermant dans son château et en l'affamant jusqu'à ce qu'elle parle. Entre-temps, il avait épousé la mère d'Ivan (devenant du coup bigame) et avait vérifié sa théorie en lui faisant onze enfants dont pas un n'était blanc. Son fils, l'amiral général Ivan Abramovitch Hannibal, assis à présent devant Ishak Bey, était marron foncé.

« Neuf », annonça l'amiral.

Le laquais ganté de blanc debout derrière sa chaise ramassa les billets épars sur la table. Ishak Bey se redressa et foudroya du regard son vis-à-vis.

En juin 1770, Hannibal fils avait fait partie de la division qui avait anéanti la flotte ottomane dans la baie de Chesme. Et c'est à la suite de cet exploit que Catherine l'avait nommé amiral général et membre de l'Amirauté.

Ishak observa ensuite la comtesse Capitolina Pouchkine, la tante adorée d'Hannibal, d'un œil pensif. Le grand amiral vivait chez elle, dans un palais sur la rive sud de la Neva : il ne s'était jamais marié, les expériences de son père bigame l'avaient certainement vacciné contre le mariage.

« Je monte de trois mille roubles », annonça la comtesse de sa voix aristocratique.

Capitolina Pouchkine, jadis une femme superbe, était devenue énorme en vieillissant, son dos raide comme une baguette de fusil ne touchait pas le dossier du fauteuil et sa grosse tête grise aux traits épais et aux dents trop grandes restait très droite, comme plantée dans un vase.

Un valet posa un verre d'eau près de la comtesse, qui venait encore de monter de cinq mille roubles. Elle avait l'as de cœur, le huit de carreau et un neuf rouge.

Les frères Zanovitch, des joueurs retors et pleins de sang-froid, qui avaient fait fortune en acceptant des reconnaissances de dettes de toute la noblesse russe et en réglant leurs pertes en liquide, tenaient la banque.

Le jeu à la mode était le macao. Le beau monde de Saint-Pétersbourg parlait encore de la somptueuse réception donnée par l'Impératrice pendant le carnaval. Catherine avait voulu surpasser toutes les cours européennes en commandant pour le dessert une pièce montée incrustée de pierres précieuses. On avait joué plus gros que jamais ce jour-là, et aux tables de macao, Catherine avait offert un diamant à tous ceux qui tiraient un neuf. Elle en avait ainsi distribué cent cinquante.

Mme de Witte s'était assise auprès de la vieille comtesse Pouchkine, comme par pure malice. Elle aussi venait d'Istanbul, et du marché aux esclaves... À vingt ans, un prince polonais l'avait emmenée à Paris ; c'est là qu'on l'avait surnommée « la belle Phanariote » (Phanar étant le nom du quartier grec d'Istanbul), et elle avait fait tourner toutes les têtes de la cour de Versailles. C'était la seule femme, disait-on, dont Catherine II fût jalouse.

« Huit », dit la belle Phanariote en étalant ses cartes avec un coup d'œil dans la direction d'Ishak Bey, qui trouvait tout cela ennuyeux plutôt qu'excitant.

En fait, il haïssait les jeux de hasard. Gagner, pour lui, ne devait pas être une question de chance, mais d'intelligence.

« Neuf », annonça la comtesse en souriant.

Hannibal observait l'homme qui lui faisait face. Ses manières parfaites n'en laissaient rien paraître, mais il n'appréciait pas le général serbe, ce comte Simon Gavrilovitch Zorich, dont l'heure de gloire était passée depuis longtemps — cela faisait deux ans qu'il n'était plus le favori de Catherine.

Zorich tendit le cou sous le regard d'Hannibal, comme sous une lame d'acier. Son bronzage avait pâli. Ses mains ne tremblaient pas, mais il se sentait extrêmement fébrile sans savoir pourquoi. Il avait un huit, ce qu'il y avait de mieux après le neuf. Mais l'enjeu trop élevé le mettait mal à l'aise. C'était tout l'argent qui lui restait. Ensuite, il lui faudrait miser des serfs et des terres. De petites gouttes de sueur perlèrent sur son front et sous la mèche qui lui cachait un œil. Il connaissait bien la sensation qui venait de l'envahir. Beaucoup d'officiers la ressentaient sur le champ de bataille, juste avant de mourir. C'était un phénomène courant pour un soldat, comme si l'on vous offrait une dernière chance de rester en vie, au prix de passer le reste de vos jours dans la terreur. Et Simon Zorich savait que vivre avec la peur au ventre était le plus court et le plus sûr chemin vers la mort, que ce soit à la guerre ou au jeu.

Zorich, Nerantchitch de son vrai nom, avait été adopté par un oncle, le commandant Zorich, et enrôlé dans les Hussards. À douze ans, il était déjà caporal, à seize, lieutenant, et en 1770, pendant la guerre russo-turque, il avait été blessé, fait prisonnier, et retenu cinq ans à Istanbul. C'était là qu'il avait rencontré Ishak Bey. Une fois libéré, et en attendant d'être échangé, il avait gagné sa vie en jouant aux échecs dans les cafés de Péra. Ishak Bey, un soir, l'avait battu à plate couture, mais il était tombé sous le charme de ce Russe si beau et si spirituel.

Ils s'étaient aimés dès le premier regard : Zorich l'insouciant, l'exubérant, et Ishak le pondéré, le prudent, devinrent inséparables. Or, un jour, Zorich avait eu envie de visiter l'intérieur d'une mosquée, et Ishak, d'un cœur léger, lui avait rendu ce service, déguisant son ami roumi en musulman pour le faire entrer à Aya Sofya, l'ancienne Sainte-Sophie chrétienne, profanation qui, encore aujourd'hui, lui donnait des frissons. Comme ils s'étaient fait prendre, on avait rapporté à son supérieur, Hassan Gazi, la manière dont il se conduisait avec un infidèle, et ils avaient dû s'enfuir pour sauver leurs vies, le capitaine pacha ayant mis leurs têtes à prix. Zorich était retourné en Russie avec cinq mille piastres empruntées à Ishak, lequel avait pu passer la frontière grâce à l'ambassadeur de France, et trouver refuge à la cour de Louis XVI.

Hassan Gazi n'avait jamais pardonné à son lieutenant favori, celui qu'il traitait comme son fils. Zorich n'avait jamais oublié la nuit magique où il avait contemplé le bleu infiniment profond de la coupole de Sainte-Sophie, cette cathédrale byzantine qui avait échangé la croix pour le croissant quand les Turcs avaient pris Constantinople.

Simon Zorich respira profondément, et son torse s'élargit sous son uniforme. À Saint-Pétersbourg, on ne lui trouvait belle allure que dans deux tenues : en uniforme de Hussard, ou dans le plus simple appareil. Il avait été le favori de l'Impératrice Catherine de Russie pendant onze mois, et avait reçu pour ses « débuts » mille huit cents serfs. En moins d'un an, il avait dépensé trois millions de roubles. Les envieux disaient qu'il avait été déchu parce qu'il ne savait pas marcher avec ses bottes sans glisser sur les parquets cirés du palais. En fait, il avait surtout fait pleurer Catherine d'ennui. Il avait été renvoyé avec un million de roubles, sept mille serfs et des propriétés à Skhlov en Pologne.

Mais ce dont il se réclamait le plus, ce n'était pas de ses onze mois de règne en tant que favori, mais des cinq années qu'il avait passées comme prisonnier de guerre dans le donjon du château aux Sept Tours, à Constantinople. On avait même écrit sur lui une ballade qui était devenue très populaire. Il se mit à la fredonner à voix basse :

Zorich pour sa patrie, pendant
cinq ans est resté enchaîné...

« *Sa* patrie... ! » reprit Ishak.

Un peu exaspéré, il repensa à l'origine de son exil et à la cause de ses malheurs. Lorsque Zorich était devenu le favori de Catherine, il lui avait demandé de venir partager sa bonne fortune. Au retour d'un bref séjour en France tenu secret, Ishak avait appris par son frère Ismail qu'il était toujours *persona non grata* à Istanbul, aussi avait-il sauté sur l'occasion. Mais son voyage fut si long — Naples, Livourne, Florence, Vienne (en évitant le territoire ottoman où il aurait pu être arrêté) — que, lorsqu'il arriva, Zorich avait déjà été évincé par Potemkine, et remplacé en tant que favori par un jeune Russe. Jamais il n'avait été remboursé des cinq mille piastres qu'il lui avait prêtées pour repartir en Russie. Son ami avait eu son heure de gloire, douce mais brève.

Ishak Bey était consterné par les excès et les réactions intempestives de Zorich. Le comte avait pleuré à son arrivée en Russie, mais il était capable de tuer un homme de sang-froid. Lui, Ishak, jouait aux échecs, pas aux cartes. Il se rendait compte que le caractère passionné d'un Slave était incompatible avec la désinvolture d'un Oriental. Zorich avait fait une scène épouvantable quand il avait été remplacé par Rimsky-Korsakov, puis il avait fini par se plier à ce que son vieil ami Ishak

Bey appelait le *kismet,* le destin. Il avait quitté Saint-Pétersbourg avec une pension doublée, une énorme somme d'argent liquide, une somptueuse parure en diamants et sept cents serfs supplémentaires attachés à ses propriétés, mais sans le titre qu'il avait tant réclamé, celui de prince. Catherine n'avait cédé ni à ses larmes ni à ses colères. Sa seule satisfaction, si piètre fût-elle, avait été de savoir que son successeur n'avait pas été intronisé comme favori, avant que tous, y compris Catherine, aient eu la preuve que lui, Zorich, avait définitivement quitté la ville.

Lorsque Ishak Bey était arrivé à Skhlov, il avait trouvé le comte assis sur le pas de sa porte. De sa vie, Zorich n'avait été aussi content de voir quelqu'un. Pleurant comme un enfant, il avait embrassé son ami au moins cent fois, décidant d'emblée que jamais il ne lui laisserait quitter la Russie. Ensemble, ils décidèrent d'ouvrir une école militaire pour les jeunes nobles, un terrain d'entraînement correct pour les officiers, ce qui existait en Europe, mais pas en Russie. Et la vie des deux jeunes gens ne fut désormais que bals, mascarades, réceptions, banquets et jeux d'argent. Ishak et Zorich créèrent la première école de ballets en Russie — imitant en cela les autres cours d'Europe —, et firent venir des artistes français et italiens pour développer la danse folklorique acrobatique déjà très impressionnante dans ce pays.

Zorich regarda son ami. Leur égale beauté produisait toujours sur les gens un effet quasi hypnotique. Même à trois heures du matin, dans les salles de jeux qui ne désemplissaient pas, les gens passaient, les dévisageaient, les regardaient encore avant de s'éloigner. Revêtu de son uniforme de la marine bordé d'hermine et de son turban argenté — ce qui était on ne peut plus déplacé mais il adorait le costume ottoman depuis ses soirées à Paris où on l'appelait « le beau Turc » —,

Ishak Bey était un jeune homme qui avait toujours fait plus que son âge. Avec sa peau sombre, ses traits réguliers, ses yeux bleus, son nez droit et son menton ferme et bien modelé, il était d'une beauté classique éblouissante. Séduisant plutôt qu'imposant, il offrait l'aspect d'un homme qui préfère être aimé que craint, et son regard était empreint d'une timide modestie. En fait, il était beaucoup trop sensible et nostalgique pour jouer les aventuriers.

Zorich, à trente-six ans seulement, était déjà auréolé de gloire militaire. C'était un grand blond aux cheveux dorés, aux yeux gris acier et aux pommettes saillantes, avec une dentition parfaite et un sourire aussi irrésistible que celui d'Ishak. Il ne mettait ni poudre, ni perruque, mais arborait à l'oreille un petit anneau, souvenir de sa captivité à Constantinople.

Zorich avait gagné plus de quatre cent mille roubles, qui s'entassaient devant lui en plusieurs tas d'or et de billets de banque. Espérant de gros pourboires, des valets s'affairaient autour de lui.

« Simon, partons maintenant », murmura Ishak.

Il se passait quelque chose qui arrivait souvent au macao : la chance s'était arrêtée sur le rouge qui était sorti dix ou quinze fois de suite. C'est comme cela que Zorich avait gagné. Il misait maintenant deux cent mille roubles sur le rouge. Perdu. En colère, il avança deux cent mille autres roubles devant Zanovitch et gagna sur un sept rouge. Il avait récupéré ses gains initiaux. Il se sentait l'âme d'un conquérant. Il ne craignait plus rien. Il allait en remontrer à Catherine ! Il misa tout le paquet sur le rouge et gagna. La banque était en faillite. Ishak vit les deux frères échanger des regards. Les gens commençaient à se rassembler autour de lui, parlaient, puis attendaient en silence.

Du premier coup, Zorich retourna à nouveau un neuf, et il oublia complètement et le montant et l'ordre de ses mises. Comme perdu dans un rêve, il gagna, gagna encore. Un grand silence se fit lorsqu'il se mit à perdre : cent mille roubles sur trois jeux malchanceux.

Les mains d'Ishak Bey s'agitaient sur les boutons en diamant de sa veste comme pour écarter le mauvais œil.

« Simon... », essaya-t-il.

Mais Zorich poussa ses dernières mises sur la table. Il attendit, presque mécaniquement, et gagna encore et encore, quatre fois d'affilée, retournant toujours un sept, un huit ou un neuf. Les joueurs avertis comprenaient maintenant le pourquoi de tels risques capricieux, mais avec une espèce de perversité étrange, le comte continuait délibérément à mettre la banque en jeu. Zorich avait le dessus... Zorich avait l'avantage... Zorich avait retrouvé grâce auprès de Catherine... Zorich était redevenu *favori.* On allait reparler de lui. Zorich succombait à un terrible besoin de risque, comme on peut succomber au sexe, à l'alcool ou à la mort. Toutes les sensations qu'il éprouvait simultanément ne rassasiaient pas son âme, elles s'exacerbaient au contraire, jusqu'à l'épuisement final, comme lors des ébats amoureux.

Zorich mit la banque en jeu, et le neuf sortit pour la quatorzième fois.

Tout à coup, la comtesse Pouchkine se leva et, dans un grand état d'agitation, s'approcha d'Ishak Bey.

« Dites-lui, mais dites-lui d'arrêter, lui soufflat-elle. Il va perdre. Il va perdre tout ce qu'il a au monde, tout ! Vous entendez ! »

Ishak se retourna, stupéfait par l'éclat de la comtesse, mais avant même qu'il ait eu le temps de répondre, elle avait disparu.

Les frères Zanovitch posèrent sur la table quarante mille roubles. Zorich saisit l'occasion.

« Neuf », annonça-t-il.

Deux jeux encore, et Zorich doubla, puis tripla sa mise. Il avait pris aux frères cinq cent soixante-seize mille roubles. Il remit en jeu la totalité de ses gains. Les frères allaient devoir lui payer deux millions huit cent quatre-vingt mille roubles.

Zorich retourna un neuf. Un grand soupir fit le tour de la table.

« Cela fait presque trois millions de roubles, Simon. Rentrons, chuchota Ishak à Zorich.

— Tu es fou ? marmonna Zorich, les dents serrées. J'attends ce jour depuis si longtemps ! »

Quand il était soldat, Zorich avait risqué sa vie un nombre de fois incalculable, mais le jeu, c'était autre chose. Il était obsédé par l'idée que les cartes pourraient *changer* son passé. C'était lui seul qui oubliait tout pour se lancer une fois de plus à l'attaque ! Lui seul qui renonçait à la vie, au sexe, à l'art, à la société et au devoir. Il renonçait à l'amitié, aussi. À ce moment-là, Ishak n'était rien de plus qu'un fantôme dans sa vie. À ce moment-là, il ne désirait rien d'autre qu'un neuf, un huit, un sept...

« Simon !

— J'ajoute cent mille roubles. »

Il était sept heures du matin et dans la salle de jeu presque déserte il ne restait plus que des professionnels, des fous ou de vrais acharnés. Les Zanovitch tenaient à nouveau la banque ; toute la soirée, ils avaient observé Zorich.

Après, Ishak Bey ne se souvenait plus très bien de ce qui s'était passé. Plus personne ne jouait, sauf Zorich, seul contre la banque. On ouvrit un nouveau paquet de cartes.

Zorich attaqua d'emblée, en misant d'un seul coup cent mille thalers d'or, et il donna un coup de coude à Ishak Bey.

« Double ! »

Ishak obéit.

« Combien de mises avons-nous perdues ? demanda l'ex-favori en grinçant des dents d'impatience.

— Simon, nous avons déjà fait douze mises. Nous avons perdu un million deux cent mille roubles ! Écoute, Simon, il faut arrêter. Les Zanovitch détiennent déjà un million de roubles en billets à ordre ! »

Zorich gagna enfin.

« Tu vois ! tu vois ! chuchota-t-il. Nous avons repris pratiquement tout ce que nous avions perdu. On va miser encore une fois, et je te jure, Ishak, de ne plus jamais jouer ! »

Les derniers présents se réunirent autour de la table. La partie du siècle allait s'achever, disait-on ; un grand silence plana sur l'assemblée.

Zorich retourna un huit.

Ishak soupira de soulagement. Ils avaient gagné !

« Simon, maintenant, partons d'ici... »

L'un des frères Zanovitch retourna sa carte. C'était un sept. Puis l'autre Zanovitch retourna la sienne, un deux.

En une seule nuit, Zorich avait perdu sa fortune tout entière : neuf mille serfs, trois millions de roubles, plus de trois cent mille hectares de terre, et cinq villages. Le visage d'Ishak Bey se crispa d'horreur et de pitié, mais cette grimace n'altéra pas même un instant sa beauté marquée de vacuité depuis l'enfance, pour avoir plu à trop d'hommes et à trop de femmes, trop souvent et trop tôt. Zorich s'effondra sur sa chaise, ruisselant de sueur. Son uniforme était taché aux épaules et sous les aisselles. Les frères Zanovitch le contemplaient impassiblement. Ils venaient d'anéantir l'ex-favori de la Tzarine. Ils possédaient Zorich, et tous les biens qu'il avait acquis.

Ishak Bey pensa mourir. Demain, on parlerait de cette partie de cartes dans toute la Russie. Demain, songea-t-il en regardant par la fenêtre la lumière brillante de l'aurore boréale. Mais c'était déjà demain. Son esprit fut tout à coup transporté à Istanbul : l'aurore indisciplinée se levait à peine sur le Bosphore, tandis que dans la Venise du Nord de Catherine, le soleil immobile faisait déjà scintiller les dômes multicolores. Il vivait en exil depuis sept longues années et il n'avait jamais eu aussi envie de rentrer à Istanbul... chez lui. Chez lui. La perte de Zorich entraînait la sienne.

Zorich s'affala à ses pieds. Autour de la table régnait un silence de mort. Dans l'ombre, Ivan Hannibal se signa furtivement. Simon Gavrilovitch, quant à lui, ne s'était jamais senti aussi bien de sa vie. Le sang cognait contre ses tempes, et il écoutait attentivement les battements réguliers de son cœur. Sa jolie bouche se retroussa sous sa moustache. En Russie, comme dans tous les pays despotiques, il suffisait d'un clin d'œil pour gagner ou perdre la fortune et la grâce. Sans rime, ni raison, ni pitié. Il regarda Ishak Bey. « Après tout, ne vaut-il pas mieux être mendiant que médiocre ? » Une carte pouvait, comme le hochement de tête d'un despote, changer le cours d'une vie...

Ishak et lui étaient à tout jamais tributaires des caprices d'un despote. Les yeux des deux jeunes gens se rencontrèrent, comme à Istanbul la première fois, ceux d'Ishak remplis de pitié, ceux de Zorich de défi. Il leur restait leur jeunesse, et ils n'avaient plus qu'à remonter la pente.

Impassibles, les frères Zanovitch laissèrent à Ishak Bey la carte de leur avocat.

Le lendemain, à Saint-Pétersbourg, comme prévu, on ne parlait de rien d'autre : le Zorich de la Tzarine était un mendiant.

La nouvelle arriva au palais impérial à dix heures.

À dix heures dix, on entendait les hurlements de la Tzarine jusque dans l'Amirauté.

« Vraiment, comme si je n'avais pas assez d'un fils comme Paul ! Il a fallu en plus que je me choisisse un favori comme Zorich ! »

Catherine s'arrêta de crier, le temps de regarder son favori du moment, Lanskoy, un jeune homme de vingt-deux ans qui ne cachait pas sa joie en apprenant les dernières nouvelles.

« Dis donc, Micha, tu crois que tu vaux mieux que Zorich, peut-être ? Le général Zorich ?

— Je parie qu'il sera là avant cinq heures pour te demander de l'argent, dit Lanskoy d'un air suffisant.

— Dans ce cas, je te conseille de déguerpir avant. Le général ne fera qu'une bouchée de toi, il te dévorera comme un lion enragé !

— Tu as l'intention de le recevoir ?

— Évidemment.

— Sur mon cadavre.

— Comme tu voudras. »

Catherine tourna les talons et se dirigea vers l'Ermitage, plus rapide que jamais. Lanskoy, médusé, essaya tant bien que mal de la suivre tandis qu'elle traversait comme un ouragan le palais. En voyant défiler toutes ses collections de peintures, de sculptures, de porcelaines, et les trente mille livres de sa bibliothèque, elle se demanda un instant combien de tableaux, de dessins et de pierres précieuses Zorich avait bien pu perdre à cause d'une carte. Puis elle s'arrêta, regarda autour d'elle, soudain surprise de se retrouver là, et sa colère se dissipa.

Alors qu'elle contemplait ce qu'elle avait acheté avec de l'argent, oui, seulement de l'argent, elle sentit sa bouche devenir sèche et les larmes lui monter aux yeux. Chacun de ces objets — peintures, sculptures, gravures — la rapprochait de l'Europe, du pouvoir, de Dieu, de la création. Chaque œuvre d'art l'avait rendue plus sage, plus riche, plus jeune et plus belle, et sa propre laideur, rivée à elle comme un serf à la terre, s'était trouvée transformée, atténuée, révoquée par la beauté de ce qu'elle avait acheté.

L'Impératrice n'était pas une jolie femme. Grande et imposante, elle manquait de souplesse, et sa démarche de grâce. Elle avait un visage allongé marqué de varicelle, un nez aquilin, de petits yeux pétillants, une grande bouche, et elle arborait en permanence un sourire qui devenait à la longue irritant. D'emblée, on était fasciné, et puis très vite, on avait l'impression que ce sourire était peint, comme sur une poupée de porcelaine, car ses yeux, eux, ne souriaient jamais. Son visage, pourtant, inspirait des émotions violentes et sa corpulence symbolisait à merveille le poids de son pouvoir.

Sentant Catherine dans un de ses rares moments de faiblesse, Lanskoy laissa éclater sa jalousie en une violente tirade, ce qu'il n'aurait jamais osé faire en d'autres circonstances. Pourtant, il n'était pas jaloux de Zorich. Comme toujours dans ce genre de relations inégalitaires, ce n'était pas de lui qu'il se sentait jaloux, mais de tous les autres.

« Tu m'aimes ?

— Oui, dit Catherine d'un ton las. Je t'aime, Micha.

— Mais tu me cites toujours Potemkine en exemple...

— Parce que c'est le meilleur exemple d'intelligence, de courage, d'humour et d'originalité que je puisse trouver.

— Mais tu n'as jamais fait pour moi ce que tu as fait pour lui. Tu ne m'as pas fait prince !

— Oh, par pitié, j'ai l'impression d'entendre Zorich !

— C'est à cause de Potemkine que je ne suis pas deux fois plus riche.

— C'est à cause de moi, mon cher, parce que c'est *mon* argent... Zorich aussi voulait devenir prince. Il ne pouvait pas se satisfaire du titre de comte... Tu sais combien Simon Zorich m'a coûté en un an ? Trois millions de roubles !

— Il est vrai, Madame, que le degré d'amour d'un despote se mesure en quartiers de noblesse...

— Lanskoy ! »

A peine avait-il terminé sa phrase qu'une porcelaine chinoise venait se briser sur sa tête.

Catherine se mit à rire et ses yeux rayonnèrent de bonne humeur.

Elle lui sourit gentiment mais il n'en avait pas fini avec ses récriminations. Elle attendit patiemment qu'il s'épuise. Jamais plus un favori ne serait fait prince, aussi longtemps que vivrait Potemkine en tout cas. Potemkine était le seul à avoir compris que ce n'était pas des faveurs sexuelles que venait le pouvoir, le vrai pouvoir. Un amant ne possédait jamais le *pouvoir* de l'être aimé, comme il en possédait le corps..., il n'en avait que le *reflet*. Potemkine n'avait atteint le vrai pouvoir que lorsqu'ils avaient cessé d'être amants... « Un Empire et une érection sont deux choses bien différentes. » Elle faisait pourtant tout ce qu'elle pouvait pour guider et initier son jeune amant aux affaires de l'État et au gouvernement. Elle se servait de lui pour trier les requêtes et les suppliques, mais il était tellement aveuglément jaloux de Potemkine, qu'il avait tout de suite commencé à intriguer contre le prince. Elle savait que derrière son dos, son secrétaire Khrapovitsky, célèbre pour ses propos laconiques, traitait Micha de *duraleyusha* — petit imbécile —, elle était cependant décidée à faire de ce bouffon un gentilhomme. Avec Zorich, elle avait échoué. Peut-être qu'avec l'appui de ses conseillers, Micha apprendrait quelque chose. Elle savait que l'ascension de Lanskoy signifierait son propre déclin. Zorich avait été, au sens propre, son dernier homme.

Catherine regarda autour d'elle. « La rage de construire est diabolique. Et plus on construit, plus on a envie de construire. C'est une véritable maladie. » Et cette maladie l'avait prise dès son accession au pouvoir, ou presque. Mais c'était ici qu'elle se plaisait le plus, dans son palais de l'Ermitage, construit par Giacomo Quarenghi dans le style palladien, comme les palais de Vicenza. Et ce dont elle était le plus fière, c'était la statue de Pierre le Grand par Falconet, à travers laquelle elle avait tenu à proclamer son égalité avec Pierre Ier : *Petro Primo, Caterina Secunda.* Au diable la Première Catherine ! C'était elle, Catherine II, qui était l'héritière de la grandeur de Pierre, et personne d'autre ! Elle qui aimait être représentée sous les traits de la déesse Minerve, à la fois guerrière et législatrice, debout avec à la main son *Nakaz* ou *Grandes Instructions.*

Les hommes avec qui elle avait partagé amour, danger, trahisons, guerre, pouvoir et assassinats faisaient tous partie de son passé. Finalement, chacun d'eux était le symbole d'un échec, que ce soit celui de son âme, de sa féminité ou de son règne. « J'ai pris le premier parce que j'y étais obligée, et le quatrième parce que j'étais désespérée... Quant aux trois autres,

Dieu sait que ce n'est pas par esprit de débauche, je ne l'ai jamais eu ! Si j'avais rencontré dans ma jeunesse un mari que j'aurais pu aimer, je lui serais restée fidèle toute ma vie. Mon cœur n'est pas satisfait quand il n'aime pas, ne serait-ce qu'une heure, c'est ma grande faiblesse ! »

Pierre avait été assassiné, mais elle n'y était pour rien. Ce dont elle n'était pas très sûre, même pas sûre du tout..., c'était que Paul ne fût pas un bâtard. Et Paul était tellement bête qu'il *ne pouvait pas* être son fils à elle.

À cinq heures de l'après-midi, Catherine reçut ce qu'elle craignait depuis le matin : une demande d'audience du comte Zorich. Elle le fit attendre jusque après le dîner pour lui signifier que sa visite la dérangeait.

« Je suis surprise de te voir à Moscou, dit-elle d'entrée de jeu, bien décidée à ne pas l'aider à s'expliquer.

— J'ai tout perdu. Les détails, tu les connais déjà.

— Je me demande pourquoi tu as quitté *tes* propriétés et fait tout ce chemin pour me dire cela. »

Catherine voulait qu'il avoue, Zorich l'avait tout de suite compris, mais lui voulait deux choses : ne pas être humilié et de l'argent. Il décida de jouer sur la « vanité masculine » de Catherine.

« C'est ta faute si je suis là.

— Ma faute ! Comment est-ce que je dois comprendre cela ! Tu penses peut-être que je t'ai trahi..., que je t'ai dévoyé..., que je t'ai conduit à ta perte ! Simon, qu'est-ce que tu veux dire ?

— Je veux dire que la seule revanche que puisse prendre un ex-favori quand il n'est plus au pouvoir et que les courtisans ne le respectent plus, sa seule revanche est l'argent ou un mépris total de l'argent. Personnellement, j'ai choisi la seconde solution.

— Simon, j'ai eu beaucoup de favoris, mais aucun n'a jamais été aussi stupide, aussi puéril. Le problème, c'est que tu as trop peu de vanité. Plus de vanité, au lieu de te rendre stupide, t'aurait montré comment profiter de ta situation. D'autres favoris ont su participer au pouvoir, le partager. Mais toi, tu n'as pensé qu'à toi. *Tu* t'es cru irremplaçable. C'est cela qui t'a démoli. Tu t'es conduit comme une femme.

— Les autres étaient riches ou nobles, ou les deux à la fois !

— Pas Potemkine. Et pourtant, il est le meilleur, et il est toujours là. Bien plus fort qu'avant... tu te ridiculises... »

Zorich décida alors de passer à l'offensive :

« De tout ton harem, j'étais le seul à t'aimer de façon désintéressée.

— Aucun amour n'est désintéressé. Et tout homme, toute femme aimerait avoir un harem ; le secret, c'est d'arriver à imposer aux autres ses désirs et ses rêves — qu'ils le veuillent ou non.

— En Orient, l'amour d'un Sultan se mesure au nombre et à la longueur des colliers de perles.

— Ah ! parlons-en, Simon, des colliers de perles ! Tu es le favori qui m'a coûté le plus cher. Et toi, tu ne m'as jamais rien offert. »

Catherine éclata de rire. Zorich était au bord des larmes.

« Il n'y a que deux dettes que je vous demande de payer, Madame.

— Lesquelles ?

— La première est une dette morale : elle concerne l'école des cadets et celle du ballet. Les dernières choses que j'aie faites pour la Russie et dont je puisse être fier. Je ne voudrais pas que tout cela disparaisse.

— Accordé. L'État prendra désormais en charge ces écoles. Ensuite ?

— C'est une dette qui remonte à ma captivité à Constantinople... Je dois à Ishak Bey... dix mille piastres.

— Accordé. Je m'en occuperai personnellement. Je vais ordonner à ces deux escrocs de te louer tes terres, et je paierai les loyers. Mais jamais plus tu ne remettras les pieds à Saint-Pétersbourg. Je ne veux plus jamais te revoir. Cette Cour, qui fut autrefois la tienne, t'est à présent interdite. »

Au moment où le général Zorich s'apprêtait à quitter la pièce, la vieille Impératrice le rappela :

« Simon ! »

Catherine enleva alors la broche en saphir qu'elle portait sur la poitrine et la lui mit dans la main.

« Surtout, Simon, n'essaie pas de comprendre. »

Ce n'était ni de la pitié ni de l'amour. C'était seulement la décoration d'un Tzar.

7

LA TZARINE 1781

En Russie, le gouvernement est un despotisme modéré de strangulation.

Madame de STAËL, 1822.

Catherine posa un doigt sur les lèvres d'Ishak Bey.

« Ne dis rien, lui dit-elle. Le premier qui parle après avoir fait l'amour dit toujours une bêtise. »

Ni l'esthétique ni la morale ne gênaient Ishak Bey pour faire l'amour avec Catherine. Il avait couché avec des hommes et des femmes, des anges et des prostituées, des Anglais, des Français, des Turcs, des Italiens, des Allemands, des Russes..., avec des êtres au visage, au corps ou à l'âme monstrueux... D'ailleurs, avec qui n'avait-il pas encore fait l'amour ? Pour lui, Catherine appartenait à cette dernière catégorie : c'était un monstre sacré, une déesse, un monument et, surtout, la voie royale pour sortir de Saint-Pétersbourg. Toutefois, il craignait que cela n'implique une conspiration avec l'ennemi. Mais si Catherine comptait faire de lui un espion, elle se trompait, et en tout cas il était certain que rien dans son attitude n'avait pu lui inspirer un tel dessein.

Physiquement, Ishak pouvait presque dire que Catherine lui plaisait : son penchant d'Ottoman pour les poitrines généreuses et les hanches larges se trouvait comblé par le corps de Sa Majesté Impériale... et puis, au lit, Catherine avait toutes les qualités d'une Orientale, elle savait se montrer attentive, experte, prodigue et reconnaissante.

Ishak se sentait épuisé car l'Impératrice avait manifesté de prodigieuses réserves d'énergie. Elle était insatiable : les favoris officiels n'étaient pas seuls à la servir, elle faisait appel aussi à d'innombrables « extras », et pourtant, il n'y avait de cour plus décente dans toute la chrétienté. Toute infraction était rapidement et sévèrement punie. Cela aussi était très oriental.

Catherine regarda Ishak avec tendresse. S'il n'avait pas été turc, elle aurait pu le prendre pour favori... Il s'en était tiré avec honneur.

« Palais contre palais, dit Catherine, l'Ermitage est sûrement plus beau que Topkapi.

— Laissez-moi d'abord vous le décrire, répondit calmement Ishak. La Première Cour, commença-t-il, est entourée de bâtiments longs et irréguliers, et ombragée par des bouquets d'arbres dont ce fameux cyprès au tronc si large que dix hommes ne peuvent en faire le tour. À gauche, il y a la mosquée du Sultan, plus loin, l'hôpital du palais, la trésorerie, l'orangerie, la monnaie et les maisons des grands officiers. Sous le fameux cyprès, deux colonnes coupées servent à la décapitation des condamnés. »

Ishak fit une pause pour marquer son effet.

« De cette cour, on passe dans la Seconde, la cour du Divan, par la porte de Bab-el-Selam, la porte du milieu, ce qui n'est possible que si l'on est muni d'un *firman,* ordre du Sultan. Là, une foule de gens affairés déambule en permanence, mais dans le plus grand silence. De longues caravanes de mules et de chameaux viennent apporter provisions et armes. Du lever du jour à la tombée de la nuit, cette cour est une vraie marée humaine où brillent les centaines d'uniformes de l'Empire : les turbans des janissaires, les casques des gardes impériaux, les bonnets des eunuques, les turbans des *Bostanjis,* les jardiniers du palais, qui sont également les exécuteurs du Sultan. La tête vous tourne à voir défiler cette foule d'archers, de lanciers, de gardes, d'eunuques blancs ou noirs, de marchands, de valets, d'officiers... Malgré cette apparente confusion, le statut ou la fonction de chacun est facilement reconnaissable à la hauteur du turban, à la découpe de la manche, à la qualité de la fourrure, à la couleur d'un vêtement, ou à l'ornement d'une selle. Quelquefois même à la forme de la barbe ou à la longueur d'une moustache. Chaque costume est défini par la loi. Le Grand Vizir, par exemple, porte du vert pâle. Les premiers personnages de l'Empire, à savoir le chef des Émirs, les juges de La Mecque, de Médine et de Constantinople, portent tous du bleu foncé ; les grands Oulémas sont en violet, les cheikhs en bleu pâle, les généraux portent des bottes rouges, les officiers du port, des bottes jaunes ; quant aux exécuteurs ou aux bourreaux, on les reconnaît au silence de mort qui suit leurs pas lorsqu'ils traversent la double haie de têtes prosternées jusqu'au sol. »

Ishak fit une nouvelle pause.

« Le Kislar Aga, l'Eunuque noir si vous préférez, traverse une forêt de casques et de turbans qu'une main invisible semble tenir inclinés. Les cellules des exécuteurs surplombent la Seconde Cour, qui est reliée au Divan par un passage secret. Je vous jure qu'un homme peut mourir entre les portes closes de Bab-el-Selam et celles de la Seconde Cour. Des portes se ferment derrière lui, tandis que d'autres se ferment devant lui... La Seconde Cour est encore plus grande que la première ; à ciel ouvert, elle est entourée de jolis bâtiments aux dômes dorés et argentés. Là, on commence à sentir le souffle du « Seigneur des Deux Mers et des Deux Continents ». À gauche, il y a la salle du Divan et, plus loin, les salles de réception. Tout ici — colonnes, soubassements, murs, plafonds, portes, arcades — est gravé, ciselé, doré à la feuille d'or, comme une immense dentelle brodée de perles. De l'autre côté de la cour, il y a les archives du palais, le dépôt des tentes, la garde-robe des vêtements de cérémonie, les appartements privés de l'Eunuque noir, et les cuisines de la Cour. C'est dans ces cuisines que l'on prépare les réjouissances des vizirs, les fêtes pour les circoncisions des princes et les mariages des sultanes. Tout dans cette cour laisse présumer la présence du Sultan : le silence, les allées et venues discrètes — on n'entend pas plus de piaffements de chevaux que de voix de travailleurs. À Topkapi, plus on s'approche du Sultan, plus l'air se fait lourd et raréfié, plus le silence grandit et devient pesant. C'est un silence de sanctuaire, rompu de temps en temps par un envol d'alouettes, ou le bruit d'une clef tournant dans une serrure. Puis on arrive devant la Porte de la Félicité, la porte de Bab-i-Sa'adet, porte sacrée, fermée à tous, sauf au Sultan, celle du harem, territoire interdit depuis quatre siècles... Personne n'a jamais osé violer son seuil, même les janissaires rebelles.

— Et à la cour de Versailles, tu étais heureux ? demanda-t-elle, en changeant brusquement de sujet. Plus heureux qu'à Saint-Pétersbourg ? » ajouta-t-elle avec coquetterie.

Ishak ne répondit pas directement. Il préféra se lancer dans un récit de ses aventures en France qui fit rire aux larmes l'Impératrice. Lui aussi s'amusait.

« Il est plus difficile de trouver des latrines dans une cathédrale que dans tout Versailles...

« Là-bas, j'empoisonnais l'existence du ministre français des Affaires étrangères, car l'argent venait à moi comme la marée, et je le renvoyais à la mer comme une bourrasque...

« À Paris, je me suis lié d'amitié avec l'envoyé de Tunisie, Suleiman Aga, malgré son penchant pour les horribles combats de taureaux qui avaient lieu à Pantin, les courses de chevaux assommantes à Sablons, et l'intérêt répugnant qu'il portait aux animaux. Il est resté à Paris cinq mois, puis il a été choisi comme envoyé auprès des États barbaresques.

« Dès son arrivée à Toulon, Suleiman avait fait forte impression avec ses bagages, ses chevaux, ses cadeaux, sa suite innombrable... Nous avons passé des moments merveilleux lorsqu'il a été installé à la Cour : nous fréquentions les théâtres, les salons, les boutiques...

« En mars, nous avons eu l'honneur d'être reçus par le roi. Nous nous étions magnifiquement habillés. Je portais un turban de voile blanc bordé d'or, de soixante centimètres de haut, et une pelisse de renard bleu au-dessus de mon uniforme d'amiral de la marine ottomane... Versailles nous a ouvert ses bras et le cadeau du roi de France au bey de Tunis a été fixé à cinquante mille livres. Pour fêter cela, sur le chemin du retour, nous nous sommes arrêtés chez un riche Arménien de Paris qui possédait le seul bain turc de France.

— Et le Roi, demanda Catherine, quel effet t'a-t-il fait ?

— Comme notre Sultan, il ne parle pas beaucoup. Les ministres parlent pour lui. La Reine était superbe... et très impressionnée par nos turbans... Et puis un beau jour de mai, Suleiman a embarqué à Marseille sur l'*Ala-*

mène pour regagner Tunis. Il voulait que je m'en aille avec lui.

— Et toi ? demanda Catherine.

— J'osais à peine l'espérer, Madame. Juste avant que Suleiman Aga ne parte, il avait appris, par un navigateur arménien qui venait d'arriver à Constantinople, que le grand amiral Hassan Gazi avait juré de me tuer... L'Arménien nous a clairement fait comprendre qu'il ne fallait pas qu'on me voie à Istanbul tant que le capitaine pacha ne serait pas tombé en disgrâce. J'ai donc pris pour rentrer des chemins détournés, via Alger, où j'ai embarqué avec la flotte.

— Mais enfin, la haine de ton amiral est totalement disproportionnée par rapport à l'offense. Une réaction aussi excessive..., c'est presque russe ! »

Ishak Bey ne répondit pas, mais pensa : « Grattez un Turc, et vous trouverez un Russe. »

« C'est vrai, dit Ishak, cela tient un peu du fanatisme...

— Je suis allemande, interrompit la Tzarine. Je n'ai jamais vraiment compris les Russes. Tout dans cet Empire est si excessif — même moi, dit-elle en se regardant. Il faut que je fasse des efforts incroyables d'imagination pour garder mon sang-froid. Ici, on ne peut pas avoir un amant sans en faire un *favori.* Et ça coûte une fortune ! Un diamant ne peut pas être un simple diamant, il doit avoir la taille d'un œuf de pigeon. En Russie, on ne peut pas jouer, il faut se ruiner. On ne peut pas assister à une pièce, il faut construire un théâtre ! Pour faire l'amour, il faut se battre en duel. Et, mon Dieu, pour tromper un mari, il faut le tuer !... Je suis peut-être un despote, soupira Catherine, mais dans un pays comme celui-ci, il n'y a pas moyen de faire autrement !

— Si je comprends bien, tous les Russes sont des

fanatiques. » Ishak Bey sourit. « Comme tous les païens convertis au christianisme...

— La religion catholique est plus tolérante que l'islam, mais c'est vrai que nous aussi, nous devenons fous avec nos guerres saintes contre les infidèles. Par contre, les Russes sont capables de *vraie* passion, pas les Orientaux. Par exemple, toi, mon beau Turc, tu n'es pas un passionné, et tu ne le seras jamais. L'Oriental est trop fataliste. Trop mesuré. Le harem le prouve !

— Comment ça ?

— Il est tout simplement *impossible* d'avoir plus d'une épouse, et il est tout aussi impossible d'aimer plus d'une personne à la fois. Moi, par exemple, je n'ai jamais aimé deux hommes en même temps. »

Ishak Bey ne répondit pas. Catherine était tellement habituée à la galanterie, à être adulée et flattée, que le simple fait de la contredire pouvait menacer ses projets. Mais sa fierté prit le dessus.

« C'est un péché que de faire l'amour avec quelqu'un qu'on n'aime pas, dans votre religion du moins, dit-il, maussade.

— Mon beau Turc, les femmes simples se servent du sexe pour obtenir le pouvoir. Moi, je me sers du pouvoir pour obtenir le sexe. »

Ishak regrettait d'avoir été aussi léger. Son orgueil oriental était piqué au vif.

Catherine baissa les yeux sur ses seins. « Si seulement il n'était pas turc ! pensa-t-elle. Du moins parle-t-il français... » Ishak Bey aussi regardait les seins de Catherine. Elle espérait quelque chose de lui... et ce n'était pas ce qu'elle avait déjà obtenu.

« Quand repars-tu pour ton pays ? » demanda-t-elle d'un air innocent.

Soudain, Ishak Bey comprit : elle voulait qu'il trahisse, qu'il espionne pour le compte de la Russie. Il ne lui restait plus qu'à quitter au plus vite le pays, avant que les choses ne tournent mal, comme d'habitude, avant qu'il ne soit obligé de partir malgré lui.

« Je ne peux pas rentrer. Je n'ai pas un seul rouble en poche, Impératrice. Zorich me devait cinq mille piastres, mais comme vous le savez, votre *Sima* ne peut pas payer.

— Mais il est venu me voir, et je lui ai promis de te remettre, personnellement, une somme de dix mille roubles !

— Quoi ? demanda Ishak Bey comme s'il n'avait pas compris.

— Combien te faut-il de plus ?

— Mais, Majesté, je n'ai aucunement l'intention de prétendre...

— C'est moi qui ai promis. Et j'ajoute ma propre contribution à la somme : vingt-cinq mille roubles.

— Mais... », commença Ishak, la gorge serrée. Puis il se tut. C'était le tarif de Catherine, pas le sien. Quoi qu'il en soit, il allait prendre l'argent et s'enfuir.

« Avec cela, tu peux rentrer chez toi...

— Je ne peux pas rentrer, *Matuska Gosudarynya...*

— Tu rendrais pourtant de très grands services à ton pays. Tu es brillant, cosmopolite. Tu connais le monde et les différences qui existent entre les races. Tu ne subis pas le poids des superstitions, des dogmes et de la religion, comme la plupart de tes compatriotes et des miens. Apprends-leur tout cela et ta patrie ressuscitera grâce à toi, dit Catherine, comme si la " résurrection " de la Turquie était ce qu'elle souhaitait le plus au monde.

« Pourquoi êtes-vous aussi en retard dans le domaine des arts, des sciences et de la musique alors que votre Empire est le plus vaste du monde, votre flotte la plus importante et que votre Sultan gouverne un huitième de la terre. À quoi servent vos immenses revenus ? votre trésor ? Où sont vos monuments ? C'est contraire à la justice et à la religion chrétienne d'asservir les hommes. Moi, je veux que tout le monde obéisse aux lois, mais je ne veux réduire personne en esclavage... La servitude est néfaste pour l'État, elle tue l'émulation, l'industrie, les arts, les sciences, l'honneur et la prospérité... Quatre-vingt-quinze pour cent de nos serfs meurent à la tâche — quelle perte pour l'État ! Nous avons besoin de nous peupler. Nous devons transformer nos immenses déserts en fourmilière, et je ne vois pas pour quelle raison nous devrions forcer ceux de nos sujets qui ne sont pas chrétiens à adopter notre religion.

« L'opulence doit régner. Le progrès et la modernité sont les choses les plus importantes au monde. J'ai construit cent quarante-quatre cités nouvelles, créé vingt-neuf gouvernements nouveaux, conclu trente traités, remporté soixante-dix-huit victoires. Je travaille douze à quinze heures par jour. Dans ce monde, il ne suffit pas de diriger. On doit évoluer avec le temps, changer, construire. »

Catherine s'arrêta pour reprendre son souffle. Elle était toute rouge, son discours l'avait enflammée.

« Où sont vos monuments ? » répéta-t-elle.

« Notre monument, c'est Istanbul, l'objet de votre convoitise », pensa Ishak en lui-même. Mais il se contenta de répondre :

« Nous n'élevons pas de monuments à la gloire d'Allah, car nous estimons que c'est de l'idolâtrie. Nous construisons des fontaines, des jardins publics, des bains, des mosquées, des hôpitaux, des bibliothèques. Tout ce qui contribue au plaisir de l'existence.

« Nous avons la loi du Coran. Et une dynastie vieille de mille ans, qui est et demeurera *osmanlie.* Si je voyage, si je lis ou étudie, c'est pour mon plaisir personnel. Quand je retournerai à Istanbul...

— Constantinople, interrompit Catherine.

— ... je dissimulerai soigneusement tout ce que je sais, pour faire croire que je méprise les arts et le savoir des Occidentaux, qui pour nous sont des démons. Je m'attacherai à suivre la moindre de nos coutumes absurdes... Je me montrerai aussi stupide et ignorant que mes compatriotes ; sinon, ma tête ne restera pas une semaine sur mes épaules... »

LIVRE II

Topkapi
1783-1789

1

GÖZDE
1783

Naksh-i-dil ouvrit les yeux un peu avant que ne sonne la cloche du harem, un instrument en bois équipé de marteaux métalliques. Il était cinq heures du matin. Tous les jours, inlassablement, la cloche annonçait le lever et le coucher du soleil, l'heure du repas et celle de la prière, le couvre-feu et l'envol vers le pays des songes, réglant la vie à Topkapi avec une précision que seul l'Eunuque noir, détenteur du pouvoir suprême, pouvait modifier. Cela faisait à présent dix-huit mois qu'elle avait été présentée au Sultan Abdul-Hamid dans les jardins du harem, mais elle ne l'avait pas revu depuis, pas plus que le Kislar Aga. Avait-elle été abandonnée à jamais dans cette prison perdue, condamnée à mourir d'ennui, isolée et solitaire pour le restant de ses jours ? Les yeux verts de Naksh-i-dil allaient et venaient comme ceux d'un animal pris au piège. Elle avait plus de seize ans et très envie de vivre.

Elle avait survécu à l'inoculation de la petite vérole, qui ne lui avait laissé aucune trace sur la peau, mais encore maintenant elle frémissait d'horreur à la pensée que le médecin du harem l'avait délibérément contaminée ! Il n'y avait qu'aux esclaves, aux classes inférieures et à leurs familles que l'on infligeait cela. Le clergé et les nobles s'y opposaient catégoriquement ; quant à Abdul-Hamid, il avait refusé de soumettre à cette épreuve princes et princesses. D'après la Kiaya, cela lui avait coûté trois de ses enfants, et le prince Sélim portait des traces de vérole sur le visage et le corps. Naksh-i-dil, elle, était définitivement à l'abri de cette maladie épouvantable qui ravageait régulièrement Istanbul et l'Empire tout entier. Elle n'avait pas souffert. On l'avait installée à l'hôpital du harem, et on lui avait incisé l'avant-bras, pour lui inoculer la maladie. Ensuite, on lui avait enroulé le bras dans un bandage très serré. Les premières fièvres étaient apparues, puis des cloques. En tout, elle était restée trois semaines à l'hôpital, surveillée par un médecin italien, le docteur Lorenzo.

Durant les mois qui suivirent, elle apprit le langage des *Bazam-dil-siz,* qu'il était indispensable de connaître car, un jour ou l'autre, on se trouvait obligé de l'utiliser par discrétion ou respect du silence. Les Bazam-dil-siz, c'étaient les tueurs de Topkapi, des eunuques sourds-muets qui portaient le titre officiel de *Bostanjis,* jardiniers du palais, mais qui, sur ordre du Sultan, étranglaient les condamnés avec les cordes de leurs arcs. Pour communiquer entre eux, ils avaient inventé une série de signes de mains et de lèvres merveilleusement efficaces, une espèce de pantomime accélérée et très réaliste, ce qui donnait à l'ensemble un aspect souvent obscène et, de par sa rapidité, toujours agressif.

Ces sourds-muets s'annonçaient par une sorte de *ahan* caverneux et monotone, qui ressemblait au bruit des vagues déferlantes. Ils allaient au-devant de leurs victimes, armés de leurs cordes de soie, signe d'une mort imminente et inévitable, car il n'y avait ni procès, ni jury, ni grâce possible. Exécuteurs privilégiés de la politique du Sultan, de sa vengeance ou de sa colère, ils étaient les vrais aristocrates du sérail. L'heure des exécutions était fixée à la nuit tombante, dans le silence, car ces demi-hommes n'émettaient alors pas d'autre son que celui, très distinct, qui sortait de leur gorge au moment où ils s'emparaient de leur victime.

Grâce à leurs gestes, à des postures variées, des glapissements, des aboiements, des mouvements des lèvres, des gesticulations ou une combinaison de tous ces éléments, au grand étonnement de Naksh-i-dil, ils se comprenaient facilement. Ils parvenaient même à exprimer des pensées abstraites, et à soutenir des conversations. Le premier signe que la jeune fille avait su faire était celui qui voulait dire « chrétien » : en croisant l'index d'une main sur celui de l'autre main. Le second, c'était « musulman » : en formant un croissant avec le pouce et l'index d'une seule main. La première phrase qu'elle formula voulait dire qu'elle était chrétienne, pas musulmane. La réponse qu'elle reçut, ironique, fut une paume ouverte, à l'horizontale, tournée vers le haut devant le corps, ce qui signifiait : « Peu m'importe que tu sois musulmane ou chrétienne. »

Naksh-i-dil découvrit qu'elle était très douée pour les langues en apprenant tout aussi facilement celle de la Cour, un mélange étrange, mais très beau, de turc, d'arabe et de persan, quelques rudiments de grec, d'arménien et de russe, et assez de mots arabes pour se faire comprendre. Elle parvint même à reconnaître quelques lignes du Coran, le seul livre autorisé au harem.

À présent, elle se peignait les mains et les pieds au henné, épilait son corps tout entier et avait pris conscience de ses capacités sensuelles. À force d'aller tous les jours au hammam, sa peau était presque devenue translucide et on lui avait montré comment la blanchir avec une pâte d'amande et de jasmin, comment allonger ses cils avec de l'encre de Chine, colorer ses paupières, poudrer son cou, dessiner le contour de ses yeux avec du khôl, et souligner ses lèvres et ses fossettes de rouge. Les parfums étaient commandés à l'apothicaire impérial, et elle en changeait tous les jours, alternant musc, rose, bois de santal, orange ou géranium. Elle avait eu tout le loisir d'étudier les femmes du harem pour dégager les critères de beauté en vigueur : un visage très pâle, parfaitement ovale, des yeux noirs, une toute petite bouche, un nez légèrement busqué, un menton rond à fossette de préférence, un joli cou, fort, opulent et souple, de petites mains, des pieds minuscules, une corpulence honorable, frisant de près l'embonpoint, une poitrine généreuse, des hanches larges, des cuisses et des fesses rebondies, une démarche séduisante et onduleuse, et surtout, une expression très douce.

La Gözde comprit aussi très vite l'importance du bakchich, « le cadeau obligatoire », étant donné que la loi du harem, du sérail et de l'Empire était celle de la corruption. À toute chose, à tout individu, correspondait un prix en or, en argent ou en chair, et n'importe quoi ou n'importe qui pouvait être acheté... ou vendu : tel était le principe sur lequel était bâti l'Empire ottoman, et dont était empreint tout acte, toute faveur, tout échange social ou commercial. Cela faisait partie intégrante de la vie, autant que respirer, manger, dormir...

La routine du harem, qui donnait à cet univers un caractère irrévocable et glacé, n'avait plus de secrets pour elle maintenant ; ce monde clos baignait dans le mensonge et dans un rêve de bonheur. Alors qu'elles recouraient sans cesse à la loi, à l'ordre, à la propreté, à des questions de légitimité, les femmes se servaient en même temps de toutes sortes de tactiques, faisant appel à leur raison, à leur intuition ou à leur imagination, pour aller en permanence à l'encontre de cette puissance et tout cela conduisait à un paradoxe surprenant au harem : une vie communautaire dans la plus grande des solitudes. C'était bien un millier de femmes qui peuplaient ce lieu. Sur ce nombre, une poignée seulement échappait à l'esclavage pur et simple, sur cette poignée, sept seulement devenaient Kadines ; et sur ces sept, une seule devenait Validé. Et toutes ces femmes, Odalisques, Ikbals, Gözdes, Kadines, ainsi que les six cents eunuques, les huit cents gardes, les quarante sourds-muets, les nains, les musiciens, les aveugles, les maîtres de musique, de peinture, de broderie qui les approchaient, vivaient dans la terreur du poison, de la maladie, de la disgrâce, de l'ennui, de la folie et du Sultan. Et, plus grave encore, tous avaient conscience de la terrible futilité de tout geste, de toute fonction et de toute pensée car rien ne comptait ici, si ce n'était le maître..., si ce n'était, redouté et espéré, un signe de lui.

Naksh-i-dil murmura quelques mots incompréhensibles en se retournant sur son étroite couche. Depuis des semaines, elle faisait le même rêve ; elle rêvait que les esclaves insurgés qui avaient tué son père moins de deux ans auparavant avaient mis le feu à la grange familiale et, nuit après nuit, elle se réveillait en entendant les hennissements des chevaux agonisant dans les flammes. Pendant que son père se battait pour se libérer de l'étreinte d'Abraham, le meneur, elle était restée sous la véranda de leur maison de pierre, entourée d'une plantation de canne à sucre et de forêt. Après s'être emparé des rênes de Plato, le cheval bai tacheté de son père, Abraham avait lutté pour le désarçonner et l'empêcher d'alerter les autres planteurs. Cette nuit-là, les esclaves en fuite avaient organisé une razzia sur plusieurs plantations, et Naksh-i-dil avait l'impression que cette lutte entre l'homme noir à pied et l'homme blanc à cheval avait duré des heures, dans un décor de bâtiments en flammes. L'homme blanc, son père, et l'homme noir, son esclave, n'avaient plus formé qu'un seul animal qui se contorsionnait et tournoyait sur lui-même au rythme des imprécations du père et des malédictions de l'esclave.

« Abraham ! Abraham ! » avait crié son père, et c'était comme si sa voix soulevait les cendres rouges qui jaillissaient des poutres.

Finalement, il avait tué l'esclave renégat en l'écrasant sous les sabots de Plato. Ensuite, il était allé chercher de l'aide auprès des autres planteurs pour traquer les fuyards jusqu'à leur campement.

« Papa, Papa ! avait-elle crié, avant qu'il ne parte.

— La raffinerie, la raffinerie ! avait-il crié à son tour. Enfermez-vous dedans, et ne bougez pas ; attendez que je vienne vous chercher ! »

Lorsqu'elle l'avait revu, on le descendait de la montagne sur une litière. On lui avait amputé la jambe gauche et sa vie s'écoulait en même temps que son sang. Les autres planteurs l'avaient étendu dans la cour de la plantation, sous un avocatier.

Il avait agonisé pendant deux longues semaines, mais la révolte des esclaves avait été maîtrisée et les meneurs capturés : des cadavres noirs pendaient à tous les arbres. Son père avait tout de même survécu assez longtemps pour recevoir du gouverneur en personne la croix du Mérite du roi Louis. Cette décoration, elle l'avait accrochée à son chapelet, l'unique bien qui lui restât, et comme elle était orpheline, on avait décidé de la mettre dans un couvent.

Naksh-i-dil s'assit et alluma une cigarette. Ensuite, elle demanda à sa petite servante Nittia, qui ne la quittait pas du matin au soir, de lui apporter son premier repas de la journée. Nittia, avec son beau visage d'un noir profond, était comme un écho de son pays natal.

C'était Hadidgé qui lui servait de lien avec le monde réel, c'est-à-dire le monde extérieur au sérail. Plus que la Kiaya, c'était Hadidgé qui lui avait enseigné les mœurs du harem, car en tant que sultane et princesse impériale, elle avait le droit d'aller partout, de voir ce qu'elle voulait. Naksh-i-dil savait bien que sa survie dans ce monde dépendait de cette princesse, qui avait six ans d'âge mental, l'expérience d'une femme de quarante ans, et la moralité d'un garde de caserne. Hadidgé l'avait présentée à une autre sultane, Fatima, la fille du Grand Vizir Halil Hamid Pacha, qui était déjà Grand Vizir sous Mustafa III. Le Sultan défunt s'était montré favorable à l'ouverture à l'Ouest et à des réformes internes, mais Hassan Gazi l'avait contrecarré. Fatima parlait français et vivait à l'occidentale. Elle était douce, timide, sensible et intelligente. Par contre les Sultanes Hadidgé et Esma étaient beaucoup plus exubérantes. Elles n'étaient soumises à aucune discipline et erraient en toute liberté dans ce monde de femmes, de nains, d'esclaves et d'eunuques. Hadidgé était même autorisée à rendre visite à son frère Sélim dans la Cage des princes, où il vivait avec ses pages et ses Kadines.

« Tu dis qu'il ne peut jamais quitter ses appartements ? avait demandé Naksh-i-dil.

— Et pourquoi sortirait-il ? avait répondu Hadidgé. Il a ses *mignons,* Kuchuk Huseyin, Ebubekir Ratib, Shakir. Il a ses femmes...

— Ses femmes ?

— Oui, ses Kadines, tu sais, les esclaves avec qui il couche. Mais ça ne l'intéresse pas vraiment de coucher avec des femmes..., il préfère les hommes. » Silence. « De toute façon, ses femmes sont stériles, c'est la loi. Ishak, son page favori, a quitté le sérail pour rejoindre la marine, et ensuite il a dû quitter Istanbul pour toujours...

« Je rends visite à Sélim tous les jours. Nous jouons au jacquet. Il me lit le Coran... Je lui raconte tous les cancans et les histoires de la Cour... Parfois, nous jouons aux échecs. Je l'aime beaucoup. »

Hadidgé Sultane avait regardé Naksh-i-dil avec mépris, la tête tournée de côté. Cette giaour ne comprenait rien, mais enfin, elle l'aimait bien quand même. Peut-être arriverait-elle à lui faire comprendre tout cela.

Naksh-i-dil savait que le Sultan Abdul-Hamid aussi avait été enfermé dans la Cage des princes pendant toute la durée du règne de son frère le Sultan Mustafa... quarante-quatre ans. Quand il en était sorti pour gouverner, il y avait neuf ans seulement, il avait quarante-neuf ans. On racontait qu'après, il s'était conduit comme un aveugle qui aurait soudain retrouvé la vue, si rajeuni qu'il avait engendré jusqu'à maintenant dix-neuf enfants, dont la plupart étaient morts.

« Maîtresse, êtes-vous prête pour le bain ? demanda Issit.

— Ta maîtresse va aller au hammam avec moi », annonça de l'entrée une voix adorable.

Naksh-i-dil leva les yeux, surprise mais vraiment heureuse. Ce n'était pas Hadidgé, mais sa bien-aimée Fatima.

Les bains étaient le théâtre du harem. Comme

Fatima et Naksh-i-dil, Kadines, Ikbals, Odalisques et Gediklis déambulaient par groupes de deux ou trois, ou en véritables troupes, par dix ou quinze, chargées de coussins, de tapis, d'objets de toilette, de sucreries, et quelquefois de leur repas. Dans la grande salle faiblement éclairée, de longs rais de lumière descendaient sur une centaine de femmes accompagnées de leurs esclaves, nues, ou vêtues de chemises de voile soyeux. Disposées en cercles, ou regroupées dans des coins, elles parlaient de leurs voisines. En dévoilant leurs corps, elles dévoilaient leurs cœurs. Des bribes de phrases arrivaient aux oreilles de Naksh-i-dil : « Je suis si belle », ou : « Tu te rends compte que tu es plus belle que moi ? ». Et une autre disait : « Je ne suis pas trop mal », ou : « Cette tache me gêne. » Une autre encore adressait un reproche à une amie ou à une autre Gözde : « Regarde un peu Farahshah, comme elle a grossi à force de manger des *dolmas*... — Il vaut mieux manger des croquettes de riz », répondait sa voisine d'un ton suffisant. Et s'il se trouvait là une Kadine ou une Ikbal, on l'entourait de prévenances, car elle représentait le pouvoir.

Dans cette éternité de vapeur et de fontaines, les âmes se desséchaient sans rien de la retenue enseignée par l'éducation, elles se dissolvaient en passion excessive et n'allaient jamais au-delà d'un désir obsédant pour la jeunesse et la beauté. Les courbes provocantes des corps cachaient des caractères infantiles et les caprices les plus honteux.

Naksh-i-dil avait remarqué, surtout dans les bains, que les femmes de condition inférieure de par leur naissance ou leur éducation, séparées des hommes qui les avaient naturellement refrénées, utilisaient le vocabulaire le plus cru. Elles n'usaient d'aucune nuance. Les mots qu'elles employaient étaient aussi nus que leurs corps. Elles aimaient l'obscénité, les plaisanteries licencieuses ; les comprenant désormais, la jeune fille en rougissait. De ces jolies bouches langoureuses, parfaitement dessinées, sortait un langage aussi impertinent et grossier que possible, caustique et insolent. Toutes leurs frustrations et leur abandon s'exprimaient par un langage ordurier : injures, insultes, paillardises étaient proférées en grec, en russe, en persan, en arabe, en turc, en polonais, en lituanien, en bosnian, en roumain, en albanais, en égyptien et en hébreu, et les murs du harem étaient couverts de graffiti tout à fait explicites.

La contrainte que ces femmes avaient endurée de leurs supérieurs rejaillissait sur leurs égales ou leurs inférieures. Imposée par des femmes sans pouvoir, leur tyrannie était plus capricieuse que celle du plus impitoyable des despotes. Fatima avait vu éclater dans les bains de véritables bagarres, des mêlées d'une violence et d'une beauté incroyables, l'amas de chairs nues se transformant en un animal voluptueux à vingt bras, jambes, poitrines, têtes, épaules, hanches, genoux. Elle apercevait à présent la courbe d'un bras tendu, comme prêt à l'envol ; un genou fléchi, des cuisses ouvertes, des dos courbés, des têtes rejetées en arrière par l'extase ou les derniers spasmes de la mort ; des mains pressées distraitement sur toutes les parties du corps, comme pour exprimer le désir de se toucher ou de fermer une blessure ouverte. À travers l'épais brouillard, leurs gestes lents évoquaient davantage une vision que la réalité. Des têtes, des bras, des épaules apparaissaient et disparaissaient dans les bouffées de vapeur. Des traits à peine distincts s'accentuaient soudain comme une peinture sur un carreau de porcelaine, une main désincarnée se levait, une voix venue de nulle part éclatait d'un rire soudain. Le bruissement intense de l'eau sur le carrelage et sur le marbre, le claquement des socques de bois, les soupirs et les chuchotements compris sans qu'il soit besoin d'une langue commune, tout cela se mêlait dans l'air surchauffé.

De longues tresses de cheveux mouillés luisant sur de blanches épaules, des mamelons roses et des turbans blancs rehaussés de fil d'or, le clapotement de l'eau froide sur la peau chaude, l'épaisse chevelure d'une Odalisque dans des mains brunes, des bras levés arrangeant un chignon de tresses rousses, l'éclat d'un rubis dans une oreille percée, le heurt de la chair contre la pierre..., c'était cela les bains où Fatima et Naksh-i-dil se faisaient laver, raser, parfumer et purifier tous les après-midi.

Elles étaient assises côte à côte, silencieuses. Fatima regardait la Gözde, qui semblait perdue dans ses pensées. Étirement d'un temps interminable, les bains étaient aussi la saveur de l'oubli, un état de détachement semblable à celui que produit un narcotique. Fatima en avait conscience. Mais, contrairement à ce qu'elle pensait, Naksh-i-dil, le regard perdu, n'était ni absente ni plongée dans l'oubli. Elle se rappelait sa première vraie leçon d'esclavage...

La Kiaya l'avait conduite dans une petite alcôve à l'intérieur des bains et, instinctivement, Naksh-i-dil s'était mise à trembler, comme si elle avait deviné qu'allait se dérouler quelque rituel encore inconnu d'elle. Lorsque la Kiaya avait soulevé sa chemise pour la lui ôter, elle n'avait pas protesté. Kurrum s'était ensuite assise lourdement sur un banc de pierre et, sans un mot, l'avait attirée sur ses genoux, de sorte que le buste de la jeune fille repose sur ses cuisses.

La tête de Naksh-i-dil était rejetée en arrière, son cou cambré en position d'abandon, ses jambes écartées et pliées, les talons à plat sur le carrelage chaud. Elle avait crié, mais n'avait pas osé bouger. Jamais elle ne s'était sentie si ouverte, si abandonnée, si vulnérable. Avec tout l'art et la douceur dont elle était capable, la Kiaya s'était mise à explorer son corps de ses mains pour tester ses réactions. Naksh-i-dil avait compris que la Kiaya était chargée d'apprécier ses capacités érotiques et sensuelles. Cela faisait partie de ses responsabilités. Elle avait accompli sa tâche froidement, mais sans sadisme : de ses larges mains, elle avait caressé sa chair innocente, pressé et tiré le bout de ses seins, qui s'étaient dressés au premier contact, pour en vérifier la fermeté et la texture, elle avait apprécié son odeur, la beauté et la couleur de son teint, sa douceur.

« Ton nombril est parfait, avait dit la Kiaya, et ton cou, une opulente colonne qui laisse apparaître les trois anneaux de beauté requis. »

Insistantes, les caresses avaient soudain provoqué chez Naksh-i-dil des mouvements involontaires, et un gémissement s'était échappé de ses lèvres. La main de la Kiaya avait glissé le long du buste, de la taille et des flancs de ce corps d'enfant étendu en travers de ses genoux. La jeune fille avait écarté les jambes un peu plus, et les doigts de Kurrum avaient pénétré la petite fente douce entre ses jambes pour inspecter son *kouss*. « Il est royal, c'est un trône digne d'un Sultan », avait-elle dit tout en continuant d'effleurer doucement les seins ronds et fermes de sa prisonnière.

D'une légère poussée de ses doigts vers le bas, la Kiaya avait accentué sa caresse, jusqu'à ce que la jeune Gözde couverte de sueur se torde sous l'effet d'un plaisir inconnu, insoupçonné. Son dos s'était cambré comme un arc, et la Kiaya l'avait embrassée sur la bouche. Naksh-i-dil avait ouvert les lèvres pour que la langue de la Kiaya la pénètre et l'explore à loisir. Puis elle s'était violemment collée à cette bouche et de ses bras lui avait entouré le cou, mais Kurrum l'avait brusquement repoussée.

« Tu ne dois pas bouger, Naksh-i-dil. Tu dois rester soumise. Tu n'as pas le droit de prendre la liberté de me rendre mes baisers... »

Comme pour la punir de ce manquement à la bienséance, elle avait soulevé d'un bras les jambes de la jeune fille, les maintenant contre son ventre, et de ses doigts avait exercé des pressions cadencées dans son kouss élargi, en prenant soin de ne pas blesser le précieux hymen. Elle avait continué, méthodiquement, jusqu'à ce que Naksh-i-dil se pâme de plaisir et laisse échapper le cri de son premier orgasme. Kurrum avait observé avec froideur la réaction de Naksh-i-dil qui s'était trouvée prise d'un étrange spasme musculaire prolongé par des sursauts, des mouvements et des cris dont elle ne se savait pas capable. La Kiaya avait paru satisfaite. Dans les mois qui suivirent, elle lui avait appris toutes les techniques amoureuses de son répertoire mais la jeune fille était effrayée par sa propre sensualité. Un jour, le plaisir prolongé l'avait même fait pleurer, cela aussi avait plu à la Kiaya.

Kurrum lui avait permis de toucher sa large poitrine et de la caresser entre les cuisses, mais pour cette première séance, elle voulait seulement lui apprendre à se donner du plaisir, à elle ; la prochaine fois, elle lui montrerait comment en procurer à une autre femme.

Naksh-i-dil allait devoir essayer dans sa chambre..., tous les soirs.

« Tu ne dois laisser personne te toucher comme je viens de le faire, Naksh-i-dil. Tu comprends ? Si tu le fais, tout le monde le saura. Je le saurai aussi et tu seras définitivement perdue pour le Sultan. Jamais il ne te touchera... Tu m'entends ?

— Oui », avait-elle murmuré, encore couchée sur les genoux de sa préceptrice.

La Kiaya avait alors soulevé les hanches de la jeune fille pour prendre ses fesses dans le creux de ses mains, les ouvrant et les fermant au rythme de ses gémissements. Elle avait continué de plus en plus vite jusqu'à contraindre Naksh-i-dil à éprouver à nouveau ces spasmes étranges, tandis qu'elle abordait un autre endroit de son corps.

« C'est bon signe, c'est parfait pour les deux portes de l'amour, avait dit la Kadine. Maintenant, Naksh-i-dil, touche-toi comme ça. Oui. Bon, essaie de te faire plaisir, mais pense au Sultan... rien qu'à lui... pas si vite... Non. Plus fort..., plus doucement, descends maintenant... »

La Kiaya avait bien regardé comment elle s'y prenait, et quels mouvements lui procuraient du plaisir.

« Il y a des femmes qui peuvent se satisfaire sans même se toucher, lui avait-elle dit, simplement en serrant les cuisses. »

La prochaine fois, elle lui passerait du haschisch sur le bout des seins et sur les petites lèvres pour provoquer chez elle des réactions plus violentes. Ensuite, Kurrum s'était penchée vers Naksh-i-dil et avec une force surprenante l'avait prise dans ses bras pour l'étendre contre la dalle de marbre. Elle avait attrapé dans ses mains le pied étroit de la jeune fille, l'avait couvert de baisers, puis elle s'était appuyée de plus en plus fort sur le petit pied inerte, jusqu'à ce qu'il la pénètre. Les yeux clos, sa tête enturbannée rejetée en arrière, elle avait fait des mouvements de plus en plus violents. Et elle avait crié de plaisir, un cri animal, étrange, mi-oiseau, mi-bête. Un son que la jeune fille n'avait jamais entendu et qui l'avait profondément choquée.

« Ce n'est rien, soupira Fatima en passant les bras autour du cou de son amie qui sanglotait. Le désir n'a pas comme unique but la procréation, poursuivit-elle. C'est une réalité de la vie... Le plaisir qui l'accompagne n'est comparable à aucun autre. Il devrait nous faire rêver des splendeurs promises au Paradis... »

Fatima regarda au loin. La Kiaya n'avait fait que son devoir : préparer Naksh-i-dil à recevoir le Sultan.

Naksh-i-dil et Fatima sortirent des bains sans quitter les odeurs de parfums, le murmure de l'eau, l'ombre des esclaves ; au-delà de l'acier noir des fenêtres grillagées pointaient les montagnes de l'Asie, lointaines et froides. Le bruissement d'une branche de chèvrefeuille éveilla en elles une indicible mélancolie : des impressions fragiles qui effaçaient le temps, des gestes lents, imprécis, des phrases inachevées, des pensées confuses, une sorte d'aveuglement de l'esprit.

Au harem, les larmes n'étaient pas tolérées.

« Est-ce que tu as quelquefois peur pour ton père ? demanda un jour Naksh-i-dil à Fatima.

— Mon père ? » Fatima sourit. « Mais pourquoi ? Il est respecté et respectueux, et il a fait beaucoup pour l'Empire. Il sait que nous *devons* affronter l'Occident. Nous ne pouvons pas rester éternellement terrés en Asie. Nous *devons* moderniser l'armée, reconstruire la marine, qui fut la plus importante du monde sous Barberousse. Nous avons besoin de nouveaux conseillers militaires occidentaux, d'une nouvelle façon de faire la guerre... »

Fatima remarqua le ton désenchanté sur lequel son amie lui répondit :

« Ici, on ignore tout de la faiblesse de cet Empire gouverné par un Sultan prisonnier de ses propres désirs et de sa propre ignorance... »

Fatima coupa court. « Ce n'est pas un sujet à aborder avec une Gözde, même si elle est occidentale et intelligente, car elle sera Kadine un jour, pensa-t-elle.

C'est presque comme si c'était écrit. » Il y avait des centaines de femmes dans le couvent du Sultan, mais peu étaient élues. Élues par le hasard, les circonstances et l'histoire, parmi les innombrables femmes qui franchissaient les portes du harem, telle une armée de fantômes, inconnues et anonymes. Mais celle-là était différente, sans savoir pourquoi, Fatima en était convaincue.

Naksh-i-dil se retourna comme si elle se sentait suivie. Elle avait fait un rêve étrange la nuit précédente, qu'il lui fallait interpréter. Elle avait le pressentiment que ses longues heures d'oisiveté arrivaient à leur terme. Quand elle rentra dans sa chambre, la Kadine Kiaya l'attendait.

« Le Sultan m'a envoyée te chercher, dit Kurrum, triomphante. Il a envoyé le mouchoir, avec un message : “ Où est ma lionne apprivoisée ? ” »

La Kiaya paraissait tout excitée. Fatima détourna les yeux.

« Fatima ! » cria Naksh-i-dil.

Mais Fatima était encore plus horrifiée que la jeune fille...

Le Kislar Aga, que Naksh-i-dil n'avait pas vu depuis si longtemps, fit irruption dans la chambre et se mit à faire les cent pas. Un à un, les chefs des différents services rentrèrent dans la petite cellule de la jeune fille. La gardienne des bains l'emmena pour superviser sa toilette, bien qu'elle protestât qu'elle était capable de se débrouiller seule. Ce fut d'abord bain, massage, shampooing, parfum ; puis on la coiffa, son corps fut rasé, ses ongles teints, ses dents brossées, ses gencives rougies, son haleine purifiée, ses yeux assombris, ses cils allongés. Cela fait, elle passa entre les mains de la gardienne de la lingerie. Dans un tourbillon de soie et de voile, de dentelles et de broderies, elle fut littéralement happée par la maîtresse de la garde-robe qui avait déjà choisi ses vêtements : du vert légèrement bleuté pour aller avec ses yeux, de la soie dorée pour rappeler la couleur de ses cheveux, et du rose camélia pour mettre en valeur son teint.

Les vêtements étaient drapés, noués et dénoués, ajustés puis mis de côté : veste de velours bleu foncé brochée d'argent, babouches argentées, turban azuré entouré de chaînes d'émeraude. Puis la gardienne des joyaux la couvrit de la tête aux pieds des plus beaux bijoux du harem. Elle trouva même le moyen de fixer de tout petits diamants dans ses tresses, et lui passa autour du cou un collier de diamants qui lui descendait jusqu'en dessous des seins. Enfin, tout le monde fut d'accord : elle était prête pour son royal amant.

Naksh-i-dil observait tristement l'agitation frénétique dont on l'entourait : elle avait toujours rêvé que sa visite aux appartements d'Abdul-Hamid reste privée et secrète.

Deux eunuques noirs vinrent la chercher sans un mot, et elle s'engagea sur la Voie d'Or, escortée par le Kislar Aga lui-même. Le silence s'était abattu sur le harem, comme si ce qui allait suivre était aussi invraisemblable qu'un ciel sans oiseaux.

« Sainte Marie, mère de Dieu, priez pour cette pauvre pécheresse », murmura Naksh-i-dil.

Ses pas et ceux des eunuques se perdaient dans le silence des couloirs. À la porte des appartements du Sultan, le Kislar Aga l'inspecta une dernière fois. Puis, approuvant de la tête, il s'inclina profondément, baisa la manche de sa robe, et fit un temenah. Il prit une clef du trousseau qu'il portait à la taille, déverrouilla les lourdes portes de chêne, et la quitta, sans un mot.

La porte ouvrait sur une chambre éclairée seulement par deux torches, une à l'entrée, l'autre au pied d'une estrade. Deux vieilles esclaves noires étaient assises dans un angle de la pièce, et sur l'estrade, qui s'élevait à quelques centimètres au-dessus du sol en marbre, était assis le Sultan Abdul-Hamid, le « Seigneur des Deux Mers et des Deux Continents ». Il portait une simple robe blanche, un sabre accroché à la taille, et un turban orné d'une plume d'aigrette blanche retenue par un bouquet de diamants et de rubis. Il lui parut beaucoup plus grand et plus fort que dans son souvenir. Ses yeux et sa barbe luisaient à la lumière des torches. Les esclaves ne bougèrent pas : elles devaient rester. Naksh-i-dil imaginait que, tapie dans le coin de la pièce, l'une d'elles lui soufflait d'une voix qu'elle avait entendue autrefois :

« Reine voilée vous régnerez... et des esclaves innombrables, par milliers, vous serviront. »

Abdul-Hamid regarda la Gözde : ses sourcils noircis s'arrondissaient au-dessus du vert limpide de ses yeux, comme la ligne nuageuse qu'annonce un orage. « Oui, se dit le Sultan, le Kislar Aga a bien choisi. »

Naksh-i-dil tomba à genoux et, quand elle baissa la tête, ses cheveux la recouvrirent tout entière comme une vague et vinrent frôler le sol. Puis elle se mit à pousser de petits gémissements et de vraies larmes emplirent ses yeux lorsque, sous la tente de ses cheveux, elle commença à se caresser comme le lui avait appris la Kiaya, en rampant lentement vers la couche du Sultan...

Une pelisse bleu pâle posée par terre près du lit fut la première chose que remarqua Naksh-i-dil en se réveillant. À côté se trouvait le caftan que le Sultan portait la nuit précédente. Elle savait qu'elle pouvait prendre tout ce qu'elle trouverait dans les poches. Un mouchoir noué était posé sur l'oreiller. Quand elle l'ouvrit, les mains tremblantes, elle y découvrit un saphir d'un bleu plus intense que celui de la pelisse et une petite topaze. Les sorcières noires étaient toujours là, et les torches continuaient à brûler, même en plein jour. Le Kislar Aga entra, toujours sans s'annoncer, forçant la Gözde à se précipiter vers la pelisse. Son sourire s'épanouit lorsqu'il la vit drapée sur les épaules nues de la jeune fille. Naksh-i-dil était Ikbal !

« C'est maintenant, pensa-t-il, que va vraiment commencer la lutte pour le pouvoir : la maternité. » Il jeta un regard inquisiteur sur Naksh-i-dil. « Si seulement la nuit dernière... » C'est lui qui inscrirait de sa propre main, sur le livre prévu à cet effet, la date, l'heure et la durée de la première nuit de Naksh-i-dil avec le Sultan (et de toutes celles qui suivraient), ainsi que la position des étoiles à ce moment-là.

Il rassemblait ces informations pour le cas où, ayant procréé, le Sultan accorderait à son esclave le privilège exceptionnel de devenir mère. Mais, comme bien d'autres avant elle, Naksh-i-dil, dans une nuit ou deux, serait peut-être oubliée... La jeune fille ramassa le manteau du Sultan et passa la main dans la fente qui se trouvait sous la manche. Elle y trouva une bourse pleine et dans l'autre poche, un petit collier d'opale.

« Tu as eu mal ?

— Non.

— Est-ce que tu as rampé jusqu'au lit, comme prévu ? »

Naksh-i-dil éclata de rire et enlaça Hadidgé Sultane.

« Au départ, oui... » Elle riait tellement qu'elle s'en étrangla. « D'abord, j'ai fait ce que la Kiaya m'avait dit... J'ai commencé à ramper vers le divan... en rugissant comme une lionne ; en fait, ça ressemblait plus à des cris de chat...

— Et après ?

— Et après — mais surtout ne le répète à personne —, et après, le Sultan a failli tomber de son lit tellement il riait...

— Quoi ?

— Ton oncle m'a dit : " C'est bien l'idée la plus bête et la plus charmante qu'ait jamais eue ma Kiaya. Veux-tu arrêter ces bruits terrifiants, mon enfant ? Nous sommes dans une chambre à coucher. Tu es une esclave qui sera bientôt déflorée. Arrête de rugir. Je n'ai pas besoin d'une telle pantomime, je ne suis pas si vieux. J'ai défloré plus de mille femmes ! Conduis-toi bien et je ferai de toi une Ikbal... " Je te jure, il ne pouvait pas s'arrêter de rire.

— Et après, il t'a prise dans ses bras..., ajouta Hadidgé, tout excitée.

— Non. Il s'est levé de son lit, il m'a relevée comme une poupée, et je l'ai embrassé sur la bouche sans rien lui demander, et il s'est remis à rire.

— Et après ?

— Et après, il a continué. J'ai fait exactement ce que la Kiaya Kurrum m'avait dit de faire. Nous avons beaucoup ri et il m'a embrassé les pieds. »

Naksh-i-dil ne raconta pas à son amie tout ce qu'elle avait appris sur Abdul-Hamid cette nuit-là. Elle avait découvert que le Sultan était un homme solitaire qui avait peur du Divan, peur de mourir, peur de mener ses armées en guerre contre la Russie, peur des Oulémas, peur des janissaires, tout comme le plus humble de ses esclaves. D'ailleurs, il avait la mentalité d'un esclave, alors qu'elle, elle avait commandé des esclaves depuis sa plus tendre enfance, et elle avait bien l'intention de le commander, lui aussi, puisqu'il n'était, comme elle, qu'un esclave dans son propre Empire, et qu'un prisonnier dans son propre palais. Elle ne le haïssait pas plus qu'elle ne le craignait.

Quand Abdul-Hamid avait accédé au trône, en

1774, les docteurs du sérail avaient rédigé à son intention un ouvrage en trois volumes intitulé : *De la maturité à la jeunesse.* Le premier contenait un calendrier pornographique composé de quelque huit mille préceptes sur l'art de profiter des plaisirs de la vie à toute heure du jour et de la nuit. Le second indiquait les précautions à prendre pour préserver sa virilité. Le troisième donnait des recettes d'aphrodisiaques. En somme, trois volumes destinés à convaincre le Sultan que la vie s'écoulait à contre-courant, et auxquels il accordait plus de crédit qu'au Coran lui-même. Abdul-Hamid, l'Ombre de Dieu sur Terre, était un homme désespéré.

« Je serai Kadine », murmura Naksh-i-dil à Hadidgé.

La Sultane ne répondit pas.

Le Kislar Aga et la Kiaya Kurrum conduisirent Naksh-i-dil à ses nouveaux appartements d'Ikbal, qui avaient été préparés en douze heures. Le divan était garni d'un matelas moelleux recouvert de soie, sur lequel on s'asseyait à l'ottomane, jambes croisées et repliées. Tous les matins, on rangerait le matelas et l'étoffe dans un immense coffre incrusté d'ébène et d'ivoire, où l'Ikbal pourrait commencer à entasser les effets personnels qui constitueraient sa dot. Pour la jeune fille, ce coffre dont on lui confia la clé, sa première clé, était aussi imposant qu'une cathédrale.

Brusquement, Naksh-i-dil s'arrêta. Au fond de la seconde pièce, par terre, il y avait un tapis de prière en soie brodé, dont un angle était replié, et, en face, dans la même broderie, un coussin. En soulevant le rabat, elle découvrit un rosaire musulman et le petit voile dont les femmes se couvraient la tête pour la prière. La Kiaya et l'Eunuque noir ne firent aucun commentaire.

Naksh-i-dil se retourna, l'air interrogateur, le visage en feu à cause de l'outrage qui lui était fait. Elle était chrétienne, et le resterait — rien au monde ne la ferait changer d'avis, pas plus les versets du Coran, que tous les voiles de Bursa, tous les tapis de prière de Konya, ou tout l'or de Tripoli.

« L'hiver, tes appartements seront chauffés par un brasero en cuivre, dit la Kiaya d'un air distrait. Des tapis et des tentures en velours couvriront les murs pour te protéger de l'humidité. Si tu le désires, tu peux choisir toi-même les couleurs, les motifs et même la matière... »

Naksh-i-dil ne répondit rien. La vision de ce tapis de prière la paralysait.

« Sainte Marie, mère de Dieu, priez pour cette pauvre pécheresse... »

Ce furent les douces voix des muezzins du palais appelant à la prière du soir, comme le chant d'une douzaine de sirènes, qui rompirent le silence.

« Sainte Marie, mère de Dieu... », répéta-t-elle plus fort pour couvrir le bruit.

2

IKBAL
1784

Le génie politique se développe largement quelquefois chez les Sultanes favorites, admises à toutes les confidences du gouvernement et exercées dans toutes les intrigues d'une cour. De longs et grands règnes ont été fondés et gouvernés par quelques-unes de ces belles esclaves, perpétuant dans le palais l'ascendant de leurs charmes par l'ascendant de leur génie. Elles sont souvent le ressort caché des plus grands événements. Favorites, elles asservissent ; femmes, elles inspirent ; mères, elles couvent et préparent le règne de leurs fils.

LAMARTINE, *Voyage en Orient*, 1855.

La salle où recevait le Sultan, le *Hunkar Sofasi,* était la plus haute, et la plus richement décorée de tout le harem. Naksh-i-dil, admise pour la première fois en ces lieux, fut éblouie par la coupole en cèdre et les murs magnifiquement carrelés de bleu, blanc et rouge. Les présents des diplomates étrangers détonnaient avec les brocarts et les satins des sofas. La beauté des soieries lyonnaises était supplantée par la richesse des brocarts vénitiens, lesquels pâlissaient à côté de la mousseline de soie chinoise et du lourd velours russe. Partout on avait disposé des bouquets et des arbres en fleurs, dont les parfums se mêlaient à ceux des femmes, à l'encens des brasiers et à l'odeur du café. Bijoux précieux, perles d'une valeur inestimable, éventails en ivoire, rubans, foulards et voiles étincelaient à la lueur des candélabres, et se reflétaient mille fois dans les miroirs dorés. Un mouvement aux portes du salon fit se lever toute l'assemblée : le Sultan entra et prit place au sommet du divan à trois étages. De cette hauteur, il contemplait son jardin de délices, depuis son acquisition la plus récente jusqu'à l'élément le plus curieux de sa collection : un nain noir, borgne, sourd-muet, bossu et châtré. À sa droite, un niveau plus bas, était assise Ayse Sineprever, la mère du prince Mustafa. Puis, comme une volée de marches, venaient les Kadines Benigar, Neveser, Fatima-Shebsefa, Mehtap, les Ikbals Hatice, Nusrefsun, Naksh-i-dil, et, installées un peu partout sur des coussins, les Gözdes. Quant aux Odalisques au service du harem, elles s'affairaient de-ci de-là. En comptant les différentes cours, les esclaves, les eunuques et les nains, cela faisait plus de cinq cents personnes. Tout ce qui entourait le Sultan — la beauté des innombrables costumes de soie et de satin, une variété inimaginable de bijoux, la richesse des tapis, des coussins, l'éclat des lumières, les rangées silencieuses d'eunuques noirs — ne semblait là que pour servir de décor au Padichah. Abdul-Hamid portait une robe noire bordée de zibeline, un poignard constellé de diamants à la taille et un turban orné d'une plume d'aigrette blanche.

D'ordinaire, rien n'était plus ambigu qu'une visite au Sultan, car elle poussait à leur paroxysme les éternelles jalousies et les querelles incessantes du harem. Mais ce jour-là, on célébrait un événement au cours duquel la stricte hiérarchie du harem se faisait presque oublier. C'était le *Seker Bayram,* la fête du Sucre.

La maîtresse du café plaça à la droite du Sultan son *zarf,* les *Kalfas* allumèrent sa pipe, et le chef des Eunuques noirs apporta une boîte contenant des pilules d'opium dorées, qu'Abdul-Hamid se mit à distribuer à ses favorites. L'encens, le parfum et le café avaient pour Naksh-i-dil l'odeur de la prodigalité, de l'ambition et du succès. Chez toutes ces femmes semblaient s'évanouir l'ennui du harem, la peur, la lassitude et le désespoir. La chaleur de ces trois cents corps de femmes était presque palpable, comme une bouchée de loukoum. Même les lèvres fines du Sultan remuaient comme s'il mâchait, savourait, avalait les vapeurs exsudées par ses femmes. Il goûtait les visages, les corps, les objets, les voix, la musique et les rires qui brisaient pour une nuit l'austérité et le silence du sérail.

Le spectacle allait commencer.

L'orchestre, composé uniquement de musiciens aveugles, prit place sur le podium, derrière le Sultan. C'est alors que s'avancèrent en glissant, pieds nus sur le marbre multicolore, cinq jeunes eunuques blancs habillés en femmes. Guitares, cithares et violons produisaient une musique à la fois acide, troublante et nostalgique. Les jeunes garçons commencèrent à se mouvoir lentement, presque imperceptiblement, oscillant plutôt que dansant sur ces rythmes envoûtants. Sous l'effet de l'opium, l'assemblée se mit à avoir des visions. Le Sultan avait trouvé la seule arme efficace pour endiguer les ambitions. Peu à peu le rythme des danseurs s'accéléra, et les mouvements onduleux s'accompagnèrent de gestes plus amples. Les minces voiles dont ils étaient vêtus soulignaient le moindre de leurs gestes, comme un stylet pointu, et chaque ondulation paraissait plus séductrice, provocante, excitante et obscène que la précédente. La mousseline se collait à une jambe, une cuisse, une aisselle, comme un flot de lumière épousant une taille ou une poitrine. Inconsciemment, Naksh-i-dil ondulait au son de la musique, comme le harem tout entier. Tout le monde retenait son souffle tandis que ces contorsions se succédaient en une débauche de mouvements pelviens, comme si un animal nouveau avait surgi du néant.

Le Sucre.

Tout devenait tangible, même la jalousie, même la colère. L'ennemi touchait l'ennemi. Le sucre circulait, sous toutes les formes et préparations possibles : confitures, sirops, sorbets, pâtisseries, gâteaux de miel, loukoums, baclavas. Tout à coup, le harem n'était plus que sucre. Les drogues rouges et blanches, l'opium et le sucre, se mêlaient en figures complexes. La musique devenait plus langoureuse, plus plaintive, plus troublante. Nul ne l'entendait mieux que le Kislar Aga, lui qui savait que c'était la seule façon de dompter l'indomptable : trois cents femmes de toute beauté que l'on avait initiées à l'érotisme pour les enfermer jusqu'à la fin de leurs jours. D'un îlot de femmes à l'autre, voguaient le sucre et l'opium, et de l'eau glacée circulait sans arrêt, seule capable d'étancher la soif.

Le Sucre.

À Naksh-i-dil, le sucre rappelait un goût familier, tout droit sorti de son enfance, celui de la mélasse de canne à sucre, épaisse, compacte, qui déployait toute l'échelle du suave et du visqueux, et coulait au coin des lèvres avant d'être furtivement léchée par une langue rose. Les attitudes se faisaient plus douces, plus aimables, gestes d'amour. Le Sucre. Le Sucre. Le Sucre. La salle tout entière était enivrée de douceur. L'air était douceur. La peau et le cœur s'imprégnaient de douceur. C'était habituellement au moment où les choses en étaient arrivées là que l'Eunuque noir, après avoir accompli son devoir, quittait ce qu'il était incapable d'apprécier...

Naksh-i-dil jeta un coup d'œil furtif vers le Sultan. À demi caché par sa barbe noire, son visage était impassible, son regard exalté et fixe comme celui des eunuques. Comme celui des femmes. La jeune fille s'enfonça dans les coussins, rencontrant d'autres mains et d'autres corps qui se pressaient contre le sien. Tout le harem semblait converger sur ses cuisses, ses seins, ses épaules... Elle n'osa pas fermer les yeux, de peur de succomber à l'attrait qu'exerçaient sur elle toutes ces chairs. Elle regarda devant elle, le regard perdu. Le Sultan dormait. La réception était terminée. Petit à petit, Ikbals et Kadines reprenaient leurs esprits. Le soleil se levait. De tous ces visages et ces corps confondus, Naksh-i-dil ne saurait jamais qui lui avait procuré ce plaisir illicite...

Naksh-i-dil devenue Ikbal avait droit à sa propre suite et était responsable de sa propre cour. Le Kislar Aga lui avait choisi un financier qui investissait ou prêtait son argent, achetait des terres en son nom, marchandait le prix des parfums qu'elle achetait ou des bijoux qu'elle vendait. Naksh-i-dil était en relations avec lui par l'intermédiaire de l'Eunuque noir. Le Kislar Aga était lui-même expert en la matière, sa fortune personnelle en faisait foi, de plus, il recevait une commission sur toutes les tractations. Il était dans l'intérêt du Sultan que ses femmes soient riches, car plus elles l'étaient, moins elles lui coûtaient cher, à lui et à l'État.

Le trésor du harem octroyait à Naksh-i-dil une pension mensuelle, plus des rations de café, de sucre, d'œufs, de fruits, de confitures, de miel, de cire, de bois et de charbon. Quotidiennement, elle avait droit à deux livres de viande, trois poulets, deux livres de beurre, dix pains de glace en été, une jatte de lait caillé, une de crème, une de yoghourt, une livre de miel et de fruits frais, vingt œufs, quatre coqs, cinq livres de légumes et dix de riz. Cette nourriture était redistribuée au sein de sa petite cour et tout ce qui n'était pas mangé devenait monnaie d'échange ou marque d'amitié, de loyauté, de service ou de silence. Car, dans le harem, le pouvoir passait par la nourriture, et seul son contraire, le poison, pouvait venir enrayer le système. En dehors des esclaves, tout le monde dans le harem mangeait seul, y compris le Sultan. Les repas étaient préparés dans les cuisines du harem, et les Ikbals, les Kadines et les Gözdes étaient servies dans leurs appartements par leurs domestiques personnelles. Les Odalisques mangeaient dans un coin, les esclaves par terre, et tout le monde avait peur du poison.

L'arsenic blanc était le plus connu, et aussi le plus facile à se procurer. Fatima avait mis Naksh-i-dil en garde contre ce danger. L'arsenic avait l'odeur de l'ail. Malgré la vigilance du Kislar Aga, il pénétrait dans le harem par les moyens les plus ingénieux. Se faire prendre avec de l'arsenic, de la jusquiame ou de la belladone, c'était risquer de finir ses jours à l'Eski Serai. L'arsenic arrivait en troisième position parmi les instruments de pouvoir utiles dans le harem, avec le sucre et l'opium ; et si le sucre était prince, l'opium roi, l'arsenic était empereur.

Il arrivait que de l'arsenic soit introduit dans l'encens, les fruits et les parfums... On pouvait aussi y tremper un tissu, et le seul fait de le respirer provoquait un état de léthargie, de faiblesse, la chute des cheveux, de la fièvre, et, finalement, la mort. À moins qu'on ne préfère l'administrer à hautes doses, ce qui entraînait vomissements, paralysie et mort. Un autre moyen bien connu pour se débarrasser d'une rivale était le verre pilé dans le café. C'était la seule méthode contre laquelle il n'existât pas d'antidote, et la plus difficile à déceler. Elle provoquait des douleurs atroces, des hémorragies internes, une agonie épouvantable. Le harem, c'était le silence, l'ennui, la solitude, la strangulation, le poignard et enfin le poison.

Qu'elles aient l'air sensées ou non, la plupart des femmes avaient perdu la raison, Naksh-i-dil en était convaincue ; et tout leur était bon pour utiliser le poison : vengeance, jalousie, caprice. Il y avait de nombreux accidents, car la frontière était étroite entre les drogues, les aphrodisiaques et les poisons, et nombre de potions servies dans le harem contenaient de l'arsenic, de la belladone et de l'opium. Ces poisons entraînaient plutôt la suffocation que la paralysie. En général, ils venaient d'Afrique : fève de calabar du Niger, écorce de tali et marante de Guinée.

La mort avait cent visages : un ravissant hochet doré imprégné de ciguë, une araignée mortelle ou une guêpe en hibernation introduite, par quelque stratagème, dans la bouche d'un prince nouveau-né ou d'une nouvelle favorite. Le poison, l'arme des faibles, pouvait en quelques instants bouleverser la physionomie du palais et la politique de l'Empire ottoman.

Plus elle connaissait les pensionnaires du harem, plus Naksh-i-dil trouvait qu'elles ressemblaient à des jeunes filles de bonne famille élevées à la campagne. Elles n'étaient plus des enfants, pas encore des adultes, et faisaient toutes les gaffes et les bêtises qui auraient exaspéré une mère. Oui, c'était vraiment le mot, exaspéré. C'était comique de voir une Odalisque étonnamment belle, allongée sereinement sur un divan dans une attitude des plus séductrices, croiser soudain les mains derrière la tête, ou replier les genoux jusqu'au menton, ou se gratter d'un air distrait un pubis irrité par d'innombrables épilations. La liberté, au harem, permettait aux femmes de faire ce qu'elles voulaient de leur corps, de commettre n'importe quel outrage à la bienséance, parce que la bienséance n'existait pas.

« Bienséance est synonyme de société, une société de relations sincères entre des hommes et des femmes, or, cela n'existe pas ici », pensait l'Ikbal. La seule chose qui existât vraiment, c'était l'ennui, cet ennemi omniprésent. Pourtant, tout était fait pour le conjurer. On livrait un combat quotidien à ce monstre obstiné : attendre, encore attendre, toujours attendre. Assises sur des coussins, entourées d'esclaves, les pensionnaires brodaient des piles de mouchoirs, jouaient sans fin de leurs instruments de musique, tripotaient leurs tespis, comptaient jusqu'au plus grand nombre possible, ou récitaient les quatre-vingt-dix-neuf noms d'Allah. Elles passaient des heures aux fenêtres grillagées, pleuraient, fumaient des pipes d'opium, mangeaient des tonnes de sucreries, fumaient à la chaîne des cigarettes blondes spécialement faites pour le harem. Quand elles en avaient assez de fumer, elles demandaient du café syrien ou des oranges d'Égypte, mettaient une demi-heure à déguster un sorbet, se brossaient les dents et les polissaient à la pierre ponce, mâchonnaient un bout de résine pour enlever le goût de la fumée, essayaient une nouvelle coiffure, comptaient leurs bijoux, se curaient le nez, s'arrachaient des poils, buvaient de la limonade pour enlever le goût de la résine qu'elles venaient de mâchonner pour enlever le goût de la cigarette qu'elles venaient de fumer pour enlever le goût du café qu'elles venaient de boire.

Naksh-i-dil ferma les yeux pour mieux entendre le rire strident, nerveux, qui s'élevait des quatre coins du harem. Des femmes s'habillaient, se déshabillaient, s'habillaient encore, essayant parfois jusqu'au moindre bout de tissu qui traînait dans leur coffre. Elles se collaient des mouches à la française, en forme d'étoile ou de croissant, sur le front, au bord d'un œil en amande, au coin de la bouche ou en haut de la joue. Pour mieux se regarder, elles disposaient en tous sens des glaces et des miroirs à main. Elles recherchaient sous leurs bras ou sur leur vulve des poils outrageants, inspectaient leurs oreilles et leurs narines, coloraient leurs ongles, passaient les paumes de leurs mains au henné pour empêcher la transpiration ; mais l'ennui, ce démon, les rattrapait toujours, et chaque jour elles perdaient leur course contre le temps. Elles faisaient danser jusqu'à l'épuisement une esclave de quinze ans, répéter par une autre la même fable pour la quinzième fois, ou demander à un musicien aveugle de rejouer un air jusqu'à ce que ses doigts saignent. Mais tous leurs efforts s'avéraient vains, l'ennui ne les quittait pas. Elles descendaient dans les jardins, jouaient sur les balançoires, grimpaient aux arbres, rentraient pour les prières du soir, s'allongeaient sur les divans pour jouer aux cartes en attendant l'heure du dîner ; ensuite recommençait le cycle infernal des cigarettes, du café, des limonades, des sorbets et de l'opium. Deux lutteuses se donnaient en spectacle ; cela se terminait par un coup de pied, une cascade de rires sans joie, et ce monstre d'ennui tapi dans un coin se reflétait dans chaque miroir, dans chaque pas, dans chaque visage, dans chaque fenêtre...

Les femmes du harem ne restaient jamais en place. Allongées sur leurs ottomanes, elles bougeaient sans arrêt, faisant virevolter les longues traînes de leurs robes en effets de drapé. Naksh-i-dil observait Benigar, la troisième Kadine. Elle la vit s'asseoir, prendre ses pieds dans ses mains, passer un coussin sous ses genoux, s'allonger, replier les genoux, s'enrouler comme un chat, rouler du divan sur les tapis amoncelés sous ses pieds, des tapis sur le sol de marbre, et finalement s'endormir là où elle avait atterri. Les femmes adoptaient toujours des positions qui leur permettaient de s'étreindre les unes les autres, comme des choses rondes, molles et souples. La position assise, droite et jambes croisées, était la position la plus stricte qu'elles avaient apprise dans leur enfance et qui souvent leur laissait les jambes un peu arquées. C'est ainsi qu'elles fumaient, jouaient aux cartes ou au backgammon, discutaient, jouaient d'un instrument et chantaient. Pour savoir se laisser tomber sur le sol d'un seul geste, se retrouver assise sans l'aide de ses mains et rester immobiles comme des statues pendant des heures, avant de se relever d'un seul mouvement, comme un ressort, cela demandait des années. Naksh-i-dil appréciait chez ces femmes l'art qu'elles déployaient pour mettre en évidence leurs jolies formes rondes, leurs attitudes langoureuses de beautés endormies, leurs têtes renversées, leurs cheveux défaits, leurs bras ballants, leur habileté à extorquer or et bijoux.

Quelquefois se produisait un événement réel : une sortie au bord des eaux douces d'Asie, une promenade au harem d'été, la venue d'une troupe d'acrobates français ou d'un marchand de bijoux qui arrivait chargé de diamants de Golconde, de saphirs d'Ormuz, de rubis du Tibet, de colliers d'opale, d'émeraudes en forme de fleur et d'étoile de mer, de perles d'Ophir, d'agates, de grenats et de lapis-lazuli, ou encore, la visite d'un Bohémien de Serbie qui restait quelques semaines, pour dire à chacune la bonne fortune, d'après les lignes de sa main, ou celle du docteur Lorenzo qui venait prédire à une Ikbal la naissance d'un fils ou d'une fille en lui prenant le pouls...

Le festival des Tulipes eut lieu en avril. À cette occasion, les principales cours du Sélamlik et du harem furent transformées en amphithéâtres, car tout autour on y installa des constructions en bois munies d'étagères, pour y poser des vases remplis de tulipes. Des lanternes en forme de vases décorées de lettres d'or alternaient avec des calices de même forme, pleins de fleurs, et aux étagères supérieures étaient accrochées des boules de verre remplies d'eau de toutes les couleurs et des canaris en cage. Nittia, qui n'avait que neuf ans, était tellement fascinée par la lumière que réverbérait l'eau colorée, qu'elle ne pouvait en détacher son regard.

Les somptueux cadeaux envoyés par les pachas, les Sultanes, les gouverneurs et les grands de la Cour furent exposés dans les kiosques du Sultan, et le chef des Eunuques indiqua à Abdul-Hamid l'origine de chacun d'eux. C'était l'occasion rêvée pour plaire, et au nom de l'ambition et de la rivalité, on s'efforçait de créer du nouveau pour attirer l'attention du Padichah, le manque d'originalité étant compensé par le luxe et la magnificence.

Lorsque tout fut prêt, Abdul-Hamid donna à tous l'ordre de se retirer, et toutes les portes menant aux jardins furent fermées. Les sentinelles du palais montaient la garde à l'extérieur des portes, tandis que les eunuques noirs prenaient place à l'intérieur. Le harem au grand complet était invité, ainsi que les Sultanes résidant à l'extérieur du palais. Le Kislar Aga présidait. On ouvrit d'abord les portes grillagées, puis celles du corridor conduisant du sérail au harem, et enfin celles du harem lui-même. Le long de cette voie étroite se pressèrent les petits princes et princesses, suivis des Kadines, des Ikbals et de leurs cours. Puis arrivèrent les maîtresses Kalfas et les Odalisques, et toutes les autres, affluant en cascade, se répandant le long des allées, des arcades, grimpant aux arbres, huant et criant comme des enfants. C'était la première sortie autorisée par le Kislar Aga depuis l'automne, et les jardins furent bientôt remplis des rires stridents d'un millier de femmes et de nuages de mousseline, tous ces corps et ces esprits prisonniers oubliant un moment leur désespoir. Des tables étaient dressées sous les cèdres, et l'Eunuque noir s'étonnait, comme toujours, de la gaieté et de l'ingéniosité que suscitaient de telles circonstances : petits jeux inventés, danses gracieuses, robes élégantes, coquetterie, expressions d'amour. La Kiaya Kadine s'agitait dans tous les sens, brandissant son bâton argenté pour faire presser ou ralentir les esclaves. Çà et là, les femmes dansaient, chantaient, jouaient de la musique. Toutes allaient présenter leurs respects au kiosque du Sultan, chaque cœur battait dans l'espoir d'un signe d'Abdul-Hamid. De son côté, Naksh-i-dil recevait beaucoup de compliments, car le bruit courait que le Sultan attendait un enfant de la nouvelle Ikbal.

Puis l'Eunuque noir commença la distribution des cadeaux. Abdul-Hamid avait offert à Naksh-i-dil un flacon de parfum taillé dans une émeraude. Après ce long hiver passé dans le harem, la jeune femme n'avait qu'une envie : échapper à cette foule, à cette cohue jacassante, stupide et hystérique. « Non, pas ça, pas aujourd'hui. » Ce jour-là, rien ni personne ne devait gâcher le bonheur qui l'habitait. Elle ne cherchait même pas à attirer l'attention du Sultan.

Soudain, elle faillit heurter la première Ikbal, l'Arménienne Nusrefsun.

« Viens manger un sorbet avec moi, Naksh-i-dil. »

Naksh-i-dil sourit, prit la glace qu'on lui offrait et la savoura poliment ; le délicieux sorbet glissait dans sa gorge, aussi facilement que la brise lui soulevait les cheveux. Naksh-i-dil regarda avec curiosité Nusrefsun qui ne la quittait pas des yeux. Elle se demandait qui avait bien pu ordonner à la première Ikbal de faire la paix avec elle — la Kiaya, l'Eunuque noir, le Sultan ? Elle contempla son propre corps qui s'arrondissait : elle était enceinte de plus de cinq mois et espérait accoucher avant le Ramadan. Elle fut brusquement prise d'angoisse mais se rassura aussi vite. Elle n'avait rien à craindre. Elle n'avait pas dix-huit ans, elle détenait du pouvoir, et en possédait même la preuve.

Naksh-i-dil regarda autour d'elle. Dans quelques heures, tout serait à nouveau silencieux et désert, comme si une énorme catastrophe avait balayé toutes ces femmes de la surface de la terre. Chaque visage si précis dans sa tête à cet instant, chaque corps vu chaque jour aux bains, chaque mèche de cheveux, chaque âme vivante allait disparaître derrière les fenêtres grillagées, comme si elles n'avaient jamais ri, ou couru le long de cette allée bordée de roses, ou attrapé un papillon, ou senti la brise de la mer de Marmara fouetter leurs visages... Au coucher du soleil, les eunuques noirs feraient leur dernière ronde, parcourant les jardins à la recherche d'une fille éventuellement endormie dans un coin. Et lorsque, satisfaits, ils seraient certains qu'elles étaient toutes rentrées, ils fermeraient la Porte de la Félicité, et les énormes clés en fer grinceraient dans les verrous métalliques.

Naksh-i-dil se détourna de Nusrefsun, laissant Nittia contempler tout à loisir les décorations, et marcha lentement vers la partie des bois la plus éloignée. En atteignant le fourré, elle se sentit la tête lourde et toucha ses tempes d'un geste hésitant, puis sa gorge, et sa main retomba comme si elle ne pouvait plus contrôler les muscles de son corps. Elle enleva l'écharpe qu'elle portait autour du cou, et la laissa glisser jusqu'au sol. Elle regarda par terre, et le sol monta à sa rencontre. Elle se retrouva allongée sur la mousse tendre qui poussait sous un platane, et céda à la tentation séduisante de se reposer là un moment.

« Halvette, Halvette ! » Les appels lui parvenaient faiblement, et il lui semblait qu'ils venaient de si loin qu'ils ne la concernaient pas. Bras et jambes écartés, elle était comme clouée au moelleux coussin de mousse tandis qu'au-dessus d'elle une houle de feuilles vertes déferlait comme l'Étendard sacré du Prophète...

Les jardiniers et sentinelles du palais se retirèrent. Les eunuques noirs prirent la relève, régulièrement espacés le long des murs et des voûtes, criant pour la dernière fois de leurs étranges voix asexuées : « Halvette ! » Mais Naksh-i-dil ne pouvait pas bouger. L'amphithéâtre de tulipes, les eaux colorées, le gazouillis des oiseaux, tout sombrait dans le néant.

Elle se réveilla en sursaut. Les jardins étaient sombres, malgré la demi-lune qui brillait d'un gris argenté dans la nuit sans fin. Elle se remit debout, trébuchante, et commença à courir vers les portes du harem. Elle avait manqué le couvre-feu ! Une telle infraction à la discipline était punie par des mois de réclusion, des privations, le courroux du Sultan, ou même la disgrâce ! Et où était Nittia ? Pourquoi est-ce qu'elle ne l'avait pas réveillée ? Est-ce que les eunuques noirs l'avaient cherchée, ou bien l'avaient-ils complètement oubliée dans la foule du Festival ? Elle se sentait lourde, mal à l'aise, le souffle court ; son pantalon et sa chemise étaient trempés de sueur, mais elle courait de toutes ses forces.

Soudain, elle trébucha. Cette fois, vraiment terrifiée, elle se débarrassa des babouches qui la ralentissaient. Les jardins du harem qui paraissaient si tranquilles et sereins à la lumière du jour étaient devenus sinistres. Elle ne voyait personne ; et pourtant elle savait que les jardins grouillaient de gardes, de nains et de sourds-muets. Elle leva les yeux. Les grands cyprès se penchaient sur elle comme des sentinelles. C'est alors qu'elle l'entendit, le bruit de la mer, du ressac. Puis il y eut un mouvement, des mains l'agrippèrent par-derrière et la traînèrent vers un puits abandonné. Le Bazam-dil-siz se débattait avec la jeune femme terrifiée, tout en étouffant ses cris d'une main. Avec une force diabolique, elle résista à la masse écœurante, malveillante ; un vomissement s'échappa de ses lèvres compressées. Et puis, juste au moment où elle sentit la pression de l'homme se relâcher, elle sursauta. La corde d'un arc lui coupait le cou. Elle s'accrocha aux mains invisibles qui tenaient la corde, essayant de passer la main entre sa gorge entaillée et le fil, s'effondra sur les genoux, se blessa à la tête et de ses doigts ensanglantés tira la corde. Sa tête et son corps allèrent cogner contre un arbre, sous l'effet d'une force inconnue. Brusquement, sans un bruit, son agresseur glissa vers elle, comme pour l'étreindre, et tomba sur le sol. La gorge blessée, incapable de crier, Naksh-i-dil faisait avec son souffle le même bruit sourd que le Bazam-dil-siz. Elle leva les yeux.

La silhouette d'un homme noir se profilait sur le clair de lune. Il tenait à la main un poignard. C'était un des eunuques de Hadidgé. Il lui sourit pour la rassurer, ses dents blanches étincelant dans l'obscurité, mais tout à coup sa bouche se crispa dans une grimace de mort. Sa main serrait toujours le poignard alors qu'il tournoyait et tombait à son tour sur l'homme qu'il venait de tuer. À sa place se tenait l'Obadachi Fatima, la vieille nurse du prince Sélim, une des Kiayas qui régnaient sur le harem. Dans sa main brillait le stylet empoisonné qui, planté dans le cou de l'eunuque, l'avait tué. Naksh-i-dil vit s'interposer un autre corps derrière la silhouette grotesque de l'Obadachi Fatima. C'était le Kislar Aga.

3

LA PROPHÉTIE
1784

Toute la classe marchande de la marine du XVIIIe *siècle est plus ou moins impliquée dans le commerce des esclaves.*
Professeur Gaston MARTIN,
Histoire de l'esclavage dans les colonies françaises.

La nuit a ses étoiles, la vie sa fragilité, le destin ses limites.
SHÉHÉRAZADE, *Les Mille et Une Nuits.*

Quand Naksh-i-dil se réveilla dans les appartements de Hadidgé Sultane, l'Eunuque noir était penché sur elle, l'air inquiet. Elle avait perdu l'usage de la parole.

« Elle est muette, mais ce n'est rien, disait le docteur Lorenzo. C'est seulement à cause de la peur. Quelques jours de repos, et elle sera remise. »

Mais son prince était définitivement perdu, lui, pensait Naksh-i-dil, alors que le docteur évitait de croiser son regard suppliant. Elle passa ses mains sur son ventre, puis sur son cou, qu'une cicatrice rouge barrait d'une oreille à l'autre.

L'ascension de Naksh-i-dil avait déjà provoqué plusieurs morts, et cela ne faisait que commencer. L'enfant mort-né avait été enveloppé dans un linge avant d'être béni et brûlé. Pour annoncer sa mort au Sultan, le Kislar Aga avait présenté à Abdul-Hamid les cendres enfermées dans une boîte en argent, posée sur un plateau également en argent. Des dix-neuf enfants qu'avait eus Abdul-Hamid, cinq seulement restaient en vie, et un seul, Mustafa, était un mâle. Le Sultan avait pleuré. La punition infligée à l'Ikbal Nusrefsun fut rapide et impitoyable. Elle fut enfermée vivante dans un sac de toile et jetée dans un puits abandonné.

« Celles que tu appelles *Obeahs*, Naksh-i-dil, nous, nous les appelons les *Golias*, et si cela peut te rassurer, il t'est tout à fait possible d'en avoir une pour te protéger. Mais pour trouver ce genre de personne, inutile d'aller jusqu'à Alger, Istanbul en est remplie ! Le 1er mai, c'est leur fête, et là, tu pourras acheter la meilleure qui soit. »

L'Eunuque noir baissa les yeux vers l'Ikbal prostrée. Il intervenait rarement dans les affaires du harem, seulement lorsque cela était vraiment nécessaire. Or un meurtre et même, un triple meurtre, devenait une affaire d'État. Lui, et lui seul, était responsable des biens les plus précieux du Sultan : le châle de Fatima, les clefs de La Mecque, le harem. Mais le grand Eunuque était stupéfait qu'elle insiste pour avoir une Golia, comment avait-elle entendu parler de leurs pouvoirs ? Que savait-elle de leur magie ?

« Elle s'appelait Euphémia David, expliqua Naksh-i-dil à l'Eunuque noir et à la Kiaya étonnés.

C'était l'Obeah la plus connue de la Martinique. C'est elle qui m'a prédit mon destin. Elle détenait le secret de la vie, de la médecine, des poisons, des remèdes contre le mauvais œil. Elle savait lire le futur, le passé et le présent. Tous la craignaient, les Noirs comme les Blancs. Tuer un homme blanc était aussi facile pour elle que de briser un fétu de paille... avec sa magie noire... »

L'Eunuque noir marqua sa surprise :

« Tu es chrétienne et tu crois à la magie ?

— Je ne suis pas chrétienne à ce point, répondit-elle. J'ai grandi avec les esclaves. J'y crois, comme n'importe quel Blanc des îles d'Amérique, c'est tout. »

Par la faute de l'Ikbal Nusrefsun, la Kiaya eut le pied gauche coupé en public, et fut exilée à l'Eski Serai. Grâce à sa fortune, elle épousa six mois plus tard un aga de Perse qui l'emmena dans sa province, avant que Naksh-i-dil, toujours en deuil, puisse lui faire ses adieux. Elle ne la revit jamais.

C'était la fête des Négresses, presque toutes les femmes noires d'Istanbul s'entassaient dans des charrettes tirées par des bœufs, et entièrement couvertes de fleurs, pour se rendre sur un terrain situé près du cimetière. Grâce à cette fête, l'Eunuque noir trouverait la Golia qu'il cherchait. Sans être obligé d'aller au marché des esclaves, on reconnaissait facilement ces femmes qui avaient la réputation de communiquer avec les esprits et l'au-delà, et que musulmans et non-musulmans respectaient tout autant. Le Kislar Aga regardait autour de lui, inquiet. Il s'était plié aux désirs de la favorite, mais il ne voulait pas s'attarder trop longtemps dans Istanbul. La peste s'était déclarée dans la ville et se répandait déjà en Crimée. Il n'avait donc qu'une envie, rentrer le plus vite possible au sérail et au harem d'été, sain et sauf avec sa garde.

Une foule immense était rassemblée sur le terrain pour assister aux cérémonies. Au centre mijotaient de grandes marmites. Le jour passerait à chanter, manger, danser, pousser des cris et certaines entreraient en transe, possédées par les esprits.

En jetant un coup d'œil par la trappe grillagée de sa voiture garée sur une hauteur, à l'écart, Naksh-i-dil put voir toutes les femmes noires qui, avec leurs vêtements de couleurs vives, transformaient la prairie en un champ multicolore. C'étaient les esclaves qui payaient ces réjouissances, sauf les Golias, puisque c'était plus particulièrement leur jour de fête à elles. Des flots de chants, de rires et de cris déferlaient jusqu'à la voiture.

« Naksh-i-dil, si elle te convient, voici ta Golia. J'ai déjà négocié son prix et elle accepte d'entrer à ton service. »

La femme qui se tenait devant la voiture était aussi grande que le Kislar Aga, et aussi noire. Elle était voilée, et un turban rouge dissimulait ses cheveux et une partie de son visage ; seuls apparaissaient ses yeux extraordinaires qui plongèrent dans ceux de l'Ikbal également voilée. Les deux regards noircis de khôl se croisèrent sans cligner des yeux, elles s'étudièrent longuement. Une sorte de langage les rapprochait. Le Kislar Aga ne s'était pas trompé, c'était une vraie Golia. Elle ne se plierait pas aux quatre volontés de Naksh-i-dil, mais elle la défendrait au péril de sa vie si cela se révélait nécessaire.

La Golia fit un signe de tête et recula en exécutant un temennah. Puis elle se retourna et s'éloigna de la voiture. L'Eunuque noir voulut la suivre, mais Naksh-i-dil l'arrêta.

« Paie son propriétaire. Elle va revenir. Elle a décidé de me servir. »

Au même moment, la Golia revenait vers la voiture avec un sac en bandoulière et une chèvre. Sans un mot, elle attacha l'animal à la voiture, ouvrit la porte et monta. L'Ikbal se pencha par la petite ouverture de la voiture en remuant adroitement les mains dans le langage des sourds-muets du palais.

« Personne ne doit savoir qu'il y a une Golia dans le harem. »

L'Eunuque noir sourit. Dans trois heures, tout le harem saurait qu'une Golia était entrée au service de Naksh-i-dil.

« Oui, Maîtresse », répondit-il en tournant vers le haut la paume de sa main gauche, qu'il croisa de haut en bas avec l'index.

Naksh-i-dil laissa tomber son collier dans la grande ceinture du Kislar Aga.

« Tu t'appelleras Angélique, dit Naksh-i-dil.

— Je m'appelle Hitabetullah, dit la femme, et dans un an, tu mettras au monde un prince. »

Naksh-i-dil lui raconta alors la prophétie.

Il était midi, ce jour de décembre 1776. La forteresse de pierre juchée sur un promontoire regardait la mer enfermée entre deux digues escarpées, ce qui la faisait ressembler davantage à un repaire de pirates qu'à une demeure coloniale. Sur l'île de la Martinique, le luxe était rudimentaire, rare et importé. Les plus grosses maisons étaient bâties sur des fondations en pierre pour résister aux ouragans, le reste était en bois local, entouré de vérandas supportées par des colonnes. Par les fenêtres ouvertes, on entrevoyait des Créoles vêtues de blanc, assises dans leurs salons. Elles respiraient un provincialisme hautain et, pour la plupart, leurs lettres de noblesse remontaient à moins de cinquante ans. L'île appartenait à ces Grandes Blanches, le plus souvent descendantes d'aventuriers, de fils cadets désargentés, ou d'hommes qui avaient quelque chose à cacher.

La fumée s'accrochait paresseusement au sommet des palmiers et des bananiers qui entouraient la villa ; la bonne odeur de l'hickory qui se consumait et de la viande qui grillait se mélangeait à la puanteur persistante de la raffinerie de sucre située à cinq cents mètres derrière la grande bâtisse. Creusées durant la nuit, les fosses des barbecues étaient maintenant remplies de braises, les viandes embrochées tournaient lentement, et le jus coulait goutte à goutte en grésillant au centre du feu. Chaque broche était soutenue par deux ou trois jeunes esclaves, plus fascinés par les braises ardentes, qu'attentifs à leur travail qui consistait à surveiller et à arroser les viandes. Les longues tables de pique-nique, posées sur des tréteaux, étaient installées à l'ombre, couvertes des linges les plus fins de la plantation, et ornées de bouquets de fleurs sauvages. Tout autour, on avait disséminé les fauteuils du salon, les bancs, les coussins, et le mobilier en bambou.

Les hommes s'étaient lancés dans un grand débat. Il s'agissait de savoir s'il était plus économique de faire travailler les esclaves pendant sept ou huit ans à les en faire mourir, quitte à en acheter ensuite de plus frais aux marchands, ou s'il valait mieux les faire travailler moins dur pour qu'ils survivent plus longtemps. Dans tous les salons, à chaque angle, des nègres agitaient lentement d'immenses éventails en plumes d'autruche, fixés à de longues cannes de bambou. Des éventails plus petits s'agitaient dans l'ombre : en palmier, ivoire, nacre, ébène ou bois de santal. Le bal était prévu pour six heures, et les invités se dirigeaient nonchalamment vers les tables.

À la fin du repas s'installa une douce somnolence, et les gens se laissèrent aller à leur penchant méridional, la traditionnelle sieste insulaire. Les hommes se regroupaient dans les salles de billard. Dans les chambres, à l'étage, se rassemblaient les enfants et les jeunes femmes appartenant aux meilleures familles de la Martinique, dans un bourdonnement de voix aiguës émaillé d'éclats de rires. Les filles se reposaient sur les lits, les couches et les coussins, corsets dégrafés, crinolines retournées.

Peu à peu, les voix se turent. Les esclaves avaient tiré les persiennes, et bientôt, on n'entendit plus que le bruissement de l'air chaud agité par les jeunes esclaves, et le souffle régulier des Grandes Blanches. En bas, les hommes bavardaient : « Sur cette île, à partir d'un certain âge, on ne tire presque plus rien des esclaves... Mon Théodore, par exemple, a soixante-dix-huit ans maintenant... »

Cette fête était donnée à l'occasion du baptême du nouveau-né d'une Grande Blanche. Tout le monde s'était rassemblé autour du négrier français, le capitaine Marcel Dumas, qui venait d'arriver de Nantes avec sept cent trente nègres de premier choix.

« Tous les ports de l'Atlantique, de Dunkerque à Bayonne peuvent être qualifiés de ports négriers, commença-t-il. Mais Nantes est de loin le plus important. De grandes dynasties commerciales se sont développées dans cette ville, toutes liées entre elles par des mariages arrangés, et elles mettent leurs ressources en commun pour organiser les transports d'esclaves, expliqua le capitaine dont la seule ambition était de rentrer dans l'une de ces familles.

« Ce type de familles existe dans tous les ports français, de façon plus ou moins nette, poursuivit-il, mais, si riches que puissent devenir les marchands français qui ont investi dans la traite, ils resteront toujours loin derrière les Anglais ! »

Les planteurs avaient écouté attentivement. La prospérité était toujours à la merci de récoltes médiocres, d'ouragans, d'épidémies ou de révoltes chez les esclaves. Nombre de planteurs faisaient faillite, le climat ou la débauche ruinait leur santé, et la culture de la canne à sucre, source de tant de richesses, devenait aussi précaire que difficile.

« La ville anglaise de Liverpool, reprit le capitaine Dumas, est actuellement en pleine expansion.

— On dit qu'à Liverpool, le ciment, c'est le sang des nègres, commenta quelqu'un.

— Ce n'est pas comme Nantes, qui est une des plus belles villes du monde », fit un autre.

Le bal commença dehors au son de l'orchestre d'esclaves, et, le soir venu, se poursuivit dans la maison à la lueur des torches et de centaines de bougies.

D'autres torches continuaient à brûler sur la pelouse, éclairant comme en plein jour, allongeant les ombres des serviteurs qui regardaient leurs maîtres et leurs maîtresses.

Comme tout ce qui était créole, la réception était on ne peut plus extravagante. On aurait dit que la mode française avait été filtrée et réchauffée sous le soleil des tropiques, et que tout ce qui était né sous le ciel blanc et gris de Paris avait pris les couleurs des Antilles. Les sorbets étaient plus sucrés, les robes plus amples, les décolletés plus profonds, les étoffes plus vives. Les hommes portaient encore des perruques passées de mode depuis longtemps et de larges jodhpurs, au lieu des pantalons collants, mais ils avaient tout de même abandonné la poudre et le rouge que les tropiques auraient transformés sur leurs joues en rivières tricolores.

Plus tard, on tira des feux d'artifice, et une troupe de théâtre donna un spectacle d'ombres. Des mouchoirs s'agitaient entre les danseurs qui transpiraient et les parfums de Paris furent noyés sous les senteurs lourdes et violentes du tropique. Une végétation à peine taillée menaçait les lisières de la plantation, on l'imaginait prête à se lancer à tout moment au milieu des danseurs, à se répandre parmi les silhouettes tourbillonnantes en une avalanche de vignes tordues, d'orchidées équatoriales et de lianes. La musique noire offrait aussi des sons plus énergiques et sensuels que celle qu'on entendait dans les salles de réception parisiennes.

A la tombée de la nuit, alors que le bal battait son plein, je me suis éclipsée avec deux autres filles et mon esclave Angélique. En suivant la plage, nous sommes allées jusqu'à la hutte d'une célèbre Obeah, Euphémia David. De nous trois, une seule, Joséphine, croyait en la magie noire. Nous avions si peur que nous tenions d'une main notre chapeau de paille et de l'autre, la jupe blanche de celle qui nous précédait. L'Ikbal sourit. Cela lui faisait plaisir de raconter tout cela à Hitabetullah. Toutes ensemble nous formions un animal à six pattes, qui caracolait sur le chemin. La fille en tête tenait même un bouquet de lis qui faisait penser à la crinière empanachée d'un poney au trot. Nous devions l'offrir à la sorcière.

Euphémia David était la fille mulâtre de John David, un aventurier irlandais. Elle appartenait à la grande et toute-puissante Mme Marie-Euphémia Désirée Tascher de la Pagerie Renaudin, et elle vivait à la plantation Le Robert, car en Martinique, toutes les plantations dignes de ce nom possédaient une Obeah. Africains, Créoles et mulâtres la révéraient, la consultaient et la craignaient. Nous sommes arrivées au moment où Euphémia s'y attendait le moins. C'était jour de repos à la plantation, et les esclaves s'étaient réunis. Nous avions très peur de rencontrer la Quimboiseuse, la magicienne, l'Obeah. C'était un personnage si redouté que lorsqu'un jeune esclave méritait quelques coups de fouet, on le menaçait de l'envoyer à Euphémia. Nous l'avons trouvée dans sa hutte, entourée d'une foule sombre et silencieuse. Un murmure surpris nous a accueillies quand nous avons poussé le rideau de palmes tressées. Puis ça a été le silence total. Nous avons regardé ce cercle de visages noirs, imaginant qu'une tempête allait surgir de la tête de la sorcière, ou que des centaines de serpents siffleraient à ses pieds, mais tout à fait prosaïquement, l'Obeah nous a dit : « Vous voyez, mes enfants, je n'exhale ni vapeurs étranges, ni fumée, ni flammes, ni volutes sulfureuses. Non, jolies Créoles, ne regrettez pas de m'avoir fait l'honneur de me rendre visite. »

Puis l'Obeah s'est tournée vers l'est et a fait le signe de la croix. Ce n'était pas la croix des chrétiens, mais une croix aux bras égaux qui montraient les quatre points cardinaux. Et elle a dit en levant les bras : « Protégez-moi du mal venant de l'est. » Elle s'est ensuite tournée vers le nord, le sud et l'ouest en disant : « Protégez-moi du mal venant du nord. Protégez-moi du mal venant de l'ouest. Protégez-moi du mal venant du sud. » Après, elle a tracé un cercle dans le sens des aiguilles d'une montre, de l'est au sud et de l'ouest à l'est en suivant la course du soleil. Le cercle n'était pas uniquement destiné à tenir les forces du mal en échec mais à concentrer celles de la nature. À l'intérieur de ce cercle, elle a placé un petit brasier et après l'avoir allumé, elle y a fait brûler des herbes. Les vapeurs attiraient les esprits, et ceux-ci pouvaient prendre forme à l'aide de la fumée. Elle a jeté tour à tour de la coriandre, de la ciguë, du persil, du pavot noir, du fenouil, du bois de santal, de la jusquiame, de la férule, de la civette, du musc, de la myrrhe, de la mandragore, de l'opium, du soufre et la cervelle réduite en poudre d'un chat noir. Elle nous a regardées à travers la fumée puis elle s'est adressée à la plus âgée d'entre nous, à Mlle du B **, qui avait vingt et un ans :

« Vous êtes douée d'une certaine maturité, et du talent de votre mère pour l'administration, ce qui est tout à fait indispensable pour diriger une maison. Vous épouserez votre cousin, un Grand Blanc de la Guadeloupe et mettrez au monde un seul enfant, une fille. Vous passerez une grande partie de votre vie au-delà de l'océan. Votre rôle sur cette planète sera éphémère, mais la fortune matérielle ne vous fera jamais défaut. »

Ensuite, les yeux d'Euphémia ont tourné dans leurs orbites et d'une voix qui ressemblait au tonnerre sur le mont Pelé, elle s'est tournée cette fois vers Joséphine Tascher. Elle, elle n'avait que treize ans.

« Vous épouserez un bel homme promis à une autre personne de votre famille. Cette jeune personne ne vivra pas longtemps. Vous aimez un Créole, mais jamais vous ne l'épouserez, et un jour vous devrez même lui sauver la vie. Les étoiles vous promettent deux mariages. Le premier de vos maris, un noble, est né en Martinique, mais il vit en France. Il est militaire. Vous passerez avec lui des moments heureux, mais comme vous serez tous les deux infidèles, vous serez désunis, après quoi le royaume de France connaîtra la Révolution et des troubles graves, et il périra de façon tragique, vous laissant avec deux jeunes enfants. Votre second mari sera d'origine européenne mais il aura la peau très foncée, pas de fortune et pas de nom. Néanmoins, il deviendra célèbre, le monde entier entendra parler de sa gloire et il conquerra toutes les nations. Vous serez célèbre, vous aussi, et on vous honorera plus qu'une reine, mais un jour, ce monde ingrat oubliera vos bonnes actions, et ne se souviendra que des

mauvaises. Vous regretterez la vie douce et facile que vous meniez dans nos colonies. » Elle s'arrêta un instant. *« Vous reviendrez sur cette île, mais vous partirez pour la France, et à ce moment-là, une grande comète s'allumera dans le ciel, signe de votre destinée prodigieuse. »*

Et Euphémia s'est enfin adressée à moi, Mlle de S**, poursuivit Naksh-i-dil en parlant aussi bas que dans un confessionnal. J'avais dix ans. Soudain l'Ikbal prit la même voix rauque que l'Obeah.

« Votre nouveau tuteur va bientôt vous envoyer en Europe parfaire votre éducation. Votre bateau sera capturé par des pirates algériens. Vous serez faite prisonnière et rapidement enfermée dans un couvent pour femmes d'une autre nation que la vôtre, ou dans une prison... Là, vous aurez un fils. Ce fils régnera glorieusement sur un empire, mais un régicide ensanglantera les marches de son trône. Quant à vous, vous ne jouirez jamais d'honneur public ni de gloire, mais vous régnerez, Reine voilée, invisible, vous vivrez dans un vaste palais où chacun de vos souhaits sera un ordre, et des esclaves innombrables, par milliers, vous serviront. Au moment même où vous vous sentirez la plus heureuse des femmes, votre bonheur s'évanouira comme un rêve, et une longue maladie vous conduira jusqu'à la tombe. »

Euphémia David s'était levée de toute sa hauteur, se dressant si haut qu'on aurait dit qu'elle s'envolait. Les assistants s'étaient mis à gémir, sans plus pouvoir tenir en place, et tous comprirent que les esprits étaient toujours là. Les Grandes Blanches s'étaient enfuies, laissant l'Obeah avec ses esprits. Mais Euphémia, incapable de s'en débarrasser, avait passé une robe sans couture, et était allée dans son poulailler. Elle avait choisi une poule noire qui n'avait jamais été croisée avec un coq, lui avait serré le cou pour qu'elle ne fasse pas de bruit et dissipe ainsi l'énergie qu'elle contenait, puis elle était partie à la croisée des chemins et avait attendu minuit. À minuit sonnant, elle avait dessiné un cercle sur le sol avec une branche de cyprès, concentré tous ses pouvoirs magiques et ouvert en deux la volaille vivante de ses mains nues. Puis elle s'était tournée vers l'est pour ordonner au démon de la laisser. Et il était parti.

Allongée sur le sol, l'humidité lui transperçant les os, Euphémia pensait : « Cette île est à moi, autant qu'à n'importe quel Grand Blanc. L'île a appartenu aux Indiens des Caraïbes bien longtemps avant qu'ils n'arrivent avec leur sucre. » Elle voulait que les Grands Blancs quittent cette terre, toutes les îles d'Amérique, qu'ils abandonnent ce sucre qu'ils désiraient tant, et la chair noire qui rendait tout cela possible. Quel démon avait introduit la canne à sucre aux Antilles, envoyant maîtres et esclaves dans la même fosse commune ?

Naksh-i-dil ferma les yeux pour mieux se rappeler.

Le Sucre, le Sucre, le Sucre, toujours le Sucre... La Martinique était l'île du Sucre.

Le Sucre, c'étaient des contremaîtres en pantalons de nankin avec des jaquettes, des panamas immenses, grands comme des roues de charrette, et de longs fouets en peau de serpent, qui commandaient des files d'esclaves courbés vers la terre. *Le Sucre,* c'étaient des champs de cannes plantées dans des marécages, moissonnées avec des machettes à l'éclat malveillant. *Le Sucre,* c'étaient des chaudrons en cuivre où un homme aurait pu tomber, dans la chaleur infernale de la raffinerie. *Le Sucre,* c'était l'odeur fétide de la canne brute qui imprégnait la peau et les vêtements, et planait comme un gaz écœurant au-dessus de la plantation. *Le Sucre* n'était pas facile à cultiver. Il exigeait de l'exactitude, de la précision, de basses plaines, un sol riche, une chaleur tropicale, une grande humidité et un soleil ardent.

On ne commandait une plantation qu'à coups de fouet. Il fallait creuser les trous en ligne droite, et quand une ligne était terminée, les esclaves devaient se remettre en formation pour la suivante. Malheur à ceux qui, épuisés ou défaillants, osaient rompre la ligne. Puis on plantait la jeune pousse, et tout recommençait.

Le Sucre. À l'époque de la récolte, les moulins et les raffineries travaillaient vingt-quatre heures sur vingt-quatre. De lourds rouleaux broyaient à deux reprises les ballots de canne dans les moulins. On se servait de la bagasse comme carburant, tandis que le jus précieux s'écoulait dans des gouttières doublées de plomb. Et ainsi de suite de gouttière en gouttière jusqu'à la raffinerie. Là, on le mélangeait à de la chaux blanche, on le refroidissait, et il passait à la purgerie. Travailler dans la raffinerie pendant cette période, c'était l'enfer. La chaleur faisait gonfler les bras et les jambes, et provoquait des plaies ouvertes. Abrutis par les longues nuits de travail, les esclaves laissaient parfois leurs doigts dans les broyeurs, parfois leurs vies dans les chaudrons.

Le Sucre. La journée commençait juste avant le lever du soleil, les esclaves étaient réveillés par une cloche et, parfois, le veilleur confondait l'éclat blanc-bleu de la lune tropicale avec le soleil levant. L'île, c'était une chaîne de montagnes au nord, une autre au sud, une ligne entre les deux comme une épine dorsale ; des forêts tropicales drapant des profonds ravins et des escarpements qui culminaient au nord, les réduisant à de douces ondulations. Dans le hameau de Trois-Îlots, où la sorcière avait attendu l'aube, allongée sur le sol glacé, Mlle de S**, Mlle du B**, et Mlle Tascher s'étaient endormies...

Toi que j'invoque, le non-né
Toi qui as créé la Terre et les Cieux
Toi qui as créé la Nuit et le Jour
Toi qui as créé les Ténèbres et la Lumière
Tu es IA APOPHRASZ, ELOY, ELOHIM, ELOHE,
ZABAHAT, ELION, ESARCHIE, AHONAY, JAH...

« Ne pleure pas, il est trop tard pour revenir en arrière, dit Hitabetullah. Trop tard pour retrouver les tiens. Tu appartiens à Topkapi, maintenant. À jamais. Pas plus que moi, désormais, tu n'es française ou américaine... Ne l'oublie pas, Naksh-i-dil... Reprends tes esprits, Maîtresse... »

Naksh-i-dil revint à elle comme dans un rêve. Que lui était-il arrivé ? Elle ne se souvenait de rien. Elle était entrée en transe, c'était la première fois et, au fil des années, cela allait se reproduire de plus en plus souvent et avec une intensité toujours accrue.

4

ISHAK BEY
1784

Le 4 août 1784, le *Séduisant,* une frégate de soixante-quatorze canons commandée par le marquis de Sainneville, se préparait à quitter le port de Marseille pour se rendre à Constantinople, avec à bord Ishak Bey et le nouvel ambassadeur de France à la cour d'Abdul-Hamid, le comte de Choiseul-Gouffier. Il était escorté d'une autre frégate, la *Poulette.*

Un chariot chargé de caisses et de malles avait suivi la voiture d'Ishak Bey jusqu'à Marseille. Sur le quai, fasciné par cette forêt de mâts qui se profilaient sur le ciel lumineux, il observait les innombrables frégates, goélettes, sloops, qui ne cessaient de sillonner les mers du monde entier : il y avait des négriers américains et hollandais, des bateaux de marchandises anglais et espagnols, des vaisseaux de guerre portugais, des frégates de six, neuf, trente-six, et quarante-neuf canons d'une beauté incomparable. Ishak faisait ses derniers adieux à l'Europe, non sans appréhension. Il redoutait son départ de France, et ni le pardon de Hassan Gazi, ni les lettres de recommandation du ministre français des Affaires étrangères pour Abdul-Hamid ne suffisaient à le rassurer complètement.

Quand le *Séduisant* eut dépassé la citadelle célèbre pour avoir résisté à la conquête ottomane, Ishak Bey commença à respirer. Comme une douce pelisse d'hermine qui aurait glissé de ses épaules, il se sentit libéré du raffinement pesant de la cour de Catherine et de celle de Louis XVI. Il avait l'impression de redevenir osmanli ! Au terme d'un si long exil ! Sept années. Sept années durant lesquelles Abdul-Hamid avait conduit l'Empire de désastre en désastre. La nuit du 19, entre onze heures et minuit, un vaisseau de guerre lança des signaux et leur barra la route, demandant à savoir qui ils étaient, où ils allaient, et d'où ils venaient. Le porte-voix du navire parlait un mélange d'italien, de français, d'espagnol et d'anglais, sans révéler sa nationalité ni son identité. « Mauvais signe », pensa Ishak. Comme le capitaine craignait que ce ne fût un bateau pirate et qu'il ne voulait pas répondre aux questions insolentes vociférées Dieu sait par qui, il prit son porte-voix et exigea une visite à bord. Puis il fit tirer un coup de canon, mais sans vouloir atteindre l'intrus. Enfin le vaisseau mystérieux, bien qu'il les menaçât de ses batteries, permit au *Séduisant* de le distancer, son porte-voix crachant au capitaine et à son équipage des milliers d'injures. N'ayant pas réussi à lever l'énigme de ce navire solitaire, le capitaine s'abstint prudemment de tirer, mais Ishak Bey fut pris d'une sueur froide.

À l'aube, l'équipage et les passagers se trouvèrent face à une quinzaine de bâtiments appartenant à la flotte ottomane qui suivaient le même cap que le *Séduisant*.

« Oh, merde ! pensa Ishak. Ce n'est pas vrai ! »

Hassan Gazi ordonna au *Selimie* d'aborder la frégate française et, utilisant son porte-voix, demanda à parler à Ishak Bey. Le capitaine pacha savait déjà qui était à bord du *Séduisant,* et pourquoi. « Qu'est-ce qu'il prépare, ce fils prodigue ? » se demandait-il.

« Merde ! » répéta tout haut Ishak.

Il enfila lentement son uniforme de la marine ottomane, et ses genoux tremblèrent quand il descendit l'échelle de chanvre pour monter dans la petite embarcation mise à l'eau par les lieutenants du pacha. Il se souvenait de l'époque où Hassan Gazi s'était présenté au Divan avec son sacré animal : le conseil des ministres en entier avait sauté par les fenêtres, manquant se rompre le cou.

« Où diable étais-tu depuis sept ans ? » cria Hassan Gazi en voyant Ishak Bey approcher.

Il s'était redressé de sa petite hauteur — un mètre soixante-cinq —, les pieds écartés, une main sur son cœur.

« J'étais en vacances », répondit Ishak Bey.

Il y eut un instant de silence. Hassan Gazi rejeta la tête en arrière et hurla de rire. Agonie bâilla.

« Sacré fils de chienne !

— Sacré fils de chienne. Je t'aime encore.

— Bienvenue chez toi !

— C'est vrai ?

— Ce n'est pas moi qui t'ai pardonné, mais le Sultan et Halil Hamid. Tu es donc libre de rentrer à Istanbul. »

Ishak Bey dévisagea le pacha. Il paraissait en forme, vêtu comme toujours d'un vieux caftan démodé. Égal à lui-même, le navigateur courageux et téméraire qu'il avait servi, mais aussi l'exécuteur cruel, sanglant et impitoyable, qu'il avait appris à connaître.

« Rassure l'équipage et l'ambassadeur ; il n'y a pas d'épidémies, ni à Istanbul ni à bord de nos bateaux. »

Ishak avait vu Hassan couper les mains d'un esclave en fuite. Il l'avait vu jeter un janissaire vivant dans les flammes parce qu'il avait mis trop de temps pour allumer le feu. Il l'avait vu réunir et mettre en pièces les plus belles sculptures grecques des Dardanelles. Il l'avait vu faire une pyramide de têtes coupées devant les portes des villes reprises...

« Qu'est-ce qui s'est passé la nuit dernière ? Qui nous a insultés en essayant de nous arraisonner ? demanda Ishak Bey.

— Les Vénitiens. »

Hassan Gazi mentait.

« Il n'y a plus de Vénitiens dans les parages depuis qu'ils ont perdu la Crète !

— Ce devait être un Vénitien perdu, répéta le grand amiral. Viens, Ishak. Viens faire une partie d'échecs. Mais avant de commencer, il faut que tout soit clair. »

Hassan Gazi s'assit, et dans la pénombre de la cabine, leva vers Ishak ses yeux lumineux.

« À partir de maintenant, tu travailles pour moi. C'est clair ? »

Ishak Bey sentit son cœur cogner dans sa poitrine.

« C'est clair, Ishak ? répéta le grand amiral, fermement et froidement.

— C'est clair..., tout à fait clair..., dit le jeune homme.

— Une chose encore. Bien qu'il se répande des bruits contraires, surtout — il fit une pause — dans les royaumes occidentaux, Abdul-Hamid reste le maître absolu de notre Empire. C'est par lui et lui seul que passent ta destinée et la mienne, même s'il fait preuve de faiblesse avec le harem... La France, l'Angleterre, l'Autriche rêvent toujours de démembrer l'Empire ottoman, mais ils n'y arriveront jamais de mon vivant... Et la Russie veut toujours s'ouvrir des horizons vers le sud... Et pour *cela* aussi, il faudra qu'ils attendent que je sois mort.

— La Tzarine n'a qu'une ambition, répondit Ishak : poursuivre le rêve de Pierre le Grand, étendre ses frontières au nord jusqu'à la Vistule et au sud jusqu'à la Méditerranée. Et c'est au nom de l'humanité qu'elle agit, c'est du moins l'explication officielle qu'elle donnera de ses agressions et ses annexions. Son éternelle excuse est la défense des opprimés et de l'Église orthodoxe russe. Et si cela doit entraîner une guerre sainte contre l'islam, ça l'arrange au mieux.

« La Tzarine veut attraper la Russie par les basques, ou par les couilles, poursuivit Ishak, et l'entraîner dans l'Europe chrétienne blanche... hors de portée de l'Islam, et lui faire jouer un rôle éminent dans le monde... en faire une puissance mondiale.

— Au fait, comment est-elle au lit ? » demanda Hassan, curieux.

Et Ishak, surpris de le voir si bien informé, lui répondit franchement :

« Sensuelle, avide et affamée d'amour. Mais sa position d'Impératrice lui interdit l'amour ; l'amour d'un homme, un amour d'égal à égal, cette qualité d'amour qui est aussi refusée à Abdul-Hamid. Alors, elle s'attache des favoris de plus en plus jeunes. » Il s'arrêta. « Tu te souviens de Zorich ? Il a été son dernier *homme.* Maintenant, elle prend des garçons... Elle s'attache à ces... garçons comme une enfant à ses poupées. On dit que dans sa jeunesse elle avait la beauté du diable : elle était vive, vigoureuse, alerte, excellente cavalière, singulière, délicieuse, en fait, elle avait tout pour plaire.

— Et ce Potemkine ? demanda Hassan, fasciné par ce qu'il apprenait sur son ennemie.

— La Tzarine lui est soumise, et il lui est entièrement dévoué. En plus, il se montre jaloux et désireux d'organiser sa vie privée...

— Le spectacle d'une vieille femme qui change d'amants tous les ans en ayant pour seuls critères de choix leur jeunesse et leur beauté, c'est répugnant, risible, dit Hassan.

— Le Sultan fait la même chose, amiral.

— Mais c'est un homme ! » s'écria Hassan.

Ishak Bey se tut un moment. Il éprouvait encore une grande tendresse pour ce monstre fardé, maquillé, ravagé, avec qui il avait fait l'amour.

« La fonction crée l'arme, dit Ishak. Catherine est un homme, comme n'importe quelle femme de caractère qui se trouverait dans la même situation. Sa féminité est une arme supplémentaire que ses ennemis retournent contre elle. Elle se doit d'être dure, impitoyable et narcissique. L'Impératrice est dans l'obligation de couvrir ses amants de cadeaux. » Il s'abstint toutefois d'évoquer les cadeaux qu'il avait lui-même reçus. « Je le répète, c'est une ennemie courageuse, dangereuse, et déterminée, ajouta Ishak. C'est elle ou nous. »

Hassan Gazi ne répondit pas. Il sortit avec précaution son échiquier en nacre d'une boîte en palissandre, le mit sur une table basse, et disposa les pièces ornées de pierres précieuses. On apporta du café et les deux hommes commencèrent leur première partie, comme si ces sept années n'avaient été que l'intermède d'un après-midi.

« Le Chah est mort, dit Ishak Bey, mettant Hassan Gazi échec et mat.

— Longue vie au Sultan Abdul-Hamid », dit Gazi d'un ton belliqueux.

Il était quatre heures du matin quand Ishak Bey regagna le *Séduisant*.

« En voyant les couleurs du grand amiral, nous

pensions que vous alliez revenir sans tête, plaisanta Choiseul-Gouffier. Ce n'est pas lui qui, il n'y a pas si longtemps, voulait votre jolie tête ? »

Ishak Bey esquissa un sourire. Si Choiseul-Gouffier voulait une confirmation, il la demanderait à Hassan Gazi en personne.

Il entendit alors les vingt et une salves de canon que l'amiral Gazi faisait tirer pour saluer le nouvel ambassadeur de France. « Quel vieil hypocrite ! » pensa Ishak. Sainneville rendit l'hommage, d'un même nombre de salves, et la matinée résonna des saluts rendus tour à tour par les autres vaisseaux. Ishak trouvait cela risible et sinistre. Toute cette comédie alors qu'ils avaient bien failli être anéantis la nuit précédente ! Ce soir-là, Choiseul-Gouffier fit parvenir au grand amiral quelques cadeaux : marmelades, sirops, liqueurs, et des prisonniers turcs qu'il avait rachetés à Malte. Puis l'escadre ottomane poursuivit sa route, et la frégate française s'approcha des Dardanelles. Le lendemain, ils se trouvaient en face de l'île de Chio.

« Cette île est l'une des plus riches et des plus agréables de l'archipel », pensa Ishak Bey. Mais ses souvenirs de Chio étaient plus lointains. Pour lui, l'île de Chio, c'était la bataille de Chesme.

Ishak se souvenait qu'en juin 1770, la flotte russe, sous le commandement de l'amiral Orlov, avait pourchassé la flotte d'Hassan Gazi dans les îles grecques pendant un mois. Hassan n'avait pas eu d'autre possibilité que celle de se battre, choisissant le détroit entre Chio et la baie de Chesme. Il avait seize vaisseaux de ligne, six frégates et quelques navires plus petits, alors que les Russes disposaient de neuf vaisseaux de ligne, de trois frégates et de plusieurs navires de moindre envergure.

La flotte ottomane était ancrée dans la baie en forme de croissant, protégée par la forteresse de

Chesme. Les Russes attaquèrent une des cornes du croissant, chaque vaisseau tirant une salve et se laissant dériver. Hassan Gazi riposta. Les deux vaisseaux amiraux se heurtèrent et prirent feu ensemble, pendant que la bataille continuait. Les Russes envoyèrent cinq cents hommes dans de petites embarcations pour venir en aide à leur amiral, rendant la bataille encore plus sanglante. L'incendie échappant à tout contrôle, les deux vaisseaux se détachèrent. Le navire russe explosa, celui de Hassan Gazi dériva comme une montagne en feu au milieu de sa propre flotte, ce qui provoqua une telle panique que tous ses bateaux se réfugièrent dans la baie. Mais c'était un cul-de-sac plein de bancs de sable et trop peu profond pour les vaisseaux qui se trouvèrent immobilisés. Les Russes jetèrent l'ancre à l'entrée de la baie, leur en interdisant la sortie. Puis ils lancèrent une flottille de barques incendiaires qui mit le feu à la flotte ottomane tout entière, si bien que la baie finit par ressembler au cratère d'un volcan en éruption. Gazi et Ishak s'étaient enfuis à la nage jusqu'au rivage rougi par le sang. Cette bataille qui devait changer le cours de l'histoire coûta aux Ottomans leur flotte et onze mille hommes.

Si son éducation avait été à l'avenant de sa nature, le grand amiral aurait été un prodige. Hassan Gazi était un ancien esclave d'origine perse qui, encore adolescent, s'était enfui en barque des Dardanelles à Smyrne, où il s'était joint aux pirates algériens. Il était devenu célèbre après plusieurs combats au corps à corps avec des lions qu'il allait chasser dans le désert, ou avec des lionnes dont il voulait voler les lionceaux. Condamné à mort à cause de la jalousie d'un dey, il s'était encore enfui, d'abord au Maroc, puis en France, en Italie et, de Naples, il avait gagné Istanbul. Là, il était entré dans la marine ottomane. Parti du bas de l'échelle, il était devenu capitaine pacha, grand amiral de la flotte. Il portait encore sur le visage les traces des griffes d'une lionne, ce qui lui donnait un air épouvantable, et il avait gardé Agonie, un des lionceaux qu'il avait volés jadis.

Dans la lumière du petit matin, son lion enroulé à ses pieds, Hassan Gazi prenait son petit déjeuner dans sa cabine. Son grand turban jaune, couleur qui correspondait à son rang, maintenait dans l'ombre son visage et ne laissait voir que le regard perçant, franc et honnête de ses yeux noirs : Hassan était l'homme d'une seule femme et d'un seul maître. De sa main étonnamment petite, il caressa Agonie en souriant. À part Ishak et quelques serviteurs, personne ne savait que Gazi le Victorieux se promenait avec un lion constamment au bord de l'indigestion. « Agonie ressemble un peu à Catherine de Russie, pensa l'amiral. Roulé en boule, il digère tranquillement les dernières bouchées arrachées à l'Empire ottoman. »

Le Divan avait nommé Hassan Gazi grand amiral dans l'espoir que celui que l'on appelait « le Crocodile des Mers » réussirait à mater les différents chefs de la flotte ottomane. Certes, cette flotte était la plus puissante du monde, mais son existence dépendait des aléas de la piraterie. Et comme l'Empire trouvait très pratique d'être à la tête d'une flotte importante sans dépenser la moindre piastre, régnaient l'anarchie, l'autonomie, l'indiscipline, et en Méditerranée, la terreur. En outre, c'était la catastrophe quand elle devait affronter en haute mer d'autres puissances maritimes. Voilà la situation dont Hassan Gazi avait hérité, et le désastre de Chesme continuait à le hanter.

Pendant dix ans, le grand amiral avait défendu l'Empire du mieux qu'il pouvait. Après Chesme, il avait construit de nouveaux chantiers navals sur la Corne d'Or, la mer Noire et la mer Égée. Il avait fondé une fois pour toutes une marine digne de ce nom qui avait ses quartiers à l'Arsenal ; enfin, il avait fait de l'école de mathématiques du baron de Tott une école navale à part entière. A présent, la flotte était composée de vingt-deux navires neufs et de quinze frégates plus petites. Mais les hommes, il le savait, manquaient de qualification, et les conditions de vie à bord étaient toujours aussi archaïques. Pourtant, ce qui le préoccupait pour le moment, ce n'était pas tant sa marine que le fait qu'Abdul-Hamid avait perdu toute autorité auprès des notables provinciaux. Pendant la dernière guerre, ces derniers, en effet, s'étaient servis des revenus du gouvernement pour constituer leur propre trésor, leurs armées, leurs administrations, et devenir indépendants. En Anatolie, en Égypte, en Syrie, en Arabie et dans les Balkans, la souveraineté d'Abdul-Hamid était un mythe. Les Criméens commençaient à émigrer. L'Iran fournissait des armes à l'Irak et faisait régulièrement des incursions dans la province d'Anatolie. Mais il y avait plus grave que cela. Abdul-Hamid avait cédé aux exigences de Catherine, en acceptant l'annexion de la Crimée par la Russie.

Le grand amiral nourrissait une haine terrible envers tous les infidèles, et en particulier envers les Russes. N'avait-il pas exilé son bien-aimé Ishak parce qu'il flirtait avec un Russe ? Une nouvelle guerre avec la Russie était inévitable, parce que l'appétit de Catherine était insatiable et que l'annexion de la Crimée n'avait fait que le stimuler. Or, il se sentait fatigué — terriblement fatigué. Il détenait maintenant la preuve que Halil Hamid, le Grand Vizir, était impliqué dans un complot visant à renverser Abdul-Hamid en faveur de son neveu, le Prince Sélim. Si seulement il pouvait convaincre le Sultan de se débarrasser du Grand Vizir avant qu'il ne soit trop tard ! Les bellicistes, ceux qui étaient bien décidés à reprendre la Crimée de force, devenaient de plus en plus influents aux conseils du Divan, et lui-même avait fait le vœu, sur la tête de sa mère, de reprendre ce territoire. Il savait cependant qu'il était en position de faiblesse et que les Anglais et les Autrichiens ne lui avaient offert qu'un soutien verbal.

Hassan Gazi prit entre ses mains sa tête enturbannée, ressemblant soudain à Agonie. Il lui faudrait briser lui-même la révolte en Égypte, mais il craignait de laisser Istanbul à la faiblesse du Sultan.

Ishak Bey n'avait pas fermé l'œil de la nuit et, à force de tourner dans tous les sens, il avait complètement défait son lit. Pour se calmer il avait essayé de compter jusqu'à mille en regardant l'écume blanche qui se formait autour de la proue du bateau, de chanter tout bas d'anciennes berceuses, et même d'égrener son tespi. Mais tout cela n'avait servi à rien ; le souffle court, il se sentait encore terriblement angoissé. La brume matinale semblait mettre un temps interminable à se lever. Il monta sur la passerelle et, soudain, il eut un coup au cœur : c'était l'entrée du Bosphore, le bras de mer qui séparait l'Asie de l'Europe et reliait la mer Noire à la mer de Marmara. À droite l'Asie, l'ancienne Anatolie, et à gauche l'Europe, l'ancienne Thrace. Le bateau semblait obéir à la seule volonté d'Ishak Bey. À sa gauche, le golfe formait un angle droit avec le Bosphore et s'enfonçait de plusieurs kilomètres dans les profondeurs de l'Europe, formant une courbe qui ressemblait à une corne de taureau. C'était la Corne d'Or, la corne d'abondance, le port de l'ancienne Byzance, vers lequel affluaient les richesses de trois continents.

Des larmes roulaient sur son visage. Istanbul, « la

mère du monde », se dressait devant lui, étalant ses contours brisés, capricieux, blancs, verts, roses, scintillants, dorés et gracieux, ses cyprès, ses pins, ses térébinthes et ses platanes gigantesques qui étendaient leurs branches par-delà les murs de Topkapi, ombrageant la mer. Le *Séduisant* et la *Poulette* ne saluèrent pas la ville des vingt et un coups de canon prévus, car une des Ikbals du Sultan allait mettre au monde un enfant, semblait-il, et leur hommage aurait troublé la tranquillité du sérail.

5

LE DOCTEUR LORENZO
1784

J'ai envoyé des bêtes à Istanbul pour amuser le Sultan et le peuple, et de l'argent pour les ministres, car si l'eau dort parfois, la cupidité, elle, ne dort jamais.

ALI, *pacha de Janina*, 1792.

La *Poulette*, l'élégante frégate de quatorze canons, se balançait tranquillement sur les eaux calmes du Bosphore, sous les collines de Péra couvertes d'oliviers et de cyprès. L'ambassadeur de France, Choiseul-Gouffier, observait ses hôtes : le docteur Lorenzo Noccioli, Ishak Bey et le père Delleda. Comme le Sultan Abdul-Hamid devait le recevoir officiellement dans quelques jours, il voulait obtenir de chacun des renseignements. Le père Delleda avait la charge de Saint-Benoît, l'hôpital des navigateurs français à Constantinople, un ancien couvent de Jésuites passé à l'ordre des Lazaristes après que les Jésuites eurent été « suspendus » par le pape. Ishak Bey avait été tout à fait par hasard témoin des tractations entre le gouvernement français et l'envoyé du pape. De jésuite, Delleda était devenu lazariste, comme le couvent, et dépendait donc du roi de France. Mais intérieurement, il restait fidèle à la Compagnie et à son supérieur général, qui se trouvait actuellement à Saint-Pétersbourg sous la protection de la Tzarine.

Choiseul-Gouffier poursuivait ses observations tout en devisant avec la courtoisie teintée d'ironie qui le caractérisait. Ishak Bey était l'homme le plus *moderne* qu'il connaissait. Sans attaches, sans nationalité, sans gouvernement, toujours en mouvement, il luttait constamment pour ce qu'il considérait la « Corne d'Abondance » du monde, comme si la vie n'était qu'une table de jeu. Quant au Florentin, le docteur Lorenzo, c'était un agent de renseignements à la solde de l'ambassade de France et des Autrichiens. Arrivé à Constantinople avec l'intention de faire fortune, le docteur Lorenzo ne s'était pas contenté d'exercer la médecine ; en homme intelligent, il avait réussi à se faire beaucoup d'amis qui restaient ses obligés, et à devenir le protégé de bien des gens importants. En plus, comme il avait eu la chance de guérir Sélim, le neveu d'Abdul-Hamid, de la petite vérole, le père du malade, Mustafa III, l'avait comblé de cadeaux et lui avait fait construire une splendide maison de marbre au centre de Péra. Depuis, celui que l'on considérait comme le sauveur de l'héritier du trône avait été nommé médecin personnel du prince Sélim, dont il était devenu le confident et l'ami.

L'ambassadeur était chargé de convaincre Lorenzo d'user de son influence auprès du prince Sélim pour qu'il aide le Grand Vizir Halil Hamid à se débarrasser d'Abdul-Hamid. L'ambassadeur avait considéré Abdul-Hamid comme un « bon » Sultan, jusqu'au jour où il s'était rendu compte qu'il n'était que stupide. Quant au

Grand Vizir et au redoutable grand amiral Hassan Gazi, auprès de qui Ishak Bey avait heureusement retrouvé grâce, il s'était déjà fait une opinion sur eux.

Par contre, Choiseul-Gouffier n'avait jamais réussi à saisir la vraie personnalité d'Ishak Bey. Ce dernier s'exprimait toujours avec une grande prudence, et il savait fort bien feindre un certain mépris pour les mœurs des chrétiens, leurs coutumes et leur art, alors que par ses attitudes et son tempérament, il lui paraissait plus européen que beaucoup d'Occidentaux. Ce Janus au double visage, oriental et occidental, toujours surnommé à Constantinople l'archange Gabriel, était justement en train de dire :

« Je vous assure que le pacha Hassan Gazi est très bien disposé à l'égard de la France...

— Peut-être, répondit Choiseul-Gouffier, mais je serais plus rassuré s'il ne se promenait pas avec ce fichu lion... »

Ishak Bey éclata de rire.

« Ce lion est tellement suralimenté qu'il ne pourrait pas même avaler une souris !

— Peut-être, gloussa l'ambassadeur, mais il m'est déjà arrivé d'avoir besoin de tout mon sang-froid dans des circonstances bien étrangères à mes fonctions diplomatiques normales. Un jour où je discutais tranquillement avec Gazi, j'ai senti tout à coup quelque chose de lourd et de chaud contre mes genoux. En jetant un coup d'œil discret, j'ai aperçu l'énorme tête de ce satané lion qui montrait des dents comme je n'en avais jamais vu. Personne ne m'avait prévenu de cette manie de Gazi ! Comme je craignais qu'un mouvement brusque ne me soit, sinon fatal, du moins extrêmement désagréable, j'ai posé tranquillement une main sur la tête de l'animal et je l'ai caressé en lui disant : " Joli minet, joli minet. " Qu'est-ce que je pouvais dire d'autre à un lion ? »

Tout le monde éclata de rire.

« Heureusement pour moi, soupira Choiseul, Gazi a baissé la voix pour tranquilliser l'interprète et, pris de colère, il a appelé ses serviteurs et juré de faire périr celui qui avait laissé entrer l'animal. Une fois le lion emmené en lieu sûr, Gazi m'a félicité pour mon... incroyable présence d'esprit, et m'a assuré que ma hardiesse rendrait de grands services à mon pays !

— Monsieur l'Ambassadeur, dit Ishak Bey, ce lion charmé par votre regard assuré et énergique, mais néanmoins dangereux, est une bonne image du pouvoir ottoman : exaspéré par la langueur du sérail, sans rien perdre de sa férocité inhérente, ni de son goût du sang, il frémit d'impatience en se voyant empêtré dans les liens que ses voisins européens, ennemis ou amis, ont tissés autour de l'Empire. »

Lorenzo, qui ne voulait pas s'avancer, resta silencieux. Sa situation l'obligeait à respecter toutes les opinions, ce qui faisait qu'il était toujours attentif, mais réservé, même lorsqu'il approuvait ce qui se disait. « Ishak Bey est un imbécile de parler aussi franchement, même dans l'intimité. » Lui, Lorenzo, faisait toujours très attention à ne pas se compromettre ; et il voulait surtout rester maître de ses secrets. Et son secret, actuellement, c'était l'éventuelle alliance de l'Autriche et des Ottomans contre la France et la Russie. Ishak en détenait un autre, du moins le pensait-il, celui des ambitions de Sélim. Il y avait une chose à laquelle Sélim tenait plus que tout, une sorte de testament politique que lui avait laissé son père, Mustafa III, et qui contenait la liste des abus auxquels il fallait mettre fin. Sélim osait même parler de rétablir, par la guerre, l'intégrité de son Empire — un Empire dont chaque nation européenne avait annexé une partie.

Ishak était mal à l'aise et inquiet. Sur cette petite frégate, soi-disant bastion de civilisation, il se sentait soudain inutile, étranger, indifférent, parasite, voire même carrément hostile. L'arrogance, la hauteur de ces giaours, leur ignorance, leur sottise, leur puérilité l'agaçaient profondément, alors qu'il avait supporté plus facilement les mêmes attitudes à Versailles, à Londres et à Saint-Pétersbourg. Il s'était bien rendu compte que les Ottomans étaient partout méprisés. Il savait que leur orgueil exacerbé les desservait et que les Occidentaux en étaient à ce point irrités qu'ils ne voyaient plus en eux qu'un peuple barbare, oriental, ignorant et vulgaire ; un peuple incapable de prétendre à une civilisation « moderne ». Mais après tout, il était citoyen de cette ville, la plus belle de toutes..., si belle qu'elle défiait toute conquête. Par ailleurs, il avait à tel point acquis le sens du danger qu'il se savait en danger. Mais qui le menaçait ?

Choiseul-Gouffier croyait travailler pour Sélim. Le père Delleda croyait travailler pour les Russes. Lorenzo croyait travailler pour Halil Hamid. Halil Hamid croyait travailler pour Choiseul-Gouffier, alors que Hassan Gazi croyait qu'il travaillait pour lui. Ishak Bey sourit. Il n'y avait guère que le Prophète et lui-même qui savaient pour *qui* il travaillait, et encore, il se demandait quelquefois si le Prophète le savait vraiment.

Pour aller voir le Sultan, Choiseul-Gouffier et sa suite d'une quinzaine de personnes se mirent en route au clair de lune, au milieu d'une haie de janissaires coiffés de leurs bonnets de cérémonie en feutre blanc. Après avoir descendu péniblement les rues en pente raide, leurs chevaux glissant et tombant sans arrêt les uns sur les autres, jusqu'à un grand mûrier d'où partaient deux sentiers, celui de droite menant à la Porte, celui de gauche au sérail, ils attendirent que le Grand Vizir vienne les chercher pour leur montrer le chemin. L'ambassadeur de France était livide. Il avait attendu sous un arbre, dans une rue sale, pendant presque une heure ! Ils suivirent Halil Hamid à une distance respectable. En haut de la rue s'ouvrait la Porte de Bab-i-Humayun, entourée des habituelles piles de têtes humaines dont beaucoup avaient été piétinées. Des enfants en avaient même pris une demi-douzaine qu'ils s'envoyaient à coups de pied et cognaient les unes contre les autres. Après avoir passé la Porte, l'ambassadeur et sa suite se retrouvèrent dans la Première Cour, qui était pleine de monde. Ils pénétrèrent ensuite dans le *Kapi-Arasi*, un passage où se trouvaient la chambre des tortures et l'appartement du chef exécuteur. L'ambassadeur dut encore attendre une demi-heure, puis le cortège passa dans la Seconde Cour, plus silencieuse, où se dressaient de grands arbres ; plus loin, c'était l'entrée du harem, la Porte de la Félicité.

Ishak Bey se souvenait de tout : la mosquée du Sultan, l'hôpital du palais, la trésorerie, l'orangerie, les cuisines, la monnaie, le célèbre platane d'Ahmed II sous lequel on décapitait les condamnés. Ishak se souvenait aussi que les Sultans accordaient toujours leurs audiences le jour où les janissaires recevaient leur solde, un étalage ridicule et ostentatoire devant les ministres étrangers.

Le corps des janissaires, ou « nouvelle troupe », avait été formé au XIVe siècle pour remplacer les armées irrégulières et incertaines des pachas féodaux, qui constituaient la majeure partie de l'armée ottomane. Ce fut la plus brillante invention des Osmanlis : la première armée régulière du monde, fidèle au seul Sultan et payée par lui, d'autant plus précieuse qu'on ne pouvait pas compter sur la loyauté des propriétaires terriens et des despotes locaux. Au départ, ce Corps était uniquement composé d'enfants chrétiens retirés à leurs parents, convertis à l'islam et entraînés à la guerre. Comme ils étaient libres de toutes attaches familiales, entre eux ou avec le peuple ottoman, et que le mariage leur était interdit, les janissaires étaient tenus à l'écart de la population civile et, le cas échéant, servaient à la réprimer. Au XVIIe siècle, ils s'étaient vu attribuer un statut religieux par un derviche anatolien célèbre et respecté, qui leur avait donné le nom de *Yéni-tchéri*. Depuis, un certain caractère sacré leur était attaché, et on les reconnaissait à leur turban à longs pans qui représentaient les larges manches flottantes du saint.

À leurs débuts, les janissaires n'étaient pas plus de douze cents, mais, sous Abdul-Hamid, on en comptait plus de cent quarante mille, et ils étaient presque tous à Istanbul. Le Corps avait tellement dégénéré qu'il ne valait plus rien sur le plan militaire si ce n'est pour terroriser la capitale et renverser les Sultans.

La soupière en fer était le symbole de ce régiment, l'équivalent d'un drapeau, et la laisser aux mains de l'ennemi était le pire des déshonneurs. Si les janissaires retournaient la soupière en fer, c'était le symbole de la révolte, le signe de l'insurrection, menée par leur aga, une des personnalités religieuses les plus influentes de l'Empire. Par contre, lorsqu'ils se jetaient sur le riz offert par le Sultan, c'était le symbole de leur soumission. Alignés de chaque côté de la cour, ils attendaient la distribution du *pilau,* une sorte de riz bouilli avec des petits morceaux d'agneau et de légumes, servi dans des écuelles que l'on posait dans différents coins de la cour. Sur un signal, les janissaires se ruaient dessus. Pour un janissaire, ne pas participer à cette cérémonie humiliante était un acte de révolte sanctionné par une condamnation à mort. Refuser de manger, c'était littéralement perdre l'appétit pour toujours.

Ishak conduisit le groupe des Français épouvantés à travers ce désordre infantile mais terrifiant, jusqu'à la salle du Divan. Cette salle, où se traitaient toutes les affaires de l'État, était divisée en deux par une cloison à hauteur de poitrine. Au centre, face à l'entrée, était assis le Grand Vizir, qui portait une robe de satin blanc et un turban conique en mousseline de même couleur souligné d'une large bordure dorée. En encorbellement, juste au-dessus de sa tête, était perché un petit balcon semi-circulaire aux barreaux dorés, très rapprochés, à travers lesquels une personne assise pouvait entendre et voir sans être vue. C'est là que se tenaient Abdul-Hamid et Naksh-i-dil. Ishak Bey leva les yeux plus d'une fois dans cette direction. Cela ne faisait aucun doute pour lui, Abdul-Hamid et une de ses Kadines se cachaient là-haut. Il regarda autour de lui. À droite du Grand Vizir était assis Gazi, en robe de satin vert ; à gauche, l'Eunuque noir, en satin jaune et, derrière, deux juges de l'Empire. L'un représentait la Roumélie, partie européenne, l'autre l'Anatolie, partie asiatique. On relégua les Français dans un réduit sur le côté et on les ignora complètement. D'abord il y eut un procès. Puis on prépara la paye des janissaires en empilant en tas sur le sol trente mille bourses de cuir, qui contenaient six mois de solde pour tous les janissaires d'Istanbul. Cela prit une heure. Après cela, le Grand Vizir envoya une lettre scellée au Sultan pour l'avertir que tout était prêt. Quand le messager revint, une autre heure s'était écoulée. L'argent fut alors distribué d'une manière aussi étrange que le *pilau,* puisque les bourses furent jetées en l'air. Comme des gamins jouant à la balle, les troupes se précipitèrent et la ruée dura trois heures, devant les yeux horrifiés des Français.

À cette occasion, Naksh-i-dil put apercevoir, pour la première fois, l'ambassadeur, à qui l'on passait une pelisse de cérémonie, et le célèbre Ishak Bey.

Choiseul-Gouffier, le Grand Vizir Halil Hamid et Ishak Bey, accompagné du capitaine pacha, de l'Eunuque noir et d'une délégation de dix-huit personnes, se dirigèrent ensuite vers la porte du harem décorée des plus belles sculptures persanes. Autour de l'entrée, sabres au clair, se tenaient les eunuques noirs dans leurs plus beaux atours, certains portaient même des brocarts rehaussés d'or, éblouissants contre leur peau noire. Alors qu'il restait cloué sur place à observer le spectacle qui s'offrait à lui, Choiseul-Gouffier se sentit tout à coup soulevé par deux hommes qui l'attrapèrent par le col, pour le pousser ou plutôt le traîner vers le harem, le long d'un large passage en pente, entre deux rangées de gardes. Les autres suivirent de la même façon. La délégation en entier fut ainsi précipitée dans une petite salle triste, éclairée par une seule fenêtre grillagée. Et là, sur un grand trône qui ressemblait à un lit à baldaquin garni de rideaux, pieds pendants comme un homme sortant de son lit au matin, était assis Abdul-Hamid. Il semblait petit et plus vieux que son âge avec sa grande barbe noire et luisante, visiblement teinte. Le Sultan ne salua pas ses visiteurs, ne fit aucun signe de reconnaissance. Répondant à un signal, le chef des Eunuques noirs s'avança et lui offrit une pilule d'opium doré. Abdul-Hamid ne tourna pas la tête, ne prononça pas un mot. L'ambassadeur commença tout de même à lire son discours, traduit au fur et à mesure par un drogman. Celui-ci réussissait à peine à déchiffrer son papier taché par les gouttes de transpiration qui lui dégoulinaient du front. L'entrevue ne dura pas dix minutes ; à peine l'interprète eut-il prononcé le dernier mot que l'ambassadeur fut entraîné sans le moindre avertissement en sens inverse, par ceux qui l'avaient amené et ne lui avaient pas lâché le cou une demi-seconde. Reculant en trébuchant, il marcha sur sa pelisse et malgré lui se prosterna.

Naksh-i-dil était restée tout ce temps cachée par la grille, derrière le trône, hypnotisée par le son de sa langue maternelle, le français élégant du nouvel ambassadeur, qui avait déferlé sur elle comme une houle légère. En voyant Choiseul-Gouffier, elle avait été saisie d'une sorte de frémissement incontrôlable de rage et de désespoir car, à ses yeux, il représentait le Français parfait, avec ses cheveux poudrés, ses joues rougies, ses pantalons collants, et son manteau bleu bordé d'argent sur lequel était jetée la pelisse de cérémonie en hermine. Celui qu'elle savait être le célèbre Ishak Bey, l'homme le plus beau qu'elle eût jamais vu, était resté à ses côtés à regarder nerveusement tout autour de lui. Il avait senti une présence. Un espion, un Bostanji ? Il était certain que quelqu'un se cachait dans cette pièce, quelqu'un de plus désespéré encore qu'eux tous.

Naksh-i-dil tremblait d'émotion. Elle n'avait qu'à sortir de sa cachette pour demander asile à l'ambassadeur de France, en tant que citoyenne tenue en esclavage depuis plus de trois ans. Que pourrait faire Abdul-Hamid ? La tuer devant l'ambassadeur de France ? Mais que pouvait-elle espérer du monde extérieur, excepté devenir esclave à jamais déchue aux yeux de la société blanche chrétienne. Pourquoi n'avait-elle pas le courage d'accomplir un acte qui mettrait fin à son désespoir sinon que son désespoir n'était pas assez profond pour vaincre la peur de la mort ? C'est donc sans un mot, sans un mouvement, qu'elle regarda sortir le cortège.

Ishak Bey fut introduit dans la Cage des princes par le docteur Lorenzo, et Sélim le reçut seul. En apparence au moins, car Ishak était toujours sous l'effet de la sensation étrange qu'il avait éprouvée dans la salle du trône d'Abdul-Hamid. La lumière jouait sur les beaux traits du prince et dans ses yeux sombres.

« Ishak ! »

Les deux amis s'étreignirent avec émotion et leurs robes s'entremêlèrent dans un tourbillon de couleurs. Sélim leva les mains sur le visage d'Ishak Bey, le scrutant comme s'il espérait y découvrir le secret de son malheur.

« Michel, laissa échapper Ishak.

— Comme tu as changé, Gabriel ! » dit Sélim.

Ishak sourit.

« En mieux ou en pire ? demanda-t-il.

— Oh, en mieux. Toi, tu as vu le monde... »

Le prince et son ancien page s'observèrent en silence. Le regard de Sélim était voilé par la méfiance et l'ignorance. Puis Ishak se mit à parler calmement du monde. Sélim, qui n'avait jamais dépassé les murs d'Istanbul, écoutait avidement son angélique messager. Ishak lui raconta tout : la cour de Catherine, son séjour à Londres, et puis, parce que cela avait amusé la Tzarine, sa vie à Paris, mais en des termes propres à l'inciter à la révolte.

« On dit en Europe que tu es le seul espoir pour l'Empire. Le monde extérieur se moque des Osmanlis. Il nous considère comme des barbares (je passe sur le pire, car ce serait blasphémer notre prophète), des gens incapables de progrès, de réussite et de modernité. À l'heure où les Bostanjis imposent le couvre-feu à coups de sabre, les rues de Paris grouillent de monde, et personne n'a besoin de se promener avec une lanterne car les rues sont éclairées toute la nuit par des torches. À Paris, les armes sont interdites. Pense un peu à tous nos janissaires avec leurs sabres, aux hallebardiers avec leurs coutelas, on aurait de quoi recouvrir la mer Noire avec tout cet acier ! La cour de France est la plus brillante de toute la chrétienté. Il y a des concerts, des théâtres, des livres, des peintures, des gazettes et une grande université, la Sorbonne, où la pensée et l'invention atteignent un tel niveau qu'un dixième nous suffirait si nous voulions étonner le monde et qu'il tienne compte de nous. Pourtant, la médecine et les mathématiques existaient en Orient, bien avant qu'elles ne se développent en Occident. Nous nous sommes laissé irrémédiablement distancer. Où sont nos hôpitaux et nos écoles de médecine ? À l'Observatoire, on peut aller voir les étoiles ! Là-bas, l'intensité de la vie et de la pensée est si forte que des inventeurs célèbres, épuisés par leur activité intellectuelle, doivent quelquefois être hospitalisés. Les affaires, le commerce, les banques y sont florissants. Les voitures encombrent les rues, les bals débordent de lumières et de couleurs, les hommes tiennent les femmes dans leurs bras et tourbillonnent en musique. Mais derrière tout cela, il y a la garantie d'un État puissant, de l'ordre, de la sécurité, qui délivre l'esprit et favorise les grandes idées...

« De par la volonté de Dieu, tu peux sortir l'Empire du Moyen Âge, comme Pierre en a sorti la Russie ! Tu peux devenir le Pierre le Grand des Osmanlis. Pendant quatre siècles, nous avons été un Empire européen, et voilà que les *étrangers* se disputent notre territoire et le mettent en pièces comme un morceau de viande ! Ton père savait qu'un jour l'histoire imposerait que tu tendes la main à l'Europe. Louis XVI n'attend qu'un mot de toi pour te manifester son amitié. Il est ton allié naturel... Par la volonté d'Allah... »

Sélim s'était tranquillement assis devant sa table, tandis qu'Ishak faisait les cent pas. Il composait un poème. C'était sa réponse à tout. Mais quand le prince leva les yeux vers lui, Ishak vit qu'il avait l'air agité, angoissé. L'atmosphère était lourde. Ishak se tut comme si la plume de Sélim lui avait imposé le silence. Alors l'héritier du trône se leva et se dirigea vers lui, le regardant droit dans les yeux.

« Tu veux savoir ce que j'ai écrit ? demanda-t-il timidement. Une lettre au Roi Louis... »

Le rêve de sa vie. Sélim s'identifiait maintenant à Ishak. Il était son échappée vers le monde réel. Dans l'isolement de sa prison, il était le seul à pouvoir lui apporter l'illusion de l'action, de la vie.

Ishak, sous le regard de Sélim, avait le sentiment d'avoir ouvert une porte impossible à refermer.

« Je te salue, Ishak, prince des hommes, observateur merveilleux et fidèle des spectacles du monde. »

6

KADINE
1785

Quand je t'ai enlevée aux mains des infidèles et que je t'ai achetée..., je pensais profiter de la fatalité du Destin sur le sort des hommes pour disposer de toi comme je voulais et faire de toi un jour ma fille ou ma maîtresse. Ce même destin a voulu que tu sois l'une et l'autre, car il m'est impossible de séparer l'amitié de l'Amour... Tu aurais pu devenir la maîtresse d'un Turc qui aurait partagé sa tendresse entre vingt autres...

Baron Ferriol, à l'ex-esclave circassienne Mlle Aissé, achetée à Constantinople et emmenée en France en 1698.

Tout était prêt depuis des mois pour la naissance du royal enfant de Naksh-i-dil : le linge pourpre, couleur des Osmanlis, la cuvette argentée qui servirait pour le bain et la layette, coupée dans d'extravagantes étoffes prises dans la garde-robe impériale. Chaque événement important — mort, circoncision, mariage ou naissance — était prétexte à rompre le rythme monotone du harem. L'hiver était passé, et les dernières neiges avaient fondu sur la coupole de Sainte-Sophie. Le printemps avait fait fleurir les tulipes et accru la vigilance de Hitabetullah, qui usait de tous ses pouvoirs pour protéger Naksh-i-dil et son enfant, car une naissance au harem suscitait toujours tragédie, superstitions et intrigues. L'exaltation collective qui montait à mesure que la naissance approchait se concentrait sur la future mère et, en juillet, Naksh-i-dil devint le point de mire de trois cents femmes qui vivaient toutes, par procuration, la fin de sa grossesse.

« Il n'y a pas moyen d'y échapper, Naksh-i-dil », dit Fatima en passant lentement l'éventail en plumes d'autruche au-dessus du corps rond de la jeune Créole qu'elle regardait avec un mélange de tendresse et d'envie : étant sultane, elle n'aurait jamais d'enfant. On l'avait stérilisée.

« Hitabetullah jure que ce sera un mâle.

— Elle ne s'est jamais trompée.

— Et si c'est une fille ?

— Eh bien... » Fatima sourit. « Elle sera comme moi... » Et elle détourna les yeux.

« Quelles sont les nouvelles du front ?

— Toutes mauvaises.

— Du coup, Abdul-Hamid va très mal. Il dépérit.

— Je sais.

— Mais que veut la Tzarine ?

— Elle veut Istanbul. Voilà ce qu'elle veut. Le reste, elle l'a déjà.

— Qu'est-ce qui va se passer ?

— Rien. Personne ne prendra jamais cette ville, parce que le monde entier la convoite — les Russes, les Français, les Anglais, les Autrichiens, les Grecs...

— Mais sais-tu qui régnera un jour sur Istanbul ?

— Toi et ton fils. C'est Hitabetullah qui me l'a dit.

— Fatima, tu en imagines, des choses ! Non, tu te trompes, mon fils ne régnera jamais sur Istanbul...

— Hitabetullah dit que oui, et j'accorde plus de crédit à ses prédictions qu'à celles du Divan.

— Cette loi de succession est si étrange.

— Parce que le trône revient à l'aîné des Osmanlis, plutôt qu'à l'aîné des fils, c'est cela ?

— Cela et tout le reste, murmura Naksh-i-dil. Un frère qui peut tuer son frère. L'héritier du trône qui peut rester prisonnier pendant la moitié de sa vie ou plus...

— Tu penses à ton enfant ?

— Oui.

— C'est vrai... Si c'est un prince, un jour on te l'enlèvera. Il faut te résigner, Naksh-i-dil. N'essaie pas de lutter contre, ce serait ta mort.

— Fatima, je t'en supplie, ne m'abandonne jamais. »

Au lever du jour, les appartements de Naksh-i-dil furent lavés à grande eau. La Kiaya en personne dirigeait les opérations, pieds nus sur un petit tapis carré, armée d'un bâton en argent et entourée d'une vingtaine d'esclaves environ. À son commandement, une douzaine d'entre elles jetaient des seaux d'eau sur le sol avant de le frotter à la pierre ponce. Le marbre fut ensuite couvert de pétales de roses, et les supports d'encens allumés.

Tout le monde offrait à Naskh-i-dil des bouquets de fleurs, des sucreries et des loukoums. À présent, les portes du harem étaient interdites au Sultan. On servait du thé, du café, on bavardait, on échangeait des recettes de beauté, des plaisanteries, des devinettes. Avides de conversation, les voix d'écolières d'une douzaine de femmes montaient et descendaient au fil des heures tandis que les Boulas, les sages-femmes, et les Kalfas, le tespi à la main, évaluaient la fréquence des douleurs.

Naksh-i-dil, tout habillée, à demi accroupie, mordait un petit bâton d'ivoire pour ne pas crier et se cramponnait à la main de Fatima. Afin d'activer le travail, les Boulas lui avaient entouré le ventre d'une large ceinture de cuir qu'elles serraient progressivement. Quand les sages-femmes, pour recevoir le bébé, glissèrent sous elle un linge pourpre, Naksh-i-dil poussa une dernière fois, entourée d'une horde de femmes et de l'Eunuque noir qui était venu s'assurer qu'il n'y aurait pas de substitution. Enfin, salué par une terrible clameur et des *zaraites* stridents, l'enfant atterrit entre les mains souillées et rugueuses de la première Boula.

C'était un mâle. Les you-you terrifiants des femmes résonnèrent encore longtemps, puis commença le rituel destiné à protéger le nouveau-né et à le garder du mauvais œil. On brûla de la lavande, du bois de santal et du buis. Celles qui portaient des perles les enlevèrent, car elles étaient considérées comme néfastes pour le lait de la mère, et défavorables à la naissance d'un second enfant. Des Boulas passèrent de l'huile sucrée sur la bouche du bébé, pour « qu'il ait une langue douce et aimable », et soulignèrent ses yeux de khôl « pour qu'il ait de jolis cils et un regard profond ». Puis la chef Boula, le portant à bout de bras, récita une prière pour le placer sous la protection des archanges Michel et Gabriel.

On lui enfila ensuite une minuscule robe de chambre ouatinée, on étendit ses jambes pour les serrer dans les langes, et on le coiffa d'un bonnet de soie rouge, avec un pompon de très petites perles auquel étaient attachées de nombreuses amulettes, toujours contre le mauvais œil. Enfin, on le coucha dans son berceau en argent sur une courtepointe rouge dont un coin était replié sur sa tête, on tendit par-dessus un voile de tulle également rouge et au sommet, on plaça un Coran à la reliure incrustée de diamants. Les femmes, tour à tour, s'approchèrent alors lentement vers le berceau pour y déposer chacune une piastre d'argent.

Naksh-i-dil fut allongée dans le lit impérial, garni des couvertures les plus somptueuses du trésor et des draps du meilleur coton d'Égypte. On lui noua un foulard rouge autour du front et un voile de tulle également rouge sur les tempes, lui aussi pourvu d'amulettes contre le mauvais œil.

Le Kislar Aga sortit annoncer la naissance, et peu après, le canon tonna pour saluer la naissance d'un enfant mâle et donner le signal de festivités qui allaient durer plusieurs jours dans une ville illuminée en permanence et pavoisée de guirlandes de fleurs et de sucreries, alors que le prince n'avait pas encore reçu de prénom.

Une mangeoire miniature en argent fut placée à la porte du palais. On envoya au Grand Vizir un sorbet sur un zarf doré. Pendant trois jours et trois nuits, personne n'aurait le droit de passer entre le berceau et les brasiers allumés par les sages-femmes, et on ne révélerait le prénom de l'enfant qu'au bout du troisième jour, la protection de l'enfant étant alors assurée par Allah, afin qu'aucune femme jalouse ne puisse attirer le mauvais œil sur le nouveau-né. C'est à ce moment-là seulement qu'Abdul-Hamid serait autorisé à voir son fils pour la première fois. Tout à sa joie, le Sultan avait demandé que l'on célèbre l'événement une semaine entière en donnant des bals dans les rues et en distribuant à la population des miches de pain et des piastres d'argent. On lâcha une centaine de colombes et on construisit dans le jardin tout un palais en sucre filé, orné de lanternes colorées. Sur le Bosphore, les bateaux couverts de fleurs tirèrent des salves de canon durant sept jours. Des drapeaux et des étendards flottaient par centaines, tandis que dans le port, les équipages de la flotte au grand complet étaient juchés sur les mâts comme des nuées d'oiseaux. Le prince fut appelé Mahmud.

« Je n'aurais jamais osé imaginer qu'un si grand bonheur puisse m'arriver aussi tard, chuchota Abdul-Hamid à sa septième Kadine. Qu'Allah soit loué. »

Il toucha le front de Naksh-i-dil et déposa un baiser sur son sein tout en berçant son fils. Sa tendresse toucha Naksh-i-dil, et pourtant, elle savait que pendant sa grossesse, il avait pris une nouvelle Ikbal, Binnaz.

Naksh-i-dil avait presque vingt ans maintenant. Elle avait résisté à une institution qui n'avait épargné que les plus déterminées. Elle avait appris à se frayer un chemin dans le labyrinthe plein de dangers qu'était cette Cour gouvernée par des bourreaux et un souverain arbitraire, méfiant et violent, son mari. Elle avait découvert l'art de faire de ses ennemis des amis, et des espions des serviteurs. Mais elle n'avait jamais abandonné son cœur à l'homme qui n'avait plus pour elle un amour exclusif. Ainsi était-elle parvenue à ce qu'il y a de plus puissant et de plus respecté en terre d'Islam : la maternité.

Abdul-Hamid, qui avait perdu tant d'enfants, était enchanté par le petit Mahmud, dont Hitabetullah protégeait la vie depuis le premier jour.

Les breuvages de la sorcière avaient sans doute évité des morts, ou en avaient provoqué, mais comme elle se sentait en sécurité, Naksh-i-dil ne voulait rien savoir de ces pouvoirs, pas plus qu'elle ne cherchait à évaluer la fortune amassée par son esclave. Naksh-i-dil regarda les yeux bruns de Hitabetullah, perdus dans le vague, sans la moindre pointe de rancœur, aussi imperméables que le granit, aussi insondables qu'une lagune, c'étaient les yeux d'une morte, mais ils voyaient l'avenir.

Le grand Eunuque noir faisait les cent pas dans ses appartements, sa robe de soie jaune traînant derrière lui sur le carrelage bleu comme des pétales de narcisse. La mort de Halil Hamid était le signe qu'il attendait. Il avait pris sa décision. Quand prendrait fin le règne d'Abdul-Hamid, ce qui, d'après le visage du Sultan, ne saurait tarder, il ferait à La Mecque le pèlerinage dont il rêvait depuis si longtemps, et se retirerait sur ses terres, en Égypte. Sa vie était déjà derrière lui. Il devait maintenant se consacrer à Allah. Il se sentait fatigué, terriblement fatigué des intrigues de Topkapi, du sang qui coulait. Il était excessivement riche, il était vivant, et il tenait à le rester. En avance sur la cloche du harem qui allait bientôt annoncer l'heure de la prière, il s'agenouilla sur son *kélim,* en rabattit le coin et posa son front contre le sol. Il allait prier pour l'âme de Halil Hamid. Halil était bon, son ennemi Hassan Gazi mauvais, et Hassan avait gagné...

Quand il eut terminé ses prières, l'Eunuque noir recommença à marcher, inlassablement. Ses gros doigts égrenaient une à une les perles de son tespi, la sueur perlait à son front. Tel un mirage, la vision de sa retraite paradisiaque en Égypte, son pèlerinage à La Mecque, son immense fortune dont il allait enfin pouvoir profiter, tout s'évanouit brusquement. L'Eunuque noir se mordit la lèvre. Et Naksh-i-dil avec son petit prince, que deviendrait-elle ? Pourquoi s'était-il donc autant attaché à elle ? Était-ce à cause de ce baiser impulsif du premier jour ? Et si ses *propres* jours étaient comptés, comment pourrait-il les protéger, elle et son fils ?

Pour se calmer, Edris Aga posa sur ses genoux son écritoire et se mit à composer un poème. Maintenant que sa décision était prise, il se sentait envahi d'une profonde sérénité. Aussi longtemps qu'Abdul-Hamid vivrait, il lui resterait fidèle. Sa plume s'envola sur la page blanche, qui se couvrit de sa calligraphie élégante. Tout en imaginant La Mecque, carrée, parfaite, drapée de noir, les hordes de pèlerins en robe blanche et le dôme doré du sanctuaire scintillant sous le soleil éclatant, il écrivit :

Il n'est pas de religion hors la virilité...
Mon refuge est le Seigneur de David
Contre le mal qu'Il crée
Contre le mal des ténèbres qui se répandent
Contre le mal de ceux qui souffrent sur des épines
Et contre le mal des envieux qui envient...

« Pourquoi, se demanda le Kislar Aga, tant me préoccuper de la mort ? Après tout, le règne d'Abdul-Hamid a été moins sanglant que bien d'autres. »

Il écrivit encore :

Oh Seigneur, donne-moi les filles de Zanzibar
Qui s'avancent, nimbées de flammes comme un soleil ardent
En quête du feu...

Edris Aga prit sa tête dans ses mains et pleura.

Ni Choiseul-Gouffier ni le docteur Lorenzo n'avaient imaginé que Halil Hamid pourrait être assassiné. Sa mort détruisait les effets des accords secrets entre la France et le Grand Vizir disgracié qui, envoyé en exil, avait été accueilli par la corde d'un arc.

En apprenant que la tête de Halil Hamid avait été clouée au portail de la Porte, Ishak Bey avait été écœuré et terriblement découragé : les efforts de plusieurs années d'intrigues risquaient d'être réduits à néant. À Istanbul, bientôt courut le bruit que le Grand Vizir avait été mêlé à un complot pour renverser Abdul-Hamid et mettre Sélim sur le trône. Et maintenant, il était mort.

Quand Halil Hamid avait été déchu par Hassan Gazi et contraint de s'exiler, Fatima avait été retenue en otage dans l'Eski Serai. Dès qu'elle avait reçu la nouvelle de la mort de son père, elle avait échappé aux eunuques de la garde pour aller jusqu'aux remparts donnant sur la mer. Là, à en croire ceux qui l'avaient vue, elle avait hésité un long moment, puis son talon s'était soulevé du bord de la forteresse de pierre et elle avait plané au-dessus du gouffre avant de plonger vers la mort.

Lorsque les gardes l'avaient retrouvée sur les rochers, il ne restait rien d'elle car les oiseaux étaient arrivés les premiers.

Le 21 juillet 1786, le lendemain du premier anniversaire de Mahmud, Naksh-i-dil décida, puisque son monde à elle était à tout jamais perdu, de s'en construire un autre, là où elle se trouvait : dans la bibliothèque d'Abdul-Hamid. Cet endroit serait désormais son couvent, un lieu de culte et d'étude, de prière et de dévotion à Mahmud. Elle renoncerait aux plaisirs de la chair, et peut-être qu'un jour elle n'aurait même plus envie de caresses, de gestes tendres, de véritable amour. D'ailleurs, elle n'osait plus aimer, car à chaque fois elle se retrouvait privée de cet amour. Même l'innocente amitié de Fatima lui avait été retirée. Même le soutien des femmes du harem lui était désormais interdit, parce que trop dangereux pour elle.

Le suicide de Fatima lui avait enseigné le peu de prix qu'avait la vie au sérail. Il lui fallait donc protéger son fils, Hitabetullah l'aiderait dans cette tâche, connaître le monde extérieur et devenir un jour Validé. Pour enseigner à Mahmud l'art de gouverner, elle devait d'abord l'apprendre elle-même. Et quel meilleur professeur que la Tzarine ?

Naksh-i-dil reposa le *Nakaz* de la Tzarine Catherine II, un livre qui était, en quelque sorte, un héritage de Fatima, car cette dernière estimait qu'on avait beaucoup à apprendre de ses ennemis. La Kadine avait donc décidé de lire tout ce que Catherine avait écrit et publié. Cela lui donnait l'impression de se venger, de voler, pour ainsi dire, les pensées de celle dont les armées menaçaient l'Empire ottoman.

Les pages du *Nakaz* de Catherine tremblaient entre ses mains. Ce n'était pas seulement un code légal, c'était aussi un abrégé de ce qu'est un bon gouvernement. Naksh-i-dil y avait lu que même le pouvoir absolu devait s'exercer dans un cadre clairement défini, que les lois existaient indépendamment du souverain régnant, et que, de fait, le pouvoir se trouvait limité dès que le souverain et l'État formaient deux entités distinctes. La Kadine y avait aussi découvert des principes dont elle n'avait jamais entendu parler auparavant : aucun citoyen ne doit être châtié tant qu'il n'a pas été jugé coupable par un tribunal ; il y a lieu de distinguer détention, instruction et emprisonnement. Catherine condamnait la torture, estimait que la noblesse n'était pas innée mais se méritait, et déclarait : « Les peuples ne doivent pas être réduits à l'esclavage... »

C'était comme si la Tzarine était avec elle dans la pièce, comme si leur rencontre avait été prédestinée et organisée, ici, au crépuscule, parmi tous ces livres. Naksh-i-dil savait que Catherine haïssait et méprisait les Ottomans, il lui fallait donc la haïr et la mépriser d'autant plus. Naksh-i-dil deviendrait plus ottomane que les Ottomans et oublierait d'où elle venait pour être un jour, comme elle en avait fait le vœu, mère de toutes les musulmanes...

Mahmud devrait réformer l'Empire en l'arrachant à l'état d'esclavage auquel étaient réduits tous ses habitants. Une phrase de Catherine résonnait à ses oreilles comme la cloche du harem et faisait battre son cœur plus vite : « La Russie sera un État européen. » Il faudrait que cela soit aussi la pierre angulaire de la vie et du règne de Mahmud, et que la Turquie devienne un jour un État européen. Comment ? quand ? Elle n'en avait pas la moindre idée. Au harem, le temps, tout comme la vie, ne se mesurait pas.

Naksh-i-dil tremblait moins. C'était presque trop lourd à supporter — la haine et l'admiration, la soif de vengeance et la reconnaissance du vrai génie, la conviction que Catherine représentait le mal et le désir ardent du pouvoir qu'elle détenait.

Le même jour, un bateau de guerre français quitta discrètement le port d'Istanbul sous le couvert de la nuit. Ishak Bey était à bord, incognito. À la sortie de l'archipel, il passa sur un autre bateau qui faisait route vers Marseille. Ishak repartait dans le plus grand secret pour Versailles, porteur d'une proposition qu'il pensait sincèrement être la dernière chance de l'Empire :

l'accession de Sélim au trône. Ishak ne se considérait pas comme un traître à l'égard de son Sultan, mais comme un homme évolué qui avait tiré le meilleur de deux mondes, qui avait décidé de sauver un empire en ruine, et d'inaugurer une ère nouvelle.

« Si Sélim ne devient pas bientôt sultan, pensa Ishak, je ne reverrai jamais Istanbul... »

7

KATHERINE KHAN
1787

Ceux qui négligent délibérément les beaux-arts et enferment les femmes méritent d'être exterminés.

VOLTAIRE à Catherine II.

Catherine avait annexé en 1783 le khanat de Crimée pour en faire un protectorat russe, dès qu'Abdul-Hamid avait accédé à sa demande. Depuis, il n'était plus autorisé à y réquisitionner des esclaves chrétiens, mais il avait gardé le titre spirituel de Khan. Catherine avait ainsi agrandi son Empire de trente mille kilomètres carrés et obtenu un accès à la mer Noire sans tirer un coup de feu, et avait octroyé à Potemkine le titre de prince de Tauride. Comme elle n'était jamais allée dans le khanat de Crimée, rebaptisé Tauride, son ancien nom grec, la Tzarine avait décidé de s'y rendre et d'en profiter pour visiter ses provinces.

À trois heures de l'après-midi, le 7 janvier 1787, Catherine quitta donc sa capitale septentrionale, Saint-Pétersbourg, pour prendre la route de Sébastopol en Crimée, limite extrême de ses territoires et frontière de l'Empire ottoman. Le cortège se composait de quinze voitures, cent vingt-quatre traîneaux et quarante-deux autres véhicules, escortés de quarante mille soldats. Le traîneau impérial, tiré par trente chevaux, comprenait un salon, une bibliothèque et un bureau entièrement tendus de fourrures. Il fallut six jours et cinq cent soixante chevaux pour couvrir les quelque trois cents premiers kilomètres. L'immense procession glissait sur les routes enneigées, éclairées la nuit par des torches de bouleau, et le jour s'étendaient à perte de vue des plaines d'un blanc immaculé.

Ce prétendu voyage d'agrément, auquel Catherine avait convié tout le Corps diplomatique ainsi que son douzième favori, Alexandre Mamonov, était en fait un défi lancé à Abdul-Hamid.

Le prince Potemkine et l'ambassadeur de France, le comte Ségur, étaient confortablement installés dans leur traîneau couvert, enveloppés dans des fourrures d'astrakan.

« Admettez, disait le prince, que l'existence des musulmans est un fléau potentiel pour l'humanité. Si trois ou quatre grandes puissances décidaient de s'allier, rien ne serait plus facile que de refouler les Turcs vers l'Asie et de délivrer l'Égypte, l'archipel, la Grèce et l'Europe de l'Est de cette pestilence. Est-ce que cette entreprise ne serait pas juste, utile, sainte, morale et héroïque ? Sans compter que la France y gagnerait... l'Égypte.

— Mon cher Potemkine, répondit le comte Ségur, toujours très courtois, la vie est plus compliquée que cela.

— En fait, comte, je n'ai jamais compris cette politique singulière et immorale qui s'accommode de ces barbares qui dépeuplent et dévastent les vastes territoires qu'ils possèdent en Asie et en Europe. Ce ne sont que des brigands, des fanatiques. »

Le Français se taisait et regardait par la vitre. Il se demandait si Potemkine croyait vraiment être l'antithèse d'un fanatique, d'un barbare et d'un brigand.

« Il est impensable, continua Potemkine, que tous les princes chrétiens prodiguent leur aide, leur considération et leur respect à un gouvernement barbare, stupide, orgueilleux, qui nous méprise tellement, nous et notre religion, nos lois, nos coutumes et nos rois, qu'on nous traite couramment de chiens chrétiens.

— Excellence, répondit Ségur, non sans ironie, vous êtes trop sage et trop éclairé pour penser que nous puissions renverser un Empire comme celui d'Abdul-Hamid sans le diviser, ce qui nous priverait de nos avantages commerciaux et détruirait en Europe l'équilibre des forces acquis au prix de guerres si longues et si cruelles... »

« Une manœuvre politique est une chose, pensait le comte, une guerre de religion en est une autre. »

« En plus, continua-t-il, il est aussi impossible de diviser Constantinople que de trouver la pierre philosophale ! C'est plutôt Constantinople qui réussit à diviser tout pouvoir cherchant à la conquérir. Croyez-moi, prince, l'Empereur Joseph n'accepterait jamais de vous voir devenir maîtres de la Turquie européenne. Il n'a jamais oublié les turbans de Constantinople aux portes de Vienne, mais il craint plus encore les toques russes.

— On peut toujours se mettre d'accord pour détruire l'humanité, jamais pour la sauver », grommela Potemkine.

L'Impératrice arriva à Kiev trente jours après avoir quitté Saint-Pétersbourg, et y demeura presque trois mois. Un palais fut mis à la disposition de chacun des représentants étrangers, et tous furent entraînés dans un tourbillon de bals, de fêtes et de cérémonies officielles. Enfin, le 3 mai, les canons d'artillerie brisèrent les dernières glaces qui recouvraient le Dniepr, et Catherine II et sa suite embarquèrent sur sept galères, protégées par quatre-vingts bateaux et trois mille hommes de troupe.

L'Impératrice recevait sur sa seconde galère, qui pouvait accueillir pour dîner jusqu'à soixante invités, et de petits bateaux circulaient sans arrêt entre les embarcations impériales transportant des fruits, du vin, des visiteurs, des musiciens. Tout au long du parcours, ce n'était qu'illusion. Potemkine avait transformé ce désert en une terre fertile en le couvrant d'arches triomphales et fleuries, en y organisant des sérénades et des manœuvres militaires, et en substituant des paysans heureux aux esclaves misérables. Comme par magie, les plaines désolées avaient fait place à des jardins et à des grottes idylliques où dansaient des jeunes filles. (On avait enfermé loin des regards les vieux, les malades et les infirmes.) Des escadrons de Cosaques et de Tartares émergeaient des profondeurs de l'Asie ; des palais enchantés, des temples de Diane semblaient surgir de nulle part, des chameaux et des dromadaires déambulaient dans les villes et les villages qui avaient fleuri sur le désert. Catherine était satisfaite.

C'est à son arrivée en territoire polonais, à Kaniev, que la Tzarine fit une rencontre imprévue.

« *Sima* ! Mon ange ! »

Le général Simon Zorich se tenait devant elle dans toute la splendeur de son uniforme de hussard, en compagnie de son ami Ishak Bey. Catherine avait considérablement changé en huit ans, mais aux yeux de Zorich, elle demeurait telle qu'il l'avait toujours vue, majestueuse, fascinante, intimidante, irrésistible.

Catherine, le visage rayonnant, regardait Zorich avec fierté. Son académie militaire était une vraie réussite et sa renommée allait jusqu'à Saint-Pétersbourg. De tous ses favoris, il avait été le plus beau, le plus fantasque et le plus bête. Ces yeux étincelants, cette masse de cheveux ondulés, *toute* cette beauté serbe lui avait appartenu. Seuls cette luminosité, ces steppes, ces paysages sauvages pouvaient rivaliser avec sa splendeur. Si seulement...

« Petite Mère, dit Zorich.

— Que je suis contente de te revoir ! Tu es superbe. »

Le comte Simon Zorich était vraiment resplendissant. La vie de province, loin des bals et des casinos de Saint-Pétersbourg, lui avait réussi. Catherine le contemplait avec tendresse. Zorich lui prit la main, et elle lui permit de la baiser. Tous les regards étaient fixés sur eux. La Tzarine était sincèrement heureuse de revoir son beau général, et si elle ne l'avait pas toujours aimé, elle avait oublié pourquoi depuis longtemps.

« Oui, oui, je sais. Tu veux revenir à Saint-Pétersbourg. Soit. Tu peux revenir. Je mets fin à ton exil. »

C'est ainsi que Ishak et Zorich se joignirent à la suite de Catherine, où se côtoyaient ambassadeurs, ex-favoris, rois et généraux, sans oublier le nouveau prince Potemkine. Si Zorich évitait Potemkine, Potemkine évitait le roi Stanislas. Et Stanislas évitait Mamonov, qui lui-même évitait Zorich. La paix régnait.

Catherine et sa suite arrivèrent ensuite à Cherson, neuf ans après que cette ville eut été fondée par le général Ivan Hannibal. Un immense arc de triomphe y avait été érigé, portant l'inscription « Route de Constantinople ». Cherson, rebaptisé *Ekaterinoslav*, « la Gloire de Catherine », n'avait plus rien de la friche marécageuse où Hannibal avait créé de toutes pièces des chantiers navals et une ville comptant quarante-huit mille âmes, dont quatre mille déportés.

Catherine visita les arsenaux, inspecta les bateaux de guerre qui, elle l'espérait, détruiraient la flotte du Sultan Abdul-Hamid, puis, entourée d'une horde de courtisans, s'assit sous la double arche de fleurs et scruta les steppes désertiques.

Catherine II était à l'apogée de sa puissance. Plus rien ne pourrait l'arrêter. Elle était *Matuska Gosudarynya,* « Petite Mère » de son Empire, maîtresse de Byzance. Elle qui s'était toujours vantée de sa féminité faisait maintenant penser à un homme qui, après avoir vécu de nombreuses passions, inspirait un grand respect, résistait à toutes les épreuves et ne doutait ni de son pouvoir ni de son droit à gouverner... Elle était imposante, impénétrable, impériale, despote. Absolue.

Sa vie ne faisait que commencer.

Dès que les gros bateaux de la Tzarine étaient passés, la musique s'évanouissait, les « heureux » paysans redevenaient des serfs misérables, les « maisons » fraîchement repeintes n'étaient plus que des façades artificielles, sans toit ni murs, et Potemkine dépêchait ses troupes pour dresser le « décor » suivant. Le long de la route empruntée par la Tzarine, les nouveaux villages avaient été créés sous le régime de la terreur, et leur construction avait entraîné la ruine de plusieurs provinces. On avait gaspillé de l'argent, et aussi des vies. Des quantités de serfs avaient souffert, et cinquante mille hommes avaient péri pour le sourire d'une Impératrice.

Or, de l'autre côté de l'embouchure du fleuve était ancré un escadron de bateaux de guerre turcs sous le commandement de Hassan Gazi, et derrière se dressait le fort imposant d'Ochakov qui bloquait la route de

Catherine par la mer. Mais, grâce au magicien Potemkine, les galères furent transformées en traîneaux. Le cortège passa outre et poursuivit son chemin à travers la Crimée par voie de terre jusqu'à Sébastopol, sous la bonne garde de la flotte russe. Passant par l'intérieur, le cortège s'enfonça plus profondément en Orient, où les extravagances du prince décuplèrent. Des cités de tentes multicolores couvraient les steppes de Nogali. Des caravanes de chameaux surchargés traversaient le désert, en direction de Bakhchitsarasi, la Mecque de la Crimée. Catherine allait s'asseoir sur le trône des grands Khans. Mais elle avait commis une erreur fatale : elle avait mal lu le traité qu'elle avait signé avec Abdul-Hamid. Ce titre de Khan qu'elle croyait être simplement honorifique, Abdul-Hamid le considérait, lui, comme le sien. Il croyait gouverner encore.

L'Impératrice atteignit la Crimée et Sébastopol en mai. Là, quinze bateaux de guerre et frégates étaient au mouillage. Le cortège approchant, on déploya les voiles, les canons tirèrent et les marins firent une ovation.

Abdul-Hamid en tira ses conclusions : une nouvelle guerre commençait.

À la fin de l'hiver 1788, Saint-Pétersbourg scintillait sous le givre dans une lumière opalescente. Le large bras de la Néva, gelé sur près de deux mètres de profondeur, coupait la ville en son centre comme un coup d'épée, et les couleurs pastel de la ville ressortaient contre le ciel d'argent, la brume grise et les blanches latitudes qui jouaient avec la lumière et le temps.

Le bal de la Cour avait commencé à trois heures, mais il faisait déjà nuit noire. En descendant de son traîneau, l'amiral général Ivan Hannibal fut saisi par un vent polaire qui avait traversé le plat pays entourant la ville. Par-dessus les flèches dorées des innombrables cathédrales et les canaux gelés, l'étrange aura des lueurs nordiques se fondait avec la lumière des immenses torches en bois de bouleau qui éclairaient le quai sur plus d'un kilomètre. Tête baissée, le général affronta le froid presque arctique, l'air saturé d'esquilles de glace invisibles, et s'y jeta comme au travers d'une foule, épaule en avant, sa peau noire prenant un aspect grisé à la lumière vacillante des torches.

Le général était arrivé seul. Après avoir quitté son manteau, sa toque d'astrakan sous le bras, il poussa les portes de la salle de bal, et attendit que cesse le tumulte de la mazurka pour se faire annoncer. Il portait une tunique couverte de décorations et une veste d'uniforme drapée sur une épaule, à la manière des militaires.

« Son Excellence, l'amiral général Ivan Abramovitch Hannibal, ex-commandeur de Cherson. »

L'amiral général en retraite entra dans la salle de bal surchauffée par les énormes poêles de porcelaine et les myriades de bougies plantées sur des chandeliers scintillants. Il contempla les bouteilles de champagne, le buffet et la foule. Les officiers dans leurs superbes uniformes blanc et or hérissés de décorations, et les dames enrubannées de satin blanc, qui semblaient refléter la lumière septentrionale. Il méprisait la chair, le clinquant, et tout ce qui était français.

Dans quelques instants, méthodiquement, il se mêlerait aux danseurs, mais pour le moment il se sentait mélancolique. La Russie était en guerre, or tous ici paraissaient l'ignorer, perdus dans les rires, les parfums et l'ivresse. Un seul coup de canon pouvait faire table rase de cette salle, et des os se briseraient, du sang et des entrailles se répandraient sur les parquets polis, aussi brillants que les canaux gelés de la ville.

Au hasard, Hannibal adressait un sourire froid à un ami par-ci, à un prince par-là. Il claquait machinalement les talons pour saluer une princesse qui passait ou un ambassadeur qui lui faisait un signe de tête. Ivan Hannibal avait le sourire typique du militaire russe, respectueux et arrogant. Dans son regard scrutateur, se lisaient à la fois une sorte de regret et de curiosité condescendante. Quel flot d'épaules féminines et d'épaulettes dorées, voguant parmi la serge blanche, le satin rouge, le velours noir, la soie moirée et la mousseline blanche ! Tout scintillait aux lueurs des chandeliers, et dans la chaleur montaient les fortes senteurs des magnolias et des gardénias de Géorgie. Les yeux de l'amiral général étaient rivés sur les groupes de femmes qui bavardaient et riaient en agitant leurs éventails d'ivoire et de dentelle. « Elles troublent tout, se dit-il, même l'air. » Les femmes dérangeaient tout ce qu'il aimait dans la vie : l'ordre, l'honneur, la frugalité, le protocole et la guerre.

À l'arrivée de l'Impératrice de toutes les Russies, l'aristocratie de Saint-Pétersbourg se rangea en une double haie et s'inclina comme un seul homme. Toute à son triomphe d'Ochakov, Catherine II, suivie du général Potemkine et de son favori, Alexandre Mamonov, arborait un sourire radieux en propulsant son corps lourd à travers la foule comme un brise-glace fonçant dans la mer gelée. Sa poitrine généreuse était entièrement couverte par un mètre carré de perles, et sur sa tête pesait une tiare en rubis. Non, tout n'était pas aussi calme et triomphal que ce bal. L'Empire ottoman était faible, mais pas abattu.

Après la déclaration de guerre d'Abdul-Hamid, aucun des deux adversaires n'avait déclenché d'offensive avant le printemps. La situation avait explosé lorsque les troupes impériales avaient occupé la Bosnie et la Moldavie. Et puis Ochakov était tombé. La Tzarine avait raison de se réjouir, mais son penchant pour les amiraux étrangers avait suscité une dangereuse querelle entre l'amiral Nassau-Siegen, un prince allemand, et le héros américain de cette bataille, le capitaine John Paul Jones, qu'Hannibal considérait au mieux comme un corsaire. Jones avait aussi la réputation de courir les femmes de petite vertu, et beaucoup d'officiers russes et anglais avaient refusé de servir sous ses ordres. Cet Américain d'origine écossaise avait des cheveux bruns et bouclés, de grands yeux bleus candides, un nez épaté, et des pommettes saillantes qui donnaient à son visage assez ordinaire un air viril et inflexible. Quant à sa démarche féline, il la devait aux quarante et un ans qu'il avait passés en mer. Potemkine savait que c'était grâce à Jones, et non pas à Nassau, que les Russes avaient battu la flotte ottomane. Mais alors que Nassau avait été promu de deux grades et avait reçu un domaine tout à fait convenable avec plusieurs centaines de serfs, tout ce qu'avait reçu l'autre, c'était le misérable Ordre de Sainte-Anne, qui n'était même pas russe, mais allemand !

Telle avait été la réponse de Catherine lorsque Paul Jones avait demandé qu'on le laisse préparer une brillante campagne contre les Turcs : général en chef !

« Si Sa Majesté Impériale me confiait le commandement en chef de sa flotte en mer Noire et me laissait les mains libres..., en moins d'un an, je ferais trembler Constantinople. »

Il errait dans la foule, inconscient qu'il venait de perdre sa dernière chance de s'expliquer avec l'Impératrice, car Catherine détenait dans la manche de sa robe de bal un rapport de police qui mettait un point final à la carrière russe de l'ambitieux contre-amiral Pavel Ivanovich Jones :

J'ai intercepté quatre lettres qui vont briser deux vies : quatre lettres d'amour de la princesse Anna Mikailovna à l'amiral Jones et trois lettres de l'amiral en réponse à la princesse, que vous trouverez ci-jointes ; de toute évidence, ils ne pourront plus entrer en relations, la princesse ayant été envoyée au couvent de Novo-Devichy pour y attendre la naissance de son enfant.

Comte Beckendorf, chef de la Police secrète.

Le bal battait son plein. Dans une semaine, il serait expulsé de Russie et dans moins de cinq ans, il mourrait de pauvreté, désespéré d'avoir vu se briser ses rêves de victoire sur la flotte ottomane.

Ivan Hannibal suivit des yeux la silhouette solitaire, et plutôt pathétique, de John Paul Jones. Il se sentait injuste envers lui. Jones avait prouvé, lors de la bataille d'Ochakov, qu'il était un homme remarquable. Pourquoi n'arrivait-il donc pas à l'admirer ? « Il n'est pas question pour moi d'un bateau qui n'avance pas : je veux me jeter dans la bataille », avait dit le contre-amiral, et c'est exactement ce qu'il avait fait. Hannibal avait été très impressionné par son courage.

Au mois de juin de l'année précédente, dans l'estuaire du Liman, les Turcs surpassaient les Russes à deux contre un, en navires et en canons. La flotte russe était alignée en travers du fleuve à quatre milles environ à l'est d'Ochakov, et l'amiral turc, le pacha Hassan Gazi, avait posté un détachement de sa propre flotte à l'embouchure du Liman. La première bataille avait commencé le 6 juin. Le prince allemand Charles de Nassau-Siegen et John Paul Jones avaient essayé de couper la retraite de Hassan Gazi, mais ils avaient été repoussés sur leurs positions. Le capitaine pacha avait alors engagé presque tous ses plus petits navires et une partie de son escadron, qu'il avait fait venir durant la nuit. Favorisé par une forte brise de nord-ouest, il avait attaqué le flanc droit du contre-amiral Jones, mais un vent contraire avait permis à ce dernier de bouger cinq bateaux dans un angle favorable et de soumettre l'amiral à un tir croisé. Gazi, tombé dans le piège tendu par Jones, avait perdu trois bateaux sous le feu des *licornes,* de nouveaux canons lançant des boulets incendiaires.

Dix jours plus tard, toute la flotte ottomane avait appareillé et pénétrait dans l'estuaire, décidée à couler la flotte russe et à brûler l'escadron de Jones. Le vent en poupe, ils avaient foncé sur les Russes en sonnant des trompettes, claquant des cymbales, invoquant Allah en hurlant, pour qu'Il les aide à massacrer les infidèles, ces buveurs de vin et ces mangeurs de cochon..., jusqu'à ce que le vaisseau de Hassan Gazi vienne s'échouer à un mille et demi environ de celui de Jones. Le reste de leur flotte avait alors jeté l'ancre en désordre.

Le lendemain matin, Jones avait fait déplacer vers le centre tous les navires du flanc droit, formant ainsi un angle avec le flanc gauche vers lequel Hassan Gazi se dirigeait, espérant ainsi prendre les Russes en étau comme il avait tenté de le faire à la première bataille. Le Turc se préparait à attaquer. Entre-temps, le vent avait tourné au nord-ouest. Une terrible mêlée s'en était suivie. La flotte de Hassan Gazi, formée essentiellement de simples paysans, était tellement indisciplinée qu'il lui avait été impossible de contrôler ses marins. Seuls les Algériens s'étaient battus avec méthode. Le bateau du vice-amiral ottoman s'était échoué le premier, puis celui de Gazi, pour la deuxième fois, prenant tellement de gîte que ses canons ne pouvaient plus tirer. La situation était devenue presque comique. La flotte russe s'était retournée contre les deux bateaux turcs ensablés, et les avait complètement détruits avec les licornes, au lieu de les arraisonner. C'est alors Nassau, et non Jones, qui avait eu peur d'une bataille au corps à corps.

Pendant ce temps, le front russe n'était plus protégé, et les Algériens avaient coulé l'*Aleksander* à coups de bombes incendiaires. Les Russes perdaient... Mais Jones était arrivé à temps sur sa chaloupe pour rassembler la flotte et refouler Gazi dans l'embouchure du Liman. Et quand, la nuit du 17, le grand amiral avait essayé de retirer le reste de ses bateaux de l'estuaire, les batteries russes de Kinburn Point avaient ouvert le feu. Cela avait tellement dérouté la flotte ottomane que neuf de ses vaisseaux s'étaient échoués. En deux jours de combat, les Ottomans avaient perdu quinze vaisseaux, quinze cents prisonniers et trois mille hommes, alors que les Russes n'avaient perdu qu'un seul bateau, l'*Aleksander,* celui qui avait été coulé par un jeune raïs algérien. Le contre-amiral Pavel Ivanovich Jones était le triomphateur du jour, et Gazi avait à nouveau jeté l'ancre sous les remparts.

L'armée de terre de Potemkine avait alors commencé le siège d'Ochakov, tandis que la flotte russe bombardait la ville. Mais Hassan le Victorieux avait à nouveau perdu : Ochakov était tombé le 6 décembre.

L'amiral général Hannibal regardait tournoyer les danseurs au rythme des polonaises, sous la lumière ambrée des milliers de bougies. Il regardait l'orchestre impérial et se demandait pourquoi il n'entendait qu'un grand silence, comme après une bataille.

À Ochakov, cinquante mille corps gelés, entassés par paquets de cent, attendaient qu'arrive le printemps et que la neige fonde pour qu'on puisse creuser leurs tombes.

8

ABDUL-HAMID
1788

La condition parfaite de l'esclavage n'est rien d'autre qu'un état de guerre perpétué entre un conquérant légitime et un captif.

John LOCKE, 1690.

La neige recouvrait les toits de Topkapi et la coupole de Sainte-Sophie. Elle givrait les branches des platanes et des cyprès, glissait en avalanche du haut des kiosques et des galeries, étouffait les voix des femmes et faisait taire les fontaines gelées des jardins et des cours. L'hiver, le silence du harem devenait encore plus pesant. Jusqu'au printemps, les promenades dans la campagne ne seraient plus qu'un souvenir. Les esclaves et les servantes grelottaient en faisant leurs allées et venues aux cuisines. Seules les Kadines et les Ikbals portaient des caftans bordés de fourrure ; or, sans vêtements chauds, personne ne pouvait s'aventurer dehors.

Les appartements de Naksh-i-dil étaient tendus de

fourrures et de tapisseries. Les odeurs de parfum, d'encens, de nourriture, de charbon, de tabac et de haschisch s'y confondaient en une senteur lourde, et chez elle, on vaporisait régulièrement de la fleur d'oranger ou de l'eau de rose. À demi endormie, Naksh-i-dil était allongée sur ses coussins. Dehors, il faisait sombre. Petit à petit, elle prit conscience qu'on chantonnait à côté d'elle, à voix basse. Elle ouvrit les yeux et rencontra ceux d'Hitabetullah.

« Il est tard ?

— Le Sultan vous demande », répondit Hitabetullah.

Abdul-Hamid attendait sa septième Kadine, assis jambes croisées sous son dais, vêtu d'une simple robe blanche bordée d'hermine, avec sur la tête un turban vert entrelacé de torsades de tulle blanc maintenues par une aigrette. Quand elle entra, il la regarda avec un frémissement d'émotion. Depuis Rushah, son premier amour, son cœur et son esprit ne s'étaient attachés à aucune autre femme à ce point. D'ailleurs, il trouvait que Naksh-i-dil lui ressemblait beaucoup, toutes deux lui paraissaient aussi intelligentes, fières, opulentes, tant dans leur chair que dans leurs sentiments, fines, impitoyablement dures, tenaces et courageuses.

Mahmud avait maintenant trois ans. Dieu soit loué, ce fils robuste était la récompense de sa patience, de sa générosité et de son indulgence presque stupide envers Naksh-i-dil.

Le Sultan caressait le poignard persan qu'il portait à la taille. Ses grands yeux noirs expressifs étaient toujours en mouvement, alors que le reste de son corps bougeait très peu ou avec une extrême nonchalance. Son front large, son nez busqué lui donnaient l'air d'un faucon, et quand il souriait, ce qu'il faisait rarement et toujours avec une expression de mélancolie, il découvrait des dents parfaites.

Comme son caractère s'était formé dans la solitude et l'ignorance du monde qui l'entourait, Abdul-Hamid était un homme simple, intellectuellement pauvre, qui parlait peu mais avec des mots justes, un être dépourvu d'imagination mais non de jugement. On ne le dupait pas souvent, toutefois, lorsqu'il se sentait trahi dans ses affections — et il était étonnamment passionné —, il pouvait devenir malin et rusé.

Le Sultan considérait l'amour comme une maladie cruelle, dont on sortait affaibli, blessé, abattu. Par amour, il avait laissé Rushah partir en pèlerinage à La Mecque et l'avait perdue. « Heureusement, pensait-il, quand on a guéri de cette maladie, il y a un certain nombre d'erreurs qu'on ne commet plus. » Cela ne voulait pas dire qu'il ne faisait plus jamais preuve de faiblesse mais au moins avait-il appris à considérer l'être humain comme une machine complexe et à ne pas trop se fier à sa servilité.

Tout lui faisait peur alors qu'il régnait en despote absolu. Le monde lui semblait plus hostile qu'au moindre de ses esclaves et il ne parlait que lorsqu'il pouvait faire trembler les hommes.

Abdul-Hamid était le dernier des cinq fils d'Ahmed III. Il avait survécu à ses quatre autres frères et, en 1774, à l'âge de quarante-neuf ans, avait pris la tête d'un Empire en pleine décadence. Les nobles supposaient que la supériorité des coutumes ottomanes tiendrait en échec, comme par magie, les ennemis, mais lui savait que l'inflation, la peste, les restrictions alimentaires, les villes surpeuplées, les bandits errants et les notables insubordonnés, beys et gouverneurs de province, minaient l'Empire. Alors qu'en Égypte, en Syrie, en Irak et à Alger, les beys avaient quasiment affirmé leur indépendance, le Sultan maintenait son pouvoir grâce aux seuls moyens dont il disposât : dresser les hommes les uns contre les autres, opposer les factions politiques entre elles, changer les ministres, corrompre, faire régner la terreur, exécuter ou exiler. Son Empire avait connu humiliation sur humiliation et, malgré ses réserves, il s'était laissé entraîner dans une nouvelle guerre contre la Russie. Par vanité, ou pour l'honneur, son nouveau Grand Vizir avait envoyé une armée de quatre cent mille hommes contre Catherine, mais les Russes avaient triomphé partout, menés par des généraux formidables dont les noms seuls l'atteignaient comme des coups de poignard : Solvokov, Kamensky, Rumyantsev.

Abdul-Hamid, nerveux, changea de position. Quatre mois seulement après son couronnement, il avait été contraint de traiter avec Catherine et de reconnaître l'indépendance des Tartares. Mais cela n'avait pas suffi à la Tzarine ; alors, depuis quatorze ans, ils étaient en guerre, une guerre que son gouvernement impuissant, dépassé, subissait. Et à présent, Ochakov.

La Russie l'avait vaincu. Les puissances européennes l'avaient vaincu. Rushah, et la nature elle-même l'avaient vaincu. Il avait perdu des territoires en même temps que sa propre puissance physique, comme si ces deux éléments étaient mystérieusement liés. Ses médecins avaient pourtant tout fait pour l'aider à conserver sa virilité, mais si avide qu'il fût des plaisirs de la vie, ils lui échappaient.

Il avait eu dix épouses, sept Kadines et trois Ikbals, qui lui avaient donné vingt-deux enfants, dix fils et douze filles, mais dix-sept d'entre eux étaient morts. Son premier fils, celui de Humashah, né en 1776, portait également le prénom de Mahmud ; il n'avait vécu que cinq ans. Il ne lui restait que deux fils : Mustafa, qui avait presque neuf ans, et Mahmud, plus trois filles dont Esma, mais les filles ne comptaient pas dans ce monde. La vie coulait comme un fleuve, toujours dans le même sens, du berceau à la tombe, depuis sa source inconnue jusqu'à la mer infinie. Aucun médecin, aucune Odalisque, aucune Kadine au monde n'y pouvait rien changer, c'était un cycle sans fin. Le Sultan regrettait la mort du père de Fatima, mais il n'avait pas eu le choix. Halil Hamid avait été complice de la conspiration étrangère.

« Vous pensez aux Russes, dit Naksh-i-dil.

— Je ne cesse de penser aux Russes », répondit le Sultan.

Naksh-i-dil détourna les yeux. Fatima avait dit un jour : « Sans parler d'amour, on peut se dire des milliers de choses ; on peut se faire des reproches, échanger des conseils, des avertissements, des nouvelles. » Or, la Kadine ne s'était jamais sentie aussi captive des appétits sexuels du Sultan — c'était elle l'Esclave de sa résurrection imaginaire. Et jamais Abdul-Hamid ne s'était cramponné à ce point à son calendrier de l'impossible... ses huit mille sept cent soixante illusions de victoire sur la mort.

Le Sultan percevait la demande de Naksh-i-dil. « Il n'y a rien à faire, pensait-il. Un homme ne pénètre jamais dans le harem en mari, en ami, en compagnon ou en père de ses enfants ; il n'y pénètre qu'en amant. Il abandonne sur le seuil toute pensée qui pourrait troubler le plaisir qu'il vient chercher, tout ce qui en lui n'a rien à voir avec le désir. Il entre au harem pour oublier ses ennuis, son chagrin, pour anesthésier tout sentiment, pas pour chercher le réconfort d'un esprit serein, ni la consolation d'un cœur amoureux. » Même si Naksh-i-dil regrettait beaucoup qu'il en soit ainsi, quand il était en quête de consolation, c'était toujours vers un homme qu'il se tournait. Est-ce que Naksh-i-dil comprendrait cela un jour ? Si jamais elle était capable de le comprendre.... Elle avait toujours l'air d'être...

présente, de demander, de vouloir, de penser. Lui, auréolé d'un halo de gloire, de science et de pouvoir, n'avait pas besoin de penser. Il était l'Ombre d'Allah sur Terre. On se devait de l'adorer. Mais Naksh-i-dil attendait manifestement *quelque chose...* elle l'exigeait même, sans le dire explicitement. La préférence qu'il lui accordait aurait dû pourtant suffire pour qu'elle lui témoigne de cette gratitude qui ressemble à l'amour, du moins à la sorte d'amour qu'il désirait.

« À quoi pensez-vous ? » demanda Naksh-i-dil.

« Voilà, se dit Abdul-Hamid, aucune autre Kadine n'oserait me poser une telle question ! » Elle, elle le faisait *toujours.*

« Pourquoi veux-tu savoir à quoi je pense ? demanda-t-il, sincèrement embarrassé. Pourquoi faudrait-il que je pense à quelque chose à l'instant précis ?

— Parce que les hommes pensent toujours à *quelque chose,* parfois à d'autres femmes. »

Le Sultan se souleva sur un coude.

« Tu sais comment on appelle les femmes dans notre langue ?

— Oui. Celle qui est voilée. Celle qui est cachée. L'Étrangère.

— Voilà pourquoi les hommes et les femmes ne peuvent pas échanger de vraies pensées ; la différence infinie et pitoyable qui existe entre l'homme et la femme se cache toujours derrière le voile des sens. Tu comprends cela, Naksh-i-dil ?

— Je n'y crois pas.

— Et pourtant, c'est vrai. Tu m'appartiens. Parce que tu viens de nulle part, comme tout le monde à Topkapi, et que tu ne laisseras rien derrière toi, car tout me revient à moi, ton Sultan et ton maître, à moi que tu te dois d'aimer parce que je suis le seul à pouvoir te protéger. »

Abdul-Hamid effleura la nuque de Naksh-i-dil. Il

avait un tel pouvoir sur cette... cette *étrangère.* S'il voulait, il pourrait écraser son crâne de ses deux mains, lui transpercer la poitrine avec le poignard qu'il portait au côté, refermer ses mains puissantes sur son cou. Il pourrait l'abandonner à l'Eski Serai, l'envoyer au bûcher, la faire étrangler par les Bostanjis, égorger par l'Eunuque noir juste de l'autre côté de la porte, ou empoisonner par un Obadachi, ce soir, ou demain. Mais, grâce à elle, il avait engendré une nouvelle vie, son fils bien-aimé, le prince Mahmud. Il caressa Naksh-i-dil. La Vie. La Vie au lieu de la mort. Cela aussi, c'était possible.

Le visage du Sultan était marqué par l'ennui, la fatigue, l'âge. Ses yeux soulignés de khôl et ses cernes gris étaient creusés par les ombres dans la lumière vacillante. Il luttait contre la mort. Convaincu que son pouvoir ne tenait qu'à sa virilité, il était pris de panique, sans cesse en quête d'un nouvel aphrodisiaque... d'encore plus de pornographie pour se prouver qu'il était toujours vivant, qu'il pouvait toujours faire trembler les hommes. Il confondait l'Empire et son propre corps, et il avait encore besoin d'un Empire de chair fraîche et soumise. « Ne peut-on en conclure qu'un homme qui n'a jamais quitté le sérail manque de l'intuition dont sont douées la moitié des femmes du harem ? » se demanda Naksh-i-dil en se penchant vers le Sultan pour lui servir son café.

Une esclave avait apporté une cafetière dorée, qu'elle avait placée sur des braises dans un petit récipient suspendu au bout de trois chaînes. Deux autres esclaves tenaient un plateau recouvert d'un napperon en soie brodé avec les tasses, elles-mêmes posées dans des gobelets en forme de calices, les zarfs. Ceux d'Abdul-Hamid étaient gravés d'or et incrustés de corail. Naksh-i-dil prit une tasse, puis, à l'aide d'une petite serviette matelassée, attrapa la poignée de la cafetière et versa le café. Avec toute la délicatesse possible, d'un geste habile et gracieux, elle la tendit à Abdul-Hamid. Naksh-i-dil aimait cette lente cérémonie et le contact délicat de chacun des objets précieux. Cela apaisait son esprit et lui rappelait son apprentissage avec la première maîtresse du café. C'était aussi le prélude à leurs interminables parties de backgammon, qui, inévitablement, réveillaient en Abdul-Hamid son insatiable besoin de la posséder, car il aimait la voir tout excitée par le jeu.

Ils se mirent à jouer. Naksh-i-dil était vive, impitoyable. Ses mains ne faisaient qu'effleurer le plateau incrusté de nacre et d'ébène, tout était dans la rapidité. Le dé avait à peine touché la surface sertie de triangles noirs et blancs que ses pions étaient déjà en place. Abdul-Hamid regardait sa Kadine, ébahi. Ses cheveux coiffés en arrière, maintenus par un filet, lui donnaient une allure sévère, presque masculine. Elle se concentrait, au point de loucher, oubliant toute coquetterie.

Ils commençaient leur trente-deuxième partie consécutive de la nuit. Abdul-Hamid bâilla. Il lui avait appris à miser de l'argent, et Naksh-i-dil avait déjà gagné une fortune en jouant avec lui. Elle était la meilleure du harem. Elle battait également l'Eunuque noir. Naksh-i-dil sourit, satisfaite. Elle adorait gagner.

Il avait remarqué que les femmes qui avaient goûté aux plaisirs du jeu s'y adonnaient avec plus de passion encore que les joueurs les plus ardents. « Ce sont aussi les adversaires les plus redoutables », pensa le Sultan.

« Il est temps d'arrêter, Naksh-i-dil. »

Il tendit la main vers sa Kadine pour saisir, entre le pouce et l'index, le bord de son gomlek qui, tel le rideau d'un théâtre, s'ouvrit sur son buste parfait. Il ne la toucha pas. Immédiatement, le bout de ses beaux seins blancs veinés de bleu se dressa, comme par magie.

Le Sultan se sentit ému mais retarda encore le moment de la toucher.

Quand Naksh-i-dil leva les bras et les croisa derrière la tête, il souffla doucement sur ses pointes fardées, toujours sans la toucher ; puis elle s'assit, jambes croisées, et commença à exercer des pressions contre les coussins sur lesquels elle était assise, jusqu'à ce que, haletante, elle s'agrippât aux épaules de son mari. Il défit alors son *halwar,* dévoilant ainsi son mont de Vénus rasé, tout blanc, et son kouss écarlate. Il l'effleura d'abord de ses lèvres et de ses cils, ce qui lui arracha des gémissements de plaisir, et enfin la pénétra en posant sa bouche sur ses seins.

Dans l'aube naissante, Abdul-Hamid cria tandis qu'il bougeait au plus profond d'elle-même, qui le serrait et le relâchait, l'aidait dans ses moments de faiblesse par ses contractions, pour lui donner l'illusion d'une puissance qu'il n'avait plus. Elle était sa favorite.

Naksh-i-dil observait le Sultan endormi, qui tenait sa vie entre ses mains aussi fortuitement qu'il caressait le poignard attaché à la taille. Elle imaginait la myriade de châtiments qu'il pourrait lui infliger, hormis la mort. Soudain, elle se toucha furtivement la gorge, comme on toucherait un objet inanimé.

LIVRE III

Ramadan 1789

Le calendrier musulman, qui commence en 622 après Jésus-Christ, la première année de l'Hégire, est établi selon des cycles de trente ans : dix-neuf années de trois cent cinquante-quatre jours et onze de trois cent cinquante-cinq. Pendant le neuvième mois de l'année, celui du Ramadan, les musulmans jeûnent du lever au coucher du soleil, et la nuit, tout est permis.

1

NAKSH-I-DIL
1789

Le Ramadan se termine quand on ne peut plus distinguer un fil blanc d'un fil noir.

Le Coran.

Quand Abdul-Hamid mourut, les cadavres aux portes d'Ochakov n'avaient pas encore commencé à dégeler.

« Tu m'avais promis, dit Naksh-i-dil à Hitabetullah d'un ton tranchant. Tu m'avais promis de protéger le Sultan et Mahmud ! Je t'ai *achetée* pour que tu les gardes en vie. En vie ! Or, on a tué le Sultan, on l'a empoisonné... »

Hitabetullah se retourna vers Naksh-i-dil et lui répondit d'un ton froid :

« Je te dis, Madame, que ton Sultan est mort d'avoir le cœur brisé, pas par le poison. Si quelqu'un l'a tué, ce sont les Russes. »

Hitabetullah tenait la main de Mahmud. Naksh-i-dil baissa les yeux un instant vers son fils, puis demanda à son esclave de l'emmener. Dans une main elle tenait un tespi, dans l'autre un rosaire. Les quatre-vingt-dix-neuf grains ambrés de son tespi pesaient dix fois plus lourd, dans ses mains tremblantes. Si le rosaire oriental représentait la sécurité, le pouvoir, voire même la divinité, le titre de Validé, de Diadème des Têtes voilées, l'autre représentait la damnation éternelle. En revanche, si le rosaire occidental représentait la race blanche, le salut, la civilisation, tout ce à quoi elle avait cru dans ce monde chrétien devenu imaginaire, l'autre représentait l'exil, l'esclavage, le martyre et la damnation éternelle. La Kadine joignit les mains, suppliante ; les deux rosaires, celui d'ambre et d'ivoire, s'entrechoquaient, s'entrelaçaient comme les mondes qu'ils symbolisaient. Elle poussa un cri, comme celui d'un petit animal pris au piège.

Le mardi 7 avril 1789, Edris Aga se rendit à la Cage des princes d'un pas chancelant, le visage gris de fatigue et de chagrin, les yeux rougis.

« Sélim, de par la volonté de Dieu Tout-Puissant, le trône de vos ancêtres vous attend. Venez saluer la dépouille de votre oncle », annonça-t-il.

Sélim comprit, à ces mots, qu'il était le nouveau Sultan.

Il suivit Edris. Le Kislar Aga ouvrit la porte de la Cage et se dirigea vers le sanctuaire de Hirka Serif où reposait le corps d'Abdul-Hamid. La pièce n'était pas vide. Naksh-i-dil Kadine s'y trouvait déjà, silencieuse et immobile.

Edris s'avança vers la femme en pleurs, mais Sélim l'arrêta.

« Laisse-la », murmura Sélim.

L'Eunuque noir partit annoncer la mort du Sultan au Divan, ce qui faisait aussi partie de ses attributions.

Il regarda derrière lui une seule fois, et une fois seulement, il se laissa aller à penser que Sélim avait peut-être trahi Abdul-Hamid. Mais très vite, il se reprit : il avait un nouveau maître, et il le servirait comme il avait servi le précédent.

Sélim III devait régner dix-huit ans, un mois, vingt-deux jours, quatre heures et vingt-cinq minutes selon les astrologues.

Après le départ de Sélim, Naksh-i-dil resta encore auprès du corps de son mari, seule dans la pièce sombre.

À mesure que se répandait la nouvelle de la mort du Sultan, des cris, des pleurs, des gémissements, résonnaient dans le harem, à travers les couloirs, les corridors, les dortoirs et les jardins du palais. Mais ces bruits lui semblaient loin, très loin d'elle. Abdul-Hamid était mort dans ses bras, terrassé par la défaite d'Ochakov. Les victoires de l'armée de Catherine et la progression des Russes le long du Danube avaient réussi à briser ce vieux souverain cynique.

Abdul-Hamid avait régné quinze ans, deux mois, dix-sept jours et quarante minutes, comme l'avaient prédit ses astrologues.

« Il n'y a pas d'autre Dieu qu'Allah et Mahomet est son prophète. Il n'y a pas d'autre Dieu qu'Allah et Mahomet est son prophète. » La voix de Naksh-i-dil s'éleva presque comme un cri, quand elle répéta pour la troisième fois : « Il n'y a pas d'autre Dieu qu'Allah et Mahomet est son prophète. »

Étonné, le Kislar Aga qui était à nouveau entré dans le sanctuaire observait la Kadine chrétienne.

« Que disais-tu ? demanda-t-il.

— J'ai répété trois fois : Il n'y a pas d'autre Dieu qu'Allah et Mahomet est son prophète. »

Les yeux de Naksh-i-dil brillaient dans la pénombre. La seule solution pour survivre dans cette jungle — la seule solution pour elle et pour son fils Mahmud —, c'était de devenir comme eux : elle devait renoncer à sa foi, adopter celle de Mahomet. Survivre, rien d'autre ne comptait.

Naksh-i-dil s'agenouilla, seule avec son chagrin, les doigts entrelacés dans ses rosaires, désormais inséparables.

Là ilâha illa-Llâh Muhammad Rasûl llahi, « Il n'y a d'autre Dieu qu'Allah et Mahomet est son prophète. »

C'était la phrase qu'elle avait lue au-dessus de la porte du harem qui s'était refermée sur elle huit ans plus tôt. Elle sursauta en entendant le doux appel de la foi et des cris effrayants : « Yangshinvar ! » « Au Feu ! » Les énormes tambours de bois résonnaient et les hurlements se confondaient avec le tonnerre des coups donnant l'alerte.

Edris Aga paraissait ne rien comprendre. Cette... cette petite chrétienne... cette *fanatique* du prophète Jésus... cette idolâtre de la Vierge Marie... était devenue renégate. Le témoin noir, plongé dans ses pensées, regardait la blanche giaour lutter avec sa conscience et avec son Dieu. Comme si lui, Edris Aga, n'existait pas. Comme si ce spectacle, pour lui, n'était pas révoltant. Edris s'approcha de la malheureuse Kadine, dont les gémissements étaient encore amplifiés par la petite coupole, se demandant qui elle pleurait, son Sultan ou elle-même ? Mais Naksh-i-dil était décidée. Elle servirait son nouveau Dieu jusqu'à la mort et détesterait le Dieu qui l'avait abandonnée.

L'Eunuque noir recula d'un pas comme si l'ardeur que Naksh-i-dil, désormais la renégate, mettait dans ses prières pouvait le brûler.

2

MIHRISHAH VALIDÉ
1789

Le harem n'assista pas aux funérailles du Sultan. Le corps d'Abdul-Hamid, après avoir été lavé et habillé, fut emporté par les eunuques noirs jusqu'à la Porte de la Félicité. Là, le Kislar Aga remit la dépouille au Grand Mufti, et le convoi funèbre se forma tandis que les pensionnaires du harem regardaient par les hautes fenêtres disparaître leur maître. Celles qui pleuraient pleuraient d'abord sur elles-mêmes car tout esclave craint de mourir à la mort de son maître.

Précédé par le *Mutafaraga,* le Grand Mufti portait le turban du Sultan au bout d'une lance à laquelle était attachée la queue d'un cheval, symbole du pouvoir temporel. Derrière lui suivaient les janissaires, les *Muallem Bostaniyan-i,* les *Svlachi Hassa* et le reste de la garde impériale. Officiers et notables rejoignirent la procession dans la Première Cour, conduits par le maître des cérémonies. Les hallebardiers portaient les armes du Sultan défunt, et les derniers d'entre eux traînaient l'étendard royal dans la poussière à laquelle allait retourner le Sultan. Le cortège funèbre se dirigeait vers le mausolée d'Abdul-Hamid. Il fallait que le Sultan arrive au paradis le plus vite possible. Plus tôt il arriverait, plus tôt il répondrait aux questions des archanges Gabriel et Michel qui, s'ils étaient satisfaits des réponses, lui ouvriraient les portes du ciel. Les réponses lui avaient été soufflées par le Mufti qui lui avait ensuite scellé les oreilles avec de la cire pour que les paroles ne s'échappent pas. Le long des rives avaient pris place des pleureuses qui s'arrachaient vêtements et cheveux, et tandis que le soleil couchant enflammait l'horizon et lançait des reflets pourpre et or, le convoi serpentait dans les faubourgs d'Istanbul.

Aux portes arrivèrent les pachas et les nobles, certains en grand deuil, d'autres avec seulement de petits turbans noirs auxquels étaient attachés de longs morceaux de tissu qui traînaient sur le sol. Les porteurs d'étendards avançaient avec les drapeaux, la pointe dirigée vers le bas. Tous les étalons du Sultan étaient couverts de velours descendant jusqu'à terre, ils étaient les seuls à pleurer le Sultan : on leur avait mis du poivre dans les yeux et du tabac dans les naseaux. Dans le grand silence de la procession, on n'entendait qu'eux, mais ils faisaient plus de bruit qu'un torrent.

Tout était prêt dans le harem pour accueillir le nouveau souverain. Les femmes étaient prostrées, et le silence terrible.

Mihrishah, la mère du Sultan Sélim III, était maintenant Validé, Reine des Reines, Femme de Modestie, Impératrice des Têtes voilées, avec pouvoir de vie et de mort sur le harem et tous ceux qui en faisaient partie. Après avoir passé quinze ans au Vieux Palais, où elle s'était plongée dans l'astrologie et avait distribué des horoscopes falsifiés sur la glorieuse destinée de son fils, elle en émergeait triomphante. Mihrishah était d'origine circassienne et avait appartenu au Grand Mufti Vely Efendi qui l'avait donnée, à neuf ans, au Sultan Mustafa III. La blancheur extrême de sa peau, ses yeux bleu océan, la beauté de sa chevelure blond cendré lui avaient valu les faveurs du Sultan et elle avait donné naissance à Sélim en 1761. Toute la sagesse politique de la Validé Mihrishah s'était développée dans l'ombre du sérail et pour elle, la loi du harem était claire : les favorites étaient les servantes, les épouses les inspiratrices, les mères les souveraines. Mais elle était restée chrétienne.

La guerre perpétuelle entre la mère du Sultan et les Kadines était aussi codifiée par la loi. C'est Mihrishah qui arrangerait les mariages des pensionnaires du harem (si la dot offerte par leur famille était suffisante) et qui recevrait, ainsi que Yusuf Aga, son intendant et favori, une commission honnête. Sa fortune déjà considérable allait donc encore s'accroître quand elle aurait revendu une partie du harem d'Abdul-Hamid aux officiers et aux pachas du royaume, sauf bien sûr les mères des princes, comme Naksh-i-dil. La fortune d'Edris Aga aussi, quand il décrirait aux futurs maris le physique, le caractère et les biens de chacune des pensionnaires.

De l'avènement ou de la mort d'un Sultan dépendait le sort de chacun. Les dispenses étaient entre les mains de l'Eunuque noir. Les dots entre les mains de Mihrishah. Les contrats de mariage entre les mains de Yusuf Aga. Le reste du harem finirait à l'Eski Serai, le Palais des Larmes, à la charge de l'État jusqu'à la mort.

Les cris et les lamentations de la population planaient encore au-dessus des eaux mordorées, et Naksh-i-dil avait même l'impression d'entendre des murmures monter des profondeurs : c'était peut-être les centaines de cadavres couchés au fond du Bosphore qui accueillaient les nouveaux venus. Des dix épouses d'Abdul-Hamid, qui resterait à la cour de Mihrishah ?

Dans les corridors silencieux, Sineprever passa près de Naksh-i-dil. Elles n'avaient jamais été amies. La beauté imposante de Sineprever et son tempérament hautain avaient toujours tenu Naksh-i-dil à distance, et elle n'était pas bien sûre que Sineprever n'ait pas comploté contre Abdul-Hamid. En tout cas, ce n'était pas à elle de l'aborder : le protocole exigeait que ce soit Sineprever qui lui parle la première puisqu'elle avait à présent la préséance sur toutes, sauf sur Mihrishah Validé. Sineprever avait elle aussi un fils à protéger, Mustafa, né en 1779 — Mahmud et lui avaient six ans de différence —, qui ne régnerait que s'il survivait à Sélim. Les chances pour Mahmud d'accéder au trône étaient donc minimes. Sineprever n'avait rien à craindre pour elle... à moins que ? Pouvait-elle imaginer Naksh-i-dil intriguant contre Sélim ou Mustafa pour faire avancer son fils ? De quoi Sineprever la croyait-elle capable ? Elle essayait de rester aussi impassible que possible, tandis que Sineprever la scrutait sans la moindre trace d'émotion. Toute la beauté de Sineprever résidait dans son teint mat, ses cheveux couleur d'ébène, ses sourcils bien dessinés aussi noirs que ses yeux impénétrables soulignés de khôl et ombrés de cils immenses. Le reste de son visage, son nez pointu, ses lèvres fines, son menton déterminé, et ses pommettes saillantes qui lui donnaient une expression slave, était moins remarquable. Apparemment, son nouveau rôle de mère du prince héritier lui avait fait oublier la langueur du harem.

Naksh-i-dil et Sineprever étaient les vétéranes blessées et victorieuses des guerres du harem. Plutôt que de Kadines rivales, elles avaient le regard de deux combattantes au repos.

Trois des Kadines allaient sans doute finir leurs jours à l'Eski Serai, pensa Naksh-i-dil en s'asseyant dans l'ombre de sa cour, sauf si Mihrishah en décidait autrement. Mehtap, Neveser, et la première Ikbal, Aatice, avaient été autorisées à épouser des officiers de l'État. Quant à Fatima-Shebsefa et Humashah, deux autres épouses d'Abdul-Hamid, il n'y avait plus de question à se poser sur leur sort : elles étaient mortes. Le Sultan avait d'ailleurs fait ériger une mosquée en souvenir de Humashah.

Vingt-quatre heures auparavant, Naksh-i-dil était encore en sécurité et aimée, Mahmud avait un père. À présent, son avenir était aussi incertain et inconnu que celui d'un nouveau-né.

« J'ai peur, dit-elle tout haut.

— Je sais. J'ai le pouvoir de te protéger, dit une voix au-dessus d'elle.

— Pourquoi ?

— Parce que je te veux... »

Naksh-i-dil releva la tête et vit les yeux pâles de Hadidgé.

3

LE SULTAN
1789

S'il est dit qu'un jour je monte sur le trône de l'Empire, voilà quelle sera ma devise : ma tête roulera comme un boulet de canon sur un champ de bataille plutôt que de m'incliner devant une épée russe, et encore moins devant une femme, ou de renier la religion de mes pères... ma devise sera la vengeance.

SÉLIM III.

Le troisième jour du règne de Sélim III, il fit particulièrement beau, mais dans les airs planait un aigle solitaire, qui vint troubler un groupe de mouettes paisibles, provoquant des cris aussi troublants que des rires hystériques.

Le Sultan était arrivé à l'Arsenal à midi, escorté de sa suite. Il avait fait venir son lieutenant général Nasif Efendi sur le terrain de parade sans arbres, brûlé par le soleil, puis avait ordonné qu'on lui tranche la tête. Et la tête avait roulé, de façon absurde, vers son ancien maître, dessinant comme un point d'interrogation devant la pointe recourbée des bottes jaunes du Sultan.

Sélim soupçonnait depuis longtemps l'homme qu'il venait de faire décapiter de l'avoir rendu stérile en lui administrant certains poisons. Son premier acte officiel en tant que Sultan avait été un acte de vengeance.

La population de l'Arsenal, qui avait été contrainte d'assister à l'exécution, était frappée de stupeur. Le père Delleda, le nouveau confesseur de la Validé chrétienne et l'unique Européen de la suite du Sultan, s'était évanoui. Le reste de l'entourage paraissait terrifié. Sur les trois cours de Topkapi régnait le silence. Un silence effrayant.

Le Kapi Aga, l'Eunuque blanc, qui se trouvait dans la cour de l'Arsenal, fut pris d'une sueur froide sous sa robe de cérémonie vert et jaune. L'aga se souvenait que le règne d'Abdul-Hamid aussi avait commencé par un acte de vengeance personnelle et que l'ancien Sultan était mort de mort violente — en effet, l'Eunuque blanc était persuadé qu'Abdul-Hamid avait été empoisonné. Son regard croisa celui du Kislar Aga. Leurs yeux semblaient se dire que cette cruauté spectaculaire allait hanter Sélim tout au long du règne. L'Eunuque blanc et l'Eunuque noir savaient qu'il n'y avait aucun moyen de garder cette exécution secrète. Aucun moyen de cacher cet outrage aux janissaires ou d'empêcher les astrologues de faire de lugubres prédictions.

Le Kapi Aga regarda Sélim s'éloigner. Le Sultan était extraordinairement beau malgré les traces de petite vérole qui marquaient sa peau claire, avec un visage aux traits réguliers, encadré d'une barbe teinte en brun foncé, presque noir. Son regard paraissait serein, même en ce moment, mais exprimait quelque chose de féroce. Comme tous les Osmanlis, il était court de jambes et aurait toujours meilleure allure à cheval qu'à pied. Ce jour-là, sa robe écarlate ondoyait dans la forte brise qui soufflait de la mer, la plume de son turban tremblait, comme prise d'hystérie, et sa tunique s'ouvrait, découvrant des pantalons de soie rose aux mille plis qui tombaient sur ses pieds chaussés de jaune. Comme tous les autres Sultans, il avait dû se choisir une occupation, c'étaient les lois de l'Empire qui l'exigeaient. Le Kapi Aga sourit. Sélim avait choisi de faire de la broderie.

Le Sultan leva les yeux vers les hauteurs du sérail où il avait été retenu si longtemps prisonnier. A présent, il régnait en despote absolu sur un huitième du monde, et pourtant, sa métropole, Istanbul, regorgeait de représentants des puissances européennes qui commandaient à la police de sa nation, le contraignaient à tolérer leurs intrigues et leurs activités d'espions, et se croyaient les maîtres de *sa* destinée. Sélim se retourna pour regarder la troupe de courtisans qui descendaient derrière lui la colline. Il était entouré d'une armée de parasites et de sycophantes qui lui baiseraient les pieds s'il le désirait, et qui vivaient dans la peur.

Partout on priait avec ferveur pour sa vie et sa gloire ; et pourtant, il ne pouvait pas faire un pas sans craindre d'être assassiné. Pour cette partie du monde qui le regardait, de tous les monarques de l'univers, il était le plus imposant, le plus redoutable, mais pour la partie du monde que lui regardait, il était le roi le plus faible qui eût jamais existé.

Dans son uniforme écarlate, l'esclave qui se trouvait devant lui tremblait visiblement. Sélim le repoussa. Est-ce qu'il devenait fou ? Pouvait-il encore se fier à quelqu'un ? Ishak Bey était en France. En dehors de Mihrishah et de Hadidgé, le docteur Lorenzo était la seule personne en qui il eût confiance... C'est Lorenzo qui l'avait aidé à supporter sa solitude lorsque, complètement ignorant du monde extérieur, il était enfermé dans la Cage des princes. Jamais plus il ne se compromettrait avec qui que ce soit. Désormais, il resterait maître du secret que seuls partageaient avec lui Ishak et Lorenzo : sa conspiration avec la France. Prince, il aurait fait n'importe quoi pour détrôner Abdul-Hamid. Sultan, la conspiration devenait sa propre ennemie. Il ne pouvait plus faire confiance aux agents, aux espions comme Ishak et Lorenzo. Ils avaient une odeur de trahison. Et en plus, ils étaient témoins de la sienne.

Toujours debout, l'Eunuque blanc regarda avec horreur le visage tourmenté de son maître. Sélim venait de décapiter le commandant en second de la flotte, un des meilleurs officiers de l'Empire ottoman. Tout le monde faisait erreur en pensant que le nouveau Sultan aurait une destinée glorieuse, songeait le Kapi Aga. Sélim était décevant, secret, capricieux et despotique. En levant les yeux sur le Sultan qui hurlait, il se rendit compte que la folie menaçait Sélim.

Au harem, l'arrivée d'un nouveau Sultan sur le trône faisait l'effet d'un tremblement de terre. Les têtes tombaient, les destinées changeaient, les rêves s'évanouissaient, les alliances se brisaient, et les pouvoirs étaient acquis ou perdus pour toujours. En un laps de temps très court, sept jours, tout ce qui subsistait de l'ancien harem devait disparaître. C'était comme une révolution : les femmes d'Abdul-Hamid se demandaient si elles allaient être vendues, mariées, ou exilées à l'Eski Serai. Cette dernière solution étant la seule possibilité pour les mères des princes, qui, eux, seraient enfermés dans la Cage des princes du Sélamlik aussi longtemps que régnerait Sélim.

On installait de nouveaux appartements pour les

Kadines de Sélim et, au milieu de toute cette confusion, la Kiaya essayait de consoler Naksh-i-dil.

« Mahmud n'a que quatre ans, et ils vont déjà me l'enlever, j'en suis sûre... »

Naksh-i-dil regarda Mahmud à moitié enfoui dans les plis de son pantalon. Il portait tous les jours une robe de cérémonie, car personne ne savait à quel moment l'Eunuque noir viendrait le demander, or, il devait être prêt. Les Kadines de Sélim, Husni-Mah, Afitab, Zibi-fer, Nefizar et Nourichemes, étaient déjà arrivées avec leurs esclaves et leurs eunuques.

Naksh-i-dil secoua durement le petit garçon, communiquant sa propre terreur à son fils qui se mit à pleurer. Ses pleurs se mêlèrent aux hurlements, aux cris, aux ordres et contrordres des esclaves.

« Oh, mon Dieu, pensait Naksh-i-dil, faites qu'ils ne me le prennent pas ! Pas encore. Mais quel Dieu prier ? Celui du croissant ou celui de la croix ? » Sans dire un mot, elle prit dans ses bras l'enfant en pleurs. Quel réconfort pouvait-elle lui apporter ? Ils allaient venir, ces hommes.

« C'est à la Validé de décider, Naksh-i-dil, murmura la Kiaya. On sait que Mihrishah est clémente. »

Elle croisa les doigts et fit le signe de croix à la façon des muets.

Tout en serrant Mahmud contre son cœur, Naksh-i-dil pensait à Hadidgé. Elle seule pourrait convaincre sa mère, la Validé, de ne pas l'exiler à l'Eski Serai. Depuis le couronnement de son frère, Hadidgé ne lui avait pas adressé la parole, ne lui avait fait parvenir aucun message ; elle n'avait pas paru au harem. Naksh-i-dil ne pouvait qu'attendre. Le devoir de la nouvelle Validé était de maîtriser toutes les passions, toutes les terreurs, et de contrôler par sa seule volonté, sa force et son tempérament, tous les éléments dissidents du harem. C'était la Validé, et elle seule, qui modèlerait le comportement des quatre cents femmes sous ses ordres. Elle choisirait aussi bien celles qui partageraient le lit de son fils que les esclaves pour les cuisines du harem. Elle pourrait tuer ou bannir.

Le sixième jour, l'Eunuque noir vint chercher Mustafa. Les cris déchirants et les pleurs de Sineprever jetèrent l'effroi dans le harem jusqu'à ce qu'elle parte pour l'Eski Serai. Naksh-i-dil avait déjà assisté à la séparation d'une esclave d'avec son enfant, mais à l'époque, l'idée qu'un tel chagrin pourrait lui être un jour infligé ne l'avait pas effleurée un instant. Avec Hitabetullah, elles emmenèrent Mahmud dans les jardins du harem, loin des cris de Sineprever, loin des yeux du Kislar Aga. Naksh-i-dil serra dans les siennes les petites mains de son fils.

« Jamais je ne te laisserai, Mahmud. Peu importe combien d'années il nous reste à vivre, je resterai avec toi. J'ai renoncé à Dieu pour toi. Depuis ce jour, c'est toi que je considère comme l'ombre d'Allah sur Terre — pas Sélim. »

Mihrishah entra officiellement à Topkapi le lendemain. Le Kapi Aga, seigneur de la Porte, les hallebardiers et l'Eunuque noir avaient été avertis la veille. Son fils Sélim n'aurait jamais pu imaginer cortège plus extraordinaire. Sous le soleil d'avril brillant et chaud, du sérail au palais impérial, les rues d'Istanbul étaient bordées de janissaires au garde-à-vous, épaule contre épaule. En tête du cortège avaient pris place les sergents du Divan, un bâton d'argent à la main, et sur la tête de hauts turbans bordés d'or qui se noyaient dans la mer de drapeaux islamiques en soie émeraude. Au-dessus de cette foule verte, les sergents chevauchaient des étalons persans dont les queues avaient été tressées et trempées dans du henné. Suivait le lieutenant de la

Validé, Yusuf Aga, qui portait une pelisse d'hermine neuve et un haut turban blanc signalant son rang de pacha fraîchement acquis. Derrière lui marchaient les hallebardiers, armés d'épées à quatre tranchants et vêtus de peaux de léopard. La musique des tambours, des flûtes et des cuivres couvrait le bruit de la foule massée derrière les janissaires. Le Kislar Aga conduisait la voiture grillagée de la Validé, vêtu d'une robe de cérémonie blanche bordée de renard aussi noir et aussi lumineux que son visage implacable. À l'intérieur du carrosse attelé de six chevaux blancs était assise Mihrishah, visage dévoilé, ce qui était son privilège. Entourant la voiture, à pied, trois cents gardes du corps distribuaient de l'argent à la foule qui les acclamait. La voiture de la Validé était suivie d'une file de voitures plus petites, longue d'un demi-kilomètre, qui transportaient ses esclaves et ses meubles. La procession dura deux heures, et quand elle passa la Sublime Porte, juste derrière le dôme doré de Sainte-Sophie, Sélim, monté sur son cheval favori, dans une armure d'acier et d'or, s'avança pour l'accueillir, suivi de son propre cortège de quarante agas.

« Tu es la Kadine renégate », dit la Validé chrétienne.

Les yeux bleu azur de la nouvelle Reine mère croisèrent les yeux verts de Naksh-i-dil, comme le ciel rencontrerait la mer. Il n'y avait ni amitié ni hostilité dans le regard de Mihrishah. La tâche qu'elle avait à accomplir était de débarrasser le harem des épouses d'Abdul-Hamid, et de laisser la place à celles de son fils, et c'est ce qu'elle avait l'intention de faire. En voyant Naksh-i-dil, elle se souvint de la manière dont la mère d'Abdul-

Hamid l'avait exilée à l'Eski Serai : elle s'était montrée sans pitié.

Naksh-i-dil comprenait qu'une Validé restée chrétienne pouvait la condamner. Les longues années d'attente ne semblaient pas avoir marqué Mihrishah. Ses longs cheveux blonds étaient toujours soyeux et superbes, son regard direct, mais son sourire lui parut énigmatique.

« Notre Dame, murmura Naksh-i-dil.

— Pourquoi as-tu renié ta foi ? demanda Mihrishah.

— Pour mon fils, le prince Mahmud », répondit Naksh-i-dil.

Mihrishah regarda le petit garçon habillé de brocart et de soie qui se tenait à côté de sa mère. Naksh-i-dil serra Mahmud contre ses genoux, protectrice, puis le prit dans ses bras.

« Ah, oui, notre petit mâle. Un joli petit garçon. Un enfant a besoin de sa mère aussi longtemps qu'il lui est permis de la garder près de lui, ce qui ne dure guère, dit Mihrishah.

— Inch Allah », murmura Naksh-i-dil.

Ce n'était pas le moment de tergiverser. Elle était musulmane. Elle défendrait sa nouvelle foi et son fils, pour qui elle avait sacrifié son Dieu. Implorante, elle scruta les yeux de Mihrishah. La Validé embrassa tout à coup Mahmud, et la jeune mère se retrouva à genoux, tête baissée, les mains jointes. Ce n'était pas l'attitude d'une musulmane, mais celle d'une chrétienne. Mihrishah le remarqua.

« Ce que tu exprimes vraiment, mon enfant, c'est la volonté de Dieu Tout-Puissant et de son fils Jésus... » Elle tendit la main et releva la jeune femme toute tremblante. « Quel âge as-tu ?

— Pas encore vingt-trois ans. »

« Il lui reste une éternité à vivre », pensa la Validé.

« Tu peux rester. »

Naksh-i-dil sentit la salle bleu et blanc vaciller autour d'elle, et Hadidgé Sultane apparut soudain à côté d'elle, tel un ange gardien capricieux.

« On m'a dit, poursuivit la Validé, que tu savais lire et écrire. Tu pourras me servir de secrétaire... Es-tu satisfaite, ma fille ?

— Puisses-tu vivre jusqu'à cent ans, Mère, répondit Hadidgé.

— Peu importe, ma fille, puisque j'ai vécu assez longtemps pour voir mon fils Sultan. »

Les yeux de la Validé s'assombrirent soudain, comme si un battement d'ailes d'une des *âmes damnées* du Bosphore avait brouillé leur bleu incroyable. Mihrishah oscilla doucement, et les plis de sa robe alourdie de bijoux, surchargée de pierres précieuses et de perles, se heurtèrent comme le cliquetis d'un rosaire.

Cette Américaine calme, entêtée, malheureuse, fascinait et troublait la Validé.

Si Mahmud et sa mère étaient en sécurité, du moins pour l'instant, c'était grâce au caprice de Hadidgé... qui fut émue en prenant dans la sienne la main douce et froide de la Kadine, pour l'accompagner à travers les galeries et les jardins jusqu'à ses appartements. Aucune des deux femmes ne parla avant d'avoir passé la Cour des Favorites, où elles s'arrêtèrent face à face. Naksh-i-dil parla la première, à voix basse :

« Quand je suis venue ici... il y a longtemps... il m'a été interdit de me laisser toucher par une autre femme ou d'en toucher une autre... sauf la Kiaya. Elle s'appelait Kurrum.

— Naksh-i-dil, tu sais ce qui se passe dans le harem...

— Je voulais être Kadine. Je voulais que rien ne m'en empêche. Je voulais Mahmud. Je n'ai jamais noué d'amitiés avec les autres femmes, même quand elles s'offraient à moi... Hadidgé, se peut-il que tu m'aimes ? »

Au lieu de répondre, la Sultane commença un poème. Elle adorait dire des vers.

Le soleil effleure l'eau où tu te baignes.
Ce qui par nature éteint les flammes retient mes feux.
Hélas ! Ce que tu me refuses, tu l'accordes à d'autres
qu'à celles de ton sexe, qui sont d'autres toi-même.
Fuis l'étreinte des hommes qui n'ont que mépris pour les femmes. Ils n'aiment que celles qui leur ressemblent.
Avec nous, accomplis-toi, dans la plénitude passionnée
que ne méritent pas les hommes.

Allait-elle dire la vérité à Naksh-i-dil ? Allait-elle lui avouer qu'elle *voulait* la posséder ? « L'amour a tellement de visages, pensait-elle. Comment cette Kadine peut-elle ignorer que l'amour entre femmes est exactement le même que l'amour entre hommes et femmes ; un mélange de besoin et de pouvoir, de désir et de solitude. » Hadidgé n'aimait que son frère. C'était de Sélim dont elle rêvait. C'était à Sélim qu'elle réservait ce reste de tendresse que lui laissait sa féminité atrophiée. Elle l'aimait. Pourquoi aimerait-elle quelqu'un d'autre ? Aimer un autre homme était dangereux. En prenant Naksh-i-dil, non seulement elle ne trahissait pas Sélim... mais Mahmud lui appartenait un peu...

La lumière jouait sur leurs visages d'une égale beauté. Le bruissement des feuilles et la senteur du jasmin osaient s'immiscer dans ce silence étrange. Étant la plus vulnérable et la plus jeune des deux, Naksh-i-dil devait montrer le plus de force. Si elle ne devenait pas l'esclave de Hadidgé, il lui faudrait devenir son maître, car elle-même avait eu assez de maîtres.

« Si nous devons nous aimer, dit Naksh-i-dil, alors, que les choses soient claires entre nous. Tu me considères comme ton esclave. Mais moi, je me considère comme ton égale. Je peux te rendre heureuse, Hadidgé. Je peux aussi te faire souffrir.

— Je le sais, Naksh-i-dil Kadine..., répondit Hadidgé, bien qu'elle fût persuadée que personne ne la ferait jamais souffrir.

— Tu sais pourquoi ? interrompit Naksh-i-dil sans écouter.

— Je sais pourquoi les femmes souffrent, dit Hadidgé, parce qu'elles aiment...

— Parce que même sans te connaître ou sans t'avoir jamais touchée, je sais sur toi des choses qu'aucun homme ne peut savoir. »

Et Naksh-i-dil approcha son visage de Hadidgé pour l'embrasser, et glissa sa main sous le *dolma* raffiné de la Sultane, puis dans l'ouverture de son pantalon. Hadidgé sursauta, mais, par fierté peut-être, ne protesta pas. Au contraire, elle lui rendit son baiser tandis que Naksh-i-dil la retenait toujours prisonnière de sa main. Puis elle la lâcha, pour ne serrer que sa taille, tandis qu'elle sentait monter la chaleur de sa propre excitation. Leurs poitrines se touchaient. La Kadine laissa glisser sa main sur l'épaule de la Sultane, un court instant, mais elles entendirent quelque chose, ou quelqu'un, trembler derrières elles — une ombre fugitive, des branches qui s'agitaient ou simplement leur propre appréhension.

Une fois seules dans les appartements de la Sultane, Hadidgé plaça ses pieds nus sur ceux de Naksh-i-dil ; elle la tenait avec force tout en bougeant contre elle. Leurs cheveux étaient défaits, le roux mêlé au blond, dissimulant presque entièrement la sensualité de leur amour. Hadidgé contraignit Naksh-i-dil à se mettre à genoux, lui appuya la tête contre son ventre lisse, et soudain, elle aussi se retrouva à genoux, avant de succomber à la bouche de Naksh-i-dil : elle poussa un cri une fois, deux fois. Puis Hadidgé à son tour renversa la Kadine, bien décidée à donner à ce corps allongé, en attente, autant de plaisir qu'elle en avait reçu. Elle l'amena au bord de la jouissance, puis au-delà, si fort que Naksh-i-dil poussa cet affreux sanglot qu'elle avait gardé au plus profond d'elle-même. Ensuite, Naksh-i-dil prit Hadidgé comme un mâle, la martelant, la forçant, l'élargissant de plus en plus, jusqu'à ce que ce gémissement jamais oublié s'échappe encore.

Hadidgé avait tout soigneusement préparé pour séduire Naksh-i-dil, mais elle n'avait pas compté sur les instincts et le sens de la stratégie d'une Kadine de harem. Sans défense, elle s'était voluptueusement abandonnée à son savoir-faire : Naksh-i-dil lui avait révélé sa vraie féminité.

« Reste ici, dit-elle. Je vais chercher Mahmud. »

Lorsqu'elle revint avec le petit garçon et sa nourrice, les deux femmes s'emparèrent du petit Sultan, l'étouffant dans un cocon de velours et de soie. Puis Hadidgé l'attira dans ses bras et le couvrit de baisers.

Naksh-i-dil avait tout prévu. Maintenant, c'était sûr. Mahmud avait deux mères.

Cela faisait plus de deux mois qu'Ishak Bey avait appris la mort d'Abdul-Hamid. L'archange Michel était enfin au pouvoir, mais l'archange Gabriel attendait qu'il lui fasse signe pour se mettre en route. Trop de dangers le menaçaient de toutes parts. Comme disait le vieux proverbe ottoman : « Celui qui s'élève tel le brouillard à l'aurore jusqu'au plus haut degré d'honneur accordé par la grâce du Sultan disparaîtra avant la nuit. »

Or, un jour, il prit connaissance de cette lettre :

Ramadan

Constantinople, le 4 juillet 1789.

À Sélim III, successeur des plus célèbres des Sultans, le plus noble des Khans, renommé pour sa bonté, distingué par les rois, pilier de l'Islam, que votre gloire ne cesse de croître chaque jour, très honorable et magnifique Empereur, Ombre d'Allah sur Terre, défenseur de la Foi, ayez la bonne grâce d'accepter mon hommage et mon plus profond respect tandis que je me prosterne devant vous.

Il y a trois ou quatre jours, Ismail Bey est venu me demander en votre nom ce que faisait Ishak Bey et pourquoi il repoussait depuis si longtemps son retour à Constantinople. Depuis qu'Ishak Bey s'est rendu en France pour y représenter Votre Seigneurie, il y a reçu toutes les marques de respect et de considération qui lui sont dues.

Je me suis empressé d'annoncer à ma cour l'heureuse accession de Votre Seigneurie au trône de l'Empire ottoman, et, supposant que vous aviez ordonné le retour d'Ishak Bey, j'ai écrit à mon Roi en ce sens.

Le très humble serviteur de Votre Seigneurie,
Choiseul-Gouffier,
ambassadeur de Sa Très Chrétienne Majesté
Louis XVI.

« Oh, Jésus ! » s'exclama l'archange Gabriel. Ishak Bey était autorisé à rentrer chez lui.

4

HADIDGÉ SULTANE
1789

Il y a quatre plaisirs dans la vie : le plaisir d'une heure, qui est l'union sexuelle ; le plaisir d'un jour, qui est le bain ; le plaisir d'une semaine, qui est la dépilation ; et le plaisir d'un an, qui est d'épouser une vierge.

La Tradition du Prophète Mahomet, 632.

Quand, dans l'arrière-boutique, l'inconnue releva son voile et laissa tomber le manteau de cachemire qui l'enveloppait, le jeune homme eut la surprise de voir une femme nue luire dans l'ombre comme une lune pleine. Ce jeune homme, qui s'appelait Haroun, ne savait rien d'elle, sinon qu'elle était riche, noble, et d'un si haut rang que la seule évocation de son mari suffisait à lui glacer le sang. Jamais il ne saurait qui elle était, ni ne la reverrait.

Les femmes de la noblesse connaissaient les avantages du voile. S'il soustrayait leur visage aux regards des hommes, il le cachait aussi aux yeux d'un mari jaloux, d'un père ou d'un amant. Le voile et le manteau d'une femme étaient sacrés, à l'égal des portes du harem. Pas un mari sur mille n'aurait reconnu son épouse sous le voile, ni osé la toucher en la croisant dans la rue. Et l'amant, n'ayant jamais vu dévoilée la femme de son meilleur ami, ne pouvait savoir qu'il faisait justement l'amour avec elle.

Lorsque le manteau tomba, le jeune homme s'agenouilla et s'élança en aveugle vers la chair offerte. La femme se laissa glisser à terre, sur le cachemire, et dit, sans préambule, poésie ou allégorie :

Je suis la femme parfaite
De celles dont rêvent les rois
Je vis pour être prise
Étang aux larges hanches

Que ton serpent choisisse
La route la plus longue
Élargisse mon chemin
Et besogne sans trêve

Demeure jusqu'au matin
Ne termine pas plus tard
Sinon finis en hâte
Avant que ne sonne l'heure.

Elle le regarda se déshabiller, comparant sa beauté à celle des hommes qu'elle avait connus. Et lorsqu'il lui souleva les jambes pour les poser sur ses épaules, comme les ailes déployées d'un grand oiseau blessé, elle attrapa son châle pour étouffer ses cris, détourna la tête et le carré de soie humide, froissé, emplit sa bouche et se mêla aux lèvres du jeune homme, à son haleine, à sa salive.

La Sultane et son élu firent l'amour avec ferveur, l'expérience de l'une répondant à la jeunesse impétueuse de l'autre, jusque tard dans la soirée.

Puis elle se leva, s'enroula dans son ferigee, ramassa son manteau et sortit d'une poche intérieure un petit poignard serti de pierres précieuses dont s'armaient les hommes et les femmes turques, pour le glisser entre les jambes du garçon assoupi. Le poignard valait le salaire de toute une vie.

Ainsi enveloppée de ses deux voiles qui la couvraient de la tête au bout des pieds, il était impossible de la reconnaître.

Hadidgé sortit par la porte arrière de l'échoppe. Elle avait vingt-quatre ans ; c'était son anniversaire, et elle venait de tromper son mari. Avant de s'enfoncer dans le quartier juif de Galata, elle sonda de ses yeux sombres la rue déserte, sale et mal éclairée, puis décida d'aller voir sa demi-sœur dans son nouveau palais, de l'autre côté du Bosphore, où Beyhan et elle pourraient bavarder tranquillement et dîner ensemble. Sa voiture la laissa près du caïque qui l'attendait. Hadidgé se sentait épuisée après cet après-midi d'amour. Elle avait besoin d'un bain et de compagnie. Sa demi-sœur Beyhan Sultane s'était mariée jeune, comme le voulait la coutume, mais vivait seule à Istanbul. Elle s'occupait de la petite Esma qui avait douze ans, et que Sélim avait décidé de marier à son ancien page, Huseyin Kuchuk, pour le remercier de l'avoir protégé à l'époque de la conspiration de Halil Hamid. Dans les bains de Beyhan, propre et parfumée, elle s'endormirait dans du satin, sous un édredon, un reste de loukoum dans la bouche... et elle pourrait consoler Esma.

Hadidgé était grande et dépassait la plupart des femmes turques. Quand elle marchait, son corps paraissait se balancer dans le vent, comme les cyprès de Topkapi, laissant derrière elle le parfum qui la caractérisait, un mélange très particulier de musc, de cannelle et d'ambre gris, ses longues mains aussi, toujours en mouvement, avaient l'air de suivre les caprices du vent. Il lui semblait que si elle se montrait plus calme, elle profiterait moins de la vie qu'elle ne s'y sentait autorisée.

Toujours soutenue par Sélim, Hadidgé faisait maintenant ce qu'elle voulait de sa vie et de son argent. Et sa prodigalité était déjà devenue légendaire.

La Sultane, en descendant de voiture, s'efforçait de repousser le désespoir qui l'assaillait après chacune de ses aventures. Le souvenir du corps de ce garçon sans nom s'évanouissait déjà. Quand elle avait une histoire d'amour, elle passait toujours trois ou quatre mois incognito, sans avoir à craindre une indiscrétion de son amant, car il savait sa vie en danger. Le châtiment de l'adultère était soit la mort par inanition, soit la strangulation. En cas d'adultère avec une giaour, c'était pire encore ; les amants étaient enfermés dans un sac en cuir et jetés dans le Bosphore ou du haut d'un rocher. Et, après tout, elle était une femme mariée.

Hadidgé monta dans son caïque noir et or, qui quitta silencieusement son mouillage et glissa sur les eaux calmes du golfe. Elle tira les lourds rideaux de la cabine, et son pilote alluma des torches, qui jetèrent de grandes ombres sur les rameurs, amplifiant leurs gestes silencieux, tandis que leur lumière se reflétait sur les vagues soulevées par les rames des esclaves en mille étincelles.

Arrivée au palais de Beyhan, Hadidgé se rendit directement aux bains. Là, elle laissa tomber son manteau à la porte, sous l'œil ahuri de l'esclave nubienne qui se précipita pour le ramasser et lui passer un gomlek. Mais Hadidgé refusa la chemise de mousseline, entra et disparut dans un nuage de vapeur.

La Sultane s'étendit au bord d'un bassin et regarda son corps aussi stérile que les steppes de Bursa. Elle avait été stérilisée à la venue de ses premières règles, car la loi interdisait aux filles et aux sœurs des Sultans ottomans de donner naissance à des enfants mâles. Un garçon était étouffé dès l'instant où il voyait le jour, par la même main qui l'avait mis au monde. La stérilisation était l'alternative à l'infanticide. Quel intérêt, pensait Hadidgé, de donner naissance à des filles qui, même si elles vivaient, ne seraient jamais considérées comme des sultanes, mais seulement comme des *Hanums,* le titre attribué à toutes les femmes nobles.

Shah Sultane, l'autre sœur de Sélim, vivait elle aussi loin de Topkapi et du harem. Son mari, qui n'avait ni titre ni fonction, n'avait pas été admis à la cour d'Abdul-Hamid, mais depuis que son frère était Sultan, Shah pouvait se rendre officiellement au Palais, et son époux avait été couvert d'honneurs, de revenus et de fonctions. Quant à Beyhan, qui était veuve, elle se contentait de construire des palais sur le Bosphore et de prendre des amants. Elle s'était installée en ville, dans un grand palais d'été le long du canal de la mer Noire, près de Bechik-Tash. Seule Hadidgé restait attachée à ce sanctuaire qu'était le harem, allant et venant au gré de ses envies. Toutefois ses aventures n'apportaient ni paix ni réconfort à sa nature agitée. « Et même si des hommes ont trouvé la mort par ma faute, se dit-elle, qu'est-ce qu'une mort de plus ou de moins, alors que j'ai moi-même la mort au ventre, partout et pour toujours ? Qu'est-ce qui pourrait bien consoler mon pauvre corps ? »

Hadidgé s'allongea et se livra aux mains expertes des esclaves du bain qui pétrissaient et massaient son corps, la délivrant de son amertume, et lui rendant l'espèce de léthargie cynique qui la caractérisait. La douleur, lentement, se dissipa dans la chaleur et la brume. Bientôt, bientôt elle allait renaître.

Quand Hadidgé entra dans la salle de réception de Beyhan, elle se sentait un peu plus sereine. Une balustrade de piliers traversait la pièce, laissant au centre un large passage à des marches qui donnaient accès à une estrade où Beyhan était assise en tailleur. Les murs couverts de dorures étaient percés de niches et de recoins circulaires ornés de boiseries ouvragées comme des stalactites. « Décidément, pensa Hadidgé, Beyhan y va un peu fort en matière de décor. » L'ensemble donnait plutôt l'impression d'un cercueil doré que d'un palais. Il n'y avait aucun meuble, seulement un divan qui occupait toute la longueur de la pièce, flanqué de colonnes de marbre et couvert de velours bleu pâle brodé d'argent. Beyhan fumait une chibouque, dont le long tuyau atteignait un vase lui aussi doré.

Pieds nus, Hadidgé caressait les tapis de soie empilés. Il y en avait au moins une cinquantaine entre les deux princesses. Beyhan étant vêtue comme son salon, Hadidgé la distinguait à peine des murs. Ce fut le timbre si particulier de sa voix qui la guida.

La petite Esma était allongée, perdue dans des coussins, sur un divan à côté de Beyhan. Dans quelques mois, elle serait mariée. La jeune Sultane était dotée des sept attributs cardinaux de la beauté ottomane : la peau blanche, des sourcils droits et noirs au-dessus d'yeux en amande, un nez droit, une taille fine, de superbes cheveux longs, et des hanches larges. Elle avait de belles mains, délicates, teintes au henné, avec des ongles blancs et polis, et une petite bouche, la plus petite du harem, dont les coins se relevaient comme des ailes.

Cela donnait l'impression qu'elle était toujours prête à éclater de rire. Et son rire aigu, strident, à la fois surprenant et provocant était célèbre. « Quel gâchis ! » se dit Hadidgé.

Bien sûr, Esma aussi était stérile. La Kiaya Roxanne et le Kislar Aga lui-même avaient supervisé cette opération délicate, qui se faisait dans le plus grand secret et le plus grand mystère. Un mélange de pommades, de drogues et d'herbes, soit directement appliqué, soit administré par voie orale, atrophiait lentement les trompes à peine développées de la victime, sans provoquer d'hémorragie, sans laisser de trace.

« Hadidgé ! cria Esma, se soulevant sur un coude. Oh, Hadidgé ! »

Hadidgé rit et courut l'embrasser. Cela faisait bien longtemps qu'elles ne s'étaient pas vues, et pourtant Esma ne semblait pas du tout surprise de sa visite.

Le salon de Beyhan était faiblement éclairé par des bougies en cire et des lanternes multicolores qui projetaient des motifs sur les murs en carrelage bleu. Esma Sultane, appuyée contre ses oreillers en soie, tirait lentement sur sa pipe de tabac en écoutant Hadidgé, mais elle pensait surtout à son mariage.

Cette année-là, le mariage d'Esma fut le seul intermède dans la vie monotone du harem, sauf pour Mustafa qui, enfermé dans la Cage des princes, ne fut pas autorisé à y assister. Dans un *Yali* sur le Bosphore, Esma, assise sur un trône, reçut les félicitations de tout l'Empire. Vinrent d'abord les autres princesses, Hadidgé, Beyhan Durrushevar et Shah, puis les épouses et les filles des ministres et des vizirs de Sélim, qui baisèrent le sol avant de se relever pour saluer la

Sultane. Les hommes furent installés dans le Sélamlik, séparé des quartiers des femmes, comme dans toutes les maisons ottomanes.

Le Yali que Sélim avait loué était immense, avec quatre grandes salles de réception et environ quarante pièces. On en avait installé d'autres dans les jardins pour les invités, mais cela ne suffisait pas encore à accueillir l'immense foule de dignitaires venue assister au mariage. Les princesses se retrouvèrent à deux ou trois par chambre, pour qu'il soit possible de loger les autres femmes de la noblesse. Il y avait tant de monde dans les vestibules et les salles du rez-de-chaussée, qu'Esma avait plutôt l'impression d'assister au Jugement dernier qu'à son propre mariage.

Les repas furent servis séparément aux personnalités de premier rang, dans leurs chambres, alors que celles du second ou du troisième rang eurent droit à des tables communes. Esma dîna seule chez elle, comme le voulait la coutume, sur une petite table pliante en argent, couverte d'un linge blanc, sur laquelle étaient placés un plateau avec une cuiller également en argent pour la soupe et le pilaf, et une autre en corail pour le dessert, deux serviettes de table imprégnées de parfum, une assiette dorée entourée de petits pains, d'olives, de caviar et une carafe d'eau. Mais Esma n'avait pas faim.

Hadidgé dîna également seule dans sa chambre. Quand elle n'avait pas la bouche pleine, elle pleurait de rire en repensant à l'incident du jour : la femme de Vassif Pacha et la fille de Hassan Aga s'étaient retrouvées dans les salles de réception, coiffées et vêtues exactement de la même manière : le même tissu, la même coupe, les mêmes franges, les mêmes atours, jusque dans les moindres détails. Cela avait donné un spectacle des plus comiques et des plus pathétiques, à la limite de l'hystérie, car, pour des femmes, le fait de porter des toilettes identiques était considéré comme le signe extérieur d'une amitié réciproque qui passait les limites admises par la morale — ce qui n'était vraiment pas le cas. Hadidgé s'était donné beaucoup de mal pour féliciter les couturières, les coiffeuses et les marchands de soie de ces deux dames, qui lui avaient fait un jour une remarque sur ses amitiés particulières. Elle tenait simplement à leur rendre la monnaie de la pièce.

La fête dura trois jours. Une salve de quatorze coups de canon célébra l'événement et Istanbul fut illuminée et festonnée de fleurs. Les drapeaux écarlates de l'Empire ottoman et ceux, verts, de l'Islam flottaient en haut des mâts. Des milliers de lanternes éclairaient les cortèges conduits par les hérauts, celui du couple étant précédé de deux cents mulets chargés de tapis, de meubles, de vases en or et en argent, et escorté par un contingent d'eunuques moitié noirs, moitié blancs. La foule saluait, acclamait. Les rues de la capitale regorgeaient de monde. On distribua du pain et des olives à tous, et un banquet fut servi par deux cents serviteurs qui ne formaient qu'une seule ligne de la cuisine aux tables. De tout l'Empire étaient arrivés des cadeaux.

Le deuxième jour, Sélim rendit visite à Esma dans les appartements préparés pour les femmes du harem qui avaient été invitées au mariage. Un léger sourire dissimulé derrière sa barbe, le Sultan regarda tout autour de lui de ses immenses yeux bruns soulignés de noir, il paraissait presque timide. Il salua sa mère qui avait consulté l'astrologue royal, les astronomes, les magiciens et les Oulémas pour déterminer la date du mariage, Hadidgé, son autre sœur de sang, Shah, puis il se tourna vers les Kadines, les Ikbals et les Kiayas. Une bouffée de son parfum atteignit Naksh-i-dil. Quand elle leva les yeux, elle rencontra les siens une fraction de seconde et y lut du désespoir. Ensuite, imperturbable, il fit un signe de tête pour appeler Esma, qui ressemblait à une poupée de porcelaine dans son caftan vert pâle bordé d'or et de perles, avec sur la tête le diadème en diamants que lui avait offert son mari. Il l'accompagna dans un appartement privé, où ils restèrent enfermés plus d'une heure.

À la fin de la journée, deux esclaves tendirent un drap rouge devant la Kiaya Roxanne. Celle-ci y prit par poignées des pièces d'or et d'argent, pour les lancer du haut de l'escalier dans le vestibule. « On dirait un champ de blé », pensa Naksh-i-dil, qui se tenait à côté de Hadidgé : les invités se courbaient et se relevaient comme des épis caressés par le vent, se précipitant pour ramasser le tapis de pièces brillantes dans un envol de voiles en soie. Cela faisait tellement de bruit qu'on n'entendait plus la musique.

Le mariage eut lieu le troisième jour, et le cortège officiel défila à nouveau à travers les rues d'Istanbul. La ville dansait ; les rues étaient ornées de lanternes, de fleurs, d'arcs de triomphe en bois. Les eunuques avançaient, lançant de la poix bouillante pour ouvrir le passage, et des janissaires jetaient des pièces pour que s'écarte la foule. Cette nuit-là, les canons de Topkapi grondèrent, mais les Ikbals et les Kadines, de retour au harem, n'eurent droit qu'à un lointain écho des cérémonies : c'est seulement des jardins qu'elles purent écouter le grondement des canons et regarder les lumières des feux d'artifice.

Après le mariage d'Esma, Hadidgé emmena son nouvel amant dans les steppes de Cappadoce. Elle était amoureuse mais avait caché à tous le secret de son amour, même à Sélim.

L'homme et la Sultane firent halte à Sivas, l'ancienne capitale de l'Empire de Bayazid. La forteresse contrastait tellement avec le palais qu'elle faisait construire sur le Bosphore qu'elle éclata de rire, ses dents étincelant à travers le voile transparent qui lui servait surtout de bouclier contre la poussière. Hadidgé regarda le paysage grandiose et hors du temps. La Russie, la guerre, tout cela lui paraissait loin, très loin. C'était ici qu'elle voulait emmener son unique amour, au cœur même du plus grand Empire du monde. Cette terre avait appartenu aux Hittites — bien avant l'époque d'Alexandre le Grand. Pour vivre ici, nul besoin d'un palais, la tente de Genghis Khan suffisait, une tente assez grande pour accueillir cinquante femmes. Il fallait monter un cheval persan dans un cadre aussi prodigieux. Comment Catherine, cette vieille princesse allemande provinciale, méchante et laide en dépit de ses grands airs et de ses titres, pouvait-elle espérer apprécier un tel paysage ?

Elle, Hadidgé, était la vraie Européenne, la vraie aristocrate. Dans son sang coulaient des siècles d'histoire, de monuments incomparables et de villes impériales, et c'était là que se rencontraient Khans, Turcomans, Romains et Byzantins. L'émotion qu'elle ressentait dans cet endroit, en compagnie de cet homme, transcendait tout.

Hadidgé montait à califourchon, comme toutes les femmes turques, et à cru, déguisée dans un uniforme de janissaire, les cheveux cachés par un turban de coton blanc auquel était attaché son voile. Elle ralentit pour attendre Lorenzo et sentit frémir sous elle la chair chaude de son cheval épuisé. Ses cuisses lui faisaient mal et elle était essoufflée, mais elle rayonna de plaisir quand son amant la rejoignit.

Le docteur Lorenzo Noccioli fronça les sourcils pour se protéger du soleil, heureux de sentir la présence de la princesse à ses côtés. Désabusé comme il l'était, il avait été aussi surpris que Hadidgé par leur passion réciproque et sincère. Elle avait vingt-quatre ans, et lui quarante-sept : il avait passé l'âge des grandes déceptions, des grands élans et des amours adolescentes. Pourtant, ils étaient là, ensemble, elle la musulmane, lui le chrétien, elle la princesse, lui l'agent double. Ils n'avaient pas de passé à se raconter, pas d'avenir dont ils pourraient rêver, et ils étaient plus heureux qu'ils ne l'avaient jamais été. Tous leurs souvenirs s'étaient consumés dans ce paysage immense, parsemé à l'infini de formes et de cratères volcaniques, comme un cimetière de tombes ouvertes. Ils se remirent en route alors que les derniers rayons du soleil dessinaient sur ces étendues fantastiques, extraterrestres, comme des portes menant au centre de la terre.

Soudain, les deux cavaliers s'arrêtèrent net, tout excités par cette course effrénée en pleine vitesse. Les cuisses et les hanches de Hadidgé étaient crispées par l'effort et le désir. Depuis qu'elle était jeune, on l'avait vue souvent chevaucher ainsi des heures durant, le corps brûlant. Mais, cette fois, Lorenzo était à ses côtés. Elle n'avait qu'à tourner la tête pour regarder son beau profil gravé au burin dans la lumière. Elle rapprocha son étalon du sien, leurs genoux se touchèrent. Il lui tendit les bras et elle s'abandonna. Dans ce paysage grandiose, leur étreinte avait quelque chose de pathétique.

Hadidgé, sous lui, se taisait, presque subjuguée, comme si, même avec toute sa volonté, elle ne parvenait pas à briser le silence oppressant de la nature. Et Lorenzo pensait à la musique, aux mélodies italiennes qui s'entrelaçaient, à la fois douces et poignantes.

5

LORENZO
1790

Au roi de France, gloire des plus augustes Princes de la religion de Jésus, pilier des grands qui reconnaissent le Messie, conciliateur des affaires publiques du peuple chrétien de France, défenseur de la foi chrétienne...
Plusieurs fois, vous nous avez demandé une réponse concernant la paix. Grâce à Dieu, notre Empire ne craint pas la guerre, et notre ardeur n'est pas amoindrie. Nous ne voulons pas faire la paix. Si nous obtenons les conditions inviolables que nous souhaitons, nous y consentirons peut-être. Mais soyez aimable de vous souvenir que peu nous importe la guerre ou la paix.

SÉLIM III à Louis XVI.

Cela faisait plusieurs mois qu'Ishak Bey était arrivé à Istanbul, et comme Sélim refusait toujours de le recevoir, il faisait le tour de tous ses vieux amis pour essayer de savoir pourquoi, de tous les pages qui avaient passé leur jeunesse avec Sélim dans la Cage, il était le seul à être ignoré du Sultan.

Ce cher Huseyin Kuchuk, qui était maintenant vice-amiral de Hassan Gazi, lui conseillait de quitter Istanbul.

« Sélim soupçonne tout et tout le monde, même son Grand Vizir. Ishak, le moment ne paraît pas très propice... pour ton retour. J'en suis désolé...

— Mais ma lettre du roi de France... mes cadeaux ! Et c'est Sélim qui a demandé au roi de m'envoyer ici ! »

Alors même qu'il prononçait ces mots, Ishak se rendit compte à quel point ses arguments étaient stupides. Qui diable aurait voulu recevoir un message d'un roi déjà presque déchu ? Qui pouvait être assez bête et malchanceux pour apporter ce genre de lettre, à part le dénommé Ishak Bey ? Pourquoi est-ce que le sort le rejetait systématiquement à la mer à chaque fois qu'il débarquait sur les rivages du Bosphore ?

« Gazi ne t'a jamais pardonné d'avoir profité de sa grâce pour filer en France avec une lettre de Sélim alors qu'Abdul-Hamid vivait encore... Tes ennuis viennent de lui, pas tellement de Sélim. Si tu veux vraiment rester, au moins sois discret, et pour l'amour du ciel, ne fourre pas ton nez partout... »

Tout ce que pouvait faire Ishak Bey, c'était attendre. Ou partir. Il attendit. C'est comme cela qu'il renoua avec Lorenzo Noccioli.

D'humeur joviale et expansive, le docteur promit vaguement à Ishak d'intervenir auprès de Sélim, mais sans en avoir réellement l'intention. Ishak était l'homme de la France, alors que lui, Lorenzo, avait changé de camp. Il travaillait maintenant exclusivement pour les Autrichiens.

À l'Amirauté, le frère d'Ishak, Ismail, fut encore plus catégorique.

« C'est la guerre, et nous l'avons quasiment perdue sur le front est, dit-il à Ishak. Sélim est monté sur le trône avec l'idée de se venger, de reprendre la Crimée, Ochakov, et tout ce que Catherine nous a pris. Pour financer cette campagne, le Sultan a envoyé publiquement tout son or et son argenterie à la monnaie impériale pour qu'ils y soient fondus, et a ordonné à tous les notables de l'Empire de faire de même. Il est interdit d'utiliser de l'or ou de l'argent dans les maisons, ou d'en porter sur soi. Tous les sujets mâles entre quinze et seize ans ont été réquisitionnés.

« L'Empire est au bord du désastre, continua Ismail. Sélim a rappelé un vieux corsaire algérien de son poste sur la mer Noire, pour le nommer Grand Vizir et commandant en chef de son armée. Mais il est incapable d'administrer à la fois le gouvernement et l'armée, du coup tout va à vau-l'eau. Le Grand Vizir a essayé de reprendre le contrôle du Bug et du Dniepr, mais sa tentative a été déjouée par le général Souvorov. Avec les Autrichiens, les Russes ont écrasé les défenses du Danube. Ils sont prêts à pénétrer dans l'Empire, à moins qu'un miracle ne se produise...

— Mais que pourrait-il bien se passer ? demanda Ishak.

— Eh bien, expliqua Ismail, Sélim veut poursuivre la guerre un été de plus, pour qu'au moins ses deux ennemis lui rendent ce qu'ils ont pris en échange de la paix. Il a émis un ultimatum : l'alliance ou la paix... Et l'Europe tout entière a *besoin* de la paix. Des idées séditieuses de révolution se répandent à travers tout le continent et provoquent un malaise général. L'Autriche est particulièrement affaiblie par des troubles internes. Il nous suffirait d'une victoire, pour qu'avec les Suédois et les Polonais, et l'accord tacite de l'Angleterre et de la Prusse, nous imposions la paix à l'Autriche et à la Russie rien qu'une victoire.

— Imposer la paix par la force. » Ishak sourit. « Voilà une idée neuve. »

La première initiative militaire de Sélim avait été une attaque surprise le long des rives du Rimnik. Il lui avait fallu trois jours pour apprendre que, trois heures après le lever du soleil, sur les cent mille hommes qu'il avait, cinquante-sept mille étaient morts, vingt-sept mille blessés, dix mille faits prisonniers, et que six mille avaient déserté en abandonnant tentes, canons et artillerie, pour fuir vers le Danube. Chose incroyable, Souvorov avait traversé les Balkans et rejoint les Autrichiens à Rimnik, au moment même où le Grand Vizir de Sélim avait jeté ces cent mille hommes dans la bataille, dans l'espoir de sauver l'honneur de l'armée musulmane.

Après sa défaite, il avait battu en retraite, traversé le Danube et s'était suicidé.

Les Russes avaient écrasé la marine ottomane dans la mer Noire, et leurs navires approchaient de Constantinople. Une autre flotte, commandée par le pirate napolitain José de Ribas, avait bloqué l'embouchure du Danube, interdisant le passage à toute galère turque qui aurait pu s'y aventurer. Le prince de Cobourg était entré en Valachie et avançait vers Bucarest. Laudon bombardait Belgrade, et la Serbie tout entière serait bientôt à la merci des Autrichiens. Le Sultan perdit ainsi Bender, Akkerman, la Moldavie et la Bessarabie. C'est dans cette situation quasiment désespérée que Sélim avait rappelé, une fois de plus, Hassan Gazi pour le nommer Grand Vizir, chef des armées sur terre et sur mer.

Or, pour Gazi, une seule question se posait :

Comment Souvorov avait-il eu connaissance des plans de la bataille de Rimnik ?

Sélim, qui avait toujours vécu en pleine trahison, n'était guère étonné d'avoir été trahi. Pourtant, il n'avait confié ses plans qu'à une seule personne, rompant ainsi la loi sacrée qui veut qu'un Sultan ne se confie à personne. Hadidgé. Il en avait parlé à Hadidgé Sultane, sa sœur.

« À qui as-tu communiqué mes plans ?

— À personne.

— Tu mens, Hadidgé. J'ai eu tort de me confier à toi, mais maintenant j'exige la vérité.

— À Lorenzo.

— Le docteur Lorenzo ? » demanda Sélim, éberlué.

Lorenzo : un traître. « Bien sûr, pensa Sélim. Un traître envers un Sultan reste toujours un traître envers un Sultan. »

« Mais tu n'es pas sûr que c'est lui ! s'écria sa sœur. D'autres pouvaient être au courant ! Le Divan !

— J'ai interrogé le Divan au grand complet. Il n'y a pas de traîtres...

— Comment peux-tu en être sûr ? répéta Hadidgé.

— Simplement parce que Lorenzo a plus de cinquante mille piastres chez le banquier juif Calmin. Parce qu'il est à la solde à la fois des Français et des Autrichiens. Parce qu'il lui fallait encore plus d'argent que je ne lui en donnais. Parce qu'il voulait partir riche d'ici, et retourner en Italie.

— Non.

— Te quitter, ma sœur, c'était cela son plan. Nous avons même trouvé son passeport, et son voyage était déjà payé... Il devait partir dans trois jours.

— Non, dit Hadidgé, ce n'est pas possible ! Tu ne veux pas le tuer !

— Non, je ne veux pas le tuer, Dieu m'est témoin. »

Le Champ de la Mort dominait le plus beau point de vue du Bosphore et de toute l'Asie. C'était une épaisse forêt de cyprès, d'acacias et de sycomores, et de loin les monuments funéraires blancs ressemblaient à d'immenses temples en ruine. Comme les Ottomans étaient nés de l'Asie, dans la mort ils se tournaient vers elle. Lorenzo Noccioli décida de couper par le cimetière pour se rendre à l'Arsenal où on l'avait convoqué. L'ombre et la paix y étaient telles qu'on avait l'impression de rentrer dans une grande cathédrale à demi illuminée. Chaque pierre, posée à l'horizontale, portait des inscriptions régulières et élégantes en arménien ou en grec, et pour la plupart une sculpture, symbole de la profession du défunt : un marteau, une faux, des plumes, des colliers ; un banquier était représenté par une échelle, un prêtre par une mitre, un barbier par un plat, un chirurgien par un scalpel. Lorenzo passa près d'une pierre tombale sur laquelle était sculptée une tête séparée de son tronc — la tombe de quelqu'un qui avait été assassiné.

Il commençait à faire sombre, mais s'il était facile de se perdre dans les rues sinueuses d'Istanbul, Lorenzo savait qu'ici c'était impossible. Les plus petits sentiers conduisaient à des routes et à des cours éclairées par des lanternes. Que l'on monte vers la lumière, ou que l'on marche, tête baissée, le long des couloirs de verdure, on rencontrait toujours quelqu'un et on distinguait sans cesse des voix derrière des haies : certains déjeunaient sur l'herbe près des tombes familiales, des amants se donnaient des rendez-vous secrets, on tombait tout à coup sur des objets noirs, dont la nature mystérieuse était brusquement révélée par un rai de lumière : c'était un vieux qui fumait la pipe, ou une femme voilée qui nettoyait une tombe.

Le docteur Lorenzo se rendit compte trop tard qu'il avait commis une erreur en voulant traverser le Champ de la Mort. Il aurait fait plus vite en prenant, avec son serviteur, le chemin habituel. Il allait être en retard. Brusquement, il s'arrêta. Il avait senti le lacet sur son cou avant même d'avoir entendu des pas, ou le grognement et le bruit sourd de son serviteur qui était tombé derrière lui, mort. Lorenzo glissa sa main entre sa gorge et le tranchant du lacet qui le coupa jusqu'à l'os, faisant jaillir le sang par la manche ouverte de sa robe. Le temps d'un éclair, Lorenzo se rappela la nuit où Sélim lui avait dit en lui prenant la main : « Tu es mon ami, oui, mon ami, car je ne ressemble à personne ; j'en suis conscient. On veut me tromper, mais toi, tu me diras la vérité. Je te le demande au nom de mon père Mustafa, qui a été si bon pour toi. » Lorenzo luttait, le corps tordu vers le soleil couchant, le visage illuminé, les yeux exorbités. Devant lui, le globe enflammé du soleil grossissait à mesure qu'il descendait, puis il plongea dans l'épaisseur des nuages, leur donnant les couleurs fabuleuses d'une immense fournaise. Peu à peu, le globe disparut et les flammes diminuèrent lentement en passant par tous les imperceptibles degrés de pâleur.

Lorsque, encore jeune homme, il habitait Naples, Lorenzo avait toujours regretté de n'avoir jamais assisté à une éruption du Vésuve, ce qui, pensait-il, devait être le spectacle le plus extraordinaire, le plus grandiose, qui puisse s'offrir aux yeux d'un homme. Depuis, il s'était consolé, car la plus belle éruption du Vésuve, crachant au-delà de ses mille mètres de circonférence, de la fumée, une pluie de cendres et des rivières de lave rouge, ne vaudrait jamais un coucher de soleil à

Constantinople, le splendide embrasement qui l'accompagnait, le sombre azur du firmament, la pureté de l'air, la couleur feu de l'Orient, dont le moindre phénomène de la nature était ici empreint. « Hadidgé », murmura-t-il en entendant craquer son cou brisé. Sa propre mort prenait maintenant les couleurs d'un embrasement absolu, cette perfection qu'il avait rêvée et que désormais il avait atteinte.

Le consul d'Autriche s'abstint de tout commentaire quand on retrouva les corps étranglés du docteur Lorenzo et de son serviteur. La délégation autrichienne s'assura qu'on n'avait touché à aucun des effets de Lorenzo, ce qui désignait, outre le mode de sa mise à mort, le sérail. Les Autrichiens n'émirent aucune protestation officielle. Il ne fut fait mention ni de la splendeur du coucher de soleil, ni de l'éruption du Vésuve. Ni de la mort d'un espion.

Naksh-i-dil s'attendait à trouver Hadidgé brisée de douleur. Mais elle était au contraire en proie à une colère glacée, fataliste.

« Qu'est-ce que je pouvais faire, Naksh-i-dil ?

— Et tu ne lui en veux pas ? Tu penses que Lorenzo méritait la mort ?

— Comment le saurais-je ? hurla Hadidgé. Qu'est-ce que je peux dire ? Comment veux-tu que je juge ? On ne m'a jamais appris la différence entre le bien et le mal ! »

Naksh-i-dil ouvrit la bouche, effarée. Son propre frère avait exécuté son amant, et Hadidgé ne savait pas s'il avait tort ou raison. Pourtant, il y avait si longtemps qu'elle-même ne s'était pas posé la question du bien et du mal dans ce monde délirant et amoral, qu'elle aussi se sentait perdue. Trahison. Perfidie. Hadidgé aurait-elle dû protéger Lorenzo de sa propre vie, ou le trahir au nom de son souverain et frère à qui elle avait juré fidélité ? Sélim avait condamné Lorenzo sans jugement. Hadidgé lui avait fourni la preuve, s'était faite son juge. Si Hadidgé avait un jour aimé Lorenzo, alors elle était un monstre. Et si elle ne l'avait jamais aimé, c'était une imbécile. Et elle, Naksh-i-dil, qu'est-ce qu'elle était ? L'esclavage l'avait-elle rendue totalement irresponsable de ses actes ? Et plus encore, irresponsable de son âme ? L'espace d'un instant, la crainte de Dieu la saisit, puis l'abandonna comme un petit animal dans la gueule d'un chien.

« C'est Hassan Gazi qui a demandé la tête de Lorenzo, dit Hadidgé d'un ton boudeur. Sélim ne voulait pas. Il me l'a dit, à moi, il ne *voulait* pas la tête de Lorenzo.

— Et tu l'as cru ?

— C'était son kismet, dit Hadidgé. J'avais fait jurer à Lorenzo de garder le secret. J'ai plaidé en sa faveur. Je l'avais prévenu. Mais *il* ne m'a pas crue. Il pensait qu'une fois de plus, il allait s'en tirer... qu'il allait pouvoir partir... »

Mais Naksh-i-dil savait tout aussi bien qu'elle que les avertissements ne servaient à rien.

« C'était son kismet, répéta Hadidgé, entêtée.

— Tu l'aimais, n'est-ce pas ?

— Peu m'importait alors s'il m'aimait ou pas. Ou si je lui étais seulement utile. Je n'ai jamais su s'il m'aimait vraiment... Les Occidentaux et leurs façons... les façons des *hommes* sont pour moi un mystère... Si seulement je pouvais être sûre qu'il m'a aimée... Mais je n'en serai jamais sûre...

— Et toi, tu l'aimais ?

— Je me suis trompée d'amour. »

Hadidgé Sultane n'avait pas la force morale nécessaire pour supporter le malheur ou l'amour. Elle avait été élevée ainsi.

« Petite Mère, écrivait le général Souvorov à l'Impératrice Catherine II à la fin du mois de juillet 1790, Izmail est à vos pieds. »

Izmail, sur le Danube, abritait une garnison de trente-cinq mille hommes et deux cent soixante-cinq canons. Les Russes, eux, disposaient de trente et un mille hommes, six cents canons, et de leur flotte.

Souvorov avait donné l'assaut de nuit après avoir prononcé ces mots : « Mes frères, pas de quartier : les provisions sont rares. » Les Ottomans s'étaient battus pour chaque rue, pour chaque maison. Le septième jour, la forteresse était tombée. Il y avait eu trente-trois mille morts, neuf mille prisonniers, dix mille maisons détruites par les bombardements, et quinze mille corps de femmes et d'enfants brûlés. Le pillage avait duré trois jours et rapporté deux millions de roubles, sans parler du prix des esclaves capturés.

Catherine II jouait avec son petit-fils Alexandre. Avant elle, peu de despotes avaient atteint un âge aussi avancé. Elle touchait au but : Sélim allait demander la paix, et elle garderait tout ce qu'elle avait gagné... Il lui restait encore un rêve à réaliser. Elle regarda l'enfant qu'elle considérait comme son successeur : ce serait lui qui le réaliserait, et non son fils Paul.

« *Solvogod,* chuchota l'Impératrice dans le creux de l'oreille de son petit-fils Alexandre.

« *Solvogod,* répéta Catherine en riant. Souviens-toi, parce que ça chatouille ! »

L'enfant à son tour se mit à rire.

Solvogod était l'ancien nom russe de Constantinople.

Le dernier jour de l'année, l'unique survivant du siège d'Izmail apparut devant Sélim, tel un spectre sortant d'une fosse commune.

Et pour la première fois, au milieu de cet immense désastre, Naksh-i-dil découvrit qu'elle pouvait avoir mal pour l'Empire des Ottomans.

6

L'*AMERICANA*
1792

Hassan Gazi mourut au milieu de la guerre, entouré de son unique femme et de son malheureux lion suralimenté. Son dernier ordre fut d'exécuter Ishak Bey.

Obsédé par les traîtres, les défaites retentissantes de l'Empire et la guerre impossible à gagner, Hassan avait très vite associé Ishak Bey à Lorenzo. Sans même demander à Sélim son avis, il avait envoyé Ishak en mission sur l'île de Lemnos, escorté de deux gardes de l'Amirauté qui avaient reçu l'ordre de se débarrasser de lui.

Le sort d'Ishak Bey était arrêté : sa vie errante et troublée stabilisée une fois pour toutes, à cause d'un malentendu. C'était comme si son destin lui disait : « Ishak, cette fois, tu es allé trop loin, tu as commis trop d'erreurs. Cette fois, ni ta beauté, ni ton intelligence, ni ton charme, ni ta chance ne te sauveront. Pourtant, à ta façon, tu as été un serviteur loyal et fidèle d'Allah, tu as été un bon musulman, un bon amant, un homme bon qui n'a jamais évalué le prix ou les conséquences d'une action, pourvu que sur l'instant tu aies cru que c'était une bonne idée... Ton fatalisme, si fatalisme il y a, vient de ta foi. La malédiction semble te poursuivre jusque dans ta beauté qui t'a interdit tout ce qui était dans les normes : famille, maison, fortune... Et pourtant, tu n'es qu'un homme *ordinaire*. Tu as simplement risqué ta vie dans tant d'endroits, dans tant de langues différentes que, de tous les titres, le seul qui te tienne encore à cœur est celui de “ fils de ta mère ”. »

Hassan Gazi mourut alors que le bateau sur lequel Ishak Bey était prisonnier se trouvait arrêté dans les Dardanelles. Mais l'ordre demeurait. Deux drogmans juifs qui venaient de parler avec les gardes avertirent Ishak de ce qui se tramait contre lui à Lemnos.

« Il te reste des amis, lui dirent les juifs. Saute du bateau. Il y a un corsaire algérien dans les Dardanelles. Nous lui avons demandé de t'enlever. Le jeune raïs a accepté pour la somme de cinq mille piastres.

— Mais je n'ai pas cinq mille piastres ! gémit Ishak.

— Le raïs en question a proposé de te faire crédit quand il a réalisé que tu étais le fameux Ishak Bey, l'ami de Suleiman Aga, le mathématicien, le vainqueur de...

— Assez ! » cria Ishak.

Le même jour, le navire du raïs Hamidou passa si près du bateau turc que d'un bond Ishak Bey recouvra la liberté.

« J'ai accepté de te faire crédit, lui dit le raïs Hamidou. Nous allons à Alger. »

Le jeune Hamidou n'était pas arabe, mais appartenait à cette partie de la population d'Alger que l'on appelait les « bâtisseurs de villes », et qui descendait de l'armée d'Alexandre le Grand. À vingt-neuf ans tout juste, il était déjà raïs. Élégant et courtois, rasé de près (il ne portait que la moustache), il ne correspondait pas du tout à l'image que chacun se fait d'un pirate barbaresque. À douze ans, il s'était enfui de chez son père, qui était tailleur, et il était entré dans la marine sous les ordres du raïs Barmaksis. C'est la mer qui avait forgé son caractère et fait de lui un allié généreux mais un ennemi implacable, c'est la mer qui lui avait donné ses yeux intrépides, sa foi fanatique, sa voix puissante, son rire d'enfant et sa nature simple. Ses hommes, tous aussi jeunes que lui, l'adoraient et lui obéissaient, mais pas par crainte. L'autorité dont Hamidou faisait preuve à bord impressionnait Ishak. Sur son bateau, chaque homme avait juré sur la tête de sa mère et sur le Coran d'obéir aux règles imposées, mais tous avaient le droit de s'exprimer sur les questions importantes. Bagarres et disputes étaient interdites en mer, tout devait se régler à terre. Et, chose étonnante, les musiciens du bateau étaient priés de jouer pour le plaisir tous les jours de la semaine, sauf le vendredi.

Le bateau de Hamidou avait été pris aux Portugais, et rebaptisé l'*Americana.* On lui en avait donné le commandement après la bataille d'Ochakov, car il avait été le seul capitaine de la flotte ottomane à avoir coulé un vaisseau russe, l'*Aleksander.*

Le jeune raïs était marié à une esclave vénitienne, et avait un fils qui portait le prénom de son grand-père : Ali. « Je veux qu'un jour mon fils soit fier de moi, disait timidement Hamidou. Je veux qu'il devienne un *efendi,* un gentilhomme et un officier de la marine ottomane. »

Lorsqu'ils arrivèrent à Alger, Hamidou demanda à Ishak de venir voir le nouveau bateau qu'il faisait construire d'après ses propres plans. La nouvelle frégate, le bateau de ses rêves, serait aussi rapide que possible et aurait une puissance de feu maximum. Il surveillait lui-même le moindre clou qu'on y plantait. Ishak contempla les lignes noires, sobres, de la coque, sans toutefois être en mesure d'apprécier les finesses de sa conception : son incroyable facilité de manœuvre, sa rapidité, ses voiles de douze mètres carrés et ses puissantes batteries de quatorze canons.

Le nouveau bateau fut baptisé *Americana II*. Quand il sortit de sa cale sèche pour glisser dans la baie, on ligota un esclave contre la proue. Ishak s'en montra choqué, et le raïs Hamidou contrit :

« Si j'avais su que cela te bouleverserait, lui dit-il, j'aurais sacrifié un agneau... »

Ishak dut à la mer et à la mort de Gazi de renaître à la vie. Sa propre innocence et sa détermination à tout recommencer s'en trouvèrent confortées. Quand il débarqua à Smyrne, sur la côte ouest de l'Asie Mineure, il fut accueilli par le consul de France, Amoureaux, qu'il avait autrefois connu à Versailles. Il regarda dans les yeux la fille du consul, Cosima, et sentit qu'il n'aimerait qu'une seule femme. C'est là qu'il quitta définitivement le raïs.

Ruinée depuis l'origine des temps par le feu, les tremblements de terre et les épidémies, dix fois détruite, dix fois reconstruite, Smyrne était la reine des cités d'Anatolie et le plus grand centre commercial du Levant, avec une population de juifs, de Francs et de Grecs. Sa position centrale en Méditerranée et la perfection de son port y attiraient les produits de tout l'Empire et le français y avait été adopté comme langue officielle bien que la ville eût appartenu à de nombreuses nations, et en particulier à l'Empire ottoman pendant quatre siècles. Le mont Pagus surplombait ses rues étroites et sinueuses et ses maisons toutes blanches avec des terrasses d'où surgissaient çà et là des rhododendrons ou des volubilis. Les roses surtout étaient la fierté de la cité, et leur parfum se répandait comme des nuages de soie tressée dans l'ombre et la lumière.

La maison d'Amoureaux, confortable et agréable, était située sur une butte qui donnait sur le golfe ; Ishak Bey s'y sentait tout à fait à l'aise et entretenait les meilleures relations du monde avec le père de Cosima : un veuf jovial, bienveillant, érudit et fatigué du monde, qui passait ses journées au lit, d'où il accomplissait ses tâches diplomatiques. Le consul était aussi un ami de longue date et un allié politique de Choiseul-Gouffier.

Cosima était tombée amoureuse d'Ishak. Et Ishak était amoureux de Cosima. Ce qu'il vivait était tellement différent de ce qu'il avait connu auparavant que, pour lui, ce fut une seconde résurrection. Il était trop jaloux de Cosima pour la séduire ; la seule solution, c'était de l'épouser. Il n'aurait qu'une seule femme. Renoncer à l'islam par amour pour Cosima ne lui semblait qu'un détail.

« Je n'ai qu'une foi et qu'un pays », disait-il toujours à qui voulait l'entendre.

Et il épousa Cosima, à l'église.

Cosima lui posait des milliers de questions sur sa vie : la cour, le sérail, le Sultan Sélim, le raïs Hamidou, les eunuques... mais elle en revenait toujours au harem, ce monde si particulier l'attirait comme un aimant. Comment un homme pouvait-il avoir sept femmes officielles et un nombre incalculable d'épouses ? Comment un homme pouvait-il avoir droit de vie ou de mort sur elles toutes ? Et le voile ? Comme au couvent, n'est-ce pas ? « Tant de luxe et de terreur rassemblés en un même endroit ! » s'écriait-elle. Cosima ne se lassait jamais de l'entendre lui parler des richesses de Topkapi, des costumes, des bijoux et des fourrures. Le harem lui répugnait et la fascinait tout à la fois. « Quand, dans une société, les nobles sont des esclaves, quel sens y a-t-il à parler d'esclavage ? » demandait-elle.

Ishak, lui, repensait à l'injustice qui avait constamment pesé sur lui, et restait hanté par la sentence de mort qui avait été prononcée contre lui, même si ce monde obscur, dangereux et sordide lui semblait bien loin du soleil de Smyrne et de Cosima.

« Un régicide ! » cria Cosima Amoureaux à son mari, Ishak.

La nouvelle de la décapitation du roi et de la reine de France était arrivée jusqu'à Smyrne. Le père de Cosima et Ishak évitèrent mutuellement de se regarder. Ils savaient déjà que le patron d'Amoureaux, Choiseul-Gouffier, avait fui en Russie, ce qui avait provoqué un scandale, car non seulement l'ambassadeur de France s'était réfugié en territoire ennemi, mais il avait fait partir devant lui la collection d'antiquités grecques destinée au Louvre. Pour sauver leurs têtes, ils allaient devoir s'enfuir et se cacher, mais où ? Le grand exode des royalistes avait bel et bien commencé. « Comment le destin peut-il s'acharner à ce point jusque dans ce paradis où j'ai trouvé l'apaisement, une famille, l'amour et une épouse ? pensa Ishak. Est-ce que je sentirai un jour ma tête en sécurité sur son cou ? » Son kismet avait encore frappé ! Amoureaux était compromis, et la fuite de Choiseul-Gouffier le privait de la moindre chance de changer de camp. Ishak, qui maintenant avait une famille à protéger, allait donc devoir, une fois de plus, compter sur sa chance. Bien sûr, eux aussi pouvaient se réfugier en Russie, mais le consul n'avait pas une fortune personnelle suffisante pour qu'ils puissent se permettre d'aller s'installer à Saint-Pétersbourg, seule sa tête était mise à prix. Ishak sourit. Il en savait long sur ce que valait une tête. Et s'ils allaient à Istanbul... ?

Puisque l'histoire avait si radicalement changé, pourquoi ne pas rentrer ? Cela faisait si longtemps qu'il était exilé, émigré. Si c'était le Dieu des juifs qui lui avait sauvé la vie, et le Dieu des chrétiens qui lui avait donné Cosima, ce serait un musulman qui retournerait à Istanbul. Il n'avait pas le choix.

Lorsque Ishak Bey débarqua à Istanbul avec sa famille, son unique espoir était le nouveau capitaine pacha, Huseyin Pacha Kuchuk, le mari d'Esma Sultane et le confident de Sélim. Kuchuk pouvait convaincre le Sultan qu'il n'avait jamais été mêlé au complot de Lorenzo et que la sentence de mort prononcée contre lui n'était que la dernière vengeance de Hassan Gazi. Kuchuk ne le déçut pas. Il reprit Ishak au sein de l'Amirauté.

Tous les membres de l'ancien clan des pages étaient en place : Ebubekir, Ratib, Osman, Serri... Reconnaissant, Ishak se dévoua tout entier au service du pacha. Ayant retrouvé ses anciens privilèges et son rang, il était tout à fait disposé à aider le grand amiral à réorganiser la marine ottomane. Et Kuchuk eut vite fait de comprendre qu'Ishak était entre tous le mieux préparé à entreprendre ces réformes chères à Sélim et à s'en faire l'interprète. Il lui annonça bientôt que le Sultan voulait bien le recevoir.

Sélim se leva pour accueillir Ishak, tandis que l'Eunuque blanc exécutait un temenah et sortait, les laissant tous deux face à face. Ishak perçut à la fois la puissance et la faiblesse qui émanaient du Sultan. Monté sur le trône sept ans auparavant, il n'avait toujours pas engendré d'héritier. Ishak avait l'impression d'entendre les chuchotements et l'agitation d'une centaine de femmes insatisfaites, de ressentir l'amertume d'un harem inutile, rempli de Kadines forcément inféconds. Comme tous les sujets de l'Empire, Ishak était la propriété d'un despote à qui il devait totale obéissance. L'espace d'un instant, il entrevit l'image de Catherine, puis il s'approcha de la silhouette mince qui lui parut de plus en plus grande, de plus en plus imposante à mesure qu'il avançait. Avec les ans, les yeux sombres de Sélim étaient devenus plus durs, insondables. Maintenant, ils n'exprimaient plus seulement des sentiments affectueux, ils reflétaient aussi l'autorité. Le Sultan n'avait que trente-quatre ans, mais les cernes de l'âge et de la mélancolie creusaient déjà son visage. On percevait en lui quelque chose de farouche, de fou. Pourtant son sourire était plus engageant que jamais.

« Notre archange Gabriel !

— Mon Seigneur et Sultan », dit Ishak, mais il ne se prosterna pas ; il resta debout.

Des milliers de questions lui brûlaient les lèvres, pourtant il se tut. Sélim aussi. Au lieu de parler, il attira Ishak contre lui pour le serrer dans ses bras, et posa sa tête sur son épaule.

« Si tu savais comme tu m'as manqué pendant toutes ces années...

— Toi aussi, tu m'as manqué », mentit Ishak.

Il sentait la pression des fortes mains de Sélim sur sa nuque. Le premier réflexe d'Ishak fut de résister, puis lentement, il approcha son visage ; leurs regards se croisèrent, et leurs lèvres se frôlèrent.

Ishak comprit alors que son pouvoir sur Sélim demeurait intact. Rien n'avait changé. Les archanges Michel et Gabriel étaient réconciliés. Ils parlèrent jusqu'à une heure avancée de la nuit, renouant avec leur ancienne amitié. Pourtant, il y avait deux choses qu'Ishak ne pouvait révéler à quiconque, et surtout pas à Sélim : la première, c'était qu'il avait une femme, la seconde, qu'il était chrétien.

7

CATHERINE
1796

Les cinq frères Orlov	*17.000.000 roubles*
Vysotski (comparse non recensé) ..	*300.000 roubles*
Vassiltchikov	*1.110.000 roubles*
Potemkine	*50.000.000 roubles*
Zavadovski	*1.380.000 roubles*
Zorich	*1.420.000 roubles*
Rimsky-Korsakov	*920.000 roubles*
Lanskoy	*7.260.000 roubles*
Ermolov	*550.000 roubles*
Mamonov	*880.000 roubles*
Les frères Zubov	*3.500.000 roubles*
Dépenses courantes des favoris depuis le début du règne	*8.500.000 roubles*
Total	*92.820.000 roubles*

Comptes du tzar Paul Ier, publiés en 1796 à la mort de Catherine II.

Le Kislar Aga baissa les yeux sur un livre à la reliure de cuir. C'étaient les *Instructions* de Catherine II. « Pourquoi la Kadine s'intéresse-t-elle tant à cet ouvrage ? » se demandait-il. La vengeance était quelque chose de fréquent chez les Osmanlis. Mais Naksh-i-dil n'était pas osmane. Elle n'était qu'une des femmes d'Abdul-Hamid qui, grâce à Allah, avait échappé à l'Eski Serai. Une Kadine dont le pouvoir résidait dans le seul fait qu'elle était la mère d'un prince de sang royal. Edris savait qu'elle passait le plus clair de son temps dans la bibliothèque d'Abdul-Hamid à étudier les livres étrangers qu'il lui procurait. C'était sans importance. Personnellement, cela ne le dérangeait pas. Il considérait seulement qu'elle perdait son temps.

« Que cherches-tu dans tous ces livres que tu me demandes ? lui dit-il un jour. Tu dévores tout ce que je te fais parvenir... » Il hésita. « Je ne pense pas que ce soit une bonne chose pour une femme... de s'instruire... à moins que tu ne croies que ton fils régnera un jour.

— Tu crois, toi, que mon fils régnera ?

— Oui, je le crois.

— Pourquoi ? »

L'Eunuque noir se taisait. Il ne savait pas vraiment pourquoi il croyait en la bonne étoile de Mahmud. Non seulement Sélim était jeune et fort, mais il y avait ensuite le fils de Sineprever, Mustafa, un garçon méchant et vigoureux.

« Disons que c'est le kismet, dit l'Eunuque prudemment.

— Tu sais que je ne crois pas au kismet.

— Pourtant, tu m'as raconté cette histoire étrange des trois petites filles dans les îles d'Amérique et les prédictions de l'Obeah, prédictions confirmées par ta Golia, Hitabetullah. Tu es obsédée par l'emprisonnement de Mahmud. Par son ignorance du monde extérieur.

— Je crois que c'est mon devoir de m'instruire pour le protéger le moment venu.

— Allah le protégera... avec l'aide de Hadidgé Sultane », dit l'Eunuque noir sans sourire.

De cela aussi, il était au courant. Mais même s'il l'avait voulu, il n'aurait eu aucun moyen de s'y opposer. Hadidgé était trop puissante. Et d'ailleurs, pourquoi s'y serait-il opposé, si ce n'est pour des raisons morales ? Il était surtout trop vieux pour déjouer les inventions d'une foule de jeunes femmes frustrées.

« C'est difficile d'éviter les amours illicites entre des femmes enfermées. C'est comme dans vos couvents et vos monastères, ajouta-t-il pour provoquer Naksh-i-dil.

— Un couvent n'est pas un harem, répondit-elle, surprise qu'Edris ait lu dans ses pensées.

— Mais un harem, c'est un couvent.

— C'est contraire aux lois de la nature », insista Naksh-i-dil.

L'Eunuque noir explosa :

« Contraire aux lois de la nature ! L'homme est polygame par nature. Il n'y a que les lois chrétiennes qui soient contraires aux lois de la nature, pas les nôtres. Le célibat, imposé ou volontaire, est contre la nature et contre Dieu.

— Et l'esclavage, alors ? demanda-t-elle. Tu ne penses pas que l'esclavage est un crime contre la nature et contre l'homme ?

— Ça dépend si l'esclavage résulte de la guerre ou d'un crime.

— Où est la différence ? La guerre n'est pas un crime, peut-être ? Et ton esclavage qui n'a rien à voir avec la guerre, tu ne considères pas cela non plus comme un crime ? »

L'Eunuque noir sourit.

« Malgré toutes mes leçons, tu crois toujours en ton “ libre arbitre ”. Mon esclavage à moi, c'était mon kismet. Je ne pouvais rien y changer, pas plus que les étoiles... »

Naksh-i-dil ne répondit pas. Tout trouvait toujours une explication séduisante, tellement séduisante : l'esclavage, le kismet, les étoiles, l'obéissance, la soumission, la volonté de Dieu... Comme les bains, où une heure par jour environ elle apaisait son propre tourment...

« Qu'est-ce que tu m'as acheté aujourd'hui ? demanda-t-elle.

— Le nouveau pamphlet de Voltaire.

— Combien je te dois ?

— Il m'a coûté trois piastres. »

Naksh-i-dil sortit sa bourse de sa ceinture et tendit l'argent au Kislar Aga. Elle hésita une seconde, et lança :

« D'après Hadidgé, Ishak Bey mène une double vie. »

L'Eunuque noir fut tellement surpris qu'il en laissa tomber les piastres, qui atterrirent aux pieds de la Kadine.

« Il a épousé une Française, une catholique, qu'il cache avec son père dans le quartier juif. Elle s'appelle Cosima Amoureaux.

— Une double vie, répéta l'Eunuque noir.

— Oui. Et il est très heureux, d'après ce qu'on m'a dit. »

Naksh-i-dil observa l'Eunuque avec attention. Elle connaissait la valeur de cette information, et lui aussi. Tôt ou tard, le Kislar Aga lui revaudrait ça, elle en était persuadée. Cela créait en outre entre l'Eunuque noir et elle un lien que seul, dans cet univers d'esclaves et d'espions, le secret pouvait établir. Allait-il en profiter ? Maintenant ou plus tard ? Allait-il le vendre, le garder en réserve, l'échanger ou le livrer au Sultan ? L'aga n'aimait pas Ishak Bey. Il savait que ce que Naksh-i-dil venait de lui confier valait de l'or. La Kadine disait vrai, il n'en doutait pas, et ce genre d'information pourrait un jour sauver sa tête. Ou celle d'Ishak Bey. Ou celle de Naksh-i-dil.

« Sainte-Marie, mère de Dieu... »

Le patriarche métropolite, d'un ton monocorde, récitait des prières auprès de Catherine II de Russie, qui se mourait à Tsarskoïe Selo, sur un matelas posé à même le sol de sa chambre. Le patriarche bénit ses paupières, ses oreilles, ses narines, sa bouche, ses mains, ses pieds et sa poitrine, récitant à chaque fois une prière. L'Impératrice avait été victime, la veille, d'une attaque foudroyante dans ses toilettes. Ses serviteurs avaient dû en forcer la porte, et comme Catherine était trop lourde pour qu'on puisse la soulever, ils l'avaient étendue par terre à côté de son lit. Elle était encore en vie, oppressée et haletante, et déjà des intrigues se nouaient autour de son corps prostré. Qui allait lui succéder ? Son petit-fils chéri, Alexandre, ou Paul, le fils qu'elle méprisait ? Les courtisans hésitaient à vouer obéissance à l'un ou à l'autre, trop tard ou trop tôt.

L'Impératrice agonisante s'efforça de proclamer son dernier vœu — à savoir qu'elle déshéritait Paul en faveur d'Alexandre. Elle s'accrocha obstinément à la vie pendant trente-six heures encore, mais mourut le 17 novembre 1796 au soir, à dix heures moins le quart, sans avoir pu prononcer le nom d'Alexandre et le nommer tzar, laissant derrière elle le désordre, la dissension et une guerre inachevée contre la Turquie.

Le premier acte officiel du nouveau tzar Paul Ier fut de se choisir un père.

Les funérailles de l'Impératrice furent doubles. Paul fit exhumer le corps de son père du couvent Saint-

Alexandre, où il reposait, pour le placer à côté de celui de Catherine, la femme qui l'avait assassiné trente-quatre ans plus tôt. Ils furent allongés côte à côte, unis pour toujours ; le cadavre encore chaud d'une vieille femme, et les restes momifiés d'un jeune homme furent éclairés par les mêmes milliers de bougies, qui se réfléchissaient sur les mêmes milliers d'icônes dorées, célébrés par les mêmes chants, salués par la même interminable procession de la population de Saint-Pétersbourg, et enterrés dans la même tombe. Paul se vengeait ainsi des favoris de Catherine ; désormais, il n'y avait plus de doute sur sa naissance : s'il n'était pas le fils de sa mère, il était le fils de Pierre III, et si Pierre n'était pas son père, tant mieux. Il avait choisi. Il avait effacé l'adultère de sa mère, et affirmé sa descendance directe du seul Pierre qui comptât — Pierre le Grand. Les amants de sa mère avaient coûté à l'Empire plus de quatre-vingt-dix millions de roubles.

Simon Gavrilovitch Zorich menait une vie paisible à Shklov, depuis qu'il avait été nommé colonel honoraire d'un régiment de la cavalerie impériale, ce qui lui donnait accès à la Cour et à ses privilèges. L'école des cadets, qu'il avait fondée avec Ishak Bey, était devenue célèbre, et la crème de la noblesse russe y envoyait ses fils. C'était la seule chose dont Zorich pût se sentir fier.

Le comte dormait encore dans une chambre qui était une copie exacte de celle qu'il avait partagée avec Catherine. Or, une nuit, six ans après la mort de l'Impératrice, en regardant par la fenêtre, il se demanda pourquoi la blancheur de la nuit septentrionale prenait tout à coup une teinte orangée, puis il comprit : cette lumière provenait des flammes qui sortaient des dortoirs des garçons. Zorich s'habilla et sortit avant même d'entendre les premiers hurlements des enfants et des chevaux. Il était trois heures du matin. Il courut, espérant sortir de leur lit les trois cents élèves endormis, alors que tout vibrait dans un grondement infernal, et se précipita dans les flammes. Les silhouettes humaines, les chevaux aux crinières enflammées, les poutres qui s'écroulaient, tout était souligné de rouge et or, et les cris aigus des adolescents déferlaient sur lui comme la musique d'un orchestre devenu fou. Serviteurs, soldats, instructeurs se battirent pour entrer dans cet enfer brûlant, mais les trois cents enfants de l'école des cadets trouvèrent la mort, brûlés dans leurs lits.

Le comte Zorich ne périt pas dans les flammes, malgré ses prières. Il mourut brisé de chagrin.

À Topkapi, la fin du règne de Catherine II coïncida avec la circoncision du prince Mahmud. Les cérémonies minutieusement préparées qui suivirent l'opération durèrent sept jours, et les festivités dans la ville d'Istanbul illuminée et couverte de fleurs, trois. Mahmud fut alors envoyé dans la Cage des princes, avec son demi-frère Mustafa. Naksh-i-dil savait qu'il se passerait sans doute des dizaines d'années avant qu'elle ne revoie son fils unique.

Amis, pages et princes du sang, réunis dans le vestibule, tous déguisés avec des chapeaux en papier, des épées et des boucliers en bois, avaient crié en chœur : « Salut à toi, musulman, toi qui étais un incroyant. »

8

LE SULTAN EL KABIR
1798

C'est en me faisant catholique que j'ai mis fin à la guerre de Vendée. C'est en me faisant musulman que j'ai conquis l'Égypte. C'est en me faisant ultramontain que j'ai conquis le cœur des Italiens. Si je gouvernais une nation juive, je restaurerais le temple de Salomon...

NAPOLÉON BONAPARTE, 1799.

L'hiver à Istanbul était long et pluvieux ; puis, vers la mi-avril, une température plus clémente et des pluies fines et fréquentes faisaient jaillir une nouvelle vie. Peu à peu, les rives du Bosphore prenaient une couleur vert tendre ; les platanes majestueux se revêtaient de leur épais feuillage. Sur ordre de Mihrishah, les femmes regagnaient le harem d'été.

Les premiers jours de juillet, la baie de Yeni-Kapi devenait trop petite pour accueillir tous les bateaux qui transportaient jusqu'à Istanbul les fruits des littoraux de l'Asie. C'était la saison des aubergines, des pastèques...

Après avoir soufflé sans arrêt pendant trois mois, la tramontane, le vent du nord chargé d'humidité qui chasse le sirocco, s'apaisa tout à coup. Le changement se produisit au milieu de la nuit, alors que Naksh-i-dil avait été dérangée dans son sommeil par le ululement monotone d'un chat-huant perché sur un cyprès tout proche. Ses couvertures, qui rendaient agréables la fraîcheur des nuits et la brise du nord, lui devinrent insupportables. Elle se réveilla toute en sueur, les membres lourds. La Kiaya ouvrit les rideaux de son kiosque, qui donnait sur la mer de Marmara, mais au lieu d'en voir l'immensité plate comme un miroir, dans la lumière du soleil levant, elle ne distingua qu'un épais brouillard sale.

Un feu s'était déclaré, ce qui arrivait souvent à Istanbul, dévastant un quartier surpeuplé de la ville. Comme le voulait la tradition, le Sultan était obligé de quitter le harem et de sortir réconforter la population.

Pendant les grandes crises politiques, et surtout lorsque ses convictions religieuses étaient menacées, la population d'Istanbul allumait volontairement des incendies et comme le Sultan se devait d'être présent, le feu était devenu une forme de manifestation privilégiée.

Une voix de femme, anonyme et menaçante, monta des charpentes enflammées :

« La Mecque est tombée, elle est aux mains des infidèles. Sultan ! Qu'est-ce que tu attends ? »

La femme hurla encore :

« *Cinsi sapik !* Ma maison est en cendres, mais ton Empire aussi ! »

En effet, Napoléon avait envahi l'Égypte et s'était déclaré musulman, désigné par Allah pour chasser les Ottomans de cette province, après avoir anéanti les Mamelouks et semé la panique chez les seize mille fantassins égyptiens qui, n'ayant jamais vu d'artillerie lourde, avaient désespérément tenté de fuir à la nage par le Nil. « Cadis, cheikhs, imams, avait-il dit, faites savoir au peuple que nous aussi nous sommes de vrais musulmans. Est-ce que ce n'est pas nous qui avons réduit à néant les chevaliers de Malte, parce que ces fous avaient décidé de combattre votre foi ? » Et il s'était proclamé Sultan El Kabir d'Égypte.

Sélim tremblait de rage. Quel Sultan El Kabir ! Sultan, ce pauvre général qui avait tué de sang-froid quatre mille prisonniers de guerre turcs pour ne pas avoir à les nourrir ! C'est ainsi que l'Empire de Sélim fut entraîné dans les guerres de la Révolution française.

Un incendie, puis un autre. Et encore un autre. À ces hiéroglyphes de feu, le Sultan humilié était bien obligé de répondre. Quand les dernières flammes furent éteintes, il envoya en exil son Grand Vizir, Mehemet Pacha, mais retarda encore le moment de prendre la décision de rompre avec les Français. Comme il s'accrochait de façon pathétique aux principes de sa faiblesse : échapper à l'inévitable, il se contenta d'ordonner à toutes les marines des régences d'Alger, de Tunis, de Tripoli et des autres provinces ottomanes, de harceler les Français et de leur faire subir tous les dommages possibles.

Puis, en apprenant qu'à Aboukir, l'amiral Nelson avait complètement détruit la flotte de Napoléon, Sélim l'Indécis trouva finalement le courage d'entrer en guerre contre la France aux côtés des Anglais. Une *fetva,* une déclaration de guerre, fut publiée. À Istanbul, Sélim fit arrêter les ministres pro-français, et la communauté masculine française tout entière fut emprisonnée dans le Château aux Sept Tours, et privée de ses biens.

Un escadron des deux marines, anglaise et ottomane, fit voile vers la Syrie, avec les nouvelles troupes de Sélim sous le commandement du capitaine pacha Huseyin Kuchuck et de son second, Ishak Bey.

Un silence pesant s'abattit sur Istanbul. Le Grand Vizir avait officiellement reconnu que deux personnes étaient mortes de la peste mais, en une semaine, le nombre des victimes s'éleva à cinq cents : la peste noire envahissait la ville.

A la date du 4 juillet, Naksh-i-dil écrivit dans son journal :

> *La peste noire arrive à la tombée du jour ou pendant la nuit. Presque toujours elle se manifeste par un léger frisson, une migraine épouvantable, une espèce d'enrouement, des maux d'estomac, une grande impression de faiblesse. Les glandes enflent. Les yeux deviennent brillants et le regard fixe, comme lorsqu'on est atteint de la rage, ce qui entraîne un changement rapide et involontaire des traits du visage...*
>
> *Quand elle frappe, c'est la saison des aubergines et des pastèques...*
>
> *La peste noire dépend des conditions de l'air et du ciel. Elle est provoquée par un miasme putride, qui développe une inflammation des organes et fait apparaître des bubons, le plus souvent à l'aine, sous les bras ou dans les régions voisines. Ils sont ronds, allongés, durs ou souples, gardent la couleur de la peau ou prennent une couleur pourpre très sombre. Quelquefois, il y en a un, quelquefois deux, trois ou quatre... Certains conseillent d'appliquer des sangsues... D'autres traitent le mal avec de l'opium, de*

l'alcali, des huiles essentielles, du musc, par petites doses fréquemment renouvelées, combinées avec du café, de la quinine et du citron pour provoquer des vomissements... Mais le meilleur traitement, c'est de fuir. Fuir vers le nord, très haut dans les montagnes bien au-dessus des vents... On doit aussi veiller à ce que le corps et chaque objet que l'on touche soient le plus propres possible. Il faut à tout prix éviter les foules, les places publiques, les laxatifs, l'alcool, le surmenage, la tristesse, la passion, les émotions violentes, la nostalgie, le désespoir et les excès en tout genre... Il existe d'autres remèdes encore, comme les vapeurs de vinaigre, la fumée de l'eucalyptus, le raki, *les amulettes... Certains portent au creux de l'estomac la queue d'une plume, remplie de mercure et scellée aux deux extrémités. Les Grecs, les Arméniens et les juifs se munissent d'un triangle fermé, contenant du safran, du camphre, de l'ail et des herbes aromatiques. Quant aux musulmans, ils se mettent sous la langue un petit morceau de papier portant un vers du Coran... Dieu ait pitié de nos âmes. Amen.*

Les processions étaient interdites, mais les bains restaient ouverts. On commençait à voir sur les portes des cours des maisons contaminées le signe représentant Allah, et un croissant jaune. Ces portes allaient rester fermées pendant des mois, chaque maison contaminée devenant une sorte de harem.

Rien ne pouvait expliquer la venue de la peste noire et des horribles souffrances qu'elle provoquait, ni la conjonction des planètes, ni le miasme, ni même la colère de Dieu.

Au cours des trois derniers siècles, écrivit Naksh-i-dil, *la peste est souvent sortie des hautes plaines d'Asie Mineure, son berceau préhistorique. La première épidémie, qui s'était déclarée à Constantinople au* VII*e siècle, avait balayé la Méditerranée pendant deux siècles de l'Égypte au Bosphore. Puis, en 1347, les Génois occupèrent Caffa en Crimée, la grande armée du Khan, ancêtre des Ottomans, assiégea la ville. Les Génois vainquirent l'armée du Khan et le Khan se rendit, mais son armée, frappée par la peste, propulsa les cadavres des victimes par-dessus les murs de la ville. Les Génois comprirent immédiatement qu'une arme diabolique avait été lancée contre eux, et s'enfuirent, mais trop tard ; ils emportèrent avec eux la peste noire et la disséminèrent à chaque avant-poste : Constantinople, Chypre, Messine, Venise, Naples et finalement Gênes. Ce fléau offrit au Khan une victoire dont il n'avait pas osé rêver...*

La peste noire toucha l'armée de Napoléon avant même que les troupes de Sélim ne la rattrapent. En Syrie, les soldats commencèrent à mourir par centaines et le général français dut abandonner son rêve : prendre Damas et marcher sur les Indes. Mais il ne s'avouait pas vaincu pour autant. Devant son beau-fils, Eugène de Beauharnais, horrifié, il s'emporta : « J'agrandirai mon armée au fur et à mesure, en incorporant tous les révolutionnaires. J'annoncerai aux peuples l'abolition de l'esclavage et des gouvernements tyranniques des pachas. Quand j'arriverai à Constantinople, mes armées seront rassemblées. Je renverserai Sélim et l'Empire ottoman. Je fonderai un nouvel empire en Orient qui m'assurera la postérité, et je rentrerai à Paris en passant par Andrinople, ou par Vienne, après avoir anéanti la maison d'Autriche ! »

Et Beauharnais ne savait pas s'il devait le croire ou appeler le médecin de l'armée !

Quand les trente bateaux de la flotte du pacha Huseyin Kuchuk arrivèrent avec les troupes du Sultan Sélim, Napoléon avait envahi Gaza et Jaffa, mais Acre lui résistait toujours, grâce à son système de défense, le plus extraordinaire de tout l'Orient : un château bâti par les croisés, connu sous le nom de Saint-Jean-d'Acre, défendu par une douve, des remparts et deux cent cinquante canons. Le siège durait depuis six semaines. Les Français tentaient de forcer le passage en livrant des assauts sanglants, et étaient chaque fois refoulés, capturés ou exécutés sur-le-champ. Sous le commandement de Huseyin Kuchuk et de Ishak Bey, la nouvelle armée de Sélim, le *Nizam-i-jedid,* se fraya un chemin dans Acre pour relever le pacha Ahmet Cezzar, et vainquit. Pour Kuchuk, ce fut un triomphe qui lui valut le surnom de « Gazi », « le Victorieux ».

Napoléon regroupa alors à Jaffa tous ceux de ses soldats qui étaient encore capables de marcher pour regagner l'Égypte, et empoisonna ceux qui avaient attrapé la peste en leur administrant des doses massives d'opium.

Sur la route, l'armée continua d'abandonner les soldats contaminés à la merci des habitants. Les mourants laissés en chemin criaient d'une voix faible : « Je n'ai pas la peste ! Je suis seulement blessé ! » Le siège de Saint-Jean-d'Acre avait coûté cher et la déroute qui s'ensuivit sema la rébellion dans les rangs. « A Saint-Jean-d'Acre, on a pété dans un tas de merde », disaient les soldats.

Quarante-cinq mille hommes avaient débarqué à Alexandrie quatorze mois plus tôt. Il n'en restait que vingt-deux mille.

Napoléon Bonaparte rentra en France sur le seul bateau que l'amiral Nelson n'avait pas réussi à détruire : le *Muiron*, et fut nommé Premier Consul avant que Paris n'apprenne la nouvelle de la désastreuse campagne d'Égypte. Son général, Kléber, qui était censé poursuivre la guerre, sollicita la paix.

Ishak Bey et Kuchuk menèrent les négociations à Al-Aris, à mi-chemin entre Le Caire et la Syrie. Kléber voulait la paix. Le Grand Vizir aussi. Le représentant des Anglais, Sydney Smith, était indécis. Mais l'émissaire russe, lui, voulait la guerre : le tzar Paul Ier, proclamé Grand Maître des chevaliers de Malte, après que Napoléon se fut emparé de l'île, lui en demandait la restitution. Ishak réussit pourtant à négocier un armistice en usant de son charme, trouvant toujours le mot ou la phrase juste dans quatre langues différentes, mentant aux uns, évitant les autres, distribuant éloges, flatteries, séductions et mots d'esprit. Ishak parvenait enfin à accomplir quelque chose.

Les troupes du Sultan El Kabir furent rapatriées... sur les bateaux du grand amiral Nelson ! Sélim, lui, sortait gagnant : il avait renforcé son emprise sur l'Empire et voulait maintenant, avec Kuchuk, effacer toute trace de la guerre. La peste avait disparu.

9

LA PROPHÉTIE
1804

Dans les colonies restituées à la France en exécution du traité d'Amiens, l'esclavage sera maintenu conformément aux lois [sur l'esclavage] et règlements antérieurs à 1789.

Le Premier Consul, Napoléon Bonaparte
Décret rétablissant l'esclavage dans les colonies françaises, le 20 mai 1802.

Construit au sommet d'une butte, qui dominait le port d'Istanbul, le palais de l'Amirauté offrait une vue panoramique sur le Bosphore, les sept collines de la ville et ses milliers de minarets et de coupoles dorées. Son architecture était celle de beaucoup d'autres palais turcs : un bâtiment principal flanqué de deux ailes ; des murs banchis à la chaux décorés de frises et de fines céramiques bleu pâle ; des fenêtres munies de treillis en bambou et de volets en bois contre le soleil, qui s'ouvraient vers l'intérieur et l'extérieur ; des toits couronnés de dômes en plomb couverts de cuivre, tous surmontés d'une flèche. En pente raide, les voies d'accès au palais, creusées à flanc de colline, avaient été conçues de façon à être intégrées au plan d'ensemble du palais, ce qui lui donnait une sorte de grandeur austère, tandis que le soleil couchant illuminait l'or des coupoles. L'Arsenal s'étendait au-dessous, si bien que le grand amiral Kuchuk pouvait surveiller les ateliers de construction et les hangars qui foisonnaient de travailleurs et d'esclaves.

Les cheveux ébouriffés par le vent, le sourire aux lèvres, un jeune homme montait d'un pas tranquille vers l'Amirauté. Il se sentait gai et plein d'espoir, tout excité et extrêmement reconnaissant : son héros Ishak Bey l'avait convoqué.

Ce fut Ishak lui-même qui, en grande tenue, l'accueillit en le serrant dans ses bras. Tout, chez ce garçon, lui était étrangement familier — sa taille, sa démarche, sa blondeur léonine, la luminosité de ses yeux bleu pâle. Il lui rappelait aussi les jours les plus heureux de sa vie et c'est pour cette raison qu'il avait décidé de le faire venir. Le jeune homme lui tendit une lettre de recommandation, mais elle n'était pas nécessaire. Il savait ce qu'elle contenait et ce que l'on attendait de lui : il devait faire de cet adolescent un homme moderne et un officier ottoman.

« Viens, lui dit-il. Je vais te présenter. Ali, on fera de toi un grand capitaine pacha... et plus vite que tu ne le crois. Pour ton père », ajouta-t-il en souriant.

Dans le palais du grand amiral, on donnait un bal pour célébrer le traité de paix conclu avec les Français. Les salles commençaient à se remplir d'invités : des nobles ottomans, des ambassadeurs, des diplomates et des centaines d'étrangers, dont les superbes costumes composaient une tapisserie multicolore rehaussée d'or et d'argent à la lumière des chandeliers et des torches. Mihrishah Validé avait supervisé elle-même la décoration, de style européen, avec l'aide d'Esma et de Naksh-i-dil qui, reléguées dans l'invisible par les lois du harem, assistaient au spectacle cachées derrière des paravents en bois sculpté. Seule la Validé était assise sur une estrade surélevée, flanquée du grand amiral, du Grand Vizir et du maître des cérémonies. Le Kislar Aga planait au-dessus de tous comme un nuage noir, entouré de petites bouffées de fumée également noire, son armée d'eunuques en livrée.

Comme Naksh-i-dil ne quittait pas des yeux le général Horace Sebastiani, l'émissaire de Napoléon, elle le vit quitter le bal en compagnie d'Ishak Bey, pour aller rendre visite au Sultan dans le plus grand secret. Cette paix tellement glorifiée n'était pas bien vue par tous, et les différentes factions du palais étaient toujours en état de guerre, poussant le faible Sélim dans un sens ou dans un autre. « Faire la paix est une chose, pensa-t-elle, la maintenir en est une autre. » Le beau Sebastiani était là pour séduire Sélim, alors que Napoléon avait déjà déclenché une série d'événements qui allaient modifier considérablement l'équilibre des forces. Et, une fois encore, le trône de Russie était occupé par un tzar qui considérait que Constantinople lui appartenait. La Russie et l'Angleterre avaient de nouveau fait alliance, et la France essayait par tous les moyens d'empêcher Sélim de renouveler ses traités avec eux, car Napoléon voulait le Sultan comme allié dans les guerres à venir.

Pourtant, la femme assise derrière le paravent n'avait pas envie d'intervenir ni de se mêler au monde qui se trouvait au-delà de cette grille en bois ouvragé, sculpté d'arabesques comme les plis d'un éventail. Pas encore.

À la fin de l'année 1804, le jeune protégé d'Ishak Bey retrouva à l'Amirauté le grand amiral Kuchuk effondré sur ses cartes, déjà froid. Esma Sultane était veuve.

Kuchuk disparu, qui allait protéger l'Empire de Sélim?

« Mère ! »

C'était une des rares visites que Mahmud rendait à Naksh-i-dil, et celle-ci devint toute rouge lorsque la Validé fit remarquer que le prince avait gardé son poignard à la ceinture en présence du Sultan. Mahmud, écarlate et tremblant d'humiliation, tendit son poignard à Mihrishah, tandis que son demi-frère Mustafa ricanait.

Le prince Mahmud était devenu un jeune homme aux cheveux bruns, avec les yeux verts de Naksh-i-dil et un sourire aussi lumineux que rare. Élevé comme doivent l'être tous les sultans, il avait reçu une éducation religieuse, masculine, militaire et intolérante envers tout ce qui n'était pas ottoman. « Je ne le reverrai peut-être que dans un an, pensait sa mère. Si seulement je pouvais de temps en temps me retrouver seule avec mon fils, sans le Lala, son précepteur, ni le Sultan ! » Mais cela semblait impossible. Naksh-i-dil tendit la main et toucha les cheveux du garçon. « Pour lui, je suis devenue une étrangère, mais je reste sa mère, le plus sacré de tous les liens ! » Envers et contre tout, elle avait marqué Mahmud d'une empreinte indélébile. Elle ne savait pas comment elle avait réussi ce tour de force, alors que sa vie à lui, tout comme la sienne, était réglée dans les moindres détails. Comment avait-elle pu communiquer avec lui ? l'éduquer ? le former ? le chérir ? l'aimer ? Et pourtant, elle y était arrivée. Maintenant, heureux, ils pouvaient bavarder tranquillement, quoique sous la surveillance de Mihrishah et du Lala de Mahmud, Taylar Aga.

Naksh-i-dil, comme Mahmud, était obsédée par Napoléon : quel genre d'homme pouvait-il être ? Elle avait été bouleversée en apprenant que le Premier Consul avait décidé, pour financer ses guerres, de rétablir l'esclavage dans les îles d'Amérique, alors que la Révolution française l'avait aboli ; mais depuis sa victoire à Marengo, elle s'était mise à prier pour lui.

« Que Dieu garde Napoléon, dit-elle à Mahmud en souriant. Tant que l'Europe aura à faire à lui, elle n'aura pas le temps de s'occuper de nous. »

À présent, Naksh-i-dil paraissait tout aussi incapable d'éprouver du chagrin que de la compassion. Le plus souvent, son visage était vide et impassible, ou empreint de désillusion. Mais de temps en temps, ses yeux brillaient d'ambition et d'une grande envie de survivre. En fait, seul son amour pour Mahmud pouvait encore éclairer ses traits. Si elle avait tout perdu, famille et foyer, Mahmud, lui, appartenait à une dynastie vieille de mille ans, les Osmanlis.

Mihrishah regardait Naksh-i-dil avec envie. Elle n'avait pas eu la joie de voir grandir son fils. Pendant dix-neuf ans, jusqu'à ce jour où il l'avait accueillie, Validé, à la porte du harem, elle n'avait pas pu poser les yeux sur lui. On ne lui avait même pas offert la possibilité de l'apercevoir. Naksh-i-dil n'imaginait pas la chance qu'elle avait, ni tout ce qu'elle devait à Sélim. Sélim. Son fils sans héritiers. Est-ce qu'il se rendait compte qu'on pouvait légalement se débarrasser de lui du fait qu'il n'avait pas engendré d'héritier pendant les sept premières années de son règne ?

Sélim était plein d'attentions et de gentillesse pour Mahmud, mais se préoccupait bien peu de son éducation. Et Naksh-i-dil ne supportait pas l'idée que son fils puisse apprendre à lire et à écrire, uniquement à travers le Coran et ses commentaires. Et les sciences, les mathématiques, l'histoire, la géographie ? L'ignorance de Mahmud la désespérait.

Pendant ces années de paix difficile, humiliante, avec la Russie, une ombre planait constamment sur le harem : les Kadines de Sélim et Mihrishah se sentaient frustrées. Dans le cercle des diplomates étrangers, on jugeait Sélim d'un point de vue moral strictement occidental, et on exagérait l'influence de son homosexualité sur son caractère, en la considérant comme la cause principale de sa faiblesse, de ses hésitations et tergiversations. Pourtant son exaltation faisait penser à celle d'un homme au bord du désespoir ou, pis encore, de la folie. Sélim était de plus en plus imprévisible, de plus en plus méfiant.

À la mort de Kuchuk, Sélim avait perdu le dernier homme en qui il eût confiance. Tout et tous tremblaient dans la capitale, des ministres aux favoris. Sélim quittait quelquefois le harem déguisé en policier, mais son déguisement ne trompait personne, et ses sujets le fuyaient comme la peste à cause de sa justice expéditive. Sélim, incapable de se venger de ses ennemis, pouvait se venger sur son peuple. Un jour, furieux d'avoir été reconnu, il avait fait fouetter l'offenseur par les officiers de sa suite, eux aussi déguisés, si bien que personne n'osait plus lever les yeux plus haut que terre au passage du Sultan. Un autre jour, en uniforme de lieutenant de la marine, et escorté d'officiers habillés en marins, il avait vu un janissaire maltraiter une femme.

« Mes frères dans la foi, défendez-moi ! » suppliait-elle.

Sélim avait abattu le janissaire d'un coup de sabre, avec la force inouïe qu'on lui connaissait.

Pour les janissaires, c'était une violation de leurs droits, car ils ne pouvaient être châtiés que par leur propre justice. Même un Sultan n'était pas autorisé à les juger.

Les exécutions arbitraires ne faisaient qu'ajouter à ce que le Divan et Mihrishah considéraient comme de la témérité : toutes les réformes qui allaient à l'encontre de la tradition et de la religion. L'Eunuque noir avait entendu Sélim crier au Divan : « C'est moi qui crée les usages ! » Mais Naksh-i-dil comprenait que ce n'était pas si facile. Les gens n'obéissent pas aux ordres qui s'attaquent à des coutumes vieilles comme le monde. Elle pressentait que Sélim courait à sa chute. D'ailleurs, Mustafa et sa mère, Sineprever, intriguaient contre lui.

Le mépris et la haine des janissaires envers Sélim s'accroissaient de jour en jour depuis dix ans. Ils semaient la terreur au sérail, et le doute dans la nation. Comme ils recevaient une gratification à l'investiture de chaque nouveau Sultan, ils avaient intérêt à renverser les Empereurs. Ils se faisaient donc payer chaque année de règne d'un sultan en or et en faveurs, ce qui appauvrissait le royaume. « Leur protection, pensait Naksh-i-dil, a coûté à Abdul-Hamid le trésor amassé par le gouvernement pour la défense de l'Empire. Si Mahmud doit un jour gouverner, il devra s'attacher à les éliminer. »

« Vous avez des nouvelles, Kislar Aga ? » demanda la Validé, sortant Naksh-i-dil de ses pensées.

Le regard vif de Mahmud se tourna vers Edris.

« Notre ambassadeur à Paris rapporte que Napoléon s'est couronné Empereur des Français, et a fait de son épouse créole une impératrice.

— Créole ? » s'écria Naksh-i-dil, le cœur battant.
La prophétie : *Tu seras plus qu'une Reine.*
« Oh, seigneur Edris, trouve-moi son nom ! C'est la chose la plus importante de ma vie !
— Revenez avec le nom de cette... soi-disant Impératrice, ordonna la Validé à l'Eunuque noir.
— Joséphine. Joséphine Tascher de La Pagerie, veuve du marquis de Beauharnais », annonça le Kislar Aga.

... Les étoiles vous promettent deux mariages. Le premier de vos maris, un noble, est né en Martinique, mais il vit en France... le royaume de France connaîtra la Révolution et des troubles graves, et il périra de façon tragique... Votre second mari sera d'origine européenne mais il aura la peau très foncée, pas de fortune et pas de nom. Néanmoins, il deviendra célèbre, le monde entier entendra parler de sa gloire... on vous honorera plus qu'une reine...

La nuit du couronnement, un bouquet de feu d'artifice avait éclaté dans le ciel de Paris, et un ballon à air chaud s'était élevé lentement... majestueusement, attaché à une copie exacte de la couronne de Napoléon décorée de trois mille pierres du Rhin de toutes les couleurs. C'était grandiose, mais personne ne pouvait imaginer jusqu'où irait ce ballon splendide, ni quel chemin il emprunterait.

Le lendemain matin, à l'aube, les habitants de Rome avaient aperçu à l'horizon un globe lumineux. Ballon et couronne avaient d'abord plané au-dessus de la coupole Saint-Pierre ; puis, poursuivant sa course, s'arrêtant çà et là, le ballon avait traversé la ville avant d'atterrir sur la tombe de l'Empereur Néron.

L'Europe tout entière avait ri de l'inscription tracée en lettres d'or sur sa vaste circonférence :

PARIS, 25 FRIMAIRE, AN 13, COURONNEMENT DE L'EMPEREUR NAPOLÉON Ier PAR SA SAINTETÉ PIE VII

10

L'ESKI SERAI
1805

Mihrishah se mourait. La Validé était dans le coma depuis plus de quarante-huit heures, et la nouvelle s'était répandue dans la ville avant même qu'elle ait rendu son dernier soupir. Une foule immense — et à Istanbul, les foules avaient toujours l'air hostile, même dans le chagrin — s'était déjà rassemblée devant le mausolée qu'elle avait fait construire à Eyup depuis bientôt trois ans.

La nuit du 15 octobre 1805, le Kislar Aga vint sortir le père Delleda de ses prières, et l'accompagna dans un bateau à rames de son monastère de Galata jusqu'à Topkapi, sur l'autre rive du Bosphore. La tempête soufflait et le brouillard gris de la mauvaise saison s'était installé, apporté par les vents de la mer du Nord et de la mer Noire. Le lazariste trouva Mihrishah inconsciente, dans une chambre surchauffée par les braseros. Dans un angle obscur de la pièce se dressait la silhouette de Sélim, accablé de chagrin.

« Mère, voici le prêtre de la religion de tes pères. »

Le lazariste commença ses incantations et administra

l'extrême-onction à la Validé. Avec l'huile des malades, il lui bénit les cinq organes des sens.

« Je te remets tes péchés commis par la vue... Je te remets tes péchés commis par l'ouïe... Je te remets tes péchés commis par l'odorat... Je te remets tes péchés commis par le toucher... Je te remets tes péchés commis par la parole... »

Mihrishah mourut le lendemain matin à dix heures. Elle serait la dernière Validé à mourir au harem.

Si Naksh-i-dil pleurait la Validé chrétienne, elle se sentait aussi soulagée de ne plus avoir à soutenir son regard de censeur : Mihrishah l'avait chérie sans l'aimer, en espérant toujours la convaincre de revenir à la religion de son enfance. Sous sa tutelle, Naksh-i-dil avait tout appris des subtilités du harem et de son pouvoir. Elle savait maintenant comment diriger et contrôler les passions, comment démonter les scénarios implacables de l'esclavage féminin. Le harem lui avait enseigné l'art des motifs cachés, des explications obscures, des excuses obséquieuses, des détours astucieux. « Cette atmosphère de duperie et de tromperie ronge les vies recluses, comme l'eau ronge la pierre des remparts extérieurs. » Toutes les femmes finissaient par glaner quelques privilèges, quelques bijoux, une petite fortune, un peu de pouvoir, une amitié platonique. Comme dans tous les harems nobles de l'Empire, malgré leurs rivalités, elles se sentaient parfois solidaires du monde masculin, et influaient souvent sur le cours des événements, pas seulement dans leur propre petit monde, mais sur la politique et les affaires de l'État.

« Naksh-i-dil, tu es exilée à l'Eski Serai », annonça Husni-Mah, la première Kadine de Sélim.

Naksh-i-dil inclina la tête, mais un sourire éclaira son visage. Elle avait bien retenu la leçon de Mihrishah. Quand on était la mère d'un prince héritier, il était plus facile d'user de son influence politique du Vieux Palais que de Topkapi. Elle avait tout appris des intrigues politiques, des manipulations, de la dépravation et de la corruption dans l'Empire. Elle était restée en contact avec l'Occident, et avait placé son immense fortune en biens immobiliers pour sauver son fils. Et même si Mahmud n'était pas prêt à gouverner, elle l'était. Hitabetullah avait prédit que Mustafa ne passerait pas l'année. En récompense, Naksh-i-dil lui avait donné un domaine en Syrie et lui avait rendu sa liberté. Hitabetullah l'avait servie pendant vingt ans, et si elle la suivait à présent, c'était de son plein gré.

Quant à Sineprever, elle la retrouverait à l'Eski Serai.

« J'aimerais voir Mahmud, dit Naksh-i-dil.

— Bien sûr, dit Husni-Mah. Pour la dernière fois », ajouta-t-elle.

La mère et le fils passèrent la nuit à bavarder ensemble. Mahmud pleura dans les bras de Naksh-i-dil tandis qu'elle profitait de ces dernières heures pour lui faire part de tous les rêves et tous les projets de son existence.

« Ne m'oublie pas, murmura-t-elle. Et souviens-toi que Sélim est ta seule chance. Sélim est Sultan et maître. Écoute-le. Apprends tout ce qu'il peut t'enseigner. Reste proche de lui, investis tout ce qu'il te donnera, argent ou cadeaux, chez le banquier de Zuzuh. Cela fait longtemps que je me prépare à cet instant.Tu peux compter sur moi. J'ai fait le vœu de survivre. Cette situation ne durera pas éternellement. Mahmud, je te promets de vivre pour te voir Sultan de cet Empire. »

À l'aube, le Kislar Aga conduisit Naksh-i-dil et son esclave au Vieux Palais dans un caïque fermé par des rideaux. Les deux femmes emportaient avec elles des malles de vêtements, des coffrets de bijoux, mais elles n'étaient pas sûres d'arriver là-bas vivantes. Trop de Kadines avaient déjà disparu dans les eaux irisées et tranquilles. Hitabetullah avait caché un poignard dans son sac. Si elle devait mourir, elle avait décidé que ce serait en combattant. Naksh-i-dil pensait à l'étrange détour qui l'avait amenée ici, au milieu de la Corne d'Or, en ce matin de mai. Pendant des années, l'Eski Serai avait hanté son esprit, la tourmentant au beau milieu des conversations les plus banales. Il était devenu pour elle synonyme des énigmes magnifiques ou terribles dont parlent les légendes ; pleines d'insinuations obscures, de contradictions, de rêves, d'images, de préjugés absurdes et de mystères.

Le Vieux Palais surgit bientôt sur l'acropole d'Istanbul, avec en arrière-plan les milliers de minarets, de dômes cuivrés et dorés, et les cyprès vert foncé de la ville. Tout ceci à peine souligné par des teintes de bleu mangées par le soleil tout juste reconnaissable sous un voile de poussière lumineux. Derrière, au premier plan, la superbe mosquée, les maisons et les palais de la ville s'entassaient pêle-mêle, et au milieu s'imposait l'énorme silhouette de l'Eski Serai. À côté, tout paraissait petit à Naksh-i-dil, très petit, comme une miniature persane.

Désormais, elle faisait partie de cet arsenal de femmes. Elle appartenait à cette forteresse qui hantait l'Europe depuis trois siècles, défiait l'Asie et l'Afrique.

Dans l'air, des volées d'« âmes damnées » ombrageaient le rose intense du ciel, et troublaient l'Eunuque noir. Plus fort que le clapotis des rames de la galère, que les cris des mouettes et des alcyons, Naksh-i-dil entendait encore la voix du drogmann grec qui l'avait conduite ici lui dire : « Personne, à ma connaissance, n'a jamais entendu le bruit de leurs ailes... »

Elle se mit à parler très vite au Kislar Aga, essayant en vain d'arrêter le temps, d'arrêter l'avancée inéluctable du bateau qui la conduisait à son purgatoire. Elle fit l'inventaire de ses banquiers et usuriers, des endroits où elle avait investi, caché ou prêté sa fortune. Elle savait que chaque piastre lui serait utile pour se garder en vie. Elle en promit dix mille à l'Eunuque noir pour qu'il l'informe quotidiennement de la santé et de la sécurité de Mahmud, et pour qu'il engage des assassins à Topkapi au cas où une intervention immédiate s'avérerait nécessaire. Elle lui donna ses dernières instructions concernant Sineprever et Mustafa. S'il arrivait malheur à Mahmud, Mustafa, Sélim et Husni-Mah ne devaient pas voir l'aube d'un nouveau jour. Cent mille piastres étaient placées chez le banquier Alfair. Pour sa propre sécurité, il fallait acheter, suborner les eunuques et le Kislar Aga de l'Eski Serai.

« Et que les choses soient claires, Kislar Aga, il m'est plus facile de payer un Bazam-dil-siz qu'un bakchich trop élevé. » Naksh-i-dil ferait passer ses messages par l'intermédiaire des marchands libanais, Hussein Aga et Mahmud Aga, fournisseurs de l'Eski Serai et de Topkapi, et les renseignements lui parviendraient tous les jours par un moyen différent, convenu à l'avance. Elle était pourtant au désespoir. Malgré tout ce qu'elle avait pu faire pour se préparer à vivre ce jour, toutes les résolutions qu'elle avait prises, elle ne se sentait pas la force de surmonter la panique et la terreur qui l'envahissaient. Sa lèvre supérieure se couvrit d'un voile de sueur.

Hitabetullah se raidit soudain en voyant l'Eunuque noir venir vers elles, mais il voulait simplement sortir le premier de la cabine, pour se préparer à débarquer. Ils étaient arrivés à l'Eski Serai par le long canal qui le reliait à la mer, et là, une porte en fer les attendait, celle du harem. En entendant le grincement d'une énorme clef dans la serrure, Naksh-i-dil sentit ses jambes se dérober sous elle, et deux eunuques noirs durent la soutenir.

Elle se débattit pour leur échapper.

« Non ! Non ! Non ! »

Pour toute réponse, la porte en fer aux charnières d'acier se referma derrière elle et s'ouvrit à une douzaine de pas de la première une porte en bois au verrou de bronze.

Au premier étage, la partie réservée aux esclaves se composait d'une vaste galerie percée des deux côtés d'une multitude de cellules, séparées les unes des autres par une fenêtre ; au milieu, une double rangée d'armoires divisait la pièce en deux couloirs. Dans les cellules, près des fenêtres, des petits emplacements étaient réservés aux nattes sur lesquelles dormaient les esclaves et les Odalisques. Quelques-unes des armoires bleues, rouges et blanches étaient ouvertes, et Naksh-i-dil put apercevoir ce qu'elles contenaient : un peu de linge, des bibelots, de modestes bijoux et du tabac parfumé. Elle calcula que les emplacements qu'elle voyait devaient permettre de coucher trois cents femmes, et malgré la hauteur des plafonds, elle se dit que l'air était très certainement vicié. Jusque dans les moindres détails, Naksh-i-dil examina tout ce qui rendait ici insupportable la vie d'esclave : la simplicité des meubles et des objets, le manque de lumière et d'air, l'obscurité macabre alors que des bougies brûlaient toute la journée, les ombres lugubres projetées par les hauts chandeliers. Elle n'avait jamais rien vu de tel à Topkapi. Aux deux extrémités de la double galerie, montaient deux cages d'escaliers fermées par des trappes munies de serrures en fer.

L'Eunuque noir les conduisit jusqu'à la cour du harem et leur fit très rapidement traverser des jardins en fleurs, comme s'il fallait les priver aussi vite que possible de cette liberté qu'apportaient l'air et la lumière. Elles se retrouvèrent dans les appartements des Kadines, qui donnaient sur une très grande place carrée. Les chambres étaient cachées derrière un alignement de colonnes qui formait une galerie ombragée tout autour des quatre côtés de la place. Naksh-i-dil pensa à la place du marché aux esclaves, à Alger. Elle saisit la main de Hitabetullah, et leva les yeux. Les colonnes en marbre de Paros étaient belles, fines, de proportions élégantes et surmontées de chapitaux ioniques. Entre les colonnes étaient accrochées de ravissantes petites lanternes, trop faibles pour éclairer la galerie la nuit, mais juste assez puissantes pour permettre aux eunuques et aux esclaves de faire leur travail. Dans cette partie du harem qui ouvrait sur la mer depuis les hauteurs de la colline, étaient installés une douzaine de kiosques indépendants. Les cuisines et la partie réservée aux esclaves se trouvaient à l'autre bout, là où une porte de fer menait à la cour des eunuques noirs.

Edris Aga remit Naksh-i-dil entre les mains du Kislar Aga de l'Eski Serai, et ce dernier la conduisit à ses appartements. En se dirigeant vers l'un des kiosques, dans la seconde cour, elle passa près d'un saule pleureur solitaire.

Pendant que Hitabetullah rangeait ses affaires dans les placards en bois peint, Naksh-i-dil regardait par la fenêtre grillagée du kiosque d'où elle apercevait le minaret de la mosquée du harem, le ciel et une cour avec un cyprès.

« Quelle chance ! » dit la sorcière.

La Kadine s'effondra en larmes, mais Hitabetullah rejeta la tête en arrière et éclata de rire.

« Maîtresse, lui dit-elle, il ne se passera pas mille jours avant que tu deviennes l'Impératrice de cette terre maudite.

— Si je vis jusque-là.

— Il n'y a aucun doute là-dessus : je veille sur toi. »

Cette nuit-là, Naksh-i-dil écrivit dans son journal :

Que Dieu ait pitié de mon âme. Amen.

Mihrishah est venue à moi, en rêve, dans les bains... Et m'a conduite de l'autre côté du Bosphore, au sérail... où j'ai enfin franchi la Porte de la Félicité... Je rendais hommage au Dieu chrétien et en même temps, j'invoquais Allah. Mes prières s'entremêlaient.

L'Eunuque noir me regardait comme s'il prenait la mesure de ma folie, et de l'incohérence de l'univers. Pour la première fois, sa noirceur me parut démoniaque, et pourtant j'étais là dans un coin, pleurant et priant Allah, nos prières se confondaient en une même lamentation comme les notes d'une partition. Mais qui était le soliste, qui était le chœur ? Qui faisait la mélodie et qui l'accompagnement ? Qui était l'organe de Dieu ? L'Eunuque noir me regardait, égrenant son tespi, comme s'il prenait la mesure de la folie de notre duo, de la démence de notre musique, de l'incohérence de l'univers... Eli, Eli, Eli, lama sabachthani ?

Tout à coup, Naksh-i-dil entendit résonner à ses tempes comme un grand battement d'ailes, et sa dernière conversation avec l'Eunuque noir lui revint comme un tourbillon. Elle savait qu'elle n'était pas une vraie fanatique, contrairement à ce que pensait Edris. Le fanatique, c'était lui. Le fanatique pouvait tuer au nom d'une idée, ou se faire tuer pour défendre cette même idée. Meurtre et martyre, c'était la même chose...

« Je suis bien plus dangereux que celui qui souffre au nom d'une croyance, lui avait dit l'Eunuque noir. Il n'y a qu'à prendre le prophète Jésus (qu'Allah lui accorde grâce et bénédiction). Le mal vient de ce que l'on est convaincu de détenir la vérité. Le fanatisme confère à l'homme un goût pour l'efficacité, la prophétie et la terreur, alors que, sans idées préconçues, l'homme ne connaît que ses caprices, ses intérêts, ses vices intimes...

— C'est la *conviction* que Dieu existe qui engendre le fanatique capable de tuer au nom de ce Dieu... », avait argumenté Naksh-i-dil.

Après réflexion, l'Eunuque avait répondu :

« Quand un homme perd sa faculté d'*indifférence,* il devient toujours un assassin en puissance.

— Le Mahométisme n'enseigne rien, sinon l'obéissance au Sultan, sans discuter ni comprendre ! » avait répliqué Naksh-i-dil.

L'Eunuque noir lui avait jeté un regard étrange de ses yeux sombres dont le blanc était aussi jaune que la paume de ses mains. Et il avait continué :

« Le fanatisme est nécessaire, dans un monde où les uns n'ont rien et ne sont rien, et où l'Autre est tout et a tout. Si je ne fais rien, je mécontente le Sultan parce que je ne remplis pas ma fonction d'Eunuque noir, et je risque ma tête. Mais si j'agis, je risque aussi ma tête parce que ma conduite est susceptible de déplaire au Sultan. C'est une situation impossible. La mort est la seule issue.

— Le pouvoir qu'a l'homme d'adorer est responsable de tous les crimes ! La conversion de mon âme est un crime. Plus que criminelle, elle est inutile ! » avait-elle répondu.

Et maintenant, Naksh-i-dil avait peur, elle n'avait jamais eu aussi peur au cours de son existence. Elle relut son journal. « Est-ce que je survivrai à toutes les contradictions de ma vie ? A la solitude de mon existence ? » La fatalité de l'islam la séduisait de plus en plus. Petit à petit, elle cessait de se battre pour sa propre existence.

« *O Al-Azîz !* s'écria-t-elle. Qu'est-ce qu'il m'arrive ? »

Elle se prit la tête dans les mains. Seule une douce transpiration pourrait l'aider à chasser les démons qui la tourmentaient. Elle aurait aimé parler avec Mahmud. Ou avec l'Eunuque noir.

Naksh-i-dil regarda par la fenêtre. Les flammes d'un feu éternel montaient haut dans le ciel, comme une main géante en feu. Les flammes faisaient autant de bruit qu'un millier de chariots roulant sur des pierres. Les tambours résonnaient et on entendit monter un cri : « Yangshinvar ! » Le bruit était trop fort pour venir de loin...

Naksh-i-dil fouilla des yeux les corridors déserts du harem. Le lourd battement d'ailes des oiseaux lui semblait plus proche que jamais, et elle frotta l'un contre l'autre le Coran et la Bible en faisant crisser les reliures de cuir, comme si elle battait un jeu de cartes. Elle avait voué son fils à l'islam en temps de péril... Et maintenant, son âme s'envolait dans sa chambre dans un battement d'ailes sauvages qui transperçait son crâne, broyait son esprit. Une aile la jetait d'un côté du corridor, tandis que l'autre la renvoyait, titubante, dans la direction opposée, comme un homme ivre. Elle avança, chancelante.

Hitabetullah renversa Naksh-i-dil sur le dos, lui attacha bras et jambes, et la traîna jusqu'à sa cellule. La

Kadine entendit alors l'énorme clef tourner dans la serrure.

Pour les musulmans, la folie était un don divin, aussi les Kadines devenues démentes étaient-elles particulièrement respectées. À l'Eski Serai résidaient les débris des beautés jadis célébrées à Topkapi ; celles qui n'avaient pas eu la chance d'y échapper en épousant un riche pacha ou un officier de l'Empire étaient oubliées derrière ces murs de deux mètres d'épaisseur. Le sérail était le reflet spectral de Topkapi ; tout — les heures, les rites, l'organisation, les bains, l'architecture —, tout y était exactement pareil. Il ne manquait qu'une chose : le Sultan. Dans ce monde où la voix du maître, le Sultan, sa raison d'exister, n'était plus qu'un souvenir, les fenêtres paraissaient plus petites, les portes plus étroites, la lumière plus faible, les eunuques plus terribles, les voix plus aiguës. Les femmes, quel que soit leur âge, avaient le timbre de voix des très jeunes filles. Naksh-i-dil avait observé le même phénomène au couvent de Saint-Cyr et dans tous les couvents catholiques, comme si, en même temps qu'elles offraient leur corps au Christ, les femmes lui offraient aussi leur voix, qui ne changeait pas plus que leur chasteté. Cela donnait aux chants et aux conversations des pensionnaires du harem une légèreté merveilleuse, surnaturelle, une pureté enfantine. Les visages eux-mêmes semblaient protégés des atteintes du temps. Dans ces lieux, tout était un ton au-dessous de la réalité, hormis deux choses : les senteurs qui y étaient extrêmement fortes et terriblement envahissantes, comme si leur parfum pouvait percer les murs du Vieux Palais et y laisser entrer le monde extérieur et les sons, qui semblaient amplifiés d'une manière extraordinaire. Le bruit sec d'une porte qui claquait, une clef qui tournait, un cri, le chant d'un oiseau, l'accord d'un *kemangeh,* tout était anormalement fort et brutal.

L'une des premières pensionnaires que rencontra Naksh-i-dil fut Ayse Sineprever. La lumière qui tombait des hautes fenêtres aveugles illuminait son visage couleur de cire. Elle était devenue la Kiaya Kadine, la mère supérieure de ce monastère, pensa Naksh-i-dil qui en resta muette d'étonnement. D'autres fantômes apparurent dans les jours qui suivirent : Benigar, une ancienne Kadine d'Abdul-Hamid (Mehtap et Hatice avaient réussi à se remarier) ; Seda et Leyla Saz, des vieilles femmes qui avaient été les Kadines de Mustafa III ; l'Ikbal Pervizifele, qui disait la bonne aventure, avait des visions et parlait plusieurs langues, et Nur Banu, la doyenne noire du harem, la dernière épouse d'Ahmed III, père de Mustafa et arrière-grand-père de Mahmud. Ayant été la dernière et la plus jeune de ses Ikbals, elle n'avait pas eu le temps de se constituer une dot suffisante pour s'attirer un mari. Immobile, elle restait assise pendant des heures à parler en paraboles de sa voix d'adolescente qui avait traversé le siècle.

Les bains servaient encore de refuge à Naksh-i-dil. C'était le seul endroit où elle eût une impression de réalité. Dans ce purgatoire, où le manque de couleur et l'écho du vide semblaient faire partie de la vie quotidienne, les chairs obèses et huileuses des corps âgés, lustrées par de constantes ablutions, prenaient un éclat surprenant. L'atmosphère voluptueuse et terriblement poétique était ici dix fois plus pesante qu'à Topkapi, avec son narcissisme bavard. On voyait à l'Eski Serai des choses que la parole humaine ne pouvait décrire, car ce monde était fait pour un être, qui en était éternellement absent : « Un harem sans Sultan, pensait Naksh-i-dil, c'est comme un couvent sans Dieu. » L'ombre d'Allah ne protégeait plus l'Eski Serai ; elle y répandait seulement l'obscurité et l'oubli.

Naksh-i-dil commença par investir une fortune considérable en bakchichs, pour asseoir sa position de Validé en puissance. Des cuisines aux remparts, tout le monde était soudoyé. De son côté, Hitabetullah établit sa réputation en soignant quelques Odalisques et en en tuant quelques autres. Cela fait, Naksh-i-dil alla trouver Sineprever, se montra sincère, et même chaleureuse, maintenant qu'elles étaient toutes deux en exil.

« Prends garde à ce que tu fais, Naksh-i-dil. Je ne suis ni aveugle ni folle. Et j'ai plus de liberté que toi pour agir. Nous avons toutes deux des fils à protéger, et je ne veux ni ta vie ni celle de Mahmud, si c'était le cas, je les aurais déjà toutes les deux. Je pourrais te tuer, mais je ne jouerai pas à ce jeu. Il faut que je te dise une chose : Yusuf Pacha m'a conseillé de te supprimer, il y a longtemps. J'ai refusé, et j'en suis heureuse. L'ennemie de mon ennemi est mon amie. Dans ton propre intérêt, protège-moi et je te protégerai. » Ses yeux sombres étincelaient. « Souviens-toi de cela, Naksh-i-dil. Et laisse-moi *ma* vie. »

Naksh-i-dil se souvint. Elle pensa à tous les meurtres dont ces murs avaient été témoins, à tous les vizirs, eunuques, favoris, généraux tombés sous le coup de mille lames, en dix mille épisodes, de cent mille façons et pour un million de raisons...

Une autre odeur planait au-dessus de ce Palais des Larmes plein de senteurs et de rumeurs : celle de l'opium.

« Méfie-toi du pavot, maîtresse, l'avait avertie Hitabetullah. Il n'est pas haut, mais celui qui en tombe se brise le cou. »

Naksh-i-dil ne s'était jamais sentie attirée par les narcotiques, même à Topkapi, bien qu'elle n'eût jamais su ce que Hitabetullah mettait dans ses potions mystérieuses. Mais maintenant qu'elle ne demandait qu'à oublier, elle devait lutter pour ne pas se laisser tenter. Les jardins, l'étrange labyrinthe des bâtiments, les cours étaient remplis de femmes qui erraient en proie à la torpeur de la drogue.

Il y avait cependant une drogue à laquelle Naksh-i-dil ne pouvait résister : Nur Banu. Nur Banu l'aveugle qui racontait l'histoire de l'Eski Serai avec des mots lourds de sens qu'elle accompagnait de mouvements furtifs du visage et des mains, et ponctuait de silences superbes. Elle commençait toujours de la même façon :

« *Kadinleri Sultanati :* le Sultanat des femmes... Tant de visages ont fréquenté les salles poussiéreuses de ce palais, qu'on pourrait composer une galerie de portraits...

« Eski Serai a brûlé trois fois, et a été reconstruit trois fois. C'est le troisième incendie, sous le règne de Suleiman, qui a permis à sa favorite de déménager le harem au grand complet dans le Grand Sérail de Topkapi. Et c'est à cette époque aussi qu'on a installé à l'intérieur de la Troisième Cour de Topkapi un nouveau harem destiné à remplacer celui-ci.

« Suleiman voulait faire de son fils premier-né, Mustafa, son successeur. Mais Roxelana lui avait donné trois fils, et elle était bien déterminée à ce que l'un des trois devienne Sultan. Roxelana a fait croire à Suleiman que Mustafa avait des desseins sur le Sultanat et qu'il était prêt à le renverser. Mustafa a été exilé, et

Roxelana a réussi à faire monter sur le trône son fils aîné, qui a régné sous le nom de Sélim II, et a eu comme successeur son propre fils, Murad III. Quatre femmes, surnommées par le peuple " les Quatre Piliers de l'Empire ", ont dominé la vie de Murad : sa mère, Roxelana Validé ; sa favorite, une beauté vénitienne nommée Safiye ou Baffo ; Janfeda, la Kiaya du harem ; et sa sœur. Janfeda n'a jamais partagé la couche du Sultan, mais elle était chargée de la garnir. Des quatre, la plus influente a été Safiye. C'est elle qui a dissuadé le Sultan Murad de faire la guerre à sa Venise natale, et a continué à régner à la génération suivante à travers son fils Mehmed III. Mehmed III, en accédant au trône, a fait étrangler ses dix-neuf frères et vingt sœurs. Son fils Ahmed Ier lui a succédé et n'a pas tué son unique frère Mustafa, simplement parce qu'il était atteint de démence, et que Mahomet enseigne que la folie est un don sacré.

« C'est un enfant, un fils d'Osmanli, Murad III, qui a succédé à Mustafa. Sa mère, Kosem Validé, a gouverné durant toute la minorité de son fils, et a sauvé la vie du dernier frère vivant de Murad, Ibrahim, que Murad avait condamné à mort. Elle devait le regretter toute sa vie. Ibrahim a entraîné la dynastie dans une corruption incroyable et a été surnommé Ibrahim le Fou. Sa boulimie de femmes a suscité dans l'Empire une révolte menée par les janissaires. Ibrahim a été finalement assassiné par son Eunuque noir alors qu'il essayait de sodomiser une Kadine en couches. Kosem a alors placé le turban sur la tête de son petit-fils Mehmed. Ainsi, pour la seconde fois, un enfant montait sur le trône sous la régence d'une Validé. Pendant huit ans, deux Validés Sultanes, la mère de Mehmed, Turhan, et sa puissante grand-mère Kosem, se sont disputé le pouvoir. La première a fini par assassiner la seconde. Le Sultanat des femmes s'est terminé par la mort de

Turhan et l'accession au trône du fils de Mehmed, Mustafa II... De tout cela, il ne reste rien, pas une mèche de cheveux, pas un fil de voile, pas le moindre graffiti sur un mur. Tout se termine ici, à l'Eski Serai. »

Les yeux aveugles de Nur Banu roulaient dans leurs orbites blanches.

Naksh-i-dil était fascinée par l'histoire de l'Eski Serai et de toutes ces vies qui ne composaient, lui semblait-il, qu'un long chant lugubre, celui de la féminité et de l'esclavage.

Un jour, aux bains, Nur Banu lui raconta comment, petite fille, elle avait été excisée :

« Depuis l'origine des temps, les femmes chez nous sont excisées, comme les Phéniciennes, les Hittites, les Éthiopiennes, les Égyptiennes — la reine Nefertiti par exemple. Dans mon pays, le Soudan, c'est un critère de beauté... de qualité. La chaleur, la transpiration, le frottement continu des vêtements contre la peau risquent d'éveiller des désirs sexuels — alors, on nous enlève le sexe, ou on le ferme. C'est le seul moyen de préserver notre santé, disaient nos mères... et puis, c'est un péché d'abandonner des jeunes filles aux tentations de Satan...

« Moi, j'ai été excisée selon le rite pharaonien... comme ma mère, et comme sa mère avant elle. Cela consiste à enlever le clitoris, les petites lèvres et la partie intérieure des grandes lèvres que l'on recoud ensuite ensemble. »

Naksh-i-dil regarda le sexe de Nur Banu. Elle n'avait jamais rien vu de tel, ce n'était qu'un petit pli fermé.

« Quand j'ai eu sept ans, ma mère m'a emmenée chez la femme chargée de cette opération. » Nur Banu reprit longuement son souffle, comme si elle s'apprêtait à plonger dans un abîme d'où elle ne reviendrait jamais. « Au coucher du soleil, la femme a placé sur le kouss de chaque fille des feuilles d'une ortie spéciale, qui provoque une enflure importante. Deux matrones m'ont maintenu fermement les cuisses écartées pendant qu'une troisième nettoyait le rasoir et mon sexe avec du beurre et du miel, puis elles ont commencé. On peut se jurer de ne pas crier, mais c'est impossible. Après, elles ont placé dans l'ouverture l'alvéole d'une datte, pour laisser s'écouler l'urine. Le lendemain, l'exécutante a saisi et excisé avec un couteau aiguisé mon clitoris gonflé et toute la chair autour. Et ensuite, elle a sorti des flammes une braise rouge qu'elle a appliquée pour cautériser la blessure. À ce moment précis, les femmes présentes ont poussé de grands cris de joie, qui ont couvert les miens. Comme cela, on n'avait pas besoin de coudre la blessure avec des épines d'acacia et il y avait moins de risques d'hémorragie.

« On m'a bandé et attaché les jambes de la taille aux genoux. Je suis restée allongée sur une natte pendant plusieurs jours en attendant la cicatrisation. Le huitième jour, on m'a permis d'aller rejoindre mes amies et de participer à une grande fête. Une fois sur deux, l'urine ne pouvait plus s'écouler et il fallait tout recommencer, mais moi, j'ai eu de la chance. Nous avons pris notre premier bain dans le Nil ; les tambours résonnaient, des chants emplissaient l'air et on nous a couvertes de cadeaux. Le quatorzième jour, il fallait prendre un autre bain rituel dans le Nil. Il y a cinq mille ans, on sacrifiait des vierges vivantes, là ce n'était plus que des sexes virginaux...

« Mais d'autres souffrances m'attendaient. Pour me posséder et me pénétrer, pendant notre nuit de noces, le Sultan a dû m'ouvrir avec un couteau à double tranchant. Il m'a prise plusieurs fois pour que le passage ouvert ne puisse pas se refermer. Certains maris ouvrent, puis recousent leurs épouses après chaque copulation.

« Mon souvenir le plus précis, c'est celui d'une vieille femme qui se tenait à côté de moi pendant l'opération avec un fouet. Quand ça a été fini, ma mère a poussé des cris de joie, elle a attrapé le bâton, et les autres se sont approchées en criant, en dansant, et elles m'ont forcée à danser.

— Tu aurais pu mourir !

— Qu'est-ce que je pouvais faire ? M'enfuir ? Mais où ? Si j'avais refusé cela, j'aurais été rejetée de mon village, je serais devenue une criminelle aux yeux de ma famille, de mon futur mari, et pour moi aux yeux du monde. Mais depuis, il y a une partie de moi qui est morte. Pour toujours. Le Sultan n'a rien connu de moi, ni mes enfants. Parce que cela a tué la femme pleine d'espoir et de tendresse que j'aurais pu être. Parce que je n'ai jamais éprouvé ni plaisir, ni joie, ni soulagement auprès d'un homme... C'est la volonté de Dieu.

« Les hommes se droguent pour faire durer leur plaisir parce que leurs femmes ne répondent pas, et les femmes embellissent leurs corps, se parfument, s'épilent... pour rendre leurs maris heureux, parce qu'il est le *Sayed,* le maître.

— Mais pourquoi ? Pourquoi ?

— Je ne sais pas. Je ne sais pas.

— Comme ils doivent nous haïr ! » murmura Naksh-i-dil.

Elle avait connu la violence de la plantation, la violence du harem, mais pas cette violence perpétrée par des femmes sur d'autres femmes au nom des hommes. Et cette violence-là lui était insupportable.

Naksh-i-dil dévisageait toutes les femmes qu'elle rencontrait quotidiennement, dans l'espoir de rencontrer Nur Banu. Certaines étaient jeunes, voire adolescentes, d'autres très vieilles avec des cheveux blancs, mais la plupart avaient entre trente et quarante ans. Quatre générations se trouvaient ainsi enfermées — loin des hommes. Favorites d'une nuit, d'un jour, d'une semaine, d'une année, d'une vie, toutes avaient jadis été aimées avant d'être condamnées à errer dans ce fouillis de kiosques et de cours monotones, muettes et légères comme des fantômes. En croisant tous ces visages, qu'ils soient timides, téméraires, stoïques, vides, ravissants ou sereins, Naksh-i-dil se sentait souvent prise d'une immense pitié. Et pourtant, elle savait que même si elle partait, elle ne pourrait rien pour elles. Telle était la loi du harem. Deux groupes d'influence se formèrent : un autour d'elle, un autour de Sineprever. Une fois de plus, cela lui rappelait le couvent de Dieu, les nonnes et les abbesses, les extases et les flagellations, les prières qui montaient des cœurs purifiés par la solitude, les voix de petites filles qui ne vieillissaient jamais.

« Mahmud est bien traité par Sélim. Bien protégé par tes bakchichs et tes espions. C'est un homme maintenant », dit Hadidgé.

Naksh-i-dil avait les yeux noyés de larmes, il lui semblait que Hadidgé était arrivée comme une apparition, sans être annoncée. Cela faisait si longtemps qu'elle ne l'avait pas vue !

« Je n'ai pas pu te sauver, dit simplement Hadidgé.

— Un harem sans Sultan est comme un couvent sans Dieu », dit Naksh-i-dil en accompagnant la Sultane aux bains.

Hadidgé lui jeta un coup d'œil, se demandant soudain si elle souffrait d'avoir renié sa foi.

« Quel est le rapport entre un harem et un couvent ? dit-elle surprise.

— J'ai découvert beaucoup de choses, Hadidgé... L'idolâtrie, l'obéissance, le protocole, la prière, le fanatisme et l'ignorance — surtout l'ignorance du monde extérieur... Ici, c'est un monde à part... et puis il y a la tyrannie, et la peur... Et c'est la peur qui domine au Vieux Palais.

— Je viens t'offrir l'amour, dit Hadidgé.

— Le besoin d'aimer, répondit Naksh-i-dil en rougissant, va de pair avec une certaine conception de la vie qui n'existe pas ici. J'ai des livres et je reçois des nouvelles du monde extérieur. J'ai le Coran. J'ai Mahmud. Je ne veux rien de plus. Les femmes ici ont une mentalité d'esclave. Mais nous, nous sommes différentes... Pendant un bref moment, nous avons pris conscience de nous-mêmes. Pourtant, ce n'était pas notre destinée. Le plaisir que nous avons connu une fois ensemble, jamais nous ne le connaîtrons en prison. L'amour exige la liberté. L'amour n'existe que dans la liberté...

— Et notre amour ? insista Hadidgé.

— Hadidgé, en tant qu'esclave, ton amour m'est insupportable. Essaie de comprendre. J'ai trouvé en toi ces qualités qui confèrent aux *hommes* puissance, beauté, plaisir, réserve, force. Alors, restons-en là. Il le *faut...* Une guerre interminable a provoqué la décadence de l'Empire. Et pourtant, chaque année, les éléments de la nature se déclarent la guerre, et un jour d'hiver détruit plus de vies que toutes les guerres humaines réunies. Je dois me libérer de *tout* esclavage. Oublie-moi et je te bénirai. Oublie-moi et je baiserai tes mains. Oublie-moi et je t'aimerai pour toujours...

— Naksh-i-dil, on n'en finit pas avec les choses

par des mots, dit Hadidgé. Où que la vie nous mène, même dans des siècles, je t'aimerai... »

— *Je t'ai aimée parce que tu es venue à moi chaste, tendre, sage et éloquente. Puisse Allah te bénir, toi et tes descendants. Ô Schéhérazade, cette mille et unième nuit est plus lumineuse pour nous que le jour!* » murmura Naksh-i-dil.

Naksh-i-dil était à l'Eski Serai depuis un an, sept mois, neuf jours et douze heures, lorsqu'elle entendit au loin le grondement de l'artillerie.

C'était le 29 mai 1807, au matin.

11

MUSTAFA IV
1807-1808

Un étrange Kislar Aga arriva à l'Eski Serai en robe de cérémonie, pour escorter Sineprever jusqu'à Topkapi.

« Je m'appelle Merdjan Aga. Longue vie à Mustafa Khan. »

Naksh-i-dil sentit la terre se dérober sous elle : Mustafa était Sultan.

Quelques semaines plus tôt, un groupe de janissaires nouvellement recrutés, les *Yamaks,* qui gardaient les forts de Buyukdere sur le Bosphore, avaient assassiné un *Nizam-i-jedid* qui voulait les obliger à porter de nouveaux uniformes. Une bagarre avait éclaté et l'envoyé de Sélim avait été tué alors qu'il essayait de s'enfuir. Dès que les batteries réparties le long du Bosphore apprirent la nouvelle de la révolte et la mort de l'envoyé, des combats éclatèrent de toutes parts entre Yamaks et Nizam-i-jedids. Si la belliqueuse Mihrishah avait été vivante, Sélim aurait trouvé le courage d'étouffer la rébellion ; mais au lieu de cela, le *Cheikh-ul-islam,* le chef du clergé musulman, réussit à persuader le Sultan, qui était bien plus faible que lui, de négocier et de faire preuve de bonne volonté, ce qui ne fit que convaincre les *Yamaks* de l'incapacité de Sélim.

Comme preuve de leur bonne foi, on demanda aux Nizam-i-jedids de rester dans leurs casernes. On envoya chez les rebelles un négociateur, mais ils refusèrent toute négociation et se mirent en marche vers Istanbul, rejoints par des milliers de janissaires, d'Oulémas, d'étudiants en religion, de mères de famille, de vagabonds et de badauds. Lorsqu'ils atteignirent le palais, Sélim essayait encore de calmer les rebelles en renvoyant officiellement les Nizam-i-jedids. Terrifié, le Sultan sacrifia aussi le Divan au complet.

Onze réformateurs furent livrés à la foule et le secrétaire particulier de Sélim, Ahmed Efendi, fut dépecé. Le Sultan sauva de cette mort horrible deux autres de ses ministres en les exécutant au fin fond du palais et en offrant leurs têtes aux rebelles. Le Cheikh-ul-islam, ce fourbe, se rallia aux insurgés, publia un *fetva* pour appuyer leurs réclamations et l'envoya à Sélim. Il conseillait au Sultan, s'il voulait rester en vie, de tout accepter, et tout de suite, et l'assurait que personne ne voulait le renverser, hormis ses mauvais ministres et les réformateurs. Le Sultan envoya son accord, mais essaya de sauver ses amis Ibrahim et Raif Efendi en les faisant fuir par la Porte de la Mort. Yusuf Aga avait échappé au massacre, provisoirement du moins.

« Il y a eu un coup d'État, annonça Hadidgé deux jours plus tard, en arrivant à l'Eski Serai. Sélim a été déposé par l'aga des janissaires, le Grand Vizir et le Grand Mufti. » Elle s'arrêta. « Cela s'est passé sans effusion de sang. Sélim est toujours en vie. On l'a enfermé dans la Cage... Le prince Mahmud est avec lui. »

Hadidgé vit Naksh-i-dil chanceler, puis se redresser.

« Edris Aga aussi est sain et sauf. Il était en pèlerinage à La Mecque. Ishak Bey a disparu. Sélim a livré le Divan dans l'espoir de se sauver, puis il s'est réfugié derrière les portes du harem. Je suis restée avec lui jusqu'à maintenant, continua Hadidgé. C'est tout ce que je pouvais faire. Je suis la seule qu'il aime, la seule à qui il fasse encore confiance — la seule qui lui reste. »

Les yeux de Hadidgé étaient brillants de larmes.

« J'ai trouvé mon frère blotti dans un coin du sofa qui longe les quatre côtés de son immense salon. Le Cheikh-ul-islam s'est présenté et s'est avancé lentement vers lui, les yeux baissés, feignant l'affliction.Très calme, Sélim l'a regardé approcher. " Oh, mon seigneur et mon maître, a dit le Cheikh-ul-islam, la mission que je dois accomplir est bien pénible, mais obligatoire pour empêcher une foule enragée de violer ce sanctuaire... Les janissaires ont proclamé Mustafa Sultan. Il est inutile de résister ; cela serait dangereux et ne servirait qu'à faire couler inutilement le sang de tes fidèles serviteurs. Ce triste événement était inscrit dans le livre des destinées. Que pouvons-nous, faibles mortels que nous sommes, contre la volonté de Dieu ? Nous n'avons qu'à nous faire humbles devant lui et nous prosterner devant ses décrets éternels."

« Mustafa est un usurpateur. Sélim est toujours Sultan ! hurla Hadidgé. Une armée est en train de se regrouper sous le commandement du pacha de Rutchuk pour le rétablir au pouvoir. Mais Mahmud est vivant, Naksh-i-dil. Ne pleure pas. Il est vivant, je t'assure. Emprisonné avec Sélim... Je t'en donne ma parole !

« Mustafa a prêté serment dans la chambre de la Tunique sacrée. Et il a attaché l'épée osmanlie à son côté dans la mosquée d'Eyup, continua-t-elle. Les coups de canon que tout le monde a pu entendre étaient des hommages qui partaient du palais, de l'Arsenal et des bateaux de guerre ancrés dans le port. Ils annonçaient à la capitale et au monde qu'il y avait un nouveau Sultan. Les janissaires et les Yamaks l'ont acclamé. Les Oulémas et le Cheikh-ul-islam n'ont pas cherché à cacher leur satisfaction. Pour les masses, ce coup d'État est bienvenu. Le régime de Sélim a toujours été impopulaire. Les Oulémas se plaignaient des taxes élevées dues aux réformes qu'il avait faites. Sa soumission à Napoléon avait exaspéré l'Empire. En plus, le fait qu'il n'ait pas d'enfants signifiait l'extinction de la dynastie. »

Hadidgé secoua la tête, heureuse de la sentir toujours sur ses épaules.

« Je me suis réfugiée auprès d'Esma. Après tout, c'est la sœur de Mustafa. Mustafa a vingt-huit ans, il est solide, pas compliqué, musulman fanatique. Qu'est-ce que le peuple peut demander de plus à un Sultan ? Le peuple voit dans son embonpoint le symbole de sa virilité.

« Il y a plein de têtes qui tombent en ce moment. Une seule personne a été épargnée : le Grand Vizir, Tchelebi Mustafa Efendi. Il s'est rendu de lui-même sur les lieux de l'exécution, mais sa barbe blanche et son silence noble inspiraient un tel respect que personne n'a osé le toucher. Yusuf Aga, quant à lui, a essayé de sauver sa vie en envoyant trois millions de piastres aux janissaires et en les assurant que c'était là tout ce qu'il possédait. Il a été exilé à Bursa, mais Mustafa a donné l'ordre de son exécution ; car on a découvert que sa fortune s'élevait en fait à trente-six millions de piastres — dont quinze millions en espèces en dépôt chez ton banquier juif Chaptchi. La tête de Yusuf Aga décore maintenant la porte impériale de Topkapi.

« Sineprever a officiellement commencé son règne de Validé. Les appartements ont été vidés et remis en état. Il y a eu les cris habituels, les hurlements, les suicides, ajouta Hadidgé nonchalamment avec un geste de la main. »

Naksh-i-dil avait poussé quelques cris, mais bizarrement le récit de ces malheurs la revigorait plutôt. Elle commençait à sentir le courage lui revenir : un de moins.

« Tiens bon, lui dit Hadidgé, Mahmud a plus que jamais besoin de toi.

— Peux-tu lui faire parvenir un message ? »

Hadidgé hésita une seconde, mais vraiment rien qu'une seconde, avant d'accepter.

« As-tu peur de la mort, Hadidgé ?

— Non, Naksh-i-dil. Cela me reposerait tellement de cette vie ennuyeuse... même s'il y a encore des choses merveilleuses à faire... un bal par exemple. On y va avec une belle robe, parée de bijoux, et finalement... finalement on s'allonge en travers du lit, encore tout habillée et on s'endort... »

Hadidgé se taisait. Elle ne pouvait pas avouer, même à Naksh-i-dil, que Sélim avait livré tout le monde. Elle le connaissait suffisamment pour savoir qu'il n'hésiterait pas à sacrifier Mahmud pour se sauver, de même qu'elle-même livrerait Mahmud avec plaisir pour sauver Sélim.

Hadidgé et Naksh-i-dil se faisaient face, alors qu'à quelque mille kilomètres de là, un pacha de province nommé Mustafa Baïraktar, le « Porte-Étendard », se préparait déjà à rétablir Sélim sur le trône.

Le prince Mahmud arpentait les appartements de la Cage, jetant souvent des coups d'œil dans la direction des portes incrustées de nacre qui menaient de sa prison à l'escalier de la Cour des Favorites. Il guettait, il attendait la mort, mais il ne voulait pas mourir. Le doux murmure de la fontaine en marbre s'élevait comme un commentaire cynique à ses terreurs. Le bruit courait que Sélim avait été poignardé, mais d'après le message envoyé par Hadidgé et son précepteur, le Taylar Aga, il n'était pas encore mort. Ses yeux se dirigeaient donc sans arrêt vers les portes que les Bostanjis allaient peut-être enfoncer, pour mettre un terme à sa vie sans qu'il ait jamais eu, à l'âge de vingt-trois ans, l'occasion de vivre. Cela faisait si longtemps que Mustafa et lui vivaient confinés dans cet endroit, prisonniers des règles religieuses stériles des Oulémas et du Coran. Les ombres de cette fin d'après-midi tamisaient l'éclat coloré du marbre, de la nacre, des tapis en soie, des carrelages bleus des murs et des plafonds ornés de calligraphies dorées à la feuille. « C'est insupportable », se dit Mahmud. Son corps mince et athlétique tournait en rond ou, l'esprit tourmenté, il allait d'une pièce à l'autre. « Un prince naît pour mourir, mais un faible meurt encore plus tôt. » La lâcheté de Sélim avait signé son arrêt de mort. Il n'avait même pas eu le courage de conduire son armée au-delà des murailles d'Istanbul. Comment pouvait-il espérer qu'on le respecte ? Sineprever et Mustafa avaient trouvé les forces et les alliés suffisants pour le détruire. Mahmud pensa à sa mère. Elle était toujours le souvenir le plus éclatant de sa jeunesse. Dans son isolement, il évoquait souvent son image comme il aurait égrené un tespi : le vert de ses yeux, la blondeur et la douceur de sa peau, le français chantant qui coulait de sa gorge, le sentiment de béatitude qu'il avait toujours éprouvé en sa présence. Hadidgé, qui avait le droit de se rendre à la Cage, avait passé avec lui bien des heures à garder vivante l'image de sa mère, à rendre une réalité à ce fantôme, malgré tous les obstacles. Les descriptions qu'elle faisait de Naksh-i-dil avaient la même force que les poèmes qu'elle aimait tant ; Hadidgé s'attardait souvent sur un détail de sa personnalité, pas sur les grands traits, et aimait évoquer un léger défaut ou une vertu majeure. Mahmud se demandait si elle n'était pas liée à sa mère par une sorte de serment pour faire en sorte qu'il ne l'oublie pas malgré les longues années d'absence. « Si c'est le cas, elle a réussi. » Car il aimait sa mère plus que tout. Les rares fois où il l'avait vue, au harem de Sélim, lorsqu'elle appartenait à la cour de Mihrishah, il avait déjà remarqué certains changements chez elle, et maintenant, Hadidgé lui disait qu'elle avait encore beaucoup changé, mais il la voyait toujours comme la jeune Kadine qu'elle était quand il était entré dans la Cage. A présent, elle allait lui survivre.

Mahmud se retourna, sans défense. Les portes s'ouvrirent et on jeta Sélim à ses pieds. Le corps recroquevillé trébucha et tomba de telle façon qu'il vit que le Sultan n'était pas mortellement blessé. Pourtant, alors qu'il se précipitait vers la porte, toute son énergie concentrée pour défendre sa vie, les vantaux se refermèrent bruyamment et il se retrouva seul avec Sélim, encore vivant. Pourquoi voulait-on le tuer ? C'était la première fois qu'un prince retournait dans la Cage après en être sorti.

Mahmud, voyant Sélim pleurer, dissimula son dégoût.

« Pourquoi veulent-ils nous tuer ? » demanda-t-il, alors qu'il avait failli dire : « Pourquoi n'es-tu pas mort ? »

Mustafa ne serait pas Sultan tant que Sélim serait en vie.

« Je ne sais pas, répondit calmement Sélim. Je ne veux pas y penser. Je crois qu'ils attendent que je me suicide, ajouta-t-il d'un ton théâtral.

— Et moi ? » dit Mahmud, avec l'égoïsme insistant de la jeunesse.

Sélim se releva. Il ne fallait pas que Mahmud le voie à genoux.

« J'ai peur pour ma mère, dit Mahmud.

— Si elle est saine et sauve, Hadidgé la trouvera...

— À l'Eski Serai... »

Il n'avait jamais pardonné à Sélim d'avoir envoyé sa mère en exil dans l'ancien harem.

« Bon, elle n'est pas plus en danger que d'habitude. Par ailleurs, je ne sais pas combien de temps il nous reste. Nous avons du travail. J'ai l'intention de t'instruire en tout. C'est toujours moi le Sultan. »

Sélim, un peu tard, cherchait le courage d'éduquer Mahmud.

« La leçon risque d'être courte, mon oncle.

— J'ai fait l'erreur de vouloir bien régner, dit Sélim. Mais qui se soucie qu'un Sultan règne bien ou mal, pourvu qu'il règne. On ne lui demande pas de bien faire mais d'agir, de prendre des décisions, et de ne jamais revenir dessus, même s'il a tort — et même s'il le sait. Être Sultan, c'est exactement la même chose qu'être ici, dans la Cage. Promets-moi, Mahmud, que si l'un de nous en réchappe, il délivrera l'autre.

« Un homme qui a passé sa vie ici ne peut pas gouverner un empire. C'est la Cage qui détermine le pouvoir des janissaires. Contre eux, la seule arme qui vaille, c'est l'autorité, l'ordre. Peu importe que les décisions prises soient bonnes ou mauvaises, pourvu qu'elles soient. Car si tu ne décides rien, les janissaires décideront pour toi. Commettre des erreurs n'a strictement aucune importance — on gouverne un empire en faisant des erreurs. La pitié ou l'intelligence ne comptent pas non plus. Qu'une mauvaise décision fasse quarante mille morts, peu importe. Seul compte le pouvoir de choisir la vie ou la mort de ces quarante mille hommes. C'est l'unique pouvoir d'un Sultan. Mon erreur a été de vouloir tirer des leçons de mes erreurs — ou même, d'en éviter d'autres, alors que cet empire anarchique se dirige par l'erreur : l'erreur et la terreur. Or, un Sultan ne commet jamais d'erreur, jamais. Mais je n'ai jamais eu le courage d'affronter cela. Ni celui de me faire obéir... »

À la grande surprise de Mahmud, Sélim et lui étaient encore en vie six mois plus tard. Les Kadines avaient rejoint le Sultan déchu, et leur vie s'était installée dans une routine confortable. Mustafa ne leur rendit jamais visite, ne leur donna pas le moindre signe. Hadidgé était seule à venir les voir. Peu à peu, ils se mirent à croire qu'ils survivraient. Sélim passait le plus clair de ses journées penché sur les livres et les cartes de Mahmud, lui apprenant des choses qu'il croyait lui-même avoir oubliées. L'Occident, pour la première fois, avec sa puissance et sa présomption, devenait une réalité. Et l'Europe de Napoléon Bonaparte une obsession. Sélim communiqua au prince sa ferveur pour les Nizam-i-jedids, les « nouvelles troupes », les armes occidentales, une marine puissante. Ils devinrent comme père et fils. Mahmud n'avait jamais eu une image très claire de son père. Il se souvenait seulement de sa promesse de venger les humiliations que les Russes lui avaient infligées et c'est sa mère qui le lui avait toujours rappelé. Au plus profond de son cœur, Mahmud gardait la crainte d'une mort imminente, et cette crainte ne cessait de le hanter. Ce n'était qu'un vague malaise, sans réel rapport avec leur situation, puisque Sélim était toujours en vie, même si Mustafa l'avait enterré vivant après lui avoir pardonné, à moins qu'il ne l'ait oublié. Cette crainte, si fort qu'il le voulût, ne se dissipait pas, mais lui permettait de comprendre certaines erreurs : le fratricide est une façon imbécile de gouverner un empire. De même qu'une ignorance totale du monde extérieur. Sa lucidité grandissante n'était pas de nature politique, c'était plutôt une sorte d'instinct fondamental enfoui sous l'égoïsme et l'ignorance dont Sélim, trop tard, essayait de se défaire. Un nouveau Sultan naquit au cours de leur interminable captivité ; et... c'est un Sultan déchu qui lui donna le jour, comme pour affirmer sa survie. Sélim, finalement, était père.

Naksh-i-dil entendait dire depuis des mois que Baïraktar était en marche. Elle avait maintenant quarante-deux ans, et manifestement, elle était encore belle. Si la solitude avait diminué ses forces, elle savait qu'elle n'avait pas pour autant perdu courage.

Sélim était enfermé dans la Cage depuis onze mois quand les armées de Mustafa Baïraktar, fortes de trente mille hommes venus de Bosnie, arrivèrent aux approches de la ville. La province de Baïraktar, Rutchuk, était devenue peu à peu le centre militaire le plus important de Turquie. Le pacha avait donc les moyens de rétablir Sélim sur le trône. Mais pour Naksh-i-dil, c'était sans importance. Sélim l'avait exilée à l'Eski Serai, et Mustafa l'y avait laissée. C'était Mahmud, l'objet de toutes ses craintes.

Le pacha Mustafa Baïraktar était un paysan né en Albanie, mais on ne savait pas précisément quand. Il s'était enfui de chez lui dans sa jeunesse et s'était lancé dans le commerce des chevaux. Puis il s'était engagé dans l'armée de sa province, et s'était rapidement distingué par son courage et sa férocité. À partir de ce moment-là, il n'avait plus quitté le pacha de Rutchuk auquel il avait fini par succéder. Et quand les Russes avaient envahi la Moldavie en 1806, Baïraktar avait engagé la lutte, envoyant à Istanbul des sacs d'oreilles, trophées de ses victoires. Il était primitif, rustique, pieux, illettré, ambitieux, simple et superstitieux, mais il avait l'intelligence innée de l'animal sauvage, associée au côté rusé et conservateur du paysan albanais. Mustafa Baïraktar pensait, comme récompense de sa victoire contre les Russes, être nommé Grand Vizir et commandant de la nouvelle armée. Mais le Cheikh-ul-islam s'était arrangé pour obtenir le Grand Vizirat pour un de ses hommes, Chelik Mustafa. Baïraktar, de colère, avait plié à mains nues son bouclier de cuivre doublé d'acier avant de repartir pour Rutchuk avec ses hommes, emmenant avec lui tous les partisans de Sélim.

Baïraktar voulait surtout empêcher Mustafa Sultan de ratifier un nouveau traité de paix, imposé par la Russie et la France, qui aurait mutilé l'Empire de ses provinces les plus riches, puisqu'il accordait la Morée au nouveau royaume d'Italie, la Serbie à l'Autriche, la Moldavie et la Valachie à la Russie.

En juin 1808, sous prétexte de faire une inspection, Baïraktar marcha sur Istanbul et installa son camp à quelque vingt kilomètres de la ville. De là, il écrivit au pacha d'Andrinople : « Quand tu liras cette lettre, ou bien Sélim sera mort, ou bien il goûtera de nouveau aux délices du trône. »

Le 25 juillet, on sonna l'alerte dans la capitale. Au coucher du soleil, l'armée de Baïraktar s'approcha de la ville, arborant l'Étendard sacré de l'islam.

La moitié des amis de Sélim voulaient que Baïraktar arrête Mustafa IV sur-le-champ, au beau milieu de la cérémonie en l'honneur de l'Étendard sacré, et dirige ses troupes vers le palais pour délivrer Sélim. Mais, en homme pieux qu'il était, Baïraktar trouva indécent d'arrêter un Sultan au cours d'une cérémonie sacrée, et décida d'attendre la prochaine assemblée du Divan. Trois jours plus tard, le pacha s'avança vers la Porte en ordonnant aux gardes de condamner toutes les entrées et sorties y conduisant, et se rendit droit au bureau du Grand Vizir, Chelik Mustafa. Il réclama le sceau impérial, et comme le Grand Vizir hésitait, il le lui arracha du cou. Il envoya chercher ensuite le Cheikh-ul-islam qui, par respect de la tradition, devait entériner le changement de Sultan par un fetva. Le Cheikh-ul-islam, Arif Efendi Arab Zade, était vieux et lâche. Lui aussi hésita. Baïraktar s'indigna et le souleva de terre d'une main.

« Et toi, dit-il, “ fils d'Arabe ” (ce qui était la traduction en turc populaire de son titre), remue ton cul ! »

Baïraktar déploya alors l'Étendard du Prophète, et l'immense cortège quitta la Porte en direction de Topkapi. Baïraktar marchait en tête, suivi de quinze mille hommes de cavalerie et d'infanterie et des dignitaires cléricaux et séculiers d'Istanbul. La première porte était ouverte, et le cortège passa. La seconde porte était fermée, mais elle fut ouverte immédiatement, et le cortège arriva ainsi devant la Porte de la Félicité.

Baïraktar demanda l'Eunuque noir, Merdjan Aga. Il n'y eut pas de réponse. Le pacha exigea du Cheikh-ul-islam qu'on lui ouvre. Ce dernier, à son tour, voulut d'abord voir le Padichah. Au même moment, une ouverture secrète, sur le côté, s'entrebâilla : la Porte des Eunuques blancs. Le Cheikh-ul-islam entra et la porte claqua derrière lui. À l'intérieur du palais, c'était la panique générale. Le Sultan reçut Arif Efendi, qui tremblait comme un serin sous l'œil d'un faucon. Une fois de plus, c'était un Cheikh-ul-islam qui était chargé d'informer un Sultan qu'il était renversé.

« Alors, tu fais partie des conspirateurs ! hurla Mustafa. Je vais te tuer... putain de menteur ! Sors d'ici, va convaincre le pacha Baïraktar de partir, sinon, tu seras exécuté demain. »

Les courtisans attrapèrent Arif Efendi par la peau du cou, et le rejetèrent par la Porte des Eunuques blancs. Le malheureux bredouilla à Baïraktar l'ordre que lui avait donné le Sultan.

« Arrête de te trémousser comme un chien entre deux villages, bâtard ! Va, et fais ce que tu as à faire. Allez, rentre ! »

Et Baïraktar lui fit repasser la même porte en le poussant de la pointe de son sabre.

Cette fois, le Cheikh-ul-islam ne trouva personne derrière la Porte de la Félicité. Soulagé, il se cacha derrière un grand cèdre pour voir ce qui allait se passer.

Pendant ce temps, les partisans de Mustafa : le chef du Trésor, l'eunuque Nezir ; son intendant, Ebé Sélim, un Serbe renégat ; l'Eunuque blanc, Cehver ; Mirahurkor le borgne et le chef des Bostanjis s'engagèrent dans l'étroit passage qui menait aux appartements de Sélim.

Le groupe des assassins pénétra dans le quartier des femmes et s'y trouva complètement perdu. C'était la première fois en deux siècles qu'on forçait les portes du harem. Mais une des Kadines de Sélim, Peykidil, s'approcha d'eux et dit :

« Suivez-moi. »

Sélim était en train de prier dans son parloir. Il portait une robe de soie ouverte, son turban était défait. Il y avait avec lui sa quatrième Kadine, Refet, et deux esclaves, Nesrine et Pakize. Refet faisait des cauchemars depuis quatre jours... Sélim avait tenté de la calmer. Soudain, ils entendirent des bruits à l'intérieur du harem. L'esclave Nesrine se précipita.

« Les Bostanjis.

— Sélim ! cria Refet. Ils sont là ! »

Instinctivement, les deux femmes se couvrirent la tête de leur tapis de prière.

Sélim hurla :

« Vous êtes les Bostanjis ? »

C'est l'Eunuque blanc qui répondit :

« C'est toi qui es responsable des troubles de l'Empire. » Puis, aux autres : « Tuez-le ! Mais qu'est-ce que vous attendez ? »

À ce moment, Pakize se jeta devant Sélim.

« Ne touchez pas à mon maître. »

Essayant de parer les premiers coups, Pakize eut les deux mains tranchées. Un des Bostanjis l'attrapa par les cheveux et la fit voler de l'autre côté de la pièce. Refet se battit à coups de poing et fut rejetée contre le sofa. Sans défense, Sélim reçut un coup de sabre sur la mâchoire, qui lui ôta une partie de sa barbe. Il saisit alors l'arme de l'un de ses agresseurs et se défendit avec rage, faisant preuve de plus de courage qu'il n'en avait jamais montré pour défendre ses idées. L'anneau en diamant qu'il portait à l'index entailla le visage de Nezir jusqu'à l'os. Sélim était fort, et ses femmes se battaient comme elles pouvaient, leurs instruments de musique leur servant d'armes contre les assassins qui les attaquaient. Terrassé par un coup violent, l'Eunuque blanc se retrouva entre les jambes de Sélim, à portée des parties vulnérables dont il avait été privé. Cehver les saisit et les serra avec une telle rage et une telle fermeté que Sélim poussa un horrible cri caverneux, comme pour atténuer sa douleur, et perdit connaissance. On lui passa la corde autour du cou, et on lui assena encore une douzaine de coups de sabre alors qu'il était déjà mort. Refet tomba sur Sélim, poussant des cris perçants :

« Jamais je n'oublierai qu'il y avait une *femme* parmi des assassins. »

« Une femme. Une femme. Une femme. Une femme. Une femme. » Les mots retentissaient dans le silence du harem, comme un chant funèbre et une malédiction.

Les Bostanjis emportèrent le corps de Sélim et le posèrent sur un banc devant la Porte de la Félicité, à l'endroit précis où Mustafa avait reçu le Cheikh-ul-islam, et d'autres se précipitèrent dans les appartements de Mahmud.

Mais le Lala de Mahmud, Taylar Aga Efendi, avait déjà agi en conséquence. La résistance farouche et prolongée de Sélim lui avait laissé le temps de rassembler un petit groupe d'hommes, et quand les assassins approchèrent des appartements de Mahmud, ils leur tombèrent dessus à bras raccourcis. En haut de l'escalier conduisant aux bains, Taylar et deux eunuques noirs, armés de leurs sabres, barrèrent le chemin aux Bostanjis. Par la porte ouverte, un Bostanji lança un poignard en direction de Mahmud, mais il le blessa seulement à la main. Au même moment, une esclave albanaise s'empara d'une pelle de braises servant aux bains, et la jeta dans les yeux de celui qui se trouvait le plus près de Mahmud.

Dans la confusion qui s'ensuivit, Taylar Aga fit échapper Mahmud sur les toits, par la cheminée, et avec le petit groupe qui le suivait se mit à courir sur les dômes et les coupoles du palais.

Comprenant que le Cheikh-ul-islam ne reviendrait jamais, Baïraktar décida de violer l'enceinte sacrée du harem. À son signal, la Porte de la Félicité fut forcée, et en quelques secondes, les soldats de Baïraktar, par centaines, déferlèrent dans le harem. Épée au clair, Baïraktar entra le premier. Ils rencontrèrent un silence de mort. Tout le monde, sans exception s'était caché. Baïraktar fit quelques pas hésitants, ne sachant pas très bien où ni comment trouver Sélim. C'est alors qu'il trébucha contre le banc où avait échoué son ex-souverain. Il avait la barbe et une joue arrachées, une jambe brisée, et une corde encore autour du cou.

De rage, le fruste soldat éclata en larmes et tomba à genoux, léchant les plaies de Sélim comme le voulait la tradition osmanlie. Ses soldats, silencieux, baissèrent les yeux, consternés par le spectacle de leur commandant en chef à genoux, pleurant comme un enfant. Tant d'espoirs étaient anéantis ! Si Baïraktar avait été moins respectueux de la religion, son Padichah serait encore en vie... Son respect des traditions et de l'inviolabilité du palais impérial, les négociations stériles, la complicité et la couardise du Cheikh-ul-islam lui avaient fait perdre un temps précieux.

« Vengeance ! » hurla-t-il, et ses troupes renvoyèrent l'écho de son cri.

Baïraktar était décidé à ne pas laisser âme qui vive dans le harem de Topkapi. Il voulait tuer Mustafa, réduire à néant les courtisans et mettre le palais à sac.

Soudain, Mahmud apparut devant Baïraktar, accompagné de Taylar.

« Mon seigneur, voici notre nouveau souverain, le Sultan Mahmud, annonça fièrement Taylar. Et c'est sur vous, pacha, que repose la responsabilité de sa vie et de son salut.

— Je suis venu pour Sélim, je resterai pour Mahmud... malheur aux assassins ! Il était ton père adoptif, ton ami, ton cousin, ton professeur, ajouta Baïraktar. Ses principes et ses vertus revivent en toi. Puisses-tu vivre pour défendre la religion du Prophète. Puisses-tu vivre pour réinstaurer la force et la gloire des Osmanlis. Longue vie au Sultan Mahmud Khan ! »

Dans les cours et les jardins du sérail, un millier d'hommes bientôt rejoints par un million de voix le long des rivages et dans la ville reprirent en écho cette acclamation :

« Longue vie au Sultan Mahmud Khan ! »

Ramenée en toute hâte à travers les rues d'Istanbul, perdue dans cette folle clameur, traînant derrière elle ses voiles ondoyants, propulsée par une folle énergie, Naksh-i-dil ne pensait qu'à une chose : où était Mahmud ? Il fallait qu'elle le sauve. On était venu la chercher à l'Eski Serai, et un contingent d'Albanais de Baïraktar, guidé par Edris Aga, qui s'était rallié au pacha de Koutschouk, l'escortait jusqu'à la Porte. Les hommes étaient commandés par un protégé d'Ishak Bey, Ali, un cadet de la marine.

Entre-temps, Baïraktar devait faire sortir ses soldats du harem, et conduire Mahmud à la chambre de la Tunique sacrée où, en tant que nouveau Sultan, il devait prononcer ses premiers vœux de fidélité. Le pacha, épuisé et brisé de chagrin, donna l'ordre à ses troupes d'évacuer le palais. Il n'avait pas le courage d'accompagner Mahmud et resta dans les jardins du harem. Il s'y assit, effondré, la tête dans les mains, son épée dégainée sur ses genoux.

Presque au même instant, Naksh-i-dil apparut et dit :

« Je suis la Validé Sultane », et, avant que Baïraktar eût le temps de se lever, elle déversa sur le pacha ahuri un flot d'injures grossières et de malédictions comme il n'en n'avait entendu que dans les casernes de l'armée.

Il existe dans la langue turque une graduation dans les injures, selon le degré de l'offense. La première est *giaour,* chrétien ; ensuite *chiffut,* juif ; et enfin *karadhan,* âme noire.

« Giaour, chiffut, karadhan ! Qu'est-ce que tu fais assis dans cet endroit ? Tu as offensé l'islam ! Tu as osé mettre les pieds dans le sanctuaire des sanctuaires, toi et tes soldats puants ! Giaour ! Des milliers d'hommes ont foulé mon harem... Ce sol sacré ! Je suis la Validé ! Je dois défendre ce lieu par ma vie et mon honneur. Chiffut ! Tu m'as déshonorée ! Assis là, hébété, tu profanes le harem du Sultan Mahmud II ! Karadhan ! Tu n'as pas honte ! Tu n'as ni respect, ni honneur ! Karadhan ! Tu es pire encore qu'un karadhan ! »

La nouvelle Validé fondit en larmes.

Elle sentait que cette brèche ouverte dans le harem ne se refermerait jamais. Jamais. La rage de Naksh-i-dil ne relevait pas d'un caprice, elle pleurait un monde perdu — son monde. Le harem avait été profané comme on viole une femme.

Naksh-i-dil faisait face au messager de sa destinée, à l'homme qui avait sauvé la vie de son fils, à celui qui l'avait faite Impératrice des Têtes voilées, Diadème des Femmes musulmanes. Baïraktar s'était à moitié levé de son siège, les yeux écarquillés de stupeur, la barbe tremblante. Son épée dégainée tomba par terre.

C'est à ce moment-là qu'il aperçut Mustafa, le Sultan qu'il avait déposé. Ne comprenant rien, Mustafa arpentait le bord d'un bassin en demandant :

« Mahmud n'est-il pas mort ? »

Baïraktar explosa :

« Faites-moi sortir d'ici ce fils de chienne, ou je le tue ! » Des larmes coulaient sur ses joues, il pleurait Sélim, son Sultan. « Sinon, par Dieu, je jure de tuer tout le monde dans ce lieu maudit ! Il y aura un autre massacre ! Et cette fois, il ne restera personne ! Je vous tuerai tous, maudits ! Ce pitoyable harem y passera au complet, et chaque kouss avec ! Y compris la Validé ! »

Baïraktar reprit son souffle.

« Jésus ! Qu'Allah lui accorde grâce et bénédiction ! » chuchota-t-il.

12

MAHMUD
1808

C'est d'elle que fut engendré Mahmud, le Sultan du Monde,
C'est d'elle qu'est né l'Auguste Empereur à l'âme rayonnante...
Lui qui a ouvert la Porte de l'Orient à un jour nouveau.

MAHMUD II — SULTAN *(à sa mère).*

Le jour du couronnement de Mahmud II, à l'aube, une procession quitta le sérail pour Aya Sofya, avec en tête, à cheval, le nouveau grand amiral de Mahmud vêtu d'une pelisse en satin vert bordée d'hermine. Devant lui avançaient ses officiers qui portaient les pantalons amples et les chemises larges des corsaires, poignards et pistolets à la ceinture. Entre l'amiral et son escorte, avait pris place un janissaire en habit de cérémonie, qui marchait à reculons, tournant le dos au cortège. Puis venait, lui aussi à cheval, le nouveau Grand Vizir, Baïraktar. Sa pelisse était en satin blanc bordée de lynx, et il portait le même turban que le grand amiral. Ses officiers se tenaient à sa gauche, armés de sabres, sanglés de larges ceintures en cuivre, et ses valets à sa droite. Suivait l'aga des janissaires.

L'escorte de Mahmud était précédée d'un cheval sans cavalier harnaché d'or et d'argent, couvert d'une cuirasse de parade. Alignée le long des rues, la foule s'efforçait d'apercevoir les nouveaux visages du gouvernement, et de trouver qui, parmi les anciens, avait disparu. Mahmud avait refusé d'exécuter Mustafa qui était enfermé dans la Cage des princes.

De chaque côté de la voie, six rangées de janissaires armés de longs bâtons jaillissaient dans le bleu du ciel comme une forêt défeuillée. Mahmud lui-même était escorté par les gardes du corps impériaux, dont les casques étaient couronnés de panaches noirs. Les *Capidgi-Bachis* formaient le second rang autour du Sultan, leurs casques surmontés de panaches immenses cachant presque entièrement le monarque aux yeux de la foule. Puis venaient les proches de Mahmud : ses pages, sans armes. Derrière suivaient son porte-glaive, l'officier qui portait le turban de parade du Sultan, et un autre officier qui transportait la selle de brocart qu'il utilisait pour monter à cheval. Arrivait en dernier le Kislar Aga avec un étalon blanc. Edris avait repris ses fonctions et tenait une fois de plus entre ses mains nonchalantes les rênes argentées.

Les janissaires rendirent un hommage militaire au Sultan en s'inclinant profondément, la tête posée sur l'épaule gauche, geste traditionnel d'humiliation. Puis Mahmud entra dans la mosquée royale, Aya Sofya, qu'il n'avait pas revue depuis son enfance, la coupole bleu clair et les quatre dômes plus petits qui surmontaient chaque angle de la bâtisse carrée représentaient pour les Byzantins « les plaies du Christ », mais pour Mahmud, Aya Sofya était simplement la plus grande des mosquées, et l'immense voûte qu'il avait au-dessus de la tête, une main géante généreusement ouverte, plutôt qu'un toit.

Au centre, devant le glorieux croissant d'or de Mahomet, Mahmud II, fils d'Abdul-Hamid, s'agenouilla et baisa le sol.

Le cortège qui ramènerait officiellement Nakshi-dil à Topkapi partirait seulement dans sept jours de l'Eski Serai. Il fallait d'abord faire partir le harem de Mustafa et les Kadines de Sélim. Pour ce faire, on choisissait toujours le lever du soleil ; heure à laquelle les femmes pouvaient traverser les rues désertes sans être vues.

Un matin avant l'aube, des charrettes couvertes quittèrent la porte du harem, mais au lieu de se diriger vers la ville et l'Eski Serai, elles allèrent vers la mer. Là, les femmes furent transbordées sur des caïques, avant d'être précipitées dans les profondeurs de la mer de Marmara. Elles se résignèrent presque toutes à leur sort, sans se défendre, à l'exception de quatre Kadines enceintes qui résistèrent et dont on entendit les cris du rivage. Ainsi disparurent toutes les femmes de l'entourage de Mustafa, toutes accusées de trahison, et jugées complices du meurtre de Sélim.

Que représentait la mort de quelques femmes ? En un seul jour, un Sultan avait été assassiné, un autre renversé, et un troisième était monté sur le trône.

Le Kislar Aga Merdjan, qui n'avait pas défendu le harem, fut le premier à périr. Baïraktar avait respecté la dignité des Osmanlis en plaçant la tête du grand Eunuque noir sur un plateau d'argent, comme il convenait à son rang. Puis dix jeunes femmes parmi les esclaves de Sélim, dont Peykidil la traîtresse, furent emmenées à la tour dans un caïque et étranglées. Le jour des funérailles de Sélim, quatre-vingt-dix-neuf têtes tombèrent dans le sérail pour le venger.

Mustafa demeura dans la Cage des princes, et la mère de Mustafa, Sineprever, à Topkapi, en dépit des objections violentes de Hitabetullah.

« Je n'enverrai jamais personne à l'Eski Serai, pas même ma meurtrière, murmura Naksh-i-dil. Tu me protégeras de Sineprever. »

Hitabetullah prit à cœur l'exhortation de sa maîtresse, car un jour, Naksh-i-dil la trouva devant un pot en verre fermé où était enfermé un scorpion ; et sept fois, la sorcière répéta les mêmes incantations.

« *Aryush, shar hush* : Dieu est si grand que personne ne lui est comparable. *Bartima, maltima, azrian* : Comprends ce que je dis, ô scorpion, né d'un scorpion, sinon j'enverrai sur toi le feu. *Tariush, lahush bamkush darloamish* : pour la gloire de Dieu et la clarté de son Visage, va piquer Sineprever à l'épaule gauche. »

Elle allait lâcher le scorpion, quand Naksh-i-dil murmura :

« Non, Hitabetullah. Je l'interdis.

— Elle ne t'aurait pas épargnée.

— Je suis lasse de ces meurtres. Je n'en veux plus.

— Tu en verras encore beaucoup si tu considères que la guerre aussi est un meurtre.

— Tu crois ?

— Oui, Maîtresse. »

Naksh-i-dil lut de la compassion dans les yeux de Hitabetullah. La sorcière haussa les épaules. La nouvelle Validé aurait un jour à s'occuper de Sineprever et de Mustafa, qui étaient déjà en train de comploter. Maintenant ou plus tard, ils devaient mourir. Hitabetullah ne voyait pas où était la différence. « Et c'est Naksh-i-dil, elle qui déteste faire couler le sang, qui les tuera », pensa-t-elle.

Hadidgé, qui jadis avait envisagé la mort de Sélim avec fatalisme, restait bouleversée d'y avoir assisté. Elle s'était jetée sur le corps mutilé de son frère et ses sanglots avaient fait écho à ceux de Baïraktar.

À Istanbul, on ne se souvenait pas de funérailles plus royales et plus grandioses que celles que Mahmud fit faire à Sélim. Étiré sur des kilomètres, il avait fallu au cortège la journée entière, du lever au coucher du soleil, pour parcourir la ville ; et les lamentations des pleureuses avaient résonné comme le tonnerre sur le Bosphore. Hadidgé avait déchiré ses vêtements et arraché ses cheveux blonds par poignées. Et lentement, elle avait sombré dans le délire. Depuis, elle s'était enfermée dans son palais récemment construit, et y donnait des bals pour les Européens de Péra, comme si elle voulait danser sur la tombe de Sélim. Ses réceptions, ses caprices, ses aventures surpassaient tout ce que pouvaient imaginer les conteurs lascifs du bazar, mais elle restait inconsolable d'avoir perdu la seule personne qu'elle eût aimée inconditionnellement. Elle errait au hasard dans les rues comme les chiens sauvages qui rôdaient dans Istanbul, en quête de charognes. On la rencontrait à n'importe quelle heure du jour ou de la nuit, enveloppée de la tête aux pieds dans des voiles de deuil gris, traînant dans le bazar, les cafés, les cimetières, en quête d'aventures, de soulagement, de fantaisie. Les frasques de la Sultane « Démon » était de plus en plus célèbres, et personne ne pouvait l'arrêter. Par respect pour sa folie, Naksh-i-dil n'osait pas intervenir.

Esma fut demandée en mariage par Mustafa Baïraktar. Naksh-i-dil l'avait suggéré et Mahmud, qui pensait que Baïraktar méritait d'épouser une princesse royale, avait accepté.

Le pacha avait offert à l'État quinze millions de piastres. Le prix d'Esma. Ce mariage entre la sœur de Mustafa et l'homme le plus puissant de l'Empire faisait peur à Naksh-i-dil.

13

BAÏRAKTAR
1808

Les problèmes avaient commencé dès la cérémonie du couronnement. Les jours de fête, la tradition voulait qu'on évite de montrer ses armes, et les janissaires, les artilleurs, la garde impériale et les Yamaks ne portaient que des bâtons peints en blanc. Or, Baïraktar s'était mêlé au cortège, escorté de trois cents gardes du corps albanais armés jusqu'aux dents, au lieu des courtisans qui entourent habituellement un Grand Vizir. La population d'Istanbul en avait été grandement choquée, mais Baïraktar se sentait responsable de la mort de Sélim, et son hésitation devant les portes du harem le hantait encore. Il trouvait Mahmud trop jeune et trop inexpérimenté pour gouverner, et sa mère trop volontaire pour qu'une cohabitation soit possible.

En fait, Baïraktar mésestimait Mahmud. Si le Sultan avait voulu qu'il épouse Esma Sultane, il y avait une raison : il désirait légitimer un paysan tenace, ignare, qui prétendait au pouvoir. Jaloux du nouveau Grand Vizir, les nobles avaient déjà exprimé leur mépris pour son arrogance, et refusaient de lui obéir. Esma ne tarda pas à les imiter. Elle ne vivait ni ne couchait avec son mari : toute princesse ottomane avait le droit de refuser son lit à son mari, et Esma l'exerçait ostensiblement.

Pourtant, les discours de Baïraktar devant les notables étaient brillants, ses projets de réformes louables, ses propositions intelligentes, son attitude pleine de bon sens.

Esma comprit le danger et intervint auprès de son mari pour qu'il obtienne de Mahmud la permission de quitter Istanbul, en emmenant Mustafa comme otage ; elle lui suggéra aussi de se retirer à Andrinople jusqu'à ce qu'il puisse réunir son armée dispersée, et de revenir en force dans la capitale : les janissaires brûlaient d'envie de se battre et de faire de la propagande contre le Divan parmi la population. Pour une fois, Esma Sultane était sincère, mais Baïraktar, sachant le mépris qu'elle avait pour lui, crut à une ruse et fit exactement le contraire de ce qu'elle lui conseillait.

Baïraktar se fit construire une résidence fortifiée à Istanbul où il emménagea avec son harem, ses eunuques et son esclave favorite, Clair de Lune. Il y afficha encore plus d'arrogance, d'audace et d'assurance, alors que la ville était en effervescence.

« Il répond à la sédition par l'insolence », dit Esma à Naksh-i-dil.

Esma, retirée dans son palais de l'autre côté du Bosphore, décida de s'en laver les mains. Dans un moment de faiblesse, Esma avait essayé de sauver son mari — désormais, elle le laissait face à son destin.

« Vous me parlez de la volonté d'Allah, Notre-Dame ? avait dit un jour Baïraktar à Naksh-i-dil. Vous étiez esclave, maintenant, vous êtes Impératrice. De quel droit ? Je ne vois là que les caprices du despotisme. Je suis un paysan ignare, méprisé par mon aristocrate d'épouse, mais commandant militaire de trente millions d'âmes musulmanes. De quel droit, si ce n'est de par la volonté d'Allah ? Vous, Madame, vous avez choisi Allah. Tandis que moi, c'est *Allah* qui m'a choisi ! »

Istanbul commençait à regretter Sélim. Dans les cafés et sur les places près des mosquées, des conteurs racontaient et amplifiaient les circonstances de sa mort. Naksh-i-dil reçut ainsi sa première leçon sur l'instabilité des masses, en découvrant que, promptes à oublier le passé et dédaigneuses du futur, elles vivaient uniquement le temps présent. En un rien de temps, Sélim devint un saint. On oublia tout : ses faiblesses, les humiliations que lui avaient infligées les Russes, les territoires perdus, les traités inégaux.

Naksh-i-dil, elle, n'avait pas oublié, et se souvenait de Catherine, si intelligente et si passionnée, qui, avant de commander, avait d'abord appris à obéir. Et la Validé se sentait capable d'être aussi cruelle que cette impératrice.

Sélim, dans son splendide isolement, et sans la moindre idée du monde extérieur, avait été la victime de son éducation. Mahmud, élevé lui aussi dans la captivité du harem, n'était guère mieux préparé au pouvoir : il n'avait jamais conduit une armée à la bataille et il ignorait tout des passions des hommes. Il était susceptible, sensible, noble, mais incapable d'imaginer le vrai danger ou d'y faire face avec sang-froid. Il pardonnait quand il aurait dû punir, s'attirant l'insolence de ses ennemis. Trop bon pour inspirer la terreur, trop faible pour inspirer l'estime, trop timide pour agir seul. Et puis, il souffrait d'une maladie secrète, ce que tous ignoraient, sauf Naksh-i-dil et ses médecins : une légère épilepsie qui gâtait la perfection dont sa mère avait rêvé. Il avait besoin d'elle.

Quant à Baïraktar, pensait-elle, son dévouement pour Mahmud n'égalerait jamais l'ardeur que lui avait inspiré Sélim. Oh, à sa façon maladroite, fruste, il était loyal, mais il était devenu trop puissant à force de distribuer faveurs et bakchichs. Jamais Grand Vizir n'avait exercé une telle autorité ni bénéficié d'un soutien aussi fanatique de la part de l'armée provinciale. Il n'avait d'autre rival à craindre que l'excès de son pouvoir, il risquait d'en être ébloui. Toutefois, il avait appris une chose. Pour être réformateur, il fallait être saint ou soldat, et lui était soldat, et déterminé à protéger le règne du jeune Mahmud avec une forêt de sabres. Pour Baïraktar, dans un pays de conquérants, couronner un Sultan, ce n'était pas lui mettre cette couronne sur la tête, mais une épée à la main.

Pendant le mois du Ramadan, Naksh-i-dil et Mahmud déambulaient souvent incognito dans les rues d'Istanbul, pour écouter les orateurs annoncer la chute de Baïraktar, avant de rentrer secrètement retrouver la sécurité du harem. Tout prédisposait la ville à l'émeute et à l'insurrection : le jeûne, l'activité fébrile, les prédictions et les divinations. Comme il était interdit de manger du lever au coucher du soleil, la nuit remplaçait le jour. Les gens se rassemblaient dans les cours des mosquées, dans les cimetières, dans le Champ de la Mort, sur les places publiques et dans les cafés pour écouter les conteurs, l'équivalent oriental des gazettes. Au cours de ces promenades, Naksh-i-dil et Mahmud se contentaient d'échanger des regards. L'opinion s'échauffait de plus en plus contre Baïraktar.

Cette année-là, *Kadir Ghedjessi,* la Nuit de la Prédestination, la nuit au cours de laquelle, selon la tradition, le prophète Mahomet avait reçu le Coran, tombait en novembre. C'était en cette saison que se justifiait le surnom d'Istanbul, « la Perle de l'Orient ». L'été régnait encore sur les rives du Bosphore. Tous les jardins de la ville bourgeonnaient, là chaleur était estivale et le parfum des cyprès et des pins parasols omniprésent, alors que les fruits mûrissaient encore sur les arbres. Mahmud et Naksh-i-dil parcouraient à nouveau les rues, toujours incognito, dans leurs manteaux gris qui prenaient des tons bleutés dans le crépuscule.

Mais cette nuit-là, tout changea, l'homme et la nature. Le vent de nord-est qui venait d'Asie devint tout à coup très froid. Des foules de janissaires en colère se mirent à errer dans l'ombre des rues mal éclairées. Le solennel *Iftar Ghedjessi,* la fête traditionnelle en l'honneur des janissaires, avait tourné à l'émeute, et des combats sanglants éclatèrent pendant que Mahmud et Naksh-i-dil regagnaient le palais.

Ils virent les soldats du Grand Vizir s'ouvrir un passage à grands coups de leurs fouets en peau d'hippopotame, tandis que les Albanais dispersaient la foule avec leurs chevaux et le plat de leurs sabres. Les gens se réfugiaient dans le bazar et les cafés les plus proches, quand soudain quelqu'un cria :

« C'est tout ce que vous méritez, janissaires, vous qui nous avez abandonnés ! C'est un vulgaire pirate de frontière, un brigand qui est devenu le maître du Sultan Mahmud et l'exécuteur des Osmanlis ! »

Mahmud se mit à trembler violemment. Seule la main de Naksh-i-dil sur son épaule réussit à le calmer. « Le temps presse », pensait-elle. Son esprit s'affolait.

L'heure de vérité avait sonné pour Baïraktar. Ils devaient rentrer de toute urgence au palais, et faire des plans — y compris pour s'enfuir. Si le Grand Vizir tombait, Mahmud et elle seraient également menacés.

Le temps qu'ils y arrivent, le palais était devenu une forteresse assiégée, et en quelques minutes, les torches allumées brandies par la foule et les soldats formèrent une mer de flammes qui submergea tout un quartier de baraques en bois.

Dehors, la rumeur avait circulé que le Grand Vizir avait décidé de supprimer complètement le corps des janissaires à la fin de *Bairam,* la fête qui suivait le ramadan, et cela avait fait l'effet d'une allumette dans un baril de poudre.

Baïraktar et sa favorite Clair de Lune se réveillèrent quand un mur de flammes s'engouffra dans le palais. Le grondement du feu, le bruit des murs qui s'écroulaient, les cris désespérés des hommes et des femmes qui brûlaient, et l'immense agitation de la foule avaient bloqué tout le quartier. Les ruades et les hennissements de deux cents chevaux qui, abandonnés par leurs cavaliers, galopaient pour échapper aux flammes, déchiraient la nuit. Un millier de janissaires avaient mis le feu à une réserve pleine de bois et aux casernes des gardes du corps de Baïraktar. Le cri de Yangshinvar ! « Au feu ! Au feu ! » retentissait à travers toute la ville, tandis que Baïraktar, ivre, hébété, essayait de retrouver ses esprits. Il ne faisait aucun doute, pour lui, que les incendies une fois éteints, ses troupes viendraient le sauver, et il employa toute son énergie à combattre les flammes.

À une extrémité du palais en bois s'élevait une tour en pierre qui, en cas d'incendie, devait servir de refuge au Vizir, à sa famille et à son trésor. La tour communiquait avec le palais par une voûte en pierre, et plusieurs portes en fer à l'épreuve du feu et des balles. Seule l'artillerie aurait pu s'ouvrir un passage dans cette muraille de granit. Le pacha de Routschouk devait tenir trois jours dans cette tour, en compagnie de sa favorite et de son eunuque noir, de ses bijoux, de ses armes et de nourriture, certain que son Sultan viendrait le sauver. Pendant ce temps, Istanbul brûlait une fois de plus. Esma Sultane regardait les flammes de son palais, sur la rive opposée, sans émotion.

Depuis les terrasses du harem, Mahmud et Naksh-i-dil regardaient aussi leur capitale en feu. Le palais ne répondait plus aux coups de mousquet et de canon des janissaires. Mahmud proclama un décret impérial, ordonnant à l'aga d'arrêter les combats et de stopper l'incendie qui ravageait Istanbul. Des maisons furent démolies, on creusa des tranchées ; mais le feu envahit la place du sérail pendant que la foule lançait des injures contre Baïraktar, le grand amiral, les Bostanjis, les pages et le Sultan lui-même. Surmontant le tumulte, les voix criaient maintenant toutes la même chose :

« Longue vie à Mustafa Khan !
Longue vie à Mustafa Khan ! »

Naksh-i-dil n'avait qu'une idée en tête : « N'est-ce pas le Coran lui-même qui approuve les fratricides entre princes... ? *S'il y a deux califes, tuez-en un.* »

« Tue-le, murmura Naksh-i-dil. Tue-le et personne n'osera te toucher. Tu seras le dernier Osmanli. Sacré. Tue-le, tue-le, tue-le, Mahmud.

— Mustafa m'a épargné alors qu'il pouvait me tuer !

— Il a demandé pourquoi tu avais été épargné. Et c'est lui qui a fait tuer Sélim ! »

« Ma mère est une des Validés les plus impitoyables qui soit », se dit Mahmud.

Lorsqu'un contingent de janissaires atteignit le toit de la forteresse, Baïraktar mit le feu à son propre dépôt de munitions, et se fit sauter avec son harem et une centaine de ses ennemis. Quand on trouva son corps, seul le sceau de l'Empire permit de l'identifier comme le Porte-Étendard de l'Islam, mari d'Esma Sultane et Grand Vizir.

La mort de Baïraktar fut officiellement proclamée. Son corps fut traîné dans les rues et pendu par les pieds ; les janissaires enfoncèrent un bâton dans la gorge du cadavre et crièrent :

« Regardez comme le bandit albanais fume son tabac maintenant ! »

Bairam avait commencé le 19 novembre. Naksh-i-dil donna une superbe réception dans le harem. Incendies et assassinats continuaient. Près de cinq mille maisons avaient brûlé. Le nombre de morts s'élevait à dix mille. Le cadavre de Mustafa Pacha Baïraktar fut emporté au Château aux Sept Tours, découpé en morceaux, et ses restes furent jetés dans un puits abandonné.

Mahmud résista deux jours aux supplications de sa mère. Le troisième, Naksh-i-dil entra dans le harem ; sans dire un mot, elle sortit de sa ceinture son poignard pour le donner à l'Eunuque noir. Elle tendit ses mains devant elle, une avec la paume tournée vers le haut, puis elle dressa verticalement l'index et le majeur de l'autre main, avant de faire retomber sèchement ses doigts sur la première. Elle porta ensuite sa main droite à sa propre gorge et, dans un grand geste, dessina sur son cou, d'une oreille à l'autre, la trace d'une entaille.

Mustafa IV venait d'être condamné dans la langue des Bazam-dil-siz.

Le lendemain matin à l'aube, les janissaires s'attaquèrent au palais de Mahmud. Dans les rangs retentissait l'appel pour un changement de Sultan :

« Sultan Mustafa Efendi nizi isteruz ! »
« Nous voulons notre Maître, le Sultan Mustafa ! »

Ils prirent position devant la porte impériale de Topkapi, et placèrent leurs tireurs dans les minarets de la mosquée Aya Sofya, d'où ils pouvaient faire feu sur les cours. Puis ils coupèrent l'eau du palais. Cette nuit-là, des milliers de janissaires, d'Oulémas et de derviches se répandirent dans les rues de la capitale.

« Celui qui n'est pas avec nous, sa femme est une putain et il aime les giaours ! »

La Validé passa à l'offensive. La porte impériale de Topkapi fut ouverte, et derrière quatre canons, quatre mille Seymens contre-attaquèrent. Les janissaires s'enfuirent dans toutes les directions, poursuivis par les troupes de Mahmud qui se divisèrent en trois colonnes en direction de l'hippodrome. Le bombardement commença en même temps, sur ordre de Naksh-i-dil. Mahmud et elle avaient décidé de faire bombarder leur propre ville par des bateaux de ligne, une frégate et une corvette ancrés dans la Corne d'Or. Le capitaine pacha ouvrit le feu sur les casernes des janissaires. Le bombardement était imprécis, mais continu, et le résultat fut terrifiant. Les maisons en bois prirent feu. Ce fut la panique générale. Cette fois, c'étaient les janissaires qu'on accusait. La population leur demandait de se rendre au Sultan le plus vite possible. Une délégation d'Oulémas se dirigea vers Topkapi, en signe de soumission au Sultan, à la condition que ce dernier mette fin au bombardement d'Istanbul et qu'il fasse rentrer ses troupes au palais.

Mahmud exigea la soumission des janissaires, en échange de quoi il leur pardonnerait. Il ordonna au pacha Ramiz d'arrêter les bombardements et rappela ses troupes. Au moment le plus critique, alors qu'il pouvait en finir une fois pour toutes avec les Oulémas et les janissaires, le Sultan les sauvait. La Validé et donc Mahmud avaient cédé à la peur du feu, une peur démesurée, incontrôlable.

Quand il reçut la délégation, le Sultan annonça d'abord, avec une parfaite sérénité, la mort de son frère Mustafa. « *Birader de efat kyledi,* notre frère est mort », dit-il.

Puis Mahmud fit le discours que sa mère avait préparé.

« Ah ! Mon peuple ! De quelle infidélité tu fais preuve ! Il ne suffisait pas qu'à cause de toi périsse la lumière de mes yeux, mon frère Sélim, il t'a fallu, sous mon règne, continuer à profaner le peuple de Mahmud. Aujourd'hui, c'est le comble. Toi-même, tu m'as dit : " Seigneur, venez au palais ", qu'est-ce qui t'a donc poussé ensuite à envahir mon palais ? Si tu ne veux plus de moi, j'avale sur-le-champ un sorbet empoisonné, et alors tu feras Sultan qui tu voudras. »

Mahmud menaçait de se suicider devant son armée, qui voulait sa tête. La délégation d'Oulémas venue pour faire arrêter les bombardements prit soudain conscience que, quelle que soit la manière dont Mustafa avait trouvé la mort, Mahmud restait l'unique et dernier représentant de la dynastie osmanlie. Par conséquent, il était inviolable. Personne dans l'Empire ne pouvait concevoir autre chose qu'un Sultanat, ni toute autre dynastie que la dynastie osmanlie. La crainte de se retrouver sans Sultan était plus forte que tout.

Naksh-i-dil avait réussi : son fils était sacré, souverain, sain et sauf, et pouvait faire trembler tout l'Empire en menaçant de se suicider.

Le lendemain était un vendredi. Comme d'habitude, Mahmud avait quitté le palais pour se rendre à la mosquée Aya Sofya. Ses gardes du corps étaient des janissaires. Le crieur public annonçait à la ville que l'ordre était rétabli.

LIVRE IV

La Validé Sultane
1808

1

ALI EFENDI
1808

Rien ne procure à l'âme la même force, ni à l'être humain le même bonheur que l'amour : ni la faveur d'un Sultan, ni l'avantage d'être riche, ni le fait de devenir quelqu'un après n'avoir été personne, ni le retour d'exil, ni la sécurité après la pauvreté et le risque.

Ibn HAZM, XIVe siècle.

Quand Naksh-i-dil vit Ali pour la première fois, il était déjà lieutenant de Mahmud. Fils d'un raïs algérien et d'une chrétienne vénitienne de Corfou, il était entré dans la marine à l'âge de dix-huit ans, sous le règne de Sélim, grâce au parrainage d'Ishak Bey, puis il s'était retrouvé dans la garde impériale de Mahmud.

Le Sultan l'avait remarqué alors qu'il n'était encore que cadet le jour où, au cours de manœuvres militaires, son cheval s'était cabré, apeuré par le flamboiement soudain d'un sabre. Ali avait alors sauté de sa monture pour prendre prestement les rênes et maîtriser le cheval. Quand le Sultan s'était incliné pour le remercier, leurs regards s'étaient croisés, et ils avaient ressenti une émotion intense, comme cela n'arrive qu'une fois ou deux dans la vie d'un homme.

Mahmud était descendu de sa monture encore tremblante, que tenait toujours l'Algérien, très calme, debout sur la plaine nue balayée par le vent, derrière le village de Demetri. En signe de respect pour son Sultan, le marin avait baissé la tête, mais l'avait relevée lorsque Mahmud lui avait touché l'épaule. Ali, jeune soldat, savait que la réalisation de tous ses rêves et de toutes ses ambitions dépendait du bon vouloir de son souverain. Jamais il ne s'était senti si proche du pouvoir, et il savait que dans le royaume, un regard suffisait à modifier le cours d'une vie ou à y mettre fin.

« Ton nom ? avait demandé Mahmud.

— Ali, mon Seigneur. »

Mahmud avait regardé fixement l'homme qui venait de lui répondre en arabe vulgaire, et ils étaient restés si longtemps ainsi, les yeux dans les yeux, que cela avait provoqué un murmure d'impatience. On aurait dit que le marin et le Sultan cherchaient à s'évaluer l'un l'autre.

À la nuit tombante, Ali était nommé lieutenant et intégré à la garde personnelle de Mahmud. De plus, il pouvait désormais ajouter « Efendi » à son nom.

Ali Efendi avait beau faire tous ses efforts pour essayer de ressembler à un parfait corsaire ottoman, son physique ne l'aidait guère, il n'avait rien d'un homme trapu, basané, musclé. Au contraire, il était grand, blond, et d'une beauté classique avec des traits fins et des yeux bleus bordés de khôl, si perçants qu'un passant les aurait pris pour un rayon venu du ciel, si lumineux qu'ils étaient plutôt troublants qu'attirants, comme ceux d'une créature d'un autre monde. Il ne portait ni barbe ni moustache. Ses lèvres bien formées donnaient à sa bouche droite un rien de féminité, et son visage étroit respirait l'intelligence, la sincérité et la douceur. Malgré sa minceur, il s'était déjà montré capable d'une remarquable endurance physique, et on pouvait parler à son propos d'élégance naturelle quand on voyait ondoyer, à chacun de ses mouvements, les plis de ses pantalons de corsaire sur sa taille fine.

Ali plaisait aux hommes parce qu'il donnait une impression de force, mais pas de violence, et aux femmes parce qu'il avait l'air vulnérable, mais pas innocent. Il était aussi musicien et jouait de la cithare. Dans les casernes de l'Arsenal, on disait que lorsqu'il chantait, les chiens écoutaient et les oiseaux se taisaient ; et que lorsqu'il dansait, le monde s'arrêtait de tourner.

La Validé eut l'impression que la nature avait concentré tous ses charmes dans la grâce absolue et la beauté masculine de l'homme qui se tenait devant elle.

De son côté le lieutenant se trouvait face à la créature la plus magnifique, la plus opulente, la plus terrifiante qu'il eût jamais contemplée. Sans son voile, le visage en forme de cœur de la Validé semblait plus lumineux malgré sa pâleur, plus doux bien que très fardé. Ses yeux, étirés jusqu'au turban, contrastaient avec ses sourcils noircis, « idéogrammes mystérieux de la séduction », pensa-t-il, mais son regard pénétrant lui parut infiniment triste.

Ali Efendi se disait qu'il aurait volontiers abandonné son nouveau poste pour se libérer du pouvoir magique de ce sourire-là et son cœur se serra à la vue des traces presque imperceptibles de l'âge sur ce beau visage.

La Validé portait tellement de bijoux, de chaînes, de perles, de voiles, de châles, qu'il était impossible de distinguer la forme de son corps, et en regardant cette figure extraordinaire, parfaitement immobile, la sérénité et le sérieux de son regard, Ali avait l'impression qu'elle ressemblait à une de ces icônes grecques que sa mère lui avait décrites et que les chrétiens ornaient de rosaires les jours de fête pour les adorer...

Telle était la Validé Sultane.

Le regard échangé entre Naksh-i-dil et Ali Efendi n'était pas celui d'une impératrice observant le nouveau favori de son fils. Ce fut plutôt une longue reconnaissance, comme si la Validé avait trouvé dans les yeux d'Ali Efendi tout ce à quoi elle avait aspiré au cours de son existence solitaire, une étrange communion, comme s'ils s'étaient rencontrés quelque part dans une autre vie, un sentiment d'intimité déconcertant.

Quand Ali s'agenouilla, baisa l'ourlet de la jupe de Naksh-i-dil, et murmura : « Tatch-ul-Mestourat », « Reine des Têtes voilées », Naksh-i-dil sentit une envie quasi irrésistible de défaire le turban du jeune homme et de passer les doigts dans ses cheveux qu'elle imaginait épais et bouclés, doux et secs au toucher. Puis le nouveau lieutenant se releva et fit le temenah traditionnel, cœur, lèvres, front, en l'accompagnant des mots sacrés : « Notre Mère à nous tous, les vivants. » Mais son geste fut si expressif, si intense qu'il frisait l'insolence et la Sultane remarqua qu'il tremblait. Personne ne savait mieux qu'elle que, dans son Empire, l'art de plaire au maître était d'une importance vitale. Mais les yeux du lieutenant, l'arrondi de sa joue, sa bouche délicatement dessinée l'avaient déjà convaincue : la Validé avait décidé qu'il obtiendrait d'elle tout ce qu'il voudrait.

C'était le 12 mars 1808.

La Validé se leva, dénoua sa ceinture, laissa tomber son manteau et se précipita vers Ali avec toute l'ardeur désespérée qui suit une longue attente. « Ô toi qui guéris. Ô toi qui ressuscites. Ô toi qui pénètres. »

Ali ne trouva rien à reprocher au corps parfait, passionné et prodigue qu'il serra contre lui. Il se mit à genoux devant Naksh-i-dil, l'embrassa, et s'aperçut alors que son visage avait perdu tout son éclat, comme si elle était au bord de l'évanouissement. Au lieu de la soulever, Ali Efendi s'étendit sur le sofa, dans la position d'une femme prête à recevoir un homme. Elle en fut si surprise qu'elle s'accroupit au-dessus de lui, s'agrippant à ses épaules. Dans cette position, les cheveux libérés, son turban défait étant tombé par terre, elle se révéla à lui sous un nouveau jour.

« Jamais je n'ai vu de femme plus belle, dit Ali.

— Jamais je n'ai vu d'homme plus beau », dit Naksh-i-dil.

Et Naksh-i-dil s'abandonna à lui, rompant vingt années d'abstinence.

La Validé se soulevait et se laissait retomber, encore et encore, contre le corps puissant et passif qui se trouvait sous elle, tandis qu'Ali Efendi caressait doucement ses épaules rondes, ses seins ronds, ses flancs ronds, son ventre rond. Au moment où elle se rendit, Naksh-i-dil poussa un « Oh ! » et détourna la tête, comme si une lumière aveuglante la blessait. Ses lèvres dessinèrent un cercle rouge et ses sourcils s'arquèrent comme le trait de plume d'un calligraphe traçant la lettre M. Ali baisa la bouche de la Validé pour étouffer ses cris, tout en la maintenant fermement par la taille, et en la secouant doucement, puis il embrassa les lèvres de son sexe.

Naksh-i-dil ne bougeait plus, ni main, ni pied, à l'apogée du bonheur, et gémissait légèrement. Son lieutenant ouvrit son gomlek. Son cœur battait à tout rompre, mais il était incapable de prononcer un mot, de dire qu'il aimait sincèrement cette femme qui l'avait sorti de l'obscurité. Mais peu importaient les mots. Ce qui importait, c'étaient leurs deux corps étroitement unis dans une étreinte silencieuse. Et Ali la fit vibrer comme un instrument de musique, jusqu'à ce qu'elle lui communique son plaisir. Il pressa son visage avec une telle force contre le sien, que ses cheveux épars se répandirent sur les oreillers comme un large fleuve sinueux, et il continua à la caresser à loisir. Naksh-i-dil se cramponnait à lui, roulant dans ses bras, aussi souple et docile qu'une poupée de chiffon.

Son amant embrassa chaque partie de son corps, avant de revenir sur elle, à grands coups de reins, tandis qu'elle oscillait, splendide. La voyant dans une telle extase, tremblante, sans défense..., Ali fut envahi d'une tendresse poignante, intense.

Il la pénétra plus fort, elle poussa un cri, et un instant plus tard, elle bougeait avec une exaltation plus grande encore, comme si sa vie et la sienne dépendaient de ces mouvements. Ils restèrent intimement mêlés, leurs jambes entrelacées, leurs muscles dénoués emportés par le plaisir jusqu'à ce qu'ils jouissent ensemble.

Quand Naksh-i-dil ouvrit les yeux, elle vit le jeune homme debout, les bras étendus, le caftan ouvert, qui tournait lentement, avec élégance, le visage levé, les yeux brillants dans la pénombre.

« Je viens d'un pays où seuls dansent les hommes ou les esclaves », dit Ali dont le corps ondoyait avec, pour seul accompagnement, le claquement de ses doigts et le martèlement de ses pieds nus sur le sol.

Sous les plis éclatants de son caftan, son corps était électrisé, comme un éclair dans le ciel nocturne.

Puis il se mit à chantonner tout bas la chanson d'amour algérienne sur laquelle il dansait, et elle crut entendre des tambourins. Le corps sculptural du guerrier tournoyait et virevoltait, le visage adouci par l'ombre, les yeux fermés, un léger sourire de béatitude aux coins de sa bouche. L'homme dansait. Pour une femme. Les mains viriles se mouvaient délicatement dans l'espace ; en dehors de la respiration haletante de Naksh-i-dil, on n'entendait que la douce mélodie et le discret claquement de ses doigts.

Elle regardait, envoûtée, ses mouvements harmonieux, le jeu de ses muscles souples, l'éclat de ses yeux qui ne quittaient pas les siens, même lorsqu'il tournait. Elle avait l'impression que son cœur allait cesser de battre, brisé par le tumulte et les émotions d'un impossible amour.

« La première fois, c'était pour toi, murmura Ali Efendi. La seconde fois, c'était pour moi. La troisième, c'est pour Allah. »

Le vieux Kislar Aga regarda les deux silhouettes voilées sortir de l'ombre. Comment pouvaient-ils imaginer un seul instant que leur amour resterait secret plus d'une nuit ? D'ici quelques jours toute la Cour serait au courant. Pour le moment, il n'y avait que le Sultan et lui qui le savaient. La seule chose à faire, c'était de nommer Ali Efendi intendant de la Validé aussi vite que possible, comme l'autorisait le protocole.

L'Eunuque noir convoqua donc sans tarder le lieutenant Ali.

« La Validé t'a accordé le plus beau cadeau qu'elle pouvait offrir en tant que Validé, en dehors de sa personne : elle va faire savoir que tu jouis de sa faveur, tu vas devenir son intermédiaire... et les bakchichs vont pleuvoir sur toi comme la pluie. Elle ne t'a pas fait un cadeau, mais *le* cadeau des cadeaux. Elle fait de toi un homme riche, si tu es fidèle...

— Je suis fidèle parce que j'aime, dit l'Algérien.

— Je te crois, dit Edris Aga, et crois-moi, tu le paieras cher.

— Je suis prêt à payer le prix, même si tu ne parles que de cadeaux.

— C'est que le prix de l'amour de la Validé est fort élevé. »

Edris savait que Naksh-i-dil faisait d'Ali, non un amant, c'était impossible, mais un eunuque, comme lui... Car elle lui avait extorqué une fidélité éternelle. « Le fantôme de tous les pouvoirs, pensait-il, c'est la fidélité. La récompense d'un despote n'est pas le courage, l'amour, ou l'honneur, c'est la fidélité, la seule chose qu'il soit impossible d'acheter. On peut acheter l'intelligence, le talent, l'adoration, voire la passion, mais pas la fidélité... »

Le lendemain, le vénérable Kislar Aga s'approcha de Naksh-i-dil, les yeux baissés. Puis son regard rencontra celui de l'Impératrice. Combien d'années avaient passé depuis ce premier jour sur le quai ? Combien d'années lui restait-il à vivre ?

« Une Validé a toujours besoin d'un intendant. »

Naksh-i-dil sourit. Ainsi, il savait déjà. Était-ce écrit au khôl sur son front ?

« Vraiment ?

— Absolument. Je dirais qu'il n'est pas raisonnable de laisser passer un seul jour, Notre Dame. Notre Sultan insiste. Il est très heureux de cette idée. Il est certain que vous êtes en sécurité avec Ali Efendi. Je suis trop vieux pour vous protéger. Trop vieux... »

Le Kislar Aga sourit.

« Oh, Edris, nous sommes vieux tous les deux. *Vieux*...

— Non, Notre Dame, vous êtes jeune, une très jeune femme. Vous savez maintenant ce qu'est l'amour...

— Cela veut dire la fin de... » Elle s'arrêta net. « À moins que tu n'aies une autre suggestion, Kislar Aga... ou bien mon fils ?

— Il n'y a aucune autre suggestion possible, Impératrice. »

Et dans ses yeux, elle lut le même sentiment que dans ceux de Hitabetullah : la pitié.

La Validé se détourna brusquement. Ali. Favori. Ali était *son* favori. Depuis sa naissance, l'esclavage avait gouverné sa vie, et maintenant, il la condamnait aussi sûrement que si Allah l'avait écrit. Elle n'avait qu'à lever le doigt pour qu'Ali vive ou meure. Elle avait fait son esclave de l'homme qu'elle voulait rendre libre. Derrière ses voiles opaques, des larmes coulèrent sur ses joues, des larmes d'angoisse. Plus longtemps elle garderait son amant près d'elle, plus son amour pour lui serait cruel. Elle voulait seulement la paix qu'elle avait trouvée dans les bras d'Ali. Favorite elle avait été, maintenant elle avait le pouvoir de choisir des favoris ; esclave, elle était devenue maître absolu ; prisonnière, elle était devenue geôlière ; bétail, elle était devenue propriétaire. La force de l'esclavage était trop grande, le pouvoir qui l'entourait trop brutal, ses entraves trop fatales, son omniprésence, celle d'un dieu.

« Ne me fatigue pas avec tes regrets, maîtresse. Ce qui s'est passé devait se passer. Sur la vulve de chaque femme est écrit le nom de l'homme qui doit y pénétrer, dans l'amour ou dans la haine, dit Hitabetullah.

— Comme le destin de chaque homme est écrit sur son front, dit Naksh-i-dil en souriant. Dis-moi, Hitabetullah, pourquoi est-ce que le destin des hommes et des femmes n'est pas écrit au même endroit ?

— Rien ne dit que le front d'un homme n'est pas la vulve d'une femme », avait répondu la sorcière.

2

TATCH-UL-MESTOURAT
1812

Constantinople. Constantinople. Jamais !
Constantinople est l'Empire du monde !
Napoléon BONAPARTE *(à lui-même).*

Le voile noir tourbillonnait avec son calligramme géant. Deux cents femmes étaient penchées sur un même morceau de soie grand comme un pré, du fil d'or sur les genoux, et cousaient avec minutie tandis que des Odalisques s'affairaient pour tendre l'étoffe. Naksh-i-dil inspectait attentivement, point par point, le travail qui se faisait. Il fallait que ce soit parfait. Elle ne laisserait pas passer le moindre défaut, leurs doigts dussent-ils en saigner. Et cela prendrait des années. Allah avait rendu La Mecque à Mahmud et ceci serait le cadeau de remerciement à la Sainte Mosquée. Un voile qui couvrirait entièrement la Kaaba où était conservée la pierre de la maison d'Abraham... la Pierre noire. Elle fit glisser la soie entre ses doigts, si fine qu'on avait l'impression de toucher des nuages, du vent, ou la danse d'Ali...

La troisième, c'est pour Allah.

« Mère ! »

Les Odalisques et les dames de la cour de Naksh-i-dil s'éparpillèrent comme une volée de pigeons apeurés, roucoulant et pépiant. La Validé se retrouva seule avec son fils.

La guerre avec les Russes avait commencé. Les armées de Mahmud avaient stoppé leur avance, mais en subissant de lourdes pertes. Les Russes avaient pris l'ancienne province de Baïraktar, Rutchuk, et ils avançaient vers la Serbie. Le seul espoir était que Napoléon, le maître incontesté de l'Europe, déclare la guerre à la Russie.

Mahmud et Naksh-i-dil savaient tous deux que tôt ou tard Napoléon franchirait les frontières de l'Empire, comme en Égypte treize ans plus tôt... Le monde entier voulait Istanbul.

Naksh-i-dil remarqua le regard soucieux de Mahmud. Elle savait à quoi il pensait : les guerres de Napoléon allaient frapper aux portes de sa capitale.

Mahmud se taisait. Sa mère insista.

« Napoléon *a besoin* d'Istanbul, fit-elle, pour devenir *l'*Empereur, et pas seulement *un* Empereur. Que Dieu le maudisse ! »

Mahmud n'avait pas vraiment envie de négocier la paix à Bucarest avec le Tzar Alexandre Ier, successeur de Paul Ier, mais il était hypnotisé par la détermination de sa mère, et les Russes étaient inquiets.

« Si les Français et les Russes se battent, poursuivit-elle, il n'y aura pas de vainqueur, il n'y aura que deux vaincus. Nos deux ennemis. C'est la plus grande bataille que nous puissions gagner sans perdre un seul homme. Car lorsque Napoléon et Alexandre compteront leurs morts, seuls les Osmanlis sortiront victorieux ! Peu m'importe qui gagnera, du Tzar ou de l'Empereur. Le " vainqueur " sera celui qui comptera le moins de morts... Laissons-les se massacrer et se détruire mutuellement. C'est une guerre très économique, Mahmud. »

Elle aurait sa revanche à bon compte si Napoléon l'emportait sur le Tzar Alexandre. Les cinquante mille hommes d'Ochakov ne seraient qu'une piqûre d'épingle, comparés au fleuve de sang que deviendrait le Danube à cause de la présomption des Français et de l'arrogance des Russes.

« Napoléon refusera de croire à une alliance entre toi et le Tzar, mais c'est... c'est pourtant ce qui se passe, dit Naksh-i-dil avec un sourire. Napoléon a subi sa première défaite sur les plaines de Nazareth, sur le sol ottoman... Que ce soient les Ottomans qui lui assènent le coup de grâce ! Jamais il ne résistera à la tentation d'envahir la Russie ; ce n'est qu'une question de temps. Le traité de Tilsit n'était qu'une ruse... Si nous ne faisons pas la paix avec la Russie, Alexandre devra mener la guerre sur deux fronts.

— La paix avec la Russie ! dit Mahmud.

— Mahmud, la peste noire est chez nous. Elle a toujours annoncé un désastre pour Napoléon. Rappelle-toi l'Égypte !

— La Russie n'est pas l'Égypte.

— Si nous agissons ainsi, nous pouvons obtenir des conditions que nous ne retrouverons pas. Voilà pourquoi le traité avec Alexandre est nécessaire. D'après notre ambassadeur, Napoléon est prêt à envahir la Russie. Jamais il ne partagera l'Empire des Osmanlis avec le Tzar. Il croit que le monde lui appartient. S'il traverse la Russie, il continuera jusqu'à Istanbul. Il l'a inclus dans son domaine, parce qu'elle faisait partie de l'Empire oriental de Constantin et d'Alexandre le Grand. Il n'y renoncera pas, jusqu'à son dernier souffle... et tant que je n'aurai pas rendu le mien, il n'aura pas Istanbul — même si je dois conduire les armées moi-même !

— Tu serais bien capable de le faire !

— Et quel mal y aurait-il à cela ? demanda Naksh-i-dil.

— Toi, Tatch-ul-Mestourat, tu veux être l'Empereur de l'Orient. »

Naksh-i-dil rejeta en arrière sa tête enturbannée, et éclata de rire. Mahmud regarda sa mère, consterné.

« Napoléon peut frapper la Russie aux pieds, à Kiev ; à la tête, à Saint-Pétersbourg ; ou au cœur, à Moscou », dit la Validé en ouvrant sa table de backgammon.

Malgré la faiblesse militaire de Mahmud, le Tzar conclut la paix aux conditions des Ottomans, et signa le 28 mai 1812, le traité de Bucarest. Alexandre rendit la Moldavie et la Valachie au Sultan, ne gardant que la Bessarabie. Il rendit aussi tout ce qu'il avait pris au nord de la mer Noire et dans le Caucase. La Serbie devenait autonome. Alexandre pouvait maintenant retirer deux cent mille hommes des rives du Danube et des frontières de l'Empire, pour les lancer contre la Grande Armée de Napoléon qui approchait. Naksh-i-dil avait gagné la première partie. Mahmud se demandait si elle allait gagner la seconde. Elle n'était pas la première Validé à susciter la guerre ou la paix, la ruine ou la prospérité d'un empire.

À quatre heures du matin, le 14 juin 1812, à Kovno, Napoléon regardait les régiments de tête traverser le Niémen, là où cinq ans plus tôt, sur un radeau bâché, il avait pour la première fois étreint le Tzar Alexandre. Ils s'étaient alors secrètement partagé l'Empire ottoman, en signant le traité de Tilsit. La Grande Armée comptait aussi bien des Italiens que des Polonais, des Portugais, des Espagnols, des Bavarois, des Croates, des Dalmates, des Hollandais, des Allemands du Nord, des Saxons et des Suisses : vingt nations en tout, et six cent mille hommes.

Un mois après avoir traversé le Niémen, Napoléon lisait avec stupéfaction le document qu'il tenait entre les mains. Soit Mahmud était idiot, soit il était fou à lier. Aucun souverain sain d'esprit n'aurait rejeté les termes du traité qu'il avait offert à ce maudit Sultan. Aucun despote sensé, oriental ou non, n'aurait choisi de mettre son Empire aussi délibérément en péril, quand il y avait moyen d'agir autrement ! Mahmud ne *pouvait pas* avoir signé un traité avec les Russes ! C'était la plus grave erreur de stratégie imaginable. C'était dément ! Ça n'allait pas du tout avec les projets qu'il faisait pour l'Empire ottoman ! Ce Russe d'Alexandre, ce fils de chienne ! ce Tartare oriental ! Napoléon *avait besoin* de Mahmud. Est-ce que les Français n'étaient pas les alliés *traditionnels* des Ottomans ? Est-ce que ce bâtard n'avait pas une mère française ?

Napoléon faisait les cent pas, tournant dans tous les sens. Il demanda l'heure, se jeta sur son lit, se releva. Il ruminait tout haut, se tordait les mains, redemandait l'heure et puis soudain, il s'arrêta tout net, bredouilla quelque chose, l'air préoccupé, et se remit à faire les cent pas...

« Grattez un Russe et vous trouverez un Turc », dit-il.

À Constantinople, Naksh-i-dil poursuivait son interminable partie de backgammon avec Mahmud.

« Napoléon espère que le Tzar Alexandre finira par faire la paix, dit Mahmud à sa mère. Il transporte même la robe et le sceptre de son couronnement à l'abri d'un chariot spécial protégé par sa garde personnelle. Mais Alexandre ne couronnera jamais Napoléon. Le Tzar a dit qu'il préférerait se laisser pousser la barbe et manger des pommes de terre en Sibérie. Pourtant, je ne vois pas comment il va pouvoir l'éviter. Il faut que Napoléon se trouve face à face avec l'armée russe sur un champ de bataille et qu'il la batte une bonne fois pour toutes. »

Le gros de l'armée russe, cent vingt mille hommes, six cents canons, placé sous les ordres du Tzar, refusa de se battre et attira Napoléon au cœur de la Russie. Les soldats d'Alexandre abandonnèrent Vilna, s'enfuirent de Vitebsk, et brûlèrent Smolensk. Napoléon poursuivit sa marche en avant pendant sept semaines, et ne trouva qu'un désert. Plus il pénétrait en Russie, plus ses hommes et lui prenaient conscience du vide et du silence. Il donna l'ordre de marcher sur Moscou.

« Les Russes vont se battre devant Moscou », dit Naksh-i-dil.

Alexandre aligna ses hommes au sud du village de Borodino, sur une arête entrecoupée de ravins, le long du fleuve Moskova qui traversait Moscou, à quelque cent dix kilomètres à l'est.

À Istanbul, séparés par les murs du harem, Naksh-i-dil et Mahmud posèrent, à l'unisson, leur front sur leur tapis de prière. Depuis deux mois, ils se voyaient tous les jours pour lire ensemble les dépêches, et continuer leur partie de backgammon.

« Le carnage a commencé. On va voir qui sera écœuré le premier », dit Naksh-i-dil.

Napoléon regardait Moscou, en bas dans la plaine, entouré de ses remparts. Des milliers de clochers et de dômes dorés reflétaient les rayons du soleil comme des prismes. La cité était un ensemble disparate de cabanes en bois, de riches demeures en briques, et de somptueux palais qui appartenaient à l'aristocratie ; et en plein cœur se dressait le Kremlin en briques rouges du Tzar. La population aussi était très mélangée. Le XVIIIe siècle côtoyait le XIXe, et les civilisés les barbares, les Européens, les Orientaux.

Mais, sur les deux cent cinquante mille habitants, il n'en restait que quinze mille : les criminels relâchés des prisons de la ville. Tout était silence. Cette nuit-là, des incendies sporadiques éclatèrent ici et là dans la ville.

Le lendemain, le feu gagna de nouveaux quartiers. Le gouverneur avait armé les forçats de mousquets et de poudre, et leur avait donné l'ordre de brûler Moscou jusqu'à ce qu'il n'en reste rien.

« Moscou est en feu, dit Mahmud, très excité. Les Russes ont entièrement incendié leur capitale. C'est... un enfer !

— Moscou détruit en prime. C'est merveilleux ! s'exclama Naksh-i-dil en ricanant. Peut-être que le Tzar en personne va décider de brûler aussi Saint-Pétersbourg. »

À deux heures de l'après-midi, le 19 octobre, les premières unités de la Grande Armée quittèrent Moscou. Cela faisait en tout quatre-vingt-dix mille fantassins, quinze mille cavaliers, cinq cent soixante-neuf canons et dix mille voitures transportant de la nourriture pour vingt jours, mais moins d'une semaine de réserve en fourrage pour les chevaux. Il était déjà tombé huit centimètres de neige, et les flocons tombaient si dru que les soldats ne voyaient pas ceux qui les précédaient. Les Cosaques les harcelaient sans relâche, abattant par douzaines les hommes aveuglés qui s'étaient écartés de leur route.

Lorsque les troupes de Napoléon, décimées, atteignirent la Berezina, c'était un torrent furieux. Le pont avait brûlé. Trois généraux russes marchaient sur elles.

Quatre cents hommes construisirent deux ponts en vingt-quatre heures et périrent dans l'eau glacée. Trois jours plus tard, les troupes traversaient la Berezina. Toute la journée et toute la nuit, les soldats fatigués durent escalader des centaines de chevaux morts et de voitures détruites. Les troupes se battaient pour gagner le fleuve, piétinant ceux qui trébuchaient et tombaient. Quarante mille hommes seulement traversèrent.

La longue nuit froide résonnait du cri des mourants et des plaintes des blessés de la veille. La neige était tellement maculée de sang qu'elle devait le rester jusqu'au printemps.

Le Tzar Alexandre avait gagné la guerre. Elle avait coûté aux Français quatre cent mille hommes et aux Russes sept cent mille.

« Tu es le plus grand stratège de l'Orient, dit Ali Efendi à Naksh-i-dil, plaisantant à moitié : plus d'un million de morts dont pas un seul soldat ottoman !

— Ce sont les Anglais qui vont en tirer tout le bénéfice, dit-elle. Tu sais, ce sont eux qui écrivent les livres d'histoire. Tous les diplomates ou hommes d'État vont revendiquer le traité signé par Mahmud à Bucarest. Tu vois, les Ottomans n'écrivent pas, les femmes non plus d'ailleurs, mais ils font l'Histoire... » Sa voix prit un ton amer et résigné. « Et moi, non seulement je n'écris pas l'histoire, mais je n'ai pas la paix... »

Qu'attendait-elle encore de lui ? se demandait Ali. Elle était plus osmanlie que les Osmanlis, plus islamique que le Prophète, plus fanatique que le Grand Mufti, plus amoureuse que l'objet de son amour. Et pourtant, elle n'était ni fière de son Empire, ni croyante en sa religion, ni libre dans son amour, Ali Efendi la savait vouée au malheur. C'est le fanatisme qui engendre la joie. Le fanatisme est un sentiment dangereux, mais nécessaire. Et Naksh-i-dil était trop occidentale pour être une vraie fanatique... elle était capable de mourir pour quelque chose qui n'en valait pas la peine. Si elle avait renoncé à sa foi, elle pouvait aussi bien renoncer à son amour. Aussi fort qu'il l'aimât, il était impuissant à faire naître un bonheur impossible d'un amour impossible.

« La source de l'amour est certainement pure, pensait-il, *mais c'est l'excès qui est une monstruosité ; peu importe le motif pour lequel on perd la raison : celui qui aime sa femme avec trop d'ardeur ressemble à l'infidèle... il ne devrait pas se laisser dominer par la sensualité, ni se précipiter la tête la première dans la copulation ; rien n'est plus ignoble que d'aimer une épouse comme on aime une maîtresse... »*

Naksh-i-dil avait l'impression que c'était hier qu'elle avait regardé les yeux d'Ali pour la première fois. Mais Ali lui échappait. Il se liguait de plus en plus avec Mahmud contre elle. L'ambition l'envahissait chaque jour davantage et comme tous les hommes jeunes, il se croyait éternel.

La nuit, des fantômes erraient dans la chambre de la Validé, qui rêvait d'un pays de paix, de musique et d'amour.

Mahmud regardait sa mère, assise impassible devant lui. La barrière qui les séparait s'élevait chaque jour davantage. Il s'en voulait d'avoir accepté une alliance avec leur pire ennemie, la Russie. Ce n'était pas la glorieuse victoire sur les Russes dont il avait rêvé. Mais il ne pouvait pas le lui dire. Ce n'était pas lui qui avait misé l'Empire entier sur la défaite d'un ennemi. Il avait renoncé à l'unique victoire dont les Ottomans auraient pu se réclamer sur les Russes depuis le règne de son grand-père. L'histoire osmanlie ne signifiait rien pour Naksh-i-dil. Qu'est-ce qu'ils allaient faire maintenant... avec les Russes ? Stratégiquement, sa mère avait eu raison. Mais elle n'avait pas la mentalité voulue pour s'occuper de son Empire oriental. Seule une victoire militaire pouvait maintenir l'intégrité de l'Empire, parce qu'il ne devait son expérience qu'à des victoires militaires, et à la terreur, qui était la pierre et le mortier de ce qui restait encore le plus grand Empire du monde. Sa mère s'était montrée intelligente, mais elle n'avait fait peur à personne. Ni aux Grecs, ni aux Albanais, ni aux Algériens, ni aux Egyptiens...

Elle avait peut-être changé l'histoire de l'Europe, mais elle n'avait pas changé l'histoire de l'Empire ottoman.

Malgré tout, Mahmud dit :

« Mère des Têtes voilées, tu as gagné. Allah t'a donné ta revanche. »

3

HITABETULLAH
1812

Hitabetullah traça un cercle sur le sable blanc devant le kiosque de la Validé à l'intérieur duquel elle posa une dent de crocodile, une vertèbre d'oiseau, une peau de caméléon, trois poils d'âne, les parties génitales d'une hyène réduites en poudre, et une poignée de graines de sésame dans un crâne de babouin. Pendant la moitié de sa vie, elle avait vu le soleil se lever sur Istanbul.

Vingt-huit années avaient passé depuis le jour où elle était entrée au service de Naksh-i-dil. Et elle était fatiguée. Elle avait suivi sa maîtresse à l'Eski Serai le cœur léger et ne regrettait rien, ni l'esclavage, ni la prison, car après tout, cela faisait partie de sa condition de femme. Elle ne regrettait même pas d'avoir été privée de certains plaisirs. On lui avait enlevé ses enfants si jeunes que ni son cœur ni ses oreilles ne se souvenaient de leurs petites voix. Elle était seule. Ses yeux s'agrandirent quand elle vit ce qu'elle avait conjuré avec les plumes et les os répandus dans le cercle. Elle prit son amulette et la noua autour de son bras droit. Tout était enveloppé dans un couvre-lit en soie, bien serré : ses poisons, ses gris-gris, ses drogues, et son argent.

Immobile comme un grand mât noir avec sa voile, debout sur les marches du sanctuaire de Naksh-i-dil, Hitabetullah poussa un gémissement qui s'éleva comme le vent au-dessus du Bosphore et sembla gonfler ses robes.

Après tant d'années, elle savait ce qu'elle devait faire de sa liberté.

« Hitabetullah ! » La voix de sa maîtresse résonna derrière elle. « Que diable fais-tu ici, assise toute seule dans le noir ?

— Je pensais à l'Afrique et à mes enfants. Et toi, maîtresse, est-ce que tu ne penses jamais à ton île ou à ta famille ?

— Non, mentit la Validé, jamais. Ça ne sert à rien de regarder en arrière. Mahmud sait qui je suis, c'est suffisant. Je ne suis plus celle que j'ai été, si tant est que cette personne ait jamais existé. Je ne suis pas plus la fille de mon père que l'enfant du Prophète... Au fil des années, on abandonne derrière soi tout ce que l'on a vécu et aimé, tout ce en quoi on a cru... Comme si la préparation de la mort n'était qu'un long dépouillement, jusqu'à ce qu'il ne reste plus rien que le silence, la solitude et l'indifférence au monde.

— Mais tu n'es pas indifférente...

— C'est vrai, Hitabetullah. Je regarde autour de moi, pourtant, je ne ressens plus ni joie ni peine. »

Le visage de Naksh-i-dil était fardé, fatigué. Hitabetullah avait exorcisé sa maîtresse pendant trente ans et à présent, elle ne pouvait plus rien faire pour elle. Naksh-i-dil était une amante trop amoureuse d'un homme jeune. Une mère trop amoureuse de son fils. Une despote trop amoureuse de son empire. Une femme qui ne s'aimait pas assez. Elle dépendait de la magie de Hitabetullah et pensait que cette dernière pouvait lui permettre d'échapper au Grand Justicier. Mais elle avait perdu l'essentiel, la foi. Et Hitabetullah était lasse de la servir, de lui promettre qu'elle ne mourrait jamais. Elle avait fait son temps.

Naksh-i-dil avait désormais l'ingratitude de tous les tyrans. Elle devait régner, c'était son devoir, mais à soixante ans, Hitabetullah, elle, n'était plus obligée de servir qui que ce fût... même pas la Validé.

La fragilité des maîtres avait toujours étonné Hitabetullah. Ils donnaient l'impression de ne pas pouvoir exister sans leurs esclaves. Comment s'étonner alors, que toutes les Sultanes finissent à moitié folles ? L'Eski Serai n'engendrait que des fantômes. Les femmes qui y étaient enfermées faisaient de l'amour un art, celui de la passion, et Naksh-i-dil n'avait pas échappé à cette règle.

Hitabetullah tendit le bras vers Naksh-i-dil. Une main prit la sienne, une main blanche et fine, à laquelle Hitabetullah avait si souvent obéi. A quoi menaient toutes ces passions criminelles, sinon à demander à la vie ce qu'elle ne donnerait jamais, au pouvoir ce qu'il ne serait jamais, à l'esclavage ce qu'il n'apporterait jamais, la liberté ?

Hitabetullah se mit à psalmodier

« *Bab-el Satan... Bab-el Satan a'lebi...*
Ici, c'est la porte de l'enfer, éloigne-toi. »

La sorcière était étendue sur le sol, face contre terre, dans la poussière, les bras en croix.

Il ne neigea pas sur Istanbul cette année-là. L'hiver fut étonnamment doux. Assez pour que Naksh-i-dil continue à se promener dans les jardins du harem.

Puis ce fut la saison des pastèques et des aubergines. Les Bostanjis travaillaient jour et nuit dans les vergers. Les arbres ployaient sous le poids des fruits, si bas que les voiles de la Validé s'y accrochaient.

Huit années s'étaient écoulées depuis la dernière peste quand, dans le quartier grec de Phanar, une jeune fille mourut subitement. Comme l'épidémie ne se déclara ni en avril ni en mai, la ville doutait que la maladie existât vraiment, mais en septembre il n'y eut plus aucun doute possible : c'était bel et bien la peste. À chaque victime dont il était fait état, les gardes de la ville fermaient quarante maisons, et quarante autres encore. Les cris des familles résonnaient dans le silence, le long des rues étroites, bleu et blanc.

La peste n'apparut pas en un seul endroit, et ne se répandit pas progressivement, elle s'abattit sur la ville comme une pluie. Tels les rayons d'une grande roue, les sorties d'Istanbul débordèrent bientôt de réfugiés. On repoussait ceux qui tombaient, les laissant mourir, ou on les recouvrait, mais jamais on ne les volait ; la peste noire et les avertissements de Mahomet mettaient leurs biens à l'abri. Des chariots surchargés se bloquaient les uns les autres. Des chevaux terrifiés ruaient, se cabraient, l'écume à la bouche. Les essieux cassaient sous les chars à bœufs trois fois plus chargés qu'à l'ordinaire. Des orphelins à l'abandon coupaient les cordes et les courroies qui fermaient les bagages, et pillaient la nourriture. Et cinq fois par jour, au milieu du danger, les riches et les pauvres, les malades et les bien-portants, les voleurs et les mendiants, les jeunes, les vieux, les forts, les faibles, les beaux, les laids, tous s'agenouillaient front contre terre, tournés vers La Mecque, et priaient pour leur délivrance.

Un jour, Hitabetullah quitta le sérail, seule et sans prévenir. Naksh-i-dil l'attendit en vain un jour entier, puis un second, puis un troisième. Le quatrième, elle prit l'amulette que Hitabetullah avait fabriquée pour conjurer la peste, et partit à sa recherche dans une voiture couverte d'une toile cirée, accompagnée d'Ali Efendi.

Des victimes affolées erraient dans les rues ; certaines se cognaient la tête contre les murs, poussant des cris déments, leurs cris se mêlant aux plaintes des mourants.

La Validé vit des rats morts au milieu des rues, preuve que la peste noire était devenue le maître incontesté de la plus grande ville du monde. Des corps nus étaient entassés partout. Les janissaires brûlaient des piles entières de vêtements contaminés. Des feux brûlaient continuellement, jetant des ombres et des odeurs pestilentielles. On défenestra une femme nue, et ses cheveux flottèrent derrière elle.

Ceux qui étaient atteints titubaient comme des hommes ivres. D'autres, trop malades pour bouger, étaient étendus dans le coma, face contre terre, sur les pavés, ou se traînaient sur les mains et les genoux, vomissant comme s'ils avaient bu du poison. Des linceuls improvisés, faits avec des draps, étaient jetés sur les cadavres trempés de sueur, de vomi et d'excréments.

Le champ où les négresses avaient tenu une de leurs fêtes était vide. Naksh-i-dil envoya Ali et cinquante eunuques noirs munis de torches fouiller les bosquets et les alentours du terrain. Même le vieux Kislar Aga sortit, et avec Ali, ils ratissèrent le terrain à contrecœur et la peur au ventre car en trois mois, la peste noire avait balayé cent soixante mille Juifs, Arméniens, Francs et Turcs.

« Hitabetullah, oh, Hitabetullah, est-ce que tu avais prédit cela aussi ? » se demandait Naksh-i-dil, désespérée, en cachant son visage dans ses mains. Tout était inutile. Deux mille cadavres avaient été enfouis dans une fosse commune assez grande pour engloutir deux bateaux de ligne. Le conducteur d'une voiture de la mort était mort lui-même, et sa carriole avançait sans but, au caprice des chevaux.

Il y avait treize mille pestiférés dans le lazaret, dont l'intérieur était bourré de baraques, de tentes, de voitures, et sur deux rangées interminables, séparées par une allée, étaient allongés ceux qui étaient dans un état désespéré. Naksh-i-dil, immobile, regardait toute cette misère ; c'était pire que tout ce qu'elle avait déjà vu dans les rues d'Istanbul, pire que tout ce qu'elle avait pu imaginer. Elle restait là, stupéfaite, dépassée, murmurant le nom de Hitabetullah.

Ici, il n'y avait pas de harem — pas de séparation entre hommes et femmes. Dans la mort, tous étaient égaux, les hommes gisaient à côté des femmes, les malades à côté des morts. Des Arméniens dirigeaient les opérations, débarrassant, nettoyant, empilant les draps souillés et les guenilles pour les brûler. D'autres allaient et venaient, s'arrêtaient, se penchaient sur les malades, s'arrêtaient encore et se redressaient ; silhouettes errantes qui pouvaient être des convalescents, des déments, des aides ou des prêtres. L'ensemble de ces mouvements ressemblait aux vagues d'un bassin grouillant de serpents au-dessus duquel planait un murmure, une sorte de son régulier et primitif, fait de toux, de lamentations, de pleurs, de chevrotements, de balbutiements confus, de gémissements, de prières, de délire et de cris, de respirations pénibles, sur le point de s'éteindre.

Le vent s'engouffrait dans les rues vides et soufflait en rafales sur les toits d'Istanbul, attisant les flammes des feux de la purification. Des hommes, des femmes et des enfants de tous âges et de tous rangs, le dos chargé de leurs biens les plus précieux, avançaient en titubant dans les rues, dans un murmure angoissé qui avait quelque chose de l'envolée de milliers d'oiseaux-mouches. Par endroits, des rues entières étaient en feu, un feu qui vomissait de la lumière et de la chaleur comme une forge géante. Des structures en bois se pliaient en deux, s'écroulaient, dévalant le long des rues en un grand fleuve, et les planches noircies tombaient les unes derrière les autres comme des dominos. Les maisons craquaient et s'affaissaient. Dans l'obscurité, les flammes devenaient orange et rose, illuminant les rues étroites et sombres de Constantinople. Le vent, de plus en plus fort, lançait des nuages de fumée et des gerbes d'étincelles au-dessus de la mer de Marmara. Des petits bateaux se hâtaient comme des araignées d'eau affolées, à travers le détroit, pour décharger des réfugiés du côté asiatique, se heurtant parfois dans la fumée épaisse comme un brouillard.

Les yeux de la Validé restaient durs et secs, même en entendant les cris de panique et les hurlements de la population. Les minarets et les flèches des mosquées brillaient d'un éclat plus vif avant de s'écrouler. Des réfugiés apeurés, le visage noirci, campaient à l'extérieur des murs de la ville dans les champs et les prairies qui avaient reçu les corps des victimes de la peste, et où se dispersaient maintenant les victimes du feu. Les centaines de coupoles en plomb d'Istanbul fondaient et s'écoulaient comme une lave rouge dans les gouttières des mosquées qu'elles avaient couronnées.

Hitabetullah l'avait su. Elle avait su que les

flammes atteindraient le harem. Elle avait su que les eunuques, épée à la main, empêcheraient les janissaires de démolir les portes sacrées du harem pour combattre le feu. Elle avait su qu'à l'intérieur les deux premiers-nés de Mahmud, Bayazid et Murad, mourraient brûlés dans leur lit.

Une fois de plus, le feu avait triomphé de tout ce qu'aimait Naksh-i-dil.

4

MAHMUD
1814

Qui ne connaît les dangers auxquels s'exposent les Grands et les puissants sous un régime despotique ? Le Sultan, dont la main dispense les faveurs, détruit d'un souffle l'homme qu'il a élevé et couvert de faveurs ;... l'essence du despotisme est de tout flétrir...

François PACQUEVILLE, *La Turquie*, 1805.

Turcs et Levantins n'avaient jamais rien vu de tel. Une foule énorme s'était rassemblée sur les deux versants de la vallée. Devant des tentes géantes peintes en vert, dressées à l'ombre des platanes, s'alignaient vingt mille hommes des troupes régulières dans leur nouvel uniforme, flanqués de vingt pièces d'artillerie légère. Les régiments avaient changé de nom, on ne les appelait plus les *Nizam-i-jedids*, mais les *Nizam-atticks*, c'est-à-dire les « anciennes » et non plus les « nouvelles troupes ». Perchées sur le flanc de la vallée, plusieurs milliers de femmes turques étaient assises en tailleur, toutes voilées. À l'ouest, sur la colline, étaient relégués les Européens et les raïs. Les hauteurs, au loin, étaient envahies par la foule, et des milliers de caïques voguaient sur les eaux limpides du Bosphore, passant d'une rive à l'autre les curieux venus de leurs villages. Le temps était splendide. La chaleur intense, atténuée sur les hauteurs par le souffle léger de la tramontane, était presque insupportable au fond de la vallée, là où se tenaient les soldats. Les femmes musulmanes agitaient sans cesse leurs éventails en plumes d'oie comme des applaudissements muets courant d'une colline à l'autre.

À l'est, à mi-hauteur, se dressait le kiosque de la Validé. Mahmud, à côté, montait un bai gris au harnais argenté. Son sabre et son poignard étincelaient et lui aussi cherchait à se rafraîchir avec un éventail en plumes de paon. Le Sultan fit demi-tour à gauche pour rejoindre son lieutenant face à l'immense vallée. Sa silhouette étroite se découpait comme un croissant sur les lointains de Scutari. Les épaules larges, la taille fine, il portait une tunique courte aux emmanchures soulignées d'hermine et surmontées d'épaulettes dorées avec une robe de damas vert et argent sous laquelle on voyait le pantalon flottant des officiers et des demi-bottes jaunes et pointues. Le Sultan, peu à peu, quittait ses caftans, et adoptait progressivement un costume de plus en plus occidental. C'était un bel homme aux cheveux bruns et aux yeux moirés, gris-vert, aussi opaques qu'une eau dormante. Il avait de petites dents, solides et blanches, une courte barbe noire et luisante qui contrastait avec le haut turban de soie blanche où la plume de paon traditionnelle était fixée par une broche en diamant.

Besma, sa première Kadine, lui donnerait bientôt un enfant. Il était certain que ce serait un fils, comme si l'amour qu'elle lui portait ne pouvait lui faire engendrer que des mâles. Plus jamais on n'enfermerait dans la Cage demi-frères, cousins et oncles. L'ère du fratricide était révolue. La nuit, pourtant, il s'éveillait en croyant sentir autour de son cou la corde d'un Bazamdil-siz. Il avala péniblement sa salive tout en parcourant des yeux le paysage doré de l'autre rive, parsemé de cyprès, d'oliviers et de vignobles.

Mahmud, en devenant sultan, avait choisi la profession de calligraphe. Il suivait du regard les lignes et les courbes de ses troupes sur le terrain, qu'il transformait en un tourbillon de traits noirs, prolongeant arabesques et entrelacs en somptueux calligrammes. Il se demandait s'il aimait mieux remplir l'espace de ses dessins ou de ses poèmes... car il était aussi poète, et écrivait sous le pseudonyme d'Adli.

Pourtant, perdu dans le labyrinthe des circonvolutions d'un Empire qui ressemblait plutôt à une fédération anarchiste, il avait bien peu de temps à consacrer à la poésie et à la calligraphie. Le pacha d'Albanie fondait un Empire rival et flirtait avec les Russes. Les Deys d'Alger, de Tunis et de Tripoli se chamaillaient entre eux et avec lui, à couteau tiré. En Syrie le pacha de Saint-Jean-d'Acre n'obéissait qu'à ses caprices, au Liban les Druzes et les chrétiens laissaient leurs troupes montagnardes lancer des raids dans la plaine de Beyrouth et la vallée de Damas, s'attaquant aux pachas musulmans.

« Mahmud ! Mahmud ! Mahmud ! »

Il frissonna de plaisir en entendant les vingt mille voix mâles qui n'en faisaient qu'une, accompagnée par la canonnade des vingt mille poings frappant le cuir brillant de vingt mille uniformes.

L'exercice commença par un tir d'artillerie et se poursuivit par des manœuvres militaires. À travers la mousquetade, Mahmud pouvait discerner la basse des canons qui se faisaient écho d'une colline à l'autre, et, entre chaque explosion, le contrepoint des orchestres. Dans la vallée remplie de bruit et de fumée, on apercevait une légion d'éventails qui battaient. La parade allait durer jusqu'au soir, plus de six heures. Le peuple adorait ça. Et la Validé, que Mahmud, aimait d'une passion plus que filiale, avait survécu pour y assister.

Naksh-i-dil, tout excitée, agitait elle aussi son éventail en plumes de paon derrière les fenêtres grillagées du kiosque. C'était le premier véritable triomphe de Mahmud, un défi qu'il lançait aux janissaires. Musulmans et chrétiens s'émerveillaient de l'élégance des nouveaux uniformes, de la discipline et de la précision des manœuvres. Tous rentreraient chez eux bouleversés par un pareil spectacle. « Et ce n'est que le commencement », pensa la Validé en regardant les larges épaules et le dos d'Ali Efendi, à cheval près de son fils. Le sang lui monta au visage. « L'amour, se dit-elle, est si différent de ce que j'avais cru, ou même rêvé. » L'amour n'était pas le rêve d'écolière romantique de son enfance solitaire, ni les manipulations à courte vue du harem... L'amour vous alourdit le cœur et les reins, il vous fait craindre pour la sécurité de l'aimé, son confort, l'air qu'il respire, il vous rend folle d'impatience à l'idée de le revoir, non seulement dans l'intimité, mais même ainsi, en public. La Validé sentait monter en elle une rage terrible à chaque fois qu'elle pensait à toutes ces années gâchées, à toutes ces caresses et étreintes jamais consommées, aux années de sa plus grande beauté qu'elle n'avait pu lui offrir...

« Mahmud ! Mahmud ! Mahmud ! »

Un son terrifiant, un océan qui les submergeait.

Ali Efendi, de son côté, contemplait la population d'Istanbul qui formait une foule compacte sur les versants, face aux alignements parfaits des Nizam-atticks.

« N'emprunte rien à l'infidèle, tu es leur supérieur ; si tu les fréquentes, ils te pervertiront », disait la Loi. Et les musulmans restaient murés dans leurs superstitions, prisonniers de leur vision du monde. Un vers de moins dans le Coran, rêva le jeune homme, un seul vers aurait permis aux musulmans de s'approprier le progrès et de réduire en esclavage cette Europe qui déjà se préparait à démembrer l'Empire.

Ali sentait les yeux de la Validé lui brûler le dos. Il ne ressentait rien de l'enthousiasme qu'éprouvaient la mère et le fils devant ce magnifique spectacle : la masse blanc et vert des Nizam-atticks, l'éclat des canons dont les détonations lançaient de petites bouffées grises dans le bleu du ciel, et le cri de guerre poussé par vingt mille voix : « Mahmud ! Mahmud ! Mahmud ! » — tout cela n'effaçait pas le sentiment qu'il avait d'un désastre imminent.

Le Coran n'avait rien perdu de son autorité sacrée. Pourtant, afin de réformer son armée, Mahmud avait fait appel à des infidèles et Naksh-i-dil l'avait vivement encouragé en ce sens. Le Sultan avait aussi fondé une école de médecine où l'on disséquait les cadavres, ce qui était formellement interdit par l'islam. Il avait, toujours poussé par sa mère, mis en place un réseau postal, créé une garde nationale, et modifié le costume traditionnel des Ottomans, en commençant par faire disparaître le port du turban. Bien d'autres préceptes du Coran allaient bientôt être violés, et les musulmans, ébranlés dans leur foi, finiraient par mépriser le livre sacré.

Ali Efendi leva les yeux vers le soleil. Il croyait, comme Mahmud, que les principes moraux d'une civilisation plus progressiste pourraient se substituer aux règles de l'islam. Mais ce n'était pas en bouleversant aussi brutalement les choses qu'on atteindrait ce but. La Turquie, songeait-il, risquait de donner bientôt à l'Europe le spectacle de sa déchéance, avant même d'avoir mené à bien ces réformes.

Puis il regarda l'Asie, dans le lointain. Le grand champ des morts était situé sur la rive orientale, comme si les Ottomans et lui partageaient la même conviction : un jour, ils seraient repoussés sur la terre d'Asie, dont ils étaient venus.

Au loin, derrière les casernes en pierre blanche, il voyait scintiller la coupole d'une petite mosquée. Sélim avait commencé à faire défricher le terrain qui la séparait des casernes, pour en faire un terrain d'exercice, mais sa mort avait interrompu les travaux, et il n'y avait là qu'une étendue de terre désolée, creusée par des ornières et jonchée d'arbres déracinés. Le fossé qui séparait le monde musulman de la mosquée et l'univers européen des casernes ne serait jamais comblé. Il était là pour l'éternité, de même que le Bosphore, et l'Asie, si proche, à deux kilomètres à peine.

Il sentait toujours le regard de Naksh-i-dil dans son dos et souffrait de la chaleur pesante, insupportable.

« Mahmud ! Mahmud ! Mahmud ! »

Ali Efendi se retourna pour regarder les fenêtres grillagées du kiosque : c'était le triomphe de la Validé. Comme elle devait se sentir fière de Mahmud ! Et Ali était jaloux, jaloux de ce triomphe.

Selon la coutume islamique, une épouse devait avoir la moitié de l'âge de son époux plus huit ans. Naksh-i-dil sourit. Ali avait maintenant trente-deux ans, cela signifiait qu'elle aurait dû en avoir vingt-quatre... La lumière effleurait son visage sans âge. Il se lasserait d'elle, il la quitterait pour une autre guerre, une autre femme. Et Naksh-i-dil était jalouse. Même de Mahmud.

5

LE RAÏS HAMIDOU
1814

L'œil, désorienté par l'enchantement de la vue, se met à fabuler sur ce large canevas de couleur.
Cette mosquée sereine et détachée du dédale de la gloire et de l'infamie,
De la coupe des espérances et des craintes
Dans les niches de ce portique bleu
Tout est voilé de sainte pureté...
Sur le parvis de l'amour, de l'âme, les larmes deviennent des rubis,
C'est la mosquée du dévoilement, de l'intuition,
Tous sont saisis d'une douleur incurable
Chaque voile soulevé du cœur révèle
Les empreintes de Dieu.

Arbab SHIRANT, XIIe siècle.

Bien qu'en retard, comme d'habitude, le tribut du Dey d'Alger au Sultan Mahmud était royal. L'*Americana II,* une frégate de quarante-quatre canons, était en tête d'une procession de trois bateaux, avec trois cents hommes à bord de chacun d'eux.

Hamidou arpentait le gaillard arrière de l'*Americana II.* Trente-trois années avaient passé, mais l'océan vert des yeux de la captive chrétienne le hantait toujours, et il savait que sa réputation de grand raïs algérien avait franchi les portes du sanctuaire de Topkapi.

Le ciel lui disait qu'il ferait beau, et l'air vif semblait doux, sec et serein. Ce vent allait les ralentir, mais cela ne l'ennuyait pas. Il connaissait aussi bien la surface de cette mer que le beau visage de sa femme, Arminia. La frégate avançait sous un ciel sans nuages, filant à environ quatre nœuds. Il était encore ému par la puissance et la beauté de l'*Americana II,* et cela lui semblait toujours extraordinaire de sentir le bateau frémir sous lui, comme une femme. Il avait été marin pendant quinze ans avant de devenir raïs et de posséder un bateau à lui : le plus rapide et le plus redoutable de toute la Méditerranée. À présent, après quarante années de piraterie en haute mer, il était propriétaire de trois autres vaisseaux.

Le raïs leva les yeux. Le vent avait légèrement fraîchi, et la vitesse de la frégate avait augmenté. Hamidou fit signe à l'homme de barre de virer de bord. Le bateau tourna lentement, royal, portant ses cent dix tonnes d'artillerie et ses quarante-quatre canons comme une énorme baleine blanche (la coque du bateau était d'un blanc pur et ses voiles entièrement noires). L'*Americana II* frémit sur les vagues, léger comme l'air, comme l'écume. Hamidou savait pourtant que sous son gouvernail, il y avait deux mille brasses d'eau noire et glacée. Puis le vaisseau, sur l'autre bord, reprit le vent. Les voiles claquèrent, les vergues se tendirent au-dessus du pont, l'*Americana II* se cabra et repartit.

Le raïs Hamidou avait peine à le croire... la nouvelle Validé, *sa* Reine Mère, avait été le cadeau de Baba Mohammed à Abdul-Hamid. Il savait qu'il avait été personnellement mandé par le Divan pour apporter le tribut de Mahmud à Istanbul. Il savait aussi que c'était une décision du Sultan, pas de son Dey.

« NAKSH-I-DIL... NAKSH-I-DIL... » Le raïs Hamidou répétait ces mots comme une litanie, égrenant son tespi, les yeux remplis de larmes.

Si Naksh-i-dil était Validé, elle était sûrement devenue musulmane ! Et si elle était musulmane, elle était renégate, et c'est lui qui l'avait mise sur le bon chemin ! Qu'Allah soit loué !

La nouvelle de l'arrivée du raïs Hamidou parvint à Istanbul avant lui, et la population de la ville et du sérail se prépara aussitôt à l'accueillir en héros. Quand Hamidou entra dans la baie d'Istanbul, naviguant adroitement dans le détroit encombré, au milieu des caïques qui louvoyaient entre les gros bateaux, il fit tirer une salve de quatre-vingt-dix coups de canon pour s'assurer que la foule comprenne bien que c'était lui, le célèbre raïs algérien, qui arrivait. Les gens amassés sur le rivage lui répondirent par une grande clameur. Hamidou leva vers le ciel son visage tanné de marin, serrant de ses mains couturées les muscles de ses bras, comme pour se convaincre qu'il était vraiment sous les remparts de Topkapi.

Le caïque impérial s'approcha de l'*Americana II*. Quelques instants plus tard, Ali Efendi montait l'échelle de corde qu'on lui avait jetée. Derrière lui, sur la côte, la foule acclamait Hamidou. Le père et le fils s'embrassèrent enfin. Le vieux pirate n'en croyait pas ses yeux. Son émotion était si grande qu'il en resta muet. Ali n'était pas un simple capitaine : devant lui se tenait un courtisan, un officier du royaume en uniforme d'intendant général. Ali Efendi ! le raïs Hamidou éclata en sanglots.

« Tu sais pourquoi le Sultan Mahmud t'a envoyé chercher ? Il veut te faire capitaine pacha, dit Ali lorsqu'ils arrivèrent à l'Arsenal.

— Moi... ! bredouilla Hamidou. Je t'ai envoyé à mon ami Ishak Bey pour que tu deviennes grand amiral. Je ne veux pas prendre ta place. Pas plus que tu ne veux la mienne ! »

Les regards du père et du fils se rencontrèrent, pleins d'émotions contradictoires.

« Alors, tu sais que je suis l'intendant de la Validé ? » demanda Ali.

Mais son père ne l'écoutait pas, il pensait que s'il avait pu sauver Naksh-i-dil de l'esclavage, Ali aurait été leur fils.

Dans la salle d'audience privée, la Validé et le raïs se retrouvèrent seuls. Naksh-i-dil savait que tout arrivait par la volonté de Dieu. Aujourd'hui, pour elle, ce n'était pas un jour de chance. Elle essaya de revoir le jeune Hamidou, mais elle ne trouva qu'un homme étrange, l'ombre d'Ali : vieux, légèrement empâté, durci par la mer, couvert de cicatrices et d'anciennes blessures qui le faisaient boiter. Même ces yeux incomparables, dans lesquels elle reconnaissait maintenant ceux d'Ali, avaient pâli avec l'âge. Avec la vie qui passe. Elle sourit : le destin avait rendu sa passion grotesque.

« A Istanbul, je gâcherais ma vie, dit le raïs. Laisse-moi combattre tes ennemis, remplir ton trésor de tributs, et je serai le plus heureux des hommes. »

Hamidou baissa la tête pour que la Validé ne voie pas à quel point il était ému : il venait de comprendre que, jusqu'à ce jour, elle avait ignoré qu'Ali était son fils.

« Donne-moi ta main, raïs, je respecte ta décision. Mais promets-moi ton épée au nom de l'Empire. »

Elle lui tendit la main, à l'européenne. Surpris, Hamidou mit le genou à terre, posa sa main tremblante sur celle de la Validé, et porta soudain à ses lèvres le bout de ses doigts parfumés. Puis il sortit à reculons de la salle d'audience. Sur le pas de la porte, il leva une dernière fois les yeux sur la Validé dont le regard ne l'avait pas quitté.

6

LE GRAND EUNUQUE NOIR
1814

Le Sultan apporta en tribut dans notre camp les reliques chrétiennes trouvées dans les murs de Sainte-Sophie : le poteau de la flagellation, les sangles, les verges, la robe écarlate, la couronne d'épines, un fragment de la vraie croix, les clous, la tête et les cheveux de saint Jean-Baptiste.

Mémoires du maréchal Maurice de Saxe
sur la prise de Belgrade, 1717.

Cadeaux envoyés à Istanbul par Omar Pacha, en l'honneur du nouveau Sultan, Mahmud II, le 17 décembre 1814, tribut d'Alger :

> 21 couvertures de serge, 100 pièces de drap blanc, 100 chapelets en corail, 100 haïks de Tlemcen, 100 haïks rouges du Maroc, 200 blagues à tabac, 75 ceintures en soie et or, 36 rangs de perles, 80 branches de corail brut, 4 dromadaires, 60 étalons arabes harnachés d'argent et de bronze, 1 tigre vivant, 1 presse d'imprimerie faite à Philadelphie,

500 régimes de dattes, 1 grand thermomètre, 1 douzaine de chiens de chasse avec des colliers et des chaînes, 1 pelisse en hermine doublée de velours et une broche en diamant, 20 esclaves chrétiens dont 6 musiciens avec leurs instruments, 16 nègres, 4 négresses, 10 bébés maures, 1 lanterne magique avec des globes en verre coloré, 1 service en porcelaine de Sèvres de 360 pièces, 1 globe de cristal avec douze poissons rouges, 1 tonne de tabac de Virginie, 500 kilos de haschisch, 1 sabre en or, 2 baignoires avec deux cylindres et deux thermomètres de bain, 10 tomahawks, 1 fusil espagnol niellé d'argent, 1 canon en bronze, 1 poignard en or, des ciseaux, des miroirs, des couteaux, 1 poignée de sabre en agate et diamants, 5 paires de pistolets, 3 paires de lunettes en or, 2 bols en argent dont 1 en vermeil, une grande soupière en argent redoré, douze tasses en porcelaine avec leurs soustasses en argent redoré, 500 fusils, 6 mesures de drap américain dont 3 brochés d'or, 2 en velours rebrodé d'argent, 12 pièces de toile de Hollande, 6 lions, 4 lionceaux...

À Mahmud II, successeur du plus glorifié des Sultans, Noble parmi les Khans, le plus connu pour sa bonté, distingué par la faveur des Rois, Pilier de l'Islam, puisse ta gloire de Sultan croître de jour en jour. Très honorable et Empereur Superbe, Ombre d'Allah sur Terre, Défenseur de la Foi, fais-moi la grâce d'accepter mon hommage et mon tribut le plus sincère et le plus respectueux.

Sous son turban volumineux, ses cheveux étaient tout blancs. Et sa main tremblait.

Edris Aga posa sa plume, après qu'il eut vérifié le tribut algérien reçu avec des années de retard. Il était fatigué. Ses grosses mains caressaient le chat blanc juché sur ses genoux, et il pensait à la Kaaba. Il pensait que les chats avaient une âme, et il parlait au sien comme à un homme. Il lui racontait qu'il avait fait sept fois le tour de l'édifice sacré, l'embrassant à chaque fois, puis qu'il avait marché jusqu'à Jabal Arafat, à quarante kilomètres à l'est, pour y passer une journée à méditer. Les lanternes brûlaient toute la nuit dans les appartements du Kislar Aga, car il avait peur de l'obscurité, comme tous les Égyptiens.

La lumière jouait sur son costume somptueux. Avec un brin de malice, il toussa, cracha, déplia lentement son mouchoir brodé, se moucha, ouvrit sa blague à tabac et remplit sa pipe, chassant d'un geste le jeune eunuque. Il entendit son âme dire entre ses dents serrées : *Si l'histoire est courte, les préliminaires sont longs...*

Il n'arrivait pas à dormir. À ses yeux, le monde avait changé.

Puis il lui vint une idée fascinante : « Le pouvoir qu'a l'homme d'adorer est responsable de tous les crimes. » L'Eunuque repensa à sa castration volontaire, sacrifice que tous ignoraient. Le *choix* de l'acte. Aux yeux du monde, il était un monstre — pas seulement un fanatique, mais un fanatique noir. Et même si *elle* savait le choix qu'il avait fait, il resterait un monstre à *ses* yeux.

L'Eunuque noir était assis en face de l'Eunuque blanc. Chacun avait sur les genoux un chat persan — l'Eunuque noir, un chat blanc, l'Eunuque blanc un chat noir. C'est Taylar Aga, l'ancien Lala du Sultan Mahmud, qui occupait à présent le poste de chef des Eunuques blancs, et Edris avait quitté l'austérité monacale de ses appartements pour profiter du luxe inhabituel de ceux de Taylar. Il était bien sûr hors de question que l'Eunuque blanc visite le harem.

Le Kislar Aga regardait l'Arménien tout en pensant à Naksh-i-dil. Au fil des ans, au cours de leurs conversations, ils avaient développé l'art de la contradiction, mais la Validé, qui était de plus en plus seule, de plus en plus perdue dans sa foi, alors que lui était de plus en plus convaincu de la sienne, posait un problème à l'Eunuque noir. Il ne croyait pas Naksh-i-dil capable d'une véritable conversion et, malgré Ali Efendi, la solitude et l'arrogance venaient à présent troubler son esprit.

L'Eunuque noir s'était senti embarrassé en voyant Naksh-i-dil si heureuse qu'il fût rétabli dans ses fonctions de Kislar Aga. Il avait fait ce qu'il pouvait pour la protéger mais elle avait commencé à présenter des troubles avant même l'assaut de la peste — une agressivité suivie d'une jubilation excessive, des dépressions profondes qui se transformaient tout à coup en une activité démente, un rire qui se changeait en larmes, des discours insensés et interminables, de grands vides, des insomnies : une décrépitude du corps et de l'esprit. Lorsqu'on y séjournait trop longtemps, ou plutôt au-delà de la volonté d'Allah, l'Orient avait parfois cet effet sur les Blancs, ou plutôt sur les Blancs occidentaux. L'Eunuque avait mis Naksh-i-dil en garde, mais il se sentait toujours responsable d'elle. Son séjour en Égypte et son pèlerinage lui avaient ouvert de nouvelles perspectives. Depuis sa « réincarnation » en tant que Kislar Aga, il usait désormais de son pouvoir en douceur, et de sa faculté de tuer avec circonspection. Oui, il éprouvait de la pitié pour la Validé. Elle avait, d'une certaine manière, été trahie par ceux en qui elle croyait le plus : là-dessus, l'Eunuque noir en savait long.

Les révoltes des provinces le faisaient réfléchir. « La morale, comme la religion, a ses mystères, pensait-il. Le droit à l'insurrection des peuples contre ceux qui usurpent leurs territoires et leur nationalité en fait partie. »

La Validé, un jour, lui avait posé cette question : « Quand l'insurrection est-elle une vertu ? » et il avait répondu par une autre question : « Quand l'insurrection est-elle un crime ? »

« Les patriotes qui s'arment contre les envahisseurs sont-ils des rebelles ou des héros ? avait-elle encore demandé.

— Une conquête odieuse au commencement peut devenir à la fin légitime et sacrée, avait répondu Edris.

— Non, je dis seulement que la possession d'une personne par une autre ne porte pas atteinte aux droits sacrés de la pensée, de l'âme et de la conscience de la personne possédée. »

L'Eunuque noir réfléchissait aux droits sacrés de la pensée. La conscience. Est-ce que la pensée est un droit sacré, quand le corps est asservi ? Non, pas même pour un corps libre. Il se demandait ce que pouvait bien penser Taylar Aga à ce sujet. Il était chrétien, il avait été capturé dans son enfance, vendu comme esclave... et châtré. À quel âge ? Sept ans ? Neuf ? Onze ? Treize ? Plus tard ? Un acte qu'il avait subi alors que lui, il l'avait pratiqué, sur lui, de sa propre main. Est-ce que cela changeait quelque chose ? Il ne s'était jamais senti esclave, et pourtant il l'était. Il ne s'était jamais senti eunuque, et pourtant il en était un. Sa tête tenait sur ses épaules comme toutes les têtes sous un régime despotique, par caprice, utilité ou hasard. Est-ce que l'Eunuque blanc se considérait comme une victime ?

Edris savait que sa tâche ne se limitait pas à garder le harem. Il s'agissait de bien plus que cela. Il était une arme — et même une arme mortelle. Les eunuques avaient déjoué plus d'une révolution dans le palais et, inversement, ils avaient renversé plus d'un Sultan.

Edris savait qu'il était puissant, non pas de par l'importance de sa position, mais parce que celle-ci lui donnait la possibilité d'exercer une grande influence sur son souverain. C'est pour cette raison que tous les autres officiers le craignaient, tout en le méprisant et en le haïssant parce qu'il était un eunuque, un proscrit, un monstre, rien d'autre qu'un valet de pied du Sultan, avec qui ils n'auraient eu, normalement, aucune relation. Edris supportait cette haine, car il tenait entre ses mains le pouvoir réel. « Tous les êtres humains ont besoin de compagnie, pensait-il. Ils ont besoin de faire confiance implicitement à quelqu'un. Car la vanité des forts offre autant de possibilités d'exploitation que l'insécurité des faibles. »

Dès leur enfance, Abdul-Hamid et Mahmud avaient été confiés aux bons soins d'un eunuque, et étaient devenus les jouets de ces esclaves qui connaissaient leurs points faibles, leurs craintes, et filtraient tout ce qu'ils apprenaient du monde extérieur. Le pouvoir absolu, il le savait, c'est aussi l'isolement absolu. Et l'eunuque servait de courroie de transmission entre ce demi-dieu et la réalité. Comparativement aux eunuques et aux connaissances que leur valait la stabilité de leur position, les aristocrates étaient des rivaux amateurs, désespérément individualistes. « La loyauté des eunuques n'est sans doute pas à toute épreuve, mais, méprisés comme ils le sont, il est peu probable qu'ils se laissent entraîner dans une coalition. Et d'ailleurs, qui voudrait s'allier avec un eunuque s'il pouvait l'éviter ? Car il existe un isolement singulier : l'inaptitude à être appelé père, l'inaptitude à se reproduire... L'impuissance à se perpétuer... à laisser quoi que ce soit derrière soi qu'on puisse appeler humain... » Il avait eu cinquante ans pour y penser et, maintenant, il l'acceptait.

Il est vrai que la déchéance fait partie de l'ordre des choses : la mort est nécessaire à la vie, et si le sacré existe, alors le profane doit coexister avec lui, de même que les contraires les plus forts, la vie et la mort, le masculin et le féminin, doivent être reliés par *quelque chose,* et cet intermédiaire, c'est l'anormal, le non-raisonnable, le *troisième sexe,* ni mâle ni femelle, enfant ou adulte, bon ou mauvais, noir *et* blanc... Edris sourit à l'Eunuque blanc. Il se demandait si Taylar Aga y avait pensé déjà.

Le vrai symbole, souriait Edris, n'était pas le Sultan comme Empereur suprême, mais son Eunuque noir comme esclave suprême...

À quoi avait pensé l'eunuque noir Cehver Aga, quand de ses mains nues il avait châtré Sélim, son Sultan ? L'Eunuque noir n'avait encore jamais pensé à tout cela. S'il le faisait à présent, c'était à cause de Naksh-i-dil et de son agitation anormale. Mais il se voyait aussi, avec Taylar Aga, sous un jour différent.

L'Eunuque noir caressa le doux pelage de son chat.

« O Toi l'Invisible, murmura-t-il aux lanternes vacillantes, qu'elles sont cruelles les mains qui ont frappé une de Tes créatures. C'est la cruauté de l'amour. O Temps, de tous les bâtisseurs d'ici-bas, Toi seul as glorifié les bouffons et les fous, ou ceux dont la mère était une putain, ou ceux qui, dès leur jeunesse, ont servi d'entremetteurs, ou les eunuques qui n'ont d'autre travail que celui de rapprocher les sexes. Nous nègres, nous avons eu notre compte de femmes. Nous ne craignons plus leurs ruses. Les hommes nous confient ce qu'ils chérissent, mais la vérité, c'est que vous, femmes, ce que vous voulez, c'est le membre viril ! C'est en lui que résident la vie et la mort, la finalité de tous vos désirs, secrets ou avoués, votre âme réside dans votre kouss, et le phallus est votre religion...

« Moi, avec mon corps amputé, je suis l'Autre, celui par qui les deux sexes se définissent. Je suis Celui qui précède et annonce, Celui qui recule et rappelle. Personne ne peut dire qu'un eunuque n'est ni un homme ni une femme, pas plus qu'on ne peut dire qu'un eunuque est un homme *et* une femme. Un eunuque est simplement l'Autre, l'Invisible.

« Combien d'eunuques célèbres l'histoire n'a-t-elle pas engendrés ! Le berger Attis était devenu le favori de la déesse. Et Hermotine, l'eunuque de Xerxès ; Hermias, un disciple de Platon ; Bagoa, le favori d'Alexandre le Grand ; Halotus, le complice d'Agrippine, qui empoisonna son mari Claudius ; Photius, le précepteur du pharaon Ptolémée. Et aussi Narsès, conquérant de l'Italie ; saint Germain Dorois, évêque d'Antioche ; Stracrakios, qui rendit aveugle le fils de l'Impératrice Irène sur l'ordre de sa mère. Et encore l'eunuque Ali, général du Sultan Suleiman II, qui reconquit la Hongrie ; Abélard, châtré par le chanoine de Notre-Dame en châtiment de sa passion pour Héloïse... Moi, Edris Aga, je suis un zéro de l'histoire. »

Il avait choisi d'être eunuque, et s'était même enfermé passionnément dans cet état, avec toute l'ardeur de son amour pour Tityi. Il ne pouvait pas dire que cela l'eût rendu heureux, ni que cela l'eût rendu triste. C'était ainsi. Sans plus. Après tout, l' « amour impossible » n'est-il pas la destinée suprême ? Il avait l'impression d'entendre les chuchotements des femmes, de sentir la terrible promiscuité du sérail.

La Kaaba, dont les clefs avaient enfin été rendues à Mahmud, était toujours là, tandis que lui, Edris Aga, était tombé. Il avait atteint la perfection qu'il avait si ardemment souhaitée. L'indifférence était son lot. L'histoire, le sexe, la religion étaient devenus pour lui de faux absolus, une castration de l'esprit confronté à l'improbable.

Demain, il dirait à Mahmud et à Naksh-i-dil qu'il n'était plus en droit de conserver les clefs. L'indifférence l'avait rendu *impuissant.* Il voulait rentrer chez lui. Il était fatigué. La lassitude envahissait même les plis généreux de sa pelisse blanche brochée d'argent qui l'enveloppait comme les cimes enneigées des montagnes. L'Eunuque blanc, inquiet, s'approcha d'Edris Aga.

L'Eunuque noir voulut prononcer quelques mots, mais la ferveur et les émotions auxquelles il avait soumis son cœur avaient fini par l'arrêter. Il s'écroula en avant, cramponné à son turban, en disant :

« O Sauveur ! aie pitié de moi. »

Le dernier visage qu'il vit était blanc. Il aurait souhaité qu'il fût de couleur.

La veille, Edris avait écrit son dernier poème, non pas à Tityi. À Naksh-i-dil.

Souvent, un Noir est Blanc,
Plus que tout Autre,
Mais la pureté de son âme
Son corps couleur de musc,
Par sa candeur, devient camphre.
L'obscurité que nous supposons
Est comme la pupille d'un œil,
À travers laquelle rien ne passe
Que la pure Lumière.

7

DIADÈME DES TÊTES VOILÉES
1814

C'est avec les pieds des autres humains que nous allons dans la rue, avec les yeux des autres que nous reconnaissons les objets, avec la mémoire des autres que nous accueillons nos semblables, avec l'aide des autres que nous arrivons à rester vivants. Seuls nos plaisirs nous appartiennent en propre.
PLINE L'ANCIEN, Ier siècle avant J.-C.

Ishak Bey n'avait jamais espéré vivre assez longtemps pour devenir vieux. Il regardait les années s'écouler, prudent, comme s'il ne savait pas quoi en faire, ou comme s'il craignait de voir leur cours s'interrompre s'il n'y prenait pas garde. Avec l'âge, ses yeux avaient pâli, et il teignait sa barbe devenue grise. Habillé du caftan à l'ancienne mode des professeurs juifs, il se rendait chez Hadidgé Sultane dont le palais s'élevait à côté de celui que Mahmud se faisait construire, non loin de la splendide nouvelle demeure de Naksh-i-dil, à présent presque terminée. Les rives du Bosphore, en face de Topkapi, étaient désormais perpétuellement en chantier, tandis que s'y érigeaient ces immenses palais en pierres blanches qui mêlaient aux conceptions orientales les plus variées un goût européen douteux. On disait dans le bazar que Mahmud devait déménager avec son harem avant la fin de l'année. Topkapi serait abandonné au Divan, à ses courtisans et à ses administrateurs.

Quand il fut arrivé au palais de celle qu'on appelait « l'Ange de la Copulation », l'eunuque de la princesse fit entrer Ishak dans des salons à l'européenne aux murs couverts de boiseries et de tapisseries allégoriques.

Hadidgé était encore la plus belle femme d'Istanbul. Sa vie dissipée ne l'avait marquée ni physiquement ni moralement. Elle paraissait aussi pure qu'une prêtresse. Peut-être les bains la lavaient-ils de tout, du moins était-ce ce qui lui arrivait de penser. En tout cas, son âme était imperméable au bien comme au mal, parce qu'elle ne poursuivait qu'un but : survivre.

« Nous sommes tous si solitaires, dit Hadidgé. Chacun enfermé dans son propre harem. Toute ma vie, j'ai essayé sans succès de m'échapper, et toi non plus, Ishak, tu ne t'échapperas jamais. Nous appartenons trop à ce monde, à ce système. Je suis là, assise dans mon palais où tout rappelle l'Occident, l'architecture, les meubles, la musique. Mais je n'ai pas de projet. Nous n'avons jamais eu de plan d'avenir, tu comprends. Nous avons avancé au hasard sur des sables mouvants. »

Les yeux d'Ishak Bey, où se lisaient à la fois le désespoir et la méfiance, rencontrèrent alors ceux de la princesse.

« Oui, tu as peut-être raison. Mais je ne fais plus partie de ton monde... ni d'aucun autre. Je me suis retiré. Ma femme est morte. Les choses d'ici-bas ne m'intéressent plus. Je n'arrive même plus à y réfléchir. Je suis devenu totalement indifférent.

— Et de nouveau tu te caches...

— Non, Hadidgé, je ne me cache pas, je suis un autre. »

Hadidgé ne répondit pas.

« Si je suis venu te voir, c'est seulement pour te demander de faire parvenir un message au Sultan, ce que je ne veux pas faire moi-même pour des raisons personnelles. J'aimerais que mon fils soit nommé drogman à la Cour.

— Et tu fais cette demande en tant que juif, chrétien ou musulman ?

— Est-ce vraiment si important ? Disons en juif bâtard, en musulman bâtard, en chrétien bâtard.

— Pourquoi pas tout simplement en ottoman bâtard, Ishak ? N'est-ce pas un titre, également ? En fait, nous sommes des fantômes..., des ombres, dans le monde des Grands et des puissants. Nous avons été les premiers à nous afficher en Occidentaux, à transgresser les traditions et les usages, à bafouer l'islam. Nous nous sommes moqués de notre propre Empire ridiculement arriéré — nous pensions regarder vers l'ouest, pendant que les autres regardaient en arrière. Naksh-i-dil nous a maintenant dépassés en tout, y compris en imagination et en courage. Elle a poussé Mahmud à se rapprocher de l'Ouest, sans notre aide, sans notre bénédiction. »

Quand Ishak Bey sortit du palais, ce fut d'un pas aussi digne que possible. Au-delà des piliers grecs et des grilles de fer forgé, tout au bout de la grand-rue, le bazar fermait, et des chiens errants fouinaient dans les détritus.

Ishak Bey disparut à nouveau et le bruit courut que cet homme si détaché, qui avait accepté tout ce qui lui arrivait comme une bénédiction du ciel, n'avait pas survécu à sa femme.

Quand, dans la ville, retentirent les tambours de bois et des cris : « Yangshinvar ! Au feu ! », la Validé Sultane effleurait de son front les fils de soie de son tapis de prière. Le bruit vint lui frapper les tempes comme des coups de sabre. « Oh, non, pensa-t-elle, pas ça, plus jamais ça ! » Mais les tambours d'alarme résonnaient en cadence et elle imaginait, dans l'ombre et le silence de sa retraite, la clameur des Seymens et des janissaires qui se précipitaient sur les lieux de l'incendie, et les lamentations des propriétaires des maisons en feu. « Ce n'est rien, se dit-elle, seulement l'un des innombrables incendies d'Istanbul... » La Validé s'assit sur ses talons et reprit son tespi posé près d'elle.

La mort d'Edris Aga l'avait anéantie. L'Eunuque noir laissait derrière lui un grand espace vide.

Si la prophétie d'Euphémia David constituait la table des matières de sa vie, alors elle pouvait maintenant en établir l'index avec tous les vestiges de sa vie imaginaire, tous les fétiches moraux qui la hantaient et l'obsédaient dans la guerre anonyme qu'elle avait menée contre le temps. Edris Aga, qui lui avait laissé les poèmes d'amour d'un castrat, le raïs Hamidou, dont le navire arrivait toujours trop tôt, ou trop tard ; le corps mutilé de Baïraktar dans sa tombe de granit ; les yeux aveugles de Nur Banu et son âme blessée ; le cœur des *voci bianche* de l'Eski Serai ; le Sultanat des Kadines ; les mains caressantes de Hadidgé ; le pied amputé de la Kiaya ; la corde des Bostanjis autour de son cou ; la main qu'elle portait toujours à sa cicatrice quand elle avait peur ; les poisons blancs de la fête du Sucre qui avaient calmé un harem entier ; Fatima s'envolant des remparts de Topkapi ; Hitabetullah qui avait vu et refusé l'avenir ; la danse d'Ali qui lui avait fait tourner la tête comme un derviche drogué. Et les ailes silencieuses des « âmes damnées »... Tout cela était réduit à néant par le mugissement, le claquement, le grondement, le roulement, le craquement, le fracas du feu, qui faisait fondre les myriades de coupoles d'Istanbul...

L'obscurité grandissait, le visage blanc comme la pierre de la Reine devenait gris dans les reflets rouges, et ses splendides yeux verts prenaient un éclat dément. Ses mains tremblantes, la chaleur de son souffle fiévreux, tout se changeait en une certitude : la mort de Joséphine, que Mahmud lui avait annoncée presque en même temps que celle d'Edris, annonçait la sienne. Les révélations du raïs Hamidou avaient été la trompette de l'archange.

La Validé cacha son visage entre ses mains et pleura. Les larmes s'échappaient de la prison de ses doigts brillant comme le trop-plein d'un zarf en albâtre.

Au moment même où tu te sentiras la plus heureuse des femmes ton bonheur s'évanouira comme un rêve.

Elle avait vieilli, n'ayant connu qu'un séjour capricieux et prometteur, mais qui, au bout du compte, ne lui avait rien donné. Elle savait beaucoup de choses à présent. Un obscur savoir sur la mort, une préparation à la mort qui dissipait toute faiblesse. Elle avait vécu quarante vies et avait perdu Ali un nombre de fois incalculable. Elle avait accumulé une telle expérience de la perte, du renoncement, de l'emprisonnement, de la solitude, du pouvoir, du meurtre et de l'esclavage, qu'à présent rien n'avait plus de sens pour elle qu'un *Te Deum* ou un *Magnificat* chanté aux vêpres, qu'un carrelage jaune, une coupole dorée, un verre d'eau pure, un Coran enluminé où les mots sont étroitements liés les uns aux autres, contrairement à la Bible où chaque mot est distinct, indépendant, isolé, immuable. Les voies de Dieu. Les voies de Dieu.

Eli, Eli Lama Sabachthani!
O mon Dieu, pourquoi m'avez-vous abandonné !

Elle était la Mère de l'État qu'il fallait détruire pour le réformer. Elle était la Mère des janissaires qu'il fallait détruire pour qu'elle puisse gouverner. Elle était la Mère de Dieu, sur Terre. Elle était la Mère des Têtes voilées.

Elle n'était la mère de personne.

Le *Moli-en-Nebi,* qui marquait la fin du Ramadan, se terminait toujours par une représentation du *Doseh.* Ali Efendi regardait le spectacle, assis à côté de Mahmud. Les derviches Saadiyeh, appelés par les spectateurs européens derviches tourneurs, arrivaient presque à la fin de leur cérémonie. Enivrés d'opium, de jeûne et de prière, faisant rouler leur tête, l'écume à la bouche, ils s'allongeaient sur le sol par centaines, entassés comme des pavés, pour être piétinés par la sainte procession. En tête venaient les porte-étendard puis un prêtre qui lisait le Coran à haute voix, et leur aga sur un cheval blanc mené par des prêtres pieds nus. Ali le regarda avancer sur les corps des derviches prostrés. Il remarqua que le cheval trottait avec une répugnance manifeste et passait aussi vite que possible sur la chaussée humaine. Les derviches prétendaient que personne n'avait jamais été meurtri, ni même blessé en cette sainte occasion, mais Ali Efendi vit que l'on transportait des hommes qui se tordaient de douleur et dont on pouvait penser qu'ils ne remarcheraient jamais.

Mahmud, nerveux et agité depuis le début de la cérémonie, empêcha Ali de se lever.

« Ali, commença-t-il, j'ai reçu un message de ma mère pour toi... On me dit qu'elle s'est enfermée pour de bon dans son nouveau palais, et que ses eunuques ont scellé les portes...

— Quoi ?

— Elle a juré de ne jamais ressortir. Ali, je suis désolé. Ma mère... notre Mère ne va pas bien. Tu le sais... *nous* le savons depuis quelque temps. *Elle* le sait. »

Mahmud se souvenait de ces dernières années où elle lui avait paru si malade et déprimée, passant de scènes hystériques à des comportements incompréhensibles, et du défilé permanent de médecins. Il pensait aussi à la dévotion et à la passion de l'homme qu'elle avait choisi pour favori.

« Mais jamais elle ne te quittera ! éclata Ali Efendi.

— Ah, elle m'a quitté, parce qu'elle t'a quitté... elle nous a quittés tous les deux », dit Mahmud amèrement.

Jamais il ne lui pardonnerait.

Je ne te quitterai jamais, Mahmud. Je te le jure.

Ali ne prononça son nom qu'une fois. Puis il leva la tête et pleura de détresse. Il sentait le monde chanceler autour de lui, comme s'il était un de ces derviches prostrés. Il imagina sa tête séparée de son corps, ses grands yeux surpris, ouverts, son crâne cloué à la Porte de Bab-i-Humayun. Il essaya de répéter son nom, mais il n'émit qu'un sourd gémissement dans l'atmosphère pesante du pavillon royal de Mahmud.

« Tu es libre, Ali, dit finalement Mahmud.

— Je ne serai jamais libre.

— Elle t'aimait, mais elle était injuste. Elle se servait de son amour pour nous deux comme d'un tyran... Elle demandait l'impossible...

— Tu as dit " aimait ", Seigneur, remarqua Ali, ébranlé, tu l'as dit comme si elle était morte... »

Mais Mahmud n'avait pas terminé.

« Je te garderai toujours auprès de moi, Ali. Par amour pour elle, tout honneur te revient — tous les présents te viendront d'elle. Tu resteras toujours le favori de Naksh-i-dil.

— Mais, je ne veux pas... »

Mahmud se retourna pour ne pas voir son visage. Il tendit au lieutenant général la lettre de sa mère. Mais ce n'était pas une lettre. C'étaient les quatre-vingt-dix-neuf noms d'Allah, écrits par Naksh-i-dil, de son écriture gracieuse : un calligramme d'amour.

O Dieu absolu, ô Très Miséricordieux, ô Pieux, ô Saint des Saints, ô Sauveur, ô Protecteur, ô Auguste, ô Défenseur, ô Absolu, ô Sublime, ô Suprême, ô Façonneur, ô Grâce, ô Châtieur, ô Fournisseur, ô Nourricier, ô Amant de la Victoire, ô Savant, ô Incommensurable, ô Omniprésent, ô Annihilateur de l'Arrogant, ô Superbe, ô Dispensateur d'honneur, ô Semeur, ô Pénétrant, ô Auditeur, ô Juge, ô Témoin, ô Justice, ô Gracieux, ô Salut, ô Irrésistible, ô Consolation, ô Soulagement, ô Tout-Puissant, ô Maximum, ô Gardien, ô Protecteur, ô Terreur des Blasphémateurs... »

Peut-être que si les voiles de l'*Americana II* n'étaient jamais arrivées à la Corne d'Or, la Validé aurait pu vivre jusqu'à la fin de ses jours à la fois avec son amant et son fils, mais le raïs Hamidou avait détruit sa dernière illusion : celle que le temps s'était immobilisé. Mahmud savait que pour s'en sortir, il devait dépasser de scandaleuses contradictions et désillusions mais il avait, lui, pouvoir de sultan et la certitude de sa race. Et même s'il fallait faire preuve d'une hâte audacieuse pour entraîner l'Empire dans le monde moderne, il se sentait prêt, et l'esprit libre de tous scrupules inutiles. Mais à ses côtés, il avait besoin d'Ali, son ami et lieutenant, son seul confident.

Sur le promontoire de l'extrémité la plus lointaine de l'isthme qui s'étend dans le détroit de la Corne d'Or, à Dolmahbace, le nouveau palais de la Validé se dressait comme un tabernacle au milieu de l'activité fébrile qui l'entourait. Tourné vers l'Asie, il s'élevait sur une vaste place, le long des rives du Bosphore, telle une montagne de marbre blanc reflétant les eaux vertes du détroit, là où elles rencontrent les eaux d'azur de la mer Noire, et s'étirait sur près de huit cents mètres de long. On le voyait de loin sur la toile de fond des collines d'Europe. Ce n'était pas un véritable palais mais plutôt une concentration de pavillons et de cloîtres groupés en une confusion de styles excentriques et éclectiques : grec, byzantin, romain, Renaissance italienne, baroque, arabe, tout cela cohabitant et s'entrelaçant avec une grâce presque féminine. La façade sur le Bosphore présentait une suite singulière de colonnes, de théâtres, de temples et de portails, avec une profusion de décorations extravagantes, désordonnées, de corniches, de colonnes fines comme des lances, de bas-reliefs, de terrasses, de parapets, de balcons, de murs de mosaïques, d'encorbellements, d'arcades, de portes de bronze. Le tout composait une construction multiforme qui ressemblait à un colossal objet en filigrane, sorti tout droit de l'imagination d'une sultane éperdue d'amour qui l'avait vu en rêve alors qu'elle dormait dans les bras de son amant. La pureté du marbre de ce monument, blanc comme neige, et tout juste terminé, donnait, malgré tous ses excès et ses erreurs, une impression de puissance, de mystère et d'amour. Une douce lumière filtrait par les hautes fenêtres larges, baignant une suite de salons élégants et de salles pleines de mosaïques, de fresques, de fontaines, de boiseries, d'une luminosité surnaturelle qui faisait scintiller les fleurs, les fruits, les calligrammes à la feuille d'or, les lustres de cristal et les miroirs vénitiens.

Le palais de la Validé n'était pas seulement un palais de rêve mais un rêve en soi, que Naksh-i-dil avait caressé toute sa vie. C'était l'antithèse de Topkapi, où ne régnaient qu'ombre et ténèbres ; ici tout n'était qu'éclat et lumière, verre et ouvertures. Plus de murs, mais les montagnes, les collines et la mer à perte de vue. Plus de harem ni de Sultan, mais la quiétude et la solitude. L'édifice blanc de la Sultane se dressait seul, à l'écart des autres palais qui bordaient la rive. Même s'il avait été plus près des autres, son extravagance baroque l'aurait mis à part car il n'avait pas été construit mais imaginé. Chaque jour, pendant un an, Naksh-i-dil avait passé des heures sur les chantiers, à observer la pose de chaque pierre, le tracé des jardins et les degrés de pierre descendant vers la mer. Elle avait surveillé la disposition des colonnes, compté le nombre de fenêtres, choisi l'emplacement des kiosques et des fontaines. Personne ne la voyait jamais descendre de son palanquin, pourtant elle était partout. Ceux qui la virent durant ces années lui avaient déjà donné le nom de ces oiseaux que l'on ne voit jamais se percher ni se poser sur la mer, les âmes damnées. Et petit à petit s'était érigée cette masse de pierre lumineuse qui changeait de couleur avec le ciel, vision déformée d'un château européen vu par un potentat oriental. Pour Naksh-i-dil, c'était un foyer, une création, une magie, la liberté, tous les sanctuaires de sa vie.

Naksh-i-dil était debout, les pieds écartés, cramponnée au montant du baldaquin de son lit, car le vertige violent et soudain qui la saisissait de plus en plus souvent faisait tourner la pièce dans un tourbillon de matières et de couleurs. Tout son corps se raidissait comme si la chaloupe qui l'emmenait à Topkapi traversait une nouvelle fois la mer déchaînée. Si elle devait mourir, elle mourrait debout, pas couchée sur le sofa d'un harem.

Jusque dans la souffrance, sa volonté de vivre rivalisait avec son désir de mourir. Le tourbillon passa sur elle, comme un immense pinceau sur un décor de tissus multicolores, de couvre-lits en hermine, de tapis, de brocarts, de soie, de rideaux fleuris. Chaque détail était éclairé : les joues fiévreuses, écarlates, de la Reine, le voile doré de son dullimano, les écharpes et les châles en cachemire, les somptueux carrelages. Mais c'était son visage qui reflétait le mieux l'Impératrice cruelle, absolue, orgueilleuse, égocentrique qu'elle était devenue : une femme qui refusait de mourir.

L'esprit de la Validé s'emplissait d'images. Elle passait devant des kiosques abandonnés, aussi tristes que des tombes, et des jardins silencieux comme la mort. Elle montait, elle descendait. Des portes s'ouvraient et se fermaient sans cesse. Elle entendait le bruissement de la soie. Elle passait des arches et de petits porches où résonnait le son de rires enfantins. Quelque chose d'elle-même... tout son monde s'attardait derrière ces murs, languissant pour toujours dans l'air qu'elle respirait. Elle regardait des femmes, criait des noms innombrables, les appelait une fois, cent fois, et entendait une voix lui répondre, quelque part, au loin.

Elle passa ainsi dix jours et dix nuits, refusant les médicaments de ses médecins, refusant de s'allonger ou d'être mise au lit. Elle préférait rester assise dans une de ses poses magnifiques, ses grands yeux verts voilés par de longs cils soyeux, rivés sur la mer de Marmara, une jalousie féroce assombrissant son visage mélancolique. Derrière elle, elle ne laissait qu'une longue allée de fleurs desséchées, des larmes et des gouttes de sang. Le feu. Les tambours d'alarme résonnaient en cadence et les cris se mêlaient au tonnerre des tambours. Elle était entrée dans le dernier harem.

Il ne lui restait qu'une envie dévorante de tout effacer, de tout oublier : « son » peuple, qui la révérait comme Impératrice, ses agas, ses Grands Vizirs, les Oulémas, les pachas, les magistrats, les prêtres, ses eunuques, ses esclaves, ses armuriers, ses soldats, ses généraux, jusqu'à son fils... Et Ali ? Excepté sa passion pour lui, elle ne ressentait qu'abandon et révolte.

Elle se réveillait après un grand rêve qui, pendant trente-trois ans, l'avait emmenée loin du monde de ses ancêtres. Mais comme la basilique Sainte-Sophie, devenue la mosquée Aya Sofya sans avoir changé de forme ni de fondations, son âme, ce vaste dôme bleu qu'avaient percé la croix et le croissant, demeurait intacte. C'étaient les fondements même de sa vie qui chancelaient, et de là venait son vertige, parce qu'elle ne s'était pas appuyée sur la Foi absolue, mais sur le Pouvoir absolu. Ses splendeurs avaient été réduites à néant, son malheur était devenu insondable. Ali avait été la dernière intervention du destin dans ce despotisme insensé.

La Validé avait emmené dans son palais une suite importante, et tous se tenaient dans le hall immense, glacés d'effarement devant cette Impératrice qui refusait de mourir. Cela dura des années mais les portes de son palais restèrent fermées à jamais à son fils et à son favori.

Solitaire, sereine, troublée, étonnante, superbe, elle s'asseyait souvent à l'ottomane, comme au harem, près de la fenêtre, à l'angle d'un grand sofa qui faisait le tour de la pièce inondée de lumière. Seule, fardée et couverte de bijoux, émaciée par la fièvre, sa pipe à eau appuyée contre la table basse, elle reculait dans le temps et dans l'espace, comme portée par une mer étincelante d'innombrables tapis persans.

Là-bas, sur sa gauche, à travers la fenêtre grillagée, un vaisseau glissait sur l'eau. Avec précaution, elle tournait sa tête alourdie par le turban pour le regarder : dans le Bosphore, des navires se préparaient à sortir, d'autres rentraient au port en réduisant la voilure.

ÉPILOGUE

Istanbul, 15 décembre 1839

Les images semblaient exagérées, ou trop étranges et fantasques pour être réelles. Mais, tenez, elles n'étaient pas assez folles. Elles n'ont pas raconté la moitié de l'histoire.

Mark Twain, 1867.

« Oh, elle a dû sortir, c'est sûr. Pour surveiller la construction de son mausolée, qui a pris deux ans ; pour voir les médecins incapables de la soigner ; pour voir son petit-fils nouveau-né, le prince héritier ; pour s'interposer entre l'Europe et l'Asie, entre deux mondes, entre l'Est et l'Ouest, le despotisme et l'esclavage, le pouvoir de l'amour et l'amour du pouvoir ; pour regarder les étoiles et la mer où l'on ne peut rien voir sans être vu et où rien n'est jamais effacé...

« Elle a dû sortir », répéta le Başhoca, fixant dans les yeux le jeune Américain orientaliste qui avait fait un aussi long voyage pour le voir.

« Neuf ans après sa mort, Naksh-i-dil a eu sa revanche, poursuivit-il. Les janissaires, ses fils spirituels, ont été exterminés jusqu'au dernier, dans la nuit du 14 juin 1826. C'était un moment favorable, “ la Nuit de la Prédestination ”. Les janissaires avaient retourné leur chaudron de soupe en signe de révolte. Mais cette fois, Mahmud était prêt. Il a rejeté toutes les requêtes du Corps et l'a aboli. On a déroulé l'Étendard sacré du Prophète, puis a été déclarée la dissolution éternelle des janissaires. Le Cheikh-ul-islam a donné sa bénédiction, et les Nizam ont engagé le combat. Les canons ont fait des ravages dans les rues étroites, et ceux qui ont échappé à l'artillerie ou à l'épée ont été brûlés dans leurs casernes. Mais Mahmud n'était pas encore satisfait. Les derniers s'étaient réfugiés dans la Citerne des mille Colonnes, et là s'est déroulée, dans le noir, une bataille rangée.

« On a jeté les janissaires dans le Bosphore par milliers. Leurs bonnets blancs flottaient sur les vagues. À Istanbul, les gens n'avaient plus d'eau à boire, car le réservoir était obstrué par les cadavres.

— Ainsi naquit la Turquie moderne, commenta le jeune Américain, l'œuvre du fils de Naksh-i-dil, Mahmud le Réformateur. »

Le Başhoca ne répondit pas.

Mahmud, qu'on appelait aussi Mahmud le Sanguinaire, avait fini par faire exécuter son favori de toujours, Ali Efendi, juste avant de mourir lui-même, comme sa mère, fou et solitaire. Il avait éliminé Ali, comme pour effacer autour de lui les dernières traces d'amour et de loyauté, car Ali l'avait servi jusqu'au bout, refusant de déserter, malgré les caprices sanguinaires de son Sultan. Or, Mahmud l'avait accusé d'avoir révélé qu'il souffrait de crises d'épilepsie — ce qu'il avait appris de Naksh-i-dil —, trahissant ainsi les dernières volontés d'une Validé dont on trouvait partout les monuments, les hôpitaux et les mosquées. C'était maintenant le petit-fils de Naksh-i-dil qui régnait, Abdul-Medjid. Et c'était lui qui avait garanti à ses sujets l'égalité devant la justice, la liberté de religion, et le droit d'hériter — tous les biens, désormais, n'appartenaient plus au Sultan.

Başhoca Efendi était un juif converti à l'islam, un des plus grands savants et mathématiciens que l'Empire ottoman ait jamais engendrés. Il était célèbre jusqu'en Amérique et parlait parfaitement l'arabe, le persan, le russe et le français. Après avoir été nommé Başhoca, préfet des études à l'École de mathématiques d'Istanbul fondée en 1816 par Mahmud, il avait écrit en osmanli le plus important traité de mathématiques modernes. Toutefois, l'histoire qu'il venait de raconter au jeune voyageur américain étonné n'avait rien à voir avec les sciences, à moins qu'il n'existe une science de l'esclavage et de la passion.

Sous ses paupières baissées, les yeux cobalt du Başhoca regardaient le jeune homme silencieux, qui était assis, jambes croisées, à ses côtés. Il venait de se rendre compte qu'il s'était assoupi, et se demandait si l'étudiant américain l'avait remarqué ou s'il était seulement poli.

Le Başhoca était un vieil homme superbe. Sa barbe, qui avait jadis été noire, était maintenant d'un blanc respectable et lui arrivait à la taille. Ses robes de taffetas vert faisaient des plis et des replis, comme des montagnes et des vallées, il tenait à son vêtement démodé, à sa pelisse en zibeline, trop chaude pour le temps qu'il faisait, et à ses turbans en voile, même si Mahmud avait déclaré que tous les fonctionnaires devaient porter le fez, le pantalon et la redingote.

Assis sur un élégant divan jaune, une jambe pliée sous lui, l'autre appuyée sur le coffre où il avait posé ses carnets, le Başhoca fumait une pipe en ambre. Il se souvenait d'une nuit, il y a longtemps, très longtemps, sur une frégate, quand ils étaient encore tous vivants... l'archange Michel, Kuchuk, Zorich, Hamidou, Cosima... Soudain, il entendit un bruit semblable à celui qui précède un tremblement de terre. Un nuage épais, noir comme de l'encre, approchait rapidement du sud-ouest, accompagné d'un grondement de tonnerre. Le jeune homme et le vieux savant se précipitèrent à la fenêtre. En quelques minutes, des grêlons gros comme des melons se mirent à tomber. Aussi loin que l'on pouvait voir, la surface du Bosphore ressemblait à une armée de têtes décapitées, éclaboussant comme mille fontaines la surface lisse de l'eau. De là où ils se trouvaient, ils voyaient les toits en tuiles d'Istanbul se briser comme du verre. Quelques secondes suffirent pour fracasser des centaines de vitres en mille morceaux. La tempête passa sur Constantinople, Galata et Péra, comme si la main de Dieu lâchait une poignée de pions géants qui pulvérisaient les fenêtres, arrachaient les coupoles, dépouillaient les arbres. Deux hommes furent tués. Puis ce fut fini.

« Qui était Naksh-i-dil ? » demanda encore le jeune homme.

Ishak Bey, le Başhoca, sourit. Il se faisait passer pour juif depuis trente ans, et il était né dans un pays où les noms de famille n'existent pas.

« Il n'y a rien de plus accidentel qu'un nom. »

Mais il se demandait tout de même quel était le nom que Naksh-i-dil avait murmuré aux archanges.

Et maintenant louange et gloire à Toi qui es assis sur
le trône de l'éternité au-dessus du passage du
temps ; toi qui, changeant toutes choses, demeures
Toi-même inchangé... Et paix et bénédictions
sur Celui que tu as choisi comme Messager,
le Prince des Apôtres,
notre maître Mahomet, que
nous prions pour
une heureuse
FIN

À propos de l'identité de la Validé Naksh-i-dil

La tradition a longtemps identifié Naksh-i-dil, mère du Sultan Mahmud II, avec Aimée du Buc. L'auteur n'a trouvé aucun document indiquant qu'une quelconque des Du Buc de l'époque, venue des îles américaines, ait été Naksh-i-dil ou ait jamais atteint le harem de Topkapi.

De fait, une certaine Aimée-Rose du Buc de Rivery, née le 19 décembre 1776, disparut en juillet 1788 lors de son retour de France en Martinique, son pays d'origine. Ce qui est évidemment en contradiction avec la date de naissance du Sultan Mahmud II, 1785. Les archives de Topkapi confirment qu'à la mort d'Abdul-Hamid, en avril 1789, Naksh-i-dil était déjà quatrième Kadine. Les noms des autres Kadines nous sont donnés par le grand historien turc, Ahmed Rafik, qui fut le premier à nous communiquer, en 1925, le nom de harem de la Validé mère du Sultan Mahmud II.

D'un autre côté, étant donné l'utilisation persistante du récit prophétique rapporté par Mme Le Normand dans ses *Mémoires de Joséphine,* on ajoutera que les initiales Du B** n'ont jamais été associées avec la Validé identifiée comme une Mlle S**. D'après les écrits de Mme Le Normand, nous pouvons éventuellement identifier cette Du B**, avec une certaine Marie-Marthe née en 1756 à la Martinique et morte à Paris en 1784.

Cette histoire a été encore embellie par un « document » décrivant les prétendues funérailles d'une Validé rapportées par un capucin pendant l'hiver de 1826 *(sic)*. À la limite, on pourrait accepter que cette version se réfère à la Validé Mihrishah, la mère de Sélim III, qui mourut en 1805, encore chrétienne, dernière Validé qui soit morte à Topkapi. Ahmed Rafik affirme que la Validé Naksh-i-dil est morte en août 1817 dans son nouveau palais, sur la rive opposée à celle de Topkapi. Il dit également qu'elle a dû mourir musulmane, sinon elle n'aurait pas été ensevelie dans le châle de Fatima.

Le seul document convaincant, d'un témoin oculaire, que nous ayons sur la vie de Naksh-i-dil est la description des funérailles de la Validé Sultane rapportée dans les *Lettres du Bosphore*, de la comtesse de la Ferté-Meun, publiées anonymement en 1820. Elle avait accompagné sa fille, épouse du marquis de la Rivière, qui était alors ambassadeur du roi de France à la Porte (connu pour avoir fait don à Louis XVIII de la Vénus de Milo).

En nous fiant à la comtesse de la Ferté-Meun, nous pouvons conclure que Naksh-i-dil était fort probablement une Créole née vers 1765-1767, arrivée à Topkapi, comme cadeau de pirates d'Alger à Abdul-Hamid, entre 1779 et 1781.

L'auteur désire signaler d'autres ouvrages qui ont été fondamentaux pour la rédaction de ce roman.

D'abord les deux études d'Ahmed Rafik, *Nakshidil Validé, mère de Mahmud* (Ankara, 1925) et *Le Sultanat des femmes* (Istanbul, 1923). Pour ce qui concerne le contexte historique de cette période, je dois beaucoup à *Between Old and New, The Ottoman Empire under Selim III* de S. J. Shaw et à *Mustafa Pasha Baïraktar* (Moscou, 1927) de A. F. Miller. Pour le personnage du raïs Hamidou, je me suis servie de deux études de Devoulx, *Le Raïs Hamidou* (Alger, 1856) et *Le Registre des prises maritimes... des captures amenées par les corsaires algériens* (Alger, 1872). Pour la littérature arabe et ottomane : *Letteratura Turchesca* (Venise, 1787) de G. B. Toderini et *Ottoman Poetry* (Londres, 1900-1909) de

E. J. W. Gibbs. J'ai trouvé un trésor d'anecdotes dans les rapports de l'ambassadeur d'Autriche à la Porte, le comte de Ludolf, conservés aux archives nationales de Naples. *Les Mémoires du général baron de Dedem* (Nice, 1915) et *Les Peintres du Bosphore* (Paris, 1911) de A. Boppe sont aussi une passionnante source de détails, en particulier sur le Dr Lorenzo. Les mésaventures d'Ishak Bey sont citées par la plupart de ses contemporains, dont lady Craven, le comte de Choiseul-Gouffier, Louis Ruffin, Vergennes, l'abbé Martin, etc. Le plus récent article est celui de F. R. Unat, *Başhoca Ishak Efendi* (Istanbul, 1963). Parmi les nombreux textes fascinants sur les eunuques, j'en citerai quatre : *Eunuchi Nati, Fati* (Avignon, 1655) de Teofilo Raynaud, *Les Eunuques de Constantinople* (Paris, 1901) de Regnault, *Eunuchism Displayed Describing all the Different Sorts... by a Person of Honor* (Londres, 1718), auteur anonyme, et *Traité des Eunuques,* d'Ancillon (M** D**, 1707). Je tiens encore à mentionner trois textes consacrés au harem : *Harem* (Ankara, 1971) et *Harem den Mektuplar* (Istanbul, 1956), tous deux de C. Uluçay, ainsi que *The Harem* (Philadelphie, 1936) de M. Panzer.

Pour les lecteurs du club, en espérant que ce livre leur donnera tant le plaisir souhaité

Barbara Chase-Riboud

FICHE D'IDENTITÉ

NAISSANCE :
Barbara Chase-Riboud est née un 26 juin à Philadelphie, USA.

SITUATION DE FAMILLE :
Mariée. Deux garçons d'un premier mariage.

ÉTUDES :
Lauréate de Yale University et Docteur Honoris Causa de Temple University, USA.

PROFESSION :
Sculpteur, poète, écrivain à part entière.

LOISIRS :
Barbara Chase-Riboud est une grande voyageuse. Elle a parcouru la Chine, la Russie, l'Inde, le Moyen-Orient, l'Afrique du Nord et l'Afrique noire. Elle a été la première Américaine à entrer dans la république populaire de Chine, après la révolution. Elle a effectué le premier vol Air France entre Paris et Moscou. Elle partage son temps entre Rome, Paris, Bruxelles et New York. Elle aime les beaux objets, les arts décoratifs du XIXe siècle, l'architecture baroque et possède une rarissime collection de sceaux chinois.

LITTÉRATURE :
Barbara Chase-Riboud a publié son premier livre en 1974, un recueil de poésie, *From Memphis & Peking*. Parmi ses admirateurs : Arthur Miller, Mary McCarthy, Kenneth Galbraith, Susan Sontag. Elle s'impose dans le roman avec *la Virginienne* qui recevra le prix Kafka 1980 du meilleur roman écrit par une Américaine. Best-seller international, ce roman connaîtra vingt-deux éditions en neuf langues et le tirage atteindra plus d'un million et demi d'exemplaires.

Son deuxième roman, *Esquisse d'une femme nue comme Cléopâtre* recevra le Prix Carl Sandburg 1988, comme meilleure œuvre poétique de l'année dans la tradition de Carl Sandburg (ce prix décerné par la plus ancienne société littéraire américaine fondée par John Quincy Adams, sixième président des États-Unis, porte le nom d'un des plus grands poètes américains décédé en 1967).

La Grande Sultane, son troisième roman, a été un best-seller en France, en Allemagne, en Italie et aux USA. Après cette œuvre de grand souffle qui nous entraînait dans le monde de l'esclavage, du XVIIIe au XIXe siècle, au cœur de l'Orient, Barbara Chase-Riboud travaille actuellement au deuxième volume de la trilogie de *la Virginienne : Bruits des lions.* Cette œuvre retracera l'histoire de la seule et unique révolte d'esclaves réussie dans l'histoire des États-Unis et entraînera le lecteur sur les bateaux négriers, dans les villages de Sierra Leone, dans les ports de La Havane, dans les châteaux anglais de la reine Victoria et en Nouvelle-Angleterre où Noirs affranchis et Blancs se battent pour l'abolition de l'esclavage.

« LA GRANDE SULTANE » ET LA CRITIQUE

Une somptueuse fresque

« Barbara Chase-Riboud a retrouvé la trace de la Validé Sultane en lisant des documents sur les harems. Mais à travers l'histoire de cette esclave créole devenue mère du sultan Mahmud II, elle a voulu aussi casser l'image « hollywoodienne » que nous pouvions avoir de ce monde. On découvre des femmes vouées à une grande solitude, mais dont les plus intelligentes peuvent se liguer pour exercer un certain pouvoir. Quelques-unes réussissent à gérer leur argent, à amasser des fortunes. Tout comme les grands eunuques noirs, dont Barbara Chase-Riboud donne une image saisissante. On découvre aussi Constantinople, une ville cosmopolite, le New York du XIXe siècle, dont l'ouverture rend encore plus archaïques les structures du harem. De l'esclave noire de *la Virginienne* à l'esclave blanche de *la Grande Sultane,* Barbara Chase-Riboud a réussi un nouveau portrait de femme. Et un roman brillant où se succèdent les scènes à grand spectacle.

« Barbara Chase-Riboud est aussi un sculpteur de grand talent et on sent tout le plaisir qu'elle a eu à composer cette somptueuse fresque orientaliste. »

Danièle Mazingarbe, *Madame Figaro*

Un talent confirmé

« Derrière la fascination du harem, de cette société secrète de femmes, dont bien peu s'échappent, il y a un formidable personnage féminin (qui avait déjà inspiré Michel de Grèce dans *la Nuit du sérail*), la conquête du pouvoir sur fond de roman d'aventures, dont les héros seraient Catherine de Russie et Napoléon et, naturelle-

ment, les charmes vénéneux de la Turquie des sultans, parfois vaincus par une femme. Après *la Virginienne,* Barbara Chase-Riboud confirme son talent romanesque. »

Françoise Ducout, *Elle*

UN LIVRE ÉTRANGE ET CAPTIVANT

« *La Grande Sultane* n'est pas une bluette sentimentale. C'est un roman travaillé, argumenté dont une autre femme est aussi l'héroïne : la grande Catherine, qui voulait s'offrir l'Empire ottoman, la puissante tsarine, esclave elle aussi, mais autrement, manipulée autant que redoutée. Barbara Chase-Riboud rappelle ce fameux voyage en Crimée, et l'extraordinaire tour de passe-passe de son favori Potemkine qui fit monter de toutes pièces des villes et villages en trompe l'œil pour satisfaire un peu plus l'orgueilleux pouvoir.

« Le livre révèle aussi une chronique réaliste d'un aspect méconnu ou volontiers lourdement plaisanté de la condition féminine : le harem n'était pas que lieu de plaisir où seraient nées des “ fleurs du mal ”. C'était aussi un gouvernement, un ordre, la face inverse d'un couvent. Un livre étrange et captivant sur l'histoire d'une mère. »

Danièle Brison, *Dernières Nouvelles d'Alsace*

UN SUPERBE RÉCIT

« Outre ses qualités littéraires, car les phrases de l'auteur sont amples, belles et pulpeuses, s'ajoute une documentation dont la richesse ne néglige aucun détail. Mêlant la rigueur historique à l'art de la narration, Barbara Chase-Riboud nous entraîne dans le harem de Topkapi. Dans ce lieu de servitude mais lieu sacré quand même et fermé, envoûtant, mystérieux et fascinant, c'est aussi une société qu'elle décrit à travers les us et coutumes d'une Turquie qui, contrairement à ce qu'on pourrait penser, accordait aux femmes beaucoup de libertés. (...) Un superbe récit dans la tradition des vrais romans. Ici l'histoire d'amour distille sa magie sur la toile de fond de la grande Histoire. »

Gabriel Chakra, *le Méridional*

UN ROMAN FORT

« Que *la Virginienne* ait été un best-seller international n'étonne pas ; il y avait là non seulement un sujet vrai mais, davantage peut-être, la griffe d'un vrai romancier populaire, sachant parfaitement restituer les pulsions de l'Histoire. Autant dire que ceux qui attendaient le prochain livre de Barbara Chase-Riboud étaient nombreux. Le voilà enfin — un gros roman de 350 pages, intitulé *la Grande Sultane*. Et cette fois, l'héroïne est une jeune créole d'origine américaine. (...) Mais, au-delà des faits et des événements historiques, ce qui frappe dans *la Grande Sultane,* c'est la description minutieuse et stupéfiante du monde des harems — un thème que développe fort peu le roman occidental et sur lequel courent une infinité de légendes. (...) Un roman fort par sa valeur historique, par les remarquables peintures du harem, par son style et la puissance de l'imagination, enfin par l'ardeur défensive d'une romancière qui n'a de cesse de rendre leur dignité aux femmes. »

Jean-Baptiste Baronian, *Le Vif / L'Express*

DES ŒUVRES CONSTRUITES COMME DES MAISONS

L'énorme succès de *la Virginienne* a rendu célèbre en France le nom de cette Américaine qui se consacre entièrement à son métier d'écrivain. Elle a parcouru beaucoup de chemin depuis qu'elle a quitté sa ville natale, « Philadelphie, la ville de l'amour fraternel, d'où l'on part pour ne jamais y revenir ». Elle a construit une maison (trois maintenant), élevé deux fils déjà grands, écrit cinq livres. « Comme le dicton veut que pour passer à la postérité, il faut avoir construit une maison, fait un enfant ou écrit un livre, il me semble avoir triplement rempli le contrat », assure-t-elle.

Pour Barbara Chase-Riboud, le thème de l'esclavage n'est pas que littéraire et historique : « il n'y a plus d'esclavage, mais il y a toujours des esclaves », affirme-t-elle. Elle aime à faire de longues recherches dans les bibliothèques du monde entier, à chaque nouvelle œuvre en chantier.

« Je construis un livre comme un architecte construit une maison, précise-t-elle. D'abord les fondations de la vérité historique, ensuite les murs et les fenêtres de l'intrigue romanesque, enfin le toit de la poésie. La vérité historique est très importante pour moi. J'en ai besoin. Tous mes personnages ont vraiment existé, ce qu'ils accomplissent dans mes livres, ils l'ont vraiment fait dans leur vie. L'existence réelle des gens dépasse la fiction. Combien de fois, me suis-je dit à propos d'un de mes personnages : s'il avait fait ça, ça serait bien ! Et, en cherchant, je découvrais parfois qu'il l'avait fait. Je n'aurais jamais osé inventer l'histoire de " la Virginienne ", ni la vie de Validé Naksh-i-dil ni le héros de mon prochain livre ! Mais j'utilise très peu de livres d'histoire. Je veux de vrais documents d'époque. Et à chaque fois, je trouve des merveilles ! »

Barbara Chase-Riboud aime les grands auteurs français et anglo-saxons. En matière d'architecture, elle a une tendresse particulière pour l'esprit, la beauté que reflètent les constructions de la Renaissance italienne. C'est la même tendresse qu'elle ressent pour ses héroïnes, les maltraitées de l'Histoire : la Virginienne, la Validé, Cléopâtre.

Barbara Chase-Riboud en Chine en 1965.

Table

LIVRE III
RAMADAN — 1789

LIVRE IV
LA VALIDÉ SULTANE — 1808

Aubin Imprimeur
LIGUGÉ, POITIERS

Achevé d'imprimer en juin 1988
pour le compte de France Loisirs
123, bd de Grenelle, 75015 Paris
N° d'édition 14028 / N° d'impression L 27459
Dépôt légal, juin 1988
Imprimé en France